인도철학의 최고 명저

브라흐마 수뜨라 주석 【3】

Brahma-sūtra-bhāṣya

샹까라 저 / 박효엽 역

세창출판사

저자 샹까라Śaṅkara(약 700-750년 또는 788-820년)

인도에서 가장 위대한 철학자로 알려져 있고 힌두교에서 가장 중요한 스승이자 성인으로 숭배되는 인물이다. 인도의 정통 철학으로서 최대 학파인 아드바이따 베단따의 창시자이다. 고전 우빠니샤드, 『바가바드 기따』, 『브라흐마 수뜨라』에 대해 현존하는 최초의 주석이자 최고의 권위를 가진 주석을 썼다. 그의 생애는 힌두교 전통에서 영웅적이고 극적으로 묘사되는데, 비非힌두권에서는 거의 역사적 사실로 간주되지 않는 편이다.

역자 박효엽Park, Hyo-Yeop

인도 뿌네대학교University of Pune에서 샹까라 철학을 전공으로 박사학위를 받았다. 현재 경북대학교와 원광대학교 동양학대학원(요가학과)에서 강의 중이며, 주로 우빠니샤드 철학, 베단따 철학, 현대요가를 연구하고 있다. 역서로는 『베단따의 정수』(2006)가 있고, 저서로는 『처음 읽는 우파니샤드』(2007), 『불온한 신화 읽기』(2011), 『탈식민주의의 얼굴들』(공저, 2012), 『요가와 문화』(공저, 2013), 『요가란 무엇인가』(공저, 2015) 등이 있다.

브라흐마 수뜨라 주석 【3】

1판 1쇄 인쇄 2016년 9월 10일
1판 1쇄 발행 2016년 9월 20일

저 자 | 샹까라
역 자 | 박효엽
발행인 | 이방원
발행처 | 세창출판사

신고번호 · 제300-1990-63호 | 주소 · 서울 서대문구 경기대로 88(냉천빌딩 4층)
전화 · (02) 723-8660 | 팩스 · (02) 720-4579 | http://www.sechangpub.co.kr
e-mail: sc1992@empal.com

ISBN 978-89-8411-635-1 94150
978-89-8411-632-0 (세트)

이 책은 한국연구재단의 지원으로 세창출판사가 출판, 유통합니다.

이 도서의 국립중앙도서관 출판예정도서목록(CIP)은 서지정보유통지원시스템 홈페이지(http://seoji.nl.go.kr)와 국가자료공동목록시스템(http://www.nl.go.kr/kolisnet)에서 이용하실 수 있습니다.(CIP제어번호: CIP2016020932)

"그것을 두려워함으로써 바람이 불리라.
두려워함으로써 태양이 떠오르리라.
그것을 두려워함으로써 불과 인드라가,
그리고 제5인 죽음이 달리리라."

–『따잇띠리야 우빠니샤드』 2.8.1 –

내가 두려워한다는 것을 알게끔 하고,
두려움을 향해서 나를 나아가게끔 한,
그 시절의 아득하고 아름다운 인연들에게,
이 무거운 번역서를 두 손 모아 바칩니다.

역자의 말

번역은 시간의 무덤이다. 무수한 시간들이 서로 다른 언어들 사이에서 묻힌다. 세월 가는 줄도 모르고 인생의 한가운데 번역의 닻을 내리고 살다가, 어느 날 주위를 둘러보니 모든 인연들은 떠났고 머리칼만 하얗게 세었다. 무수한 시간들이 무덤 속으로 사라져 갔다. 남은 것은 견딤이 낳은 후유증인지도 모를 무덤덤한 감각뿐이다.

『브라흐마 수뜨라 주석』의 번역을 마치면서 기억을 되살려보니 몇 개의 장면들이 스친다. 먼저 인도의 바라나시에서 보낸 첫날이다. 아직도 생생하게 기억나는 그 찬란한 첫날은 영원보다도 더 영원 같다. 바라나시는 내 삶을 밤새 뒤척이게 만든 곳이다. 또 하나는, 산스크리트 읽기 연습을 위해 붉은 표지의 『브라흐마 수뜨라 주석』을 사들고 서점 앞의 언덕길을 내려올 때이다. 그때 내 심장이 어떤 이유에서인지 몰라도 무섭도록 뜨겁게 뛰고 있었으니, 지금도 어떤 운명 같은 것이 이미 예정되었을 것이라고 굳게 믿는다. 또 하나는, 쉴 새 없이 번역에 매달리던 일상들이다. 그 밀도는 하도 촘촘해서 나중에는 번역이 곧 소명이 되어 버렸다. 끝내는 소명감도 사라지고 굴레만 남아 버렸다. 그래서 멈췄다. 다만 끝까지 최선을 다한 뒤에 멈춘 것만큼은 헤아려 주었으면 좋겠다.

이 번역에서 주안점을 둔 것들 가운데 몇 가지는 이러하다. 첫째, 이 책이 인도의 고대 철학서이지만 21세기 동시대 한국의 언어로 번역을 해야 한다는 것이다. 특히 한자어에 익숙하지 않은 세대에 걸맞은 번역을 시도하려고 나름대로 노력을 기울였다. 둘째, 이질적인 인도 철학의 낯섦을 어느 정도 드러내야 한다는 것이다. 번역은 어찌 보면 낯익음과 낯섦 사이의 변주이다. 산스크리트 번역에서는 이러한 점이 더더욱 강하게 적용되는데, 예를 들어 문장을 아무리 낯익게 다듬어도 논리의 낯섦이 사라지지 않는 경우가 많다. 낯섦을 드러내려는 시도가 혹은 그대로 두려는 시도가 좋은 결과를 낳았기를 바랄 뿐이다. 셋째, 다른 누구보다도 나 자신에게 제대로 읽히는 글이어야 한다는 것이다. 나 자신이 잘 이해하는 글이라면 다른 사람도 잘 이해할 수 있다고 생각하기 때문이다. 이 번역에 역주가 상대적으로 많은 것도 나 자신의 이해를 돕기 위해서였다.

번역은 불가피하게 그럴듯한 오역이지만 오역을 최소화해야 하는 것은 역자에게 마치 의무와도 같다. 오역을 줄이려고 오랫동안 이 번역을 붙들고 있었다. 얼마나 많은 세월을 보냈는지 말할 필요는 없다. 번역은 오직 그 결과물을 통해서 평가받을 뿐이기에, 단지 오역을 줄이려고 애쓴 행간의 주름들을 읽어주었으면 하는 마음이다.

번역을 재검토하거나 수정하는 동안 얼마나 나 자신에 대해 실망했는지 모른다. 얼마나 나의 성급한 본문 읽기와 얄팍한 지식과 엉터리 역주에 좌절했는지 모른다. 잘못 번역한 본문 문장은 끝도 없이 발견되었고, 잘못 작성한 역주는 고쳐도 또 고쳐도 마음에 들지 않았다. 아직 내가 찾지 못하고 교정하지 못한 오류는 무수할 터이다. 그 숨어 있는 오류는 전적으로 나의 역량이 부족한 탓이다.

나는 문화의 불모지에서 자라났다. 내가 산스크리트를 알게 된 것은 경이로운 싹이다. 내가 이와 같은 번역서를 내놓는 것은 거의 기적에 가까운 열매이다. 굼벵이가 날개를 얻는 것이 한 생애에서 가능한 것도 일종의 헛헛한 행운이라면, 그건 틀림없이 재기가 아닌 끈기의 덕이다. 끈기는 나의 끈질긴 자산이다. 마지막으로, 내게는 소멸이었던 그 시간들이 이 책의 독자에게는 새로운 시간들로 다시 태어나기를, 간절히 소망한다.

2016년 9월

박효엽

차례

브라흐마 수뜨라 주석 【1】

제1장 조화(samanvaya)

제1절 · 제2절 · 제3절 · 제4절

브라흐마 수뜨라 주석 【2】

제2장 무모순(avirodha)

제1절 · 제2절 · 제3절 · 제4절

브라흐마 수뜨라 주석 【4】

제4장 결과(phala)

제1절 · 제2절 · 제3절 · 제4절

[부록1] 수뜨라 모음

[부록2] 인용 문장들

[부록 3] 주제와 우빠니샤드 문장

약호

기따	*Bhagavad-gītā*
까우	*Kauṣītaki-upaniṣad*
까타	*Kaṭha-upaniṣad*
께나	*Kena-upaniṣad*
나라	*Nārāyaṇa-upaniṣad*
느야야-수	*Nyāya-sūtra*
다르마-수	*Dharma-sūtra*
따잇	*Taittirīya-upaniṣad*
따잇-브	*Taittirīya-brāhmaṇa*
따잇-상	*Taittirīya-saṃhitā*
따잇-아	*Taittirīya-āraṇyaka*
딴드-브	*Tāṇḍya-brāhmaṇa*
리그	*Ṛg-veda*
마누	*Manu-smṛti*
마하	*Mahābhārata*
만두-까	*Māṇḍūkya-kārikā*
문다	*Muṇḍaka-upaniṣad*
미맘사-바	*Mīmāṃsā-sūtra-bhāṣya*
미맘사-수	*Mīmāṃsā-sūtra*

바이-수	*Vaiśeṣika-sūtra*
브리	*Bṛhadāraṇyaka-upaniṣad*
쁘라	*Praśna-upaniṣad*
상크야-까	*Sāṃkhya-kārikā*
샤드-브	*Ṣaḍviṃśa-brāhmaṇa*
샤따-브	*Śatapatha-brāhmaṇa*
수뜨라	*Brahma-sūtra*
슈베	*Śvetāśvatara-upaniṣad*
아슈따	*Aṣṭādhyāyī*
아이	*Aitareya-upaniṣad*
아이-브	*Aitareya-brāhmaṇa*
아이-아	*Aitareya-āraṇyaka*
요가-수	*Yoga-sūtra*
이샤	*Īśā-upaniṣad*
자발	*Jābāla-upaniṣad*
주석	*Brahma-sūtra-bhāṣya*
찬도	*Chāndogya-upaniṣad*

일러두기

■ 일반 사항

(1) 이 번역본은 다음 2개의 판본을 저본(底本)으로 삼아 완역한 것이다: ① **Nirnaya**: *Brahmasūtraśāṅkarabhāṣyam*, Second Edition, Revised by Vāsudeva Śarman, Bombay: Pāṇḍuraṅg Jāvajī, Nirṇaya Sāgar Press, 1927. ② **Samata**: *Complete Works of Sri Sankaracharya*, Vol. Ⅶ, *Brahmasutra Bhashya*, Chennai, Samata Books, 1983.

(2) 저본이 2개인 이유는 두 판본이 각각 장단점을 고루 갖추고 있기 때문이다. Nirnaya는 매우 널리 보급된 판본으로서 구성이 좋은 편이지만 세세한 부분에서 정교하지 못한 구석이 많다. Samata는 인도의 남부 지역에서 편집된 판본답게 문법적인 오류가 거의 없는 편이고 오탈자도 거의 발견되지 않는다. 하지만 주제(adhikaraṇa)의 경계가 불분명한 경우가 있고, 인용된 문장들의 출처를 전혀 표시하지 않고, 각각의 문장을 긴 형태로 편집하는 경향이 있다. 따라서 두 저본 가운데 전체적인 구성이나 체제는 대체적으로 Nirnaya를 따르고, 문장의 내용이나 문법은 대체적으로 Samata를 따른다. 다만 두 저본의 미세한 차이가 〈주석〉의 내용을 이해하는 데 결정적인 차이를 보여주는 경우는 거의 없다고 할 수 있다.

(3) 두 저본에서는 종종 문장의 시작과 끝을 다르게 간주함으로써 문장에 대한 편집 자체가 다른 경우가 많은데, 이 번역본은 대체적으로 Nirnaya를 따른다. 하지만 가끔 Nirnaya의 문장 나누기가 적절치 않다고 판단되는 경우에는 Samata를 따르기도 한다. 물론 두 저본의 원문과는 달리 역자가 의도적으로 하나의 문장을 분리하거나 둘 이상의 문장을 결합하는 경우도 꽤 있다.

(4) Nirnaya와 Samata의 어느 한 저본에 추가적으로 덧붙여진 낱말이 있으면 가능한 한 그 낱말을 포함한 채로 번역한다. 특히 명사의 경우에는 역주에서 그 낱말이 어느 저본에 추가되어 있는지 밝힌다. 그리고 문법적인 오류나 오탈자는 다른 저본을 바탕으로 하여 교정한 채로 번역한다. 대체적으로 더 정확한 Samata를 따르는 편이지만 매우 드물게 Nirnaya를 따르기도 한다. 그리고 가끔씩 Nirnaya에 직설법 현재로 등장하는 동사가 Samata에는 원망법으로 등장하는 경우가 있는데, 대부분 Samata의 원망법을 취해서 번역한다.

(5) 각각의 수뜨라는, 수뜨라 저자의 의도와 관계없이, 샹까라(주석가)의 주석에 근거하여 번역한다. 그리고 샹까라의 주석은, 그 이후에 쓰인 수많은 복주석들에 거의 의존하지 않고, 단지 〈주석〉 자체의 의미에 충실하게 번역한다. 물론 주석을 번역하는 데 복주석을 참고하기도 하며, 역주에서 복주석의 내용을 추가로 설명하기도 한다.

(6) 원문은 직역을 원칙으로 하되 가독성을 위해 종종 의역을 하기도 한다. 그리고 산스크리트는 그 언어의 특성상 피동형(수동태)의 문장이 많은 편인데, 사람 등이 주어일 경우에는 가능한 한 피동형을

능동형으로 바꿔서 번역한다. 하지만 강박적으로 피동형을 능동형으로 바꾸고자 하지는 않는다. 그 이유는 피동형이 인도적 사유의 특징적인 측면을 더 잘 드러내기도 한다는 데 있다.

(7) 번역본의 본문에서 '**전론**(前論), **후론**(後論), **이론**(異論), **반박**(反駁)' 등의 구분은 원문에 실제로 나오는 말이 아니지만 가독성을 높이기 위해서 임의로 설정한 것이다. 이러한 구분은 대체로 Swami Gambhirananda의 영역본을 참고로 한다. 전론은 '논증에서 가상의 논적이 취하는 반대견해'를, 후론은 '논증에서 논자가 취하는 견해'를, 이론은 '논증에서 전론이나 후론과는 상이한 제3자의 견해'를, 반박은 '논의의 와중에 주고받는 양측의 논리적 반박'을 각각 가리킨다. 이러한 구분이 필요한 이유는, 샹까라가 펼치는 논증이 '논제-의문-전론-후론-정론(定論)'이라는 5단계를 따르는 데 있다. 그런데 '논제', '의문', '정론'에 관해서는 반드시 구분이 필요한 경우를 제외하고는 일반적으로 구분을 적용하지 않는다. 왜냐하면 전론이나 후론과 달리 그것들은 그 경계가 불분명한 경우가 많기 때문이다. 예를 들어 논제와 의문 사이의 경계, 또는 후론과 정론 사이의 경계가 불분명하다.

(8) 원문에서는 문단을 전혀 나누지 않는다. 따라서 번역본의 문단은 전적으로 역자가 내용과 맥락을 고려하여 직접 나눈 것이다. 문단은 '논제-의문-전론-후론-정론'이라는 5단계를 어느 정도 고려한 채 가능하다면 짧게 나눈다.

(9) 〈주석〉에 등장하는 베단따의 전문어는 가능한 한 우리말 사전에 등록되어 있되 일반 독자들도 충분히 이해할 수 있는 용어를 선택한

다. 고유어이든 한자어이든 처음 읽을(들을) 때에 그 내포를 충분히 짐작할 수 있는 용어를 선택한다. 다만 '브라흐만', '아뜨만', '다르마' 등과 같이 번역이 불가능하거나 힘든 전문어에 대해서는 번역어 없이 원어를 그대로 사용한다. 그리고 전공자나 전문가를 위해서는 종종 역주에서 산스크리트 원어를 따로 표기한다. 국내에서 산스크리트 원어에 대한 번역어가 워낙 다양하기 때문에, 번역본의 앞부분에 '산스크리트-우리말'(주요 번역어) 목록을 제시하여 이 번역본이 채택한 번역어들을 일목요연하게 보여준다.

(10) 본문에서 방대하게 인용되는 우빠니샤드 문장들에 대한 번역은 중립적이지 않은 경우가 많다. 왜냐하면 주석가가 자신의 논증을 뒷받침하기 위해 우빠니샤드 문장을 인용하면서 자신에게 유리한 방식으로 그 문장을 풀이하기 때문이다. 우빠니샤드 '원문'과 '장절의 분류'는 Patrick Olivelle의 다음 판본을 따른다: *The Early Upaniṣads*, New York, Oxford University Press, 1998(이하 Olivelle로 줄여 부름).

(11) 인용문의 출처와 관련하여, 우빠니샤드 이전 시대 문헌들의 경우는 그 출처가 정확하지 않을 수도 있다. 그리고 인용문 뒤에 출처 표시가 없는 경우는, 대개 아직까지 그 출처가 밝혀지지 않은 것이다. 다만 하나의 수뜨라에 대한 주석에서 동일한 인용문이 다시 등장할 때는 출처 표시를 반복하지 않으므로 출처 표시가 없다.

(12) 이 번역본에 실린 역주는 모두 역자가 작성한 것이다. 역주 작성에 밑바탕이 된 일차문헌들과 이차문헌들은 특별한 경우에만 그 출처를 밝힌다. 그리고 Nirnaya에 간간이 등장하는 편집자 각주를 따로 번역하지는 않고 다만 참조사항으로 반영한다. 〈주석〉 자체에는

그 어떤 각주도 존재하지 않는다.

(13) 본문을 번역하고 역주를 작성하는 데 참고한 기존 번역서들은 다음과 같다. 이 영역본들로부터 도움을 받은 자료(내용)들은 일일이 그 출처를 밝히지 않는다. 특히 Swami Gambhirananda와 Thibaut의 번역서는 역자의 오독을 교정하고 이해를 심화하는 데 큰 역할을 한 바 있다.

- *Brahma-sūtra Shānkara-bhāshya*, tr. V. M. Apte, Bombay, Popular Book Depot, 1960.
- *Brahma-sūtra-bhāṣya of Śrī Śaṅkarācārya*, Second Edition, tr. Swami Gambhirananda, Calcutta, Advaita Ashrama, 1972.
- *Vedānta Explained (Saṃkara's Commentary on the Brahma-sūtras)*, Vol. I & II, tr. V. H. Date, Delhi, Munshiram Manoharlal Publishers, 1973.
- *Vedānta-sūtras with the Commentary by Śaṅkarācārya*, Part I & II, tr. George Thibaut, Delhi, Motilal Banarsidass Publishers, 1962.

■ 특수 사항

(1) 〈수뜨라〉 또는 〈주석〉과 관련된 3개의 숫자는 차례대로 '장, 절, 수뜨라'를 지시한다. 예를 들어 〈수뜨라 1.1.12〉는 '1장, 1절, 12번 수뜨라'를 지시하고, 〈주석 1.1.12〉는 바로 그 수뜨라에 대한 주석을 지시한다. 관례에 따라, 수뜨라들을 묶어서 읽는 '주제'에 대해서는 이러한 숫자를 매기지 않는다.

(2) { } 안에는 '주제'의 제목과 그 '주제'에 속하는 수뜨라 번호를 명기한다.

(3) [ ] 안에는 원문에는 없지만 번역의 맥락상 필요한 내용을 삽입하거나 더 쉬운 읽기를 위해 역자가 필요하다고 생각하는 낱말이나 구절을 삽입한다.

(4) 〈 〉는 출처를 표시하는 데 사용한다. 예를 들어 '〈찬도 6.8.7〉'은 '찬도그야 우빠니샤드 6장 8절 7번의 산문이나 운문'을 가리킨다. 출처 표시 뒤에 본문의 내용이 이어지기 때문에 〈 〉 안에 책 이름과 장절의 숫자를 모두 기입할 수밖에 없다.

(5) ( )는 유의어, 지시대상, 산스크리트 원어의 한글 표기, 한자 등 다양한 용도로 사용한다.

(6) ' ; ' 기호는 수뜨라를 번역하는 데만 사용한다. 비록 수뜨라가 짧더라도 두 문장 이상으로 번역해야 하는 경우가 많은데, 번역된 문장과 문장 사이에 ' ; ' 기호를 넣는다. 수뜨라 번역에서 문장과 문장 사이에 마침표를 사용하지 않는 것은, 아무래도 하나의 수뜨라에는 하나의 마침표만 있는 것이 더 적절하기 때문이다.

(7) ' : ' 기호는 본문과 역주에서 부연설명, 요약, 대사 등에 한하여 제한적으로 사용한다.

(8) ' … ' 기호는 인용 문장의 생략된 부분을 나타내는 데 사용한다.

(9) ‘큰따옴표’는 오직 인용 문장에 대해서만 사용한다. ‘작은따옴표’는 강조, 구별, 수식 관계, 짧은 예시, 의미 명료화 등 여러 용도로 사용한다.

(10) 역주에서 주로 사용하는 기호는 다음과 같다.

- ‘ = ’ 기호는 본문에 등장하는 용어, 구절, 문장을 지시하고 설명하고 풀이하는 데 사용한다.
- ‘ * ’ 기호는 두 저본의 차이점, 편집이나 문법과 관련된 사항을 설명하는 데 사용한다.
- ‘ √ ’ 기호는 동사 어근을 표시하는 데 사용한다.

(11) 산스크리트의 한글 표기는 다음과 같은 방식을 따른다.

① 모음

a 아	ā 아	i 이	ī 이
u 우	ū 우	ṛ 리	ḷ ㄹ리
e 에	ai 아이	o 오	au 아우

② 자음

ka 까	kha 카	ga 가	gha 가	ṅ 받침 ㅇ
ca 짜	cha 차	ja 자	jha 자	ña 냐
ṭa 따	ṭha 타	ḍa 다	ḍha 다	ṇa 나
ta 따	tha 타	da 다	dha 다	na 나
pa 빠	pha 파	ba 바	bha 바	ma 마
ha 하				

③ 반모음

ya 야	ra 라	la ㄹ라	va 바

예 avidyā: 아비드야, dhāraṇā: 다라나, kāla: 깔라, sattva: 삿뜨바

④ 치찰음

	a/ā	i/ī	u/ū	e	ai	o	au	자음단독
ś / ṣ	샤	쉬	슈	셰	샤이	쇼	샤우	슈
s	사	시	수	세	사이	소	사우	스

⑤ 아누스바라(anusvāra)

	반모음	기음(h)	치찰음	ka 행	ca 행	ṭa 행	ta 행	pa 행
ṃ	받침 ㅇ	받침 ㅇ	받침 ㅁ	받침 ㅇ	받침 ㄴ	받침 ㄴ	받침 ㄴ	받침 ㅁ

예 saṃskāra: 삼스까라, ahaṃkāra: 아항까라

⑥ 자음과 반모음의 결합

	ya	ra	la	va
자음(k)	끄야	끄라	끌라	끄바

예 sāṃkhya: 상크야, kva: 끄바

⑦ 결합자음

- 가능한 한 모든 음가를 그대로 표기한다.

  예 smṛti: 스므리띠, brahman: 브라흐만

- 앞의 자음을 받침으로 내려 표기하는 경우도 있다.

  예 śakti: 샥띠, āpta: 압따, tattva: 땃뜨바

주요 번역어*

ābhāsa 사이비(似而非), 오류, 그럴듯한
abhāva 비(非)존재
abheda 차이 없음, 차이가 없다는 것, 무(無)차이, 동일함
abhidhyāna 깊은 명상
abhimāna 자기가정(自己假定), 자기로 가정함
abhyudaya 번영
ācāra 행위규범, 행실
ācārya 대(大)스승, 스승
acetana 비의식체(非意識體)
adharma 다르마가 아닌 것
adhidaivam 신격적인 것, 대우주적인 것
adhikāra 자격, 장절
adhikaraṇa 주제
adhikārin 자격자(資格者)
adhyakṣa 주시자, 지배자, 창조자
ādhyāna 명상
adhyāropa(adhyāropaṇa) 덧얹음, 덧얹는 것
adhyāsa 덧놓음, 덧놓는 것, 덧놓기
adhyātmam(ādhyātmika) 인격적인 것, 소우주적인 것, 신체적인, 몸과 관련된, 인체의
adhyayana 학습, 학습하기, 학습하는 것
adṛṣṭa 보이지 않는 힘
advaita 비(非)이원적, 비(非)이원성
advitīya 제2자를 가지지 않음
āgama 성전

* 주요 번역어에 대응하는 산스크리트 원어는 대부분 다양한 의미를 가지지만 여기서는 가급적 <주석>에서 전문적으로 사용된 의미만을 제시하고자 한다. 그리고 이러한 목록을 앞서 제시하는 이유는 사람들마다 산스크리트 원어에 대해 매우 다양한 번역어를 채택하고 있기 때문이다.

ahaṃkāra 자아의식, 아항까라
aikātmya 아뜨만의 유일성, 본질적 동일성
aiśvarya 권능, 신성, 초능력
ajñāna 무지
ākāṅkṣā 기대성(期待性)
ākāśa 에테르, 허공, 공간, 천공(天空)
akṣara 불멸체(不滅體)
amṛta 불멸수(不滅水)
amṛtatva 불멸성
anādi 시작(시초)이 없는, 시초를 가지지 않는
anākāra 무(無)양상, 양상이 없는
ānanda 환희
ānandamaya 환희로 이루어진 것
ananta 무한
anartha 해악, 무용(無用)
anātman 아뜨만이 아닌 것
anavasthā 무한소급
anāvṛtti 되돌아오지 않음
anitya 무상, 영원하지 않음
annamaya 음식으로 이루어진 것
anṛta 비(非)실재, 비(非)존재, 허위
antaḥkaraṇa 내부기관
antarātman 내부 아뜨만
antaryāmin 내부의 지배자

aṇu 원자, 지극히 미세한 것
anubhava 직각(直覺), 지각, 앎
anumāna 추론
anuśaya 남은 결과
anuvāda 반복진술
anvaya 연관성, 연합
anvaya-vyatireka 연속과 불연속
apādāna 이탈의 지점, 행위이탈
apāna 아빠나
apara-brahman 하위 브라흐만
aparavidyā 하위 지식
aparokṣatva 직접성
apauruṣeya 인간의 저작이 아님
apavāda 제거, 예외, 부인
apavarga 해방, 지고선
apūrva 새로운 힘, 새로운 것, 낯선 것
apūrvavat 낯선 것
apyaya 되들어감
arthāpatti 추정
arthavāda 아르타바다(의미진술)
āsana 아사나(좌법)
aśarīratva 탈(脫)육화 상태
asatkāryavāda 결과가 미리 존재하지 않는다는 이론
asatya 진실이 아닌 것, 허위
āśrama 인생단계

āśraya 소재지, 처소, 근저
atideśa 연장 적용
atiprasaṅga 확대적용
ātma-ekatva 아뜨만의 유일성
ātman 아뜨만, 본질, 영혼
ātmatattva 아뜨만이라는 실재
audāsīnya(udāsin) 부동성 부동심(不動心), 부동체(不動體)
avabodha 깨우침, 앎
avagama(avagati) 직접적 앎, 앎
āvaraṇa 은폐, 장애
avidyā 무지
aviveka 무(無)분별
āvṛtti 회귀, 되돌아옴, 반복
avyākṛta 전개되지 않은 것
avyakta 미현현자(未顯現者)
ayutasiddhatva 확립된 불가분리성(不可分離性)
bādha 지양
bandha(bandhana) 속박
bhagavat 존경스러운 이
bhakti 섬김
bhautika 원소로 이루어진 것
bhavya 존재할 것
bheda 차이, 차이 있음, 상이
bhoga 향유, 향락
bhoktṛ 향유주체
bhrama 혼동
bhrānta 착각
bhrānti 착오
bhūta 존재하는 것, 존재, 원소
bhūtārthavāda 사실담진술
brahmabhāva 브라흐만 상태
brahmacārin 학인(學人)
brahmacarya 학습기, 금욕(학습)
brahmaloka 브라흐만 세상
brahman 브라흐만
brahmātmabhāva 브라흐만이 곧 아뜨만이라는 것, 브라흐만으로서의 아뜨만
brahmātman 브라흐만 즉 아뜨만
brahmātmatva(tā) 브라흐만이 곧 아뜨만이라는 것, 브라흐만으로서의 아뜨만
brahmavāda 브라흐만주의
buddhi 지성, 인식, 관념, 명상적 관념
buddhīndriya 인식기관
caitanya 순수의식, 의식
cetana(cetanā) 의식체, 의식
cit 순수의식, 의식
citta 의식, 마음, 생각(내부기관)
codanā 신성한 명령
dama 감각철회

dāna	자선(보시)
darśana	직관, 통찰, 사상, 주장, 명상
deha	육체, 신체
dehin	육화된 자
deva	신, 신격
devatā	신격, 신
devatātman	신격적 아뜨만
devayāna	신의 길
dharma	다르마, 속성, 세부사항(특성), 특징, 공덕
dharmin	본체
dhātu	본체, 요소, 동사 어근
dhyāna	명상
doṣa	결함, 결점
dravya	실체, 물체, 물질요소
duḥkha	괴로움, 불행, 고통
dvaita	이원적, 이원성
dveṣa	혐오
dvija	재생자(再生者)
dvitīya	제2자
ekāgratā	전념(專念)
ekārthatva	의미의 일관성
ekatva(ekatā)	유일성, 동일성, 단일성
ekavākya(tva)	문장적(의미적) 통일(성)
gati	감, 여로, 목적지, 여지 등
gauṇa	이차적 의미, 비유적 의미
gṛhastha	가정기, 가장(家長)
guṇa	속성, 구나(속성), 성질, 세부사항, 부차적인 것
guṇavāda	비유진술
hāna	거부
hetu	이유, 원인, 근거, 수단
hetvābhāsa	그럴듯한 논거(근거)
heya	거부할 수 있는 것
hiṃsā	살생
īkṣaṇa(īkṣati)	마음으로 바라보기
indriya	감관, 기관
īśvara	신
itaretarāśrayatva	상호의존(성)
itihāsa	이띠하사(서사집)
jaḍa	감각이 없는 자
jāgarita	생시
jāgarita-avasthā	생시 상태
jagat	세계
japa(japya)	음송(吟誦)
jāti	카스트(계급)
jijñāsā	탐구욕
jñāna	지식, 명상적 지식
jñānendriya	인식기관
jīva	개별자아(개별영혼), 영혼
jīva-bhāva	개별자아 상태

jīvātman	개별적 아뜨만
kaivalya	독존(獨存), 단독성
kalpa	겁(劫)
kāmya-karma	선택적 의례
kāraka	행위의 격(格)관계, 행위인자(因子), 행위수단, 인과적 원인
karaṇa	기관, 행위수단, 도구
kāraṇa	원인, 동작적 원인, 수단, 감관
karma	행위, 업, 의례, 행위대상, 운동
karmāśaya	잠재업
karmendriya	행위기관
karmakāṇḍa	행위편(行爲篇)
kartṛ	행위주체, 동작주체
kārya	결과, 결과물, 일, 신체
kleśa	번뇌
kośa	덮개
kramamukti	점진적 해탈
kratu	제의, 결의
kriyā	행위, 동작, 의례
kṣetra	몸
kṣetrajña	몸을 아는 자, 개별자아, 영혼
kūṭastha	불변(적)
lakṣaṇa	정의, 특징, 징표

lakṣaṇā	함축
līlā	유희
liṅga	표징, 논거, 전거, 표징신체
mahābhūta	대(大)원소
mahat	마하뜨, 위대한 것
manana	숙고하기
manas	마음
manomaya	마음으로 이루어진 것
mantra	만뜨라
mantra-varṇa	만뜨라의 전언(傳言)
mati	견해, 명상적 생각
māyā	환술, 환영, 속임수
mīmāṃsā	미맘사, 고찰
mithyā	거짓
mithyā-abhimāna	거짓된 자기가정
mithyā-buddhi	거짓된 생각
mithyā-jñāna	거짓된 지식
mithyā-pratyaya	거짓된 관념
moha	미혹, 어리석음
mokṣa	해탈
mukhya	일차적 의미, 일차적인 것, 으뜸
mumukṣutva	해탈에 대한 욕구
nāḍi	경맥(나디)
naimittika	임시적 의례

nāmarūpa 명칭과 형태
nididhyāsana 명상하기, 깊게 명상하기
niḥśreyasa 지고선
nimitta 동작적 원인, 원인, 기인, 근거, 표징
nimitta(-kāraṇa) 동작적 원인
nimitta-naimittika 동작의 원인과 동작의 결과
nindā 비난
nirākāra(anākāra)-brahman 무(無)양상(양상이 없는) 브라흐만
nirantara 무(無)차이
nirguṇa 무(無)속성
nirṇaya 결론
nirvāṇa 열반
nirvikalpa(ka) 구분이 없는
nirviśeṣa 무(無)특성
nitya 영원, 상시(常時)적(의례), 통상적인 것
nitya-karma 상시(常時)적 의례
nitya-śuddha-buddha-mukta 영원 · 순수 · 자각 · 자유
nivṛtti 파기, 행위 억제, 무(無)동작
niyoga 강제적 명령
nyāya 논리, 논증
pañcakośa 5덮개
paṇḍita 학자
para- 지고한, 궁극적인
para-ātman 지고한 아뜨만
para(parama)-brahman 지고한 브라흐만, 상위 브라흐만
parama-kāraṇa 궁극적 원인
paramāṇu 원자, 단원자
paramārtha 실재
pāramārthika 실재적인 것
paramātman 지고한 아뜨만
parameśvara 지고한 신
parapakṣa 상대이론
paravidyā 상위 지식
parijñāna 철저한 지식
parimāṇa 부피, 한도, 연장(延長)
pārimāṇḍalya 극미 구체성 (極微 球體性)
pariṇāma 전변(轉變)
parivrājaka(parivrāj) 출가자
pārivrājya 출가
parokṣatva 간접성
phala 결과, 행위결과
pitṛyāna 조상의 길
prabodha 깨우침, 생시, 깨어남
prabodha-sthāna 생시 상태
pradhāna 주된 것, 쁘라다나

prajñā 지혜, 앎, 예지, 지성(체), 잠재성향, 명상적 앎
prājña 최상의 지성, 지성체
prajñātman 지성적 아뜨만
prakaraṇa 맥락, 장절, 주제
prakāśa 광명, 빛
prakriyā 방법론, 방식, 양상, 창조, 장절
prakṛta 논제
prakṛti 쁘라끄리띠, 원형, 원형물, 원물질, 물질적 원인
pralaya 소멸, 대(大)소멸
pramā 타당한 지식
pramāṇa 지식수단, 증명수단, 증거, 타당, 권위
prāmāṇya 진리성, 권위, 전거
prameya 지식대상
prāṇa 생기, 숨, 생명, 기관, 쁘라나
prāṇamaya 생기로 이루어진 것
prāṇāyāma 호흡 조절
praṇidhāna 헌신
prapañca 복합현상계, 부연설명, 상술
prasāda 은총
prasaṅga 부조리한 결말
pratijñā 확언, 주장
pratipakṣa 대립이론
pratipatti 최종적 행위, 이해
pratiṣedha 금지
pratyagātman 내재적 아뜨만
pratyakṣa 지각, 직각적
pratyaya 관념, 명상적 관념
pravṛtti 동작, 동작 성향, 행위, 행위 촉구
prāyaścitta 속죄의식
puṇya 선행, 공덕
purāṇa 뿌라나(전설집)
puruṣa 뿌루샤, 사람, 영혼
puruṣārtha 인간의 목표
pūrvapakṣa 전론(前論)
rāddhānta 정론(定論)
rāga 애욕
ṛṣi 성자
śabda 성언, 말, 직접적인 말
sādhana 성취수단, 수단, 실증
sadyomukti 즉각적 해탈
saguṇa 유(有)속성
sākṣātkaraṇa 직접지각
sākṣin 관찰자
śakti 내재력, 권능, 힘
śama 마음억제
samādhi 삼매
sāmānādhikaraṇya 동격 관계
samanvaya 조화

sāmānya 보편, 일반적 진술
samavāya 내속
samavāyikāraṇa 내속적 원인, 물질적 원인
saṃkalpa 결의
saṃnidhāna 근접
saṃnyāsa 유랑기, 탈속, 세속 떠나기, 떠남
saṃnyāsin 유랑자
saṃpad 결합하기
saṃpatti 결합, 가상적 결합, 융합
saṃpradāya 전통 계승, 계승된 전통, 전통
saṃprasāda 적정(寂靜)
saṃprasāda-sthāna 숙면 (적정) 상태
saṃsāra 윤회, 윤회세계
saṃsārin 윤회하는 자
saṃśaya 의문, 의심
saṃskāra 정화하기, 정화의식, 신성한 의례, 잠재인상
samuccaya 공조(共助), 공동, 공동적인 것
samyag-darśana 참된 직관, 참된 지식
samyag-jñāna 참된 지식
samyag-vijñāna 참된 지식
saṃyoga 결합, 접촉
śarīra 육체, 신체, 몸, 몸통, 육신
śārīra 육화된 자
śārīrātman 육화된 아뜨만
śārīratva 육화(肉化) 상태
sarvagata 편재(遍在)
sarvajña 전지
sarvaśakti 전능
sarvavyāpin 편재(遍在)
śāstra 성전, 논서, 교서
sat 존재
satkāryatā(-tva) 결과가 미리 존재한다는 것
satkāryavāda 결과가 미리 존재한다는 이론
satya 진리, 진실, 실재, 존재
satyatva 실재성
saviśeṣa 유(有)특성
siddhānta 정론, 정설
śloka 시구
smaraṇa 전승, 전승서(傳承書)
smṛti 전승, 전승서(傳承書)
śoka 슬픔
sphoṭa 스포따
śraddhā 믿음
śravaṇa 듣기, 계시
śreṣṭha 최고위(最高位),

최고인 것
śreyas 지선(至善)
śruti 계시, 계시서(啓示書), 계시어(啓示語)
sthāvara 비(非)동물
sthūla 가시적(可視的)
stuti 찬양
śuddha-brahman 순수한 브라흐만
sukha 즐거움, 행복
sūkṣma 미시적(微視的)
śūnyavāda 허무주의
suṣupta 숙면
suṣupti(suṣupta)-avasthā 숙면 상태
sūtra 수뜨라
sūtrakāra 수뜨라 저자
svādhyāya 성전 공부
svapakṣa 자기이론
svapna 꿈, 꿈속
svapna-avasthā(sthāna) 꿈 상태
svarga 천국
tādātmya 본질의 동일성
tamas 무명, 어둠
tantra 딴뜨라, 지식체계
tarka 추리, 논리, 논의
tārkika 추리학자
tātparya 취지, 전심전념
tattva 실재, 실체, 존재, 원리, 본질, 진리
timira 복시증(複視症), 암흑
upacāra 비유적 의미, 비유적 적용(사용)
upādāna 물질적 원인, 수용
upādāna-kāraṇa 물질적 원인
upādeya 수용할 수 있는 것
upādhi 한정자
upamā 유비
upamāna 비교
upanayana 입문식(入門式)
upaniṣad 비밀스러운 가르침, 비밀스러운 이름, 비밀스러운 명상
upapatti 합당, 추리
upasaṃhāra 공유
upāsaka 명상자
upāsanā(upāsana, upāsā) 계속적 명상
upāsya 명상대상
upāya 수단, 방편
utpatti 생성
uttarapakṣa 후론(後論)
vāc 언어, 말, 발성기관
vacana 말, 의미, 글귀
vāda 이론, 논(론)

vairāgya(virāga) 무욕(無慾)
vākya 문장
vākya-bheda 문장적(의미적) 분열
vākya-śeṣa 문장의 생략어, 보조적 문장, 나머지 문장
vānaprastha 은퇴기, 은퇴자
varṇa 계급(바르나)
vāsanā 잠재습성, 인상
vastu 사물, 실재, 본질, 사실, 대상
veda 베다
vedana(vedanā) 감각, 앎, 지식
vedāṅga 베다보조학
vedānta 베단따
vedānta-vākya 베단따 문장
vicāra 탐구, 검토
vidhi 명령
vidhikāṇḍa 명령편
vidyā 지식, 명상적 지식
vijñāna 지식, 인식, 명상적 인식
vijñānamaya 인식으로 이루어진 것
vijñānātman 인식적 아뜨만
vikalpa 의심, 가정, 택일
vikāra 변형, 변형물
vikriyā 변형, 변화
vikṛti 변형, 변형물
vipāka 과보
viparyaya 그릇된 관념
vipratipatti 이견, 불일치
vipratiṣedha 상호모순
viśaya 의문
viṣaya 대상, 사물, 주제, 영역
viṣayin 주관
viśeṣa 특징, 특성, 징표, 한정, 특이점, 차별점, 차이, 특수(성), 특정적 진술, 세부사항
viśeṣaṇa 한정어, 특성, 특징
viveka 분별(分別)
vrata 서약
vṛtti 변용, 양상, 작용, 기능, 어법
vyabhicāra 반례, 이탈(무효화)
vyākaraṇa(vyākriyā) 전개
vyavahāra 경험작용, 관습적 사용, 용법, 교섭
yajña 제의
yogin 요가 수행자
yoni 원천
yukti 추리, 논증

제3장

성취수단(成就手段): sādhana

제1절

{ 1. '다른 어떤 것을 획득함'이라는 주제: 수뜨라 1-7 }

제2장에서는 베단따(계시서)에서 규정된 '브라흐만에 대한 직관'과 관계하여 전승서나 논리와 모순되는 것을 제거했다. 게다가 상대이론들을 무시해야 한다는 것을 상술했다. 더욱이 계시서 사이의 상호모순도 제거했다. 또 이러한 사정에서 개별자아를 제외하고 '개별자아의 방편인 존재들'은[1] 브라흐만으로부터 생성된다고 언급했다.

이제 그러면, 제3장에서는 '방편들에 의해 한정된 개별자아가 윤회를 겪는 [다양한] 양상, 그것(개별자아)의 상이한 상태들, 브라흐만의 본질, 명상적 지식[2]들 사이의 차이 있음과 차이 없음, [명상적 지식들에서] 세부사항(속성)들의 공유됨과 공유되지 않음, 참된 직관을 통한 인간의 목표 완성, 참된 직관의 수단에 대한 다양한 명령(가르침)들, 해탈이라는 결과에서 [차별적인] 규칙의 부재'[3]라는 이러한 모든 주제와, 우

1_ '개별자아의 방편(upakaraṇa)인 존재(tattva)들'은=개별자아의 해탈에 도움을 주는 방편들로서 '생기' 등의 존재들은.

2_ 제3장의 중심어라고 할 수 있는 '명상적 지식'의 원어는 'vidyā'이다. 주석가는 앞으로 이 말의 유의어로 '명상적 인식'(jñāna, vijñāna), '명상적 앎'(prajñā), '명상적 관념'(pratyaya, buddhi, dhī), '명상적 생각'(mati)을 사용한다. 물론 이것들은 모두 '계속적 명상'(upāsanā)의 유의어이다. 우빠니샤드의 계속적 명상은 기본적으로 'A를 B로 계속 명상하다'라는 형태이다. 이 경우에 A란 명상의 근저(āśraya)이고, B란 A에 대한 명상적 등치(동치)인 지식, 인식, 앎, 관념, 생각이다. 즉 'A를 B로 계속 명상하다'라는 것은 'A에 대해 B라는 지식, 인식, 앎, 관념, 생각 등을 계속 가지다'라는 의미이다. 이러한 점에서 계속적 명상은 명상적인 지식이요 인식이요 앎이요 관념이요 생각인 것이다.

3_ 1절에서는 '방편들에 의해 한정된 개별자아가 윤회를 겪는 [다양한] 양상'을 다루고, 2절에서는 '그것(개별자아)의 상이한 상태들, 브라흐만의 본질'을 다룬다. 그리고 3절에서는 '명상적 지식들 사이의 차이 있음과 차이 없음, [명상적 지식들에서] 세부사항(속성)들의 공유됨과 공유되지 않음'을 다루고, 마지막 4절에서는 '참된 직관을 통한 인간의 목표 완성, 참된 직관의 수단에 대한 다양한 명

발적으로 생기는 그 어떤 다른 [주제를] 검토할 것이다.

그 가운데 먼저 첫 번째 절에서는, '빤짜그니(다섯 불)의 명상적 지식'[4]과 관련하여 윤회의 다양한 여로가 무욕(無慾)을 목적으로 한다는 것을 보여준다. "따라서 [그것을] 혐오해야 합니다."〈찬도 5.10.8〉라며 ['빤짜그니의 명상적 지식'의] 마지막에 계시되기 때문이다.[5]

1. [개별자아는] 다른 어떤 것(육체)을 획득할 때 [육체의 씨앗인 미시적 원소들에 의해] 둘러싸인 채로 움직인다; 질문과 해법 때문이다.

tadantarapratipattau raṃhati saṃpariṣvaktaḥ praśnanirūpaṇābhyām ‖1‖

개별자아는, 으뜸인 생기의 보조를 받으며 기관들, 마음과 함께 '무지, 업, 이전의 잠재성향'을 보유한 채, 이전의 육체를 버리고 다른 육체를 얻는다고 그렇게 알려진다. "그러면 그 생기(기관)들이 그것에 함께 들어갑니다."〈브리 4.4.1〉라고 이렇게 시작하여 "더 새롭고 더 좋은 다른 형태의 [육체를] 만듭니다."〈브리 4.4.4〉라고 이렇게 끝나면서 윤회를 주제로 다루는 성언 때문이다. 또한 [개별자아에게는] 다르마와 다르마가 아닌 것의 결과를 향유하는 것이 가능하기 때문이다.

령(가르침)들, 해탈이라는 결과에서 [차별적인] 규칙의 부재'를 다룬다.

4_ 빤짜그니의 명상적 지식=<찬도 5.3-10>에 등장하는 다섯 가지 불에 대한 명상적 지식 즉 천상(dyu), 비(parjanya), 지상(pṛthivī), 남자(puruṣa), 여자(yoṣā)를 다섯 불로 명상하는 것에 대한 지식. 흔히 오화설(五火說)로 알려져 있는 것과 관련된 명상적 지식이다.

5_ <찬도 5.10.8>에서 말하고자 하는 바는, 고통스러운 윤회의 길을 혐오해야만 그 길로 가지 않으려고 한다는 것이다. 윤회는 행위의 결과(업)에 의해 수반되고, 행위의 결과는 욕망에 의해 수반된다. 따라서 윤회의 길을 혐오하는 것은 욕망을 혐오하는 것이므로, 주석가는 <찬도 5.10.8>을 무욕(vairāgya)과 관련시킨다.

[이 경우에] 그것은[6] 육체의 씨앗인 미시적 원소들에 의해 둘러싸이지 않게 되는지, 그렇지 않으면 둘러싸이게 되는지 고민스럽다.

실로 무엇으로 귀결되는가?

[전론]: 둘러싸이지 않는다.

어떤 근거에서? [개별자아가] 기관들을 취하는 것과 달리 원소들을 취한다고는 계시되지 않기 때문이다. 실로 "빛의 그 편린들을 함께 지닌 채로, 그것은 [오직 심장으로 내려갑니다]."〈브리 4.4.1〉라는 곳에서 '빛의 편린'이라는 말은 '기관들을 취하는 것'을 지시한다. 또한 보조적 문장에서 '눈' 등이 언급되기 때문이다. 그와 달리 '원소의 편린'을 취하는 것에 대해서는 언급되지 않는다. 또한 원소의 편린들은 어디서든 얻기가 쉽다. [그것들은 새로운] 육체가 산출될 수 있는 그 어떤 곳에서든 존재한다. 이로부터 또한, 그것들을 가져오는(취하는) 것은 불필요하다. 따라서 [개별자아는 미시적 원소들에 의해] 둘러싸이지 않게 된다.

이러한 귀결에서 대스승은 언급한다. "… 다른 어떤 것(육체)을 획득할 때 … 둘러싸인 채로 움직인다."

[후론]: [개별자아는] 다른 어떤 것을 획득할 때 즉 다른 육체를 획득할 때, 육체의 씨앗인 미시적 원소들에 의해 둘러싸인 채로, '움직인다'고 즉 '나아간다'고 이해해야만 한다.

어떤 근거에서? 질문과 해법 때문이다. 그러한 예시로서, 질문은 "다섯 번째 공물이 제공될 때 어떻게 물이 사람으로 불리게 되는지 당신은 압니까?"〈찬도 5.3.3〉라는 것이다. 그리고 해법 또는 대답은, 천상 · 비 · 지상 · 남자 · 여자라는 다섯 불에 대해 믿음 · 소마(달) · 비 · 음식 · 정자라는 형태의 다섯 공물을 보여준 뒤에, "그리하여 실로, 다

6_ 육체를 떠날 때의 개별자아는.

섯 번째 공물이 제공될 때 물이 사람으로 불리게 됩니다."〈찬도 5.9.1〉라는 것이다. 따라서 개별자아는 물에 의해 에워싸인 채로 움직인다고 즉 나아간다고 이해된다.

[전론]: 다른 계시는 [개별자아가] 거머리처럼 다른 육체에 다가갈 때까지 이전의 육체를 놓아주지 않는다는 것을 보여주지 않는가? "그래서 마치 풀 거머리가"〈브리 4.4.3〉에서이다.[7]

[후론]: 그 경우조차, 물에 의해 에워싸일 뿐인 개별자아에게서 '업에 의해 제공되는 것이자 다시 얻어야만 하는 육체'와 관계하여 단지 그 기대가 늘어나게 된다는 [의도에서] 거머리와 비교되므로, 모순은 없다.[8]

이와 같이 다른 육체를 획득하는 방식에 대해 계시서의 언급이 있는 경우에, 인간의 생각으로부터 기원하는 다음과 같은 여러 가정들은, 분명 그 모두가 계시서와 모순되기 때문에 무시해야만 한다. [예컨대, 상크야는] '편재하는 기관들과 아뜨만'이 다른 육체를 획득할 때 업에 힘입어 그곳(다른 육체)에서 기능을 얻게 된다고 가정한다. [불교는] 아뜨만이 오직 유일하게 그곳(다른 육체)에서 기능을 얻게 되지만, 기관들은 육체처럼 향유의 자리 여기저기에서 그저 완전히 새로운 것들로 생성된다고 가정한다. 혹은 [바이셰쉬까는] 오직 마음만이 유일하게 [새

7_ 만약 개별자아가 미시적 원소들에 의해 둘러싸인 채로 나아간다면, 그 경우에 가시적 원소들(육체)은 버려지고 말 것이다. 하지만 <브리 4.4.3>은, 한 곳에서 다른 곳으로 몸을 옮길 때 다른 곳을 꽉 잡은 채 몸통이 줄어드는(수축되는) 거머리의 비유를 통해, 새로운 육체를 얻을 때까지 가시적 원소들마저 버려지지 않는다고 말한다.

8_ 주석가에 따르면 거머리의 비유란, 개별자아가 새로운 육체를 얻을 때까지 이전의 육체를 버리지 않는다는 의미가 아니라, 거머리의 몸통이 늘어나는 것처럼 개별자아에게서 새로운 육체를 얻는다는 기대(bhāvanā, 심상)가 더 늘어난다는 의미이다. 과거의 업은 미래의 육체를 향한 개별자아의 기대감을 만들어내는 것이다.

로운] '향유의 자리'로 나아간다고 가정한다. 혹은 [자이나교는], 오직 개별자아만이, 나무로부터 뛰어올라 다른 나무에 도달하는 앵무새처럼, 육체로부터 뛰어올라 다른 육체에 도달한다고 가정한다.‖1‖

[전론]: 예시된 질문과 대답으로부터 [개별자아는] 오로지 물에 의해 둘러싸인 채로 움직인다는 결말이 생기지 않는가? '물'이라는 말이 계시되는 효력 때문이다. 이 경우에 어떻게 [개별자아가] 실로 그 모든 미시적 원소들에 의해 둘러싸인 채로 움직인다고 일반적 진술로 주장한다는 말인가?[9]

이로부터 답변을 한다.

2. **하지만, [만약 '물'이라는 말이 계시되기 때문에 오로지 물에 의해 둘러싸인 채로 움직인다고 한다면, 물은] '셋으로 이루어진 것'임으로 말미암아 [오로지 물에 의해 둘러싸이지는 않는다]; ['물'이라는 말이 사용되는 것은 육체에서 물의] 우세함 때문이다.**
tryātmakatvāt tu bhūyastvāt ‖2‖

[후론]: '하지만'이라는 말은 제기된 의문을 해소한다. 왜냐하면 3합을 만드는 것에 대한 계시로부터 물은 '셋으로 이루어진 것'이라고 [알려지기] 때문이다. 그것(물)을 [새로운 육체를] 산출하는 것으로 용인하는 경우에, 심지어 다른 두 원소도 반드시 용인해야만 한다.

게다가 육체는 '셋으로 이루어진 것'이다. 불 · 물 · 흙이라는 셋 모두

9_ 어떻게 물의 미시적 원소에 의해서만 둘러싸인 채로 움직인다고 주장하지 않고, 그것을 일반화시켜, 모든 미시적 원소들에 의해 둘러싸인 채로 움직인다고 주장하는가? '일반적 진술'의 원어는 'sāmānya'이고, 그 반대말은 '특정적 진술'을 뜻하는 'viśeṣa'이다.

의 결과물이 그것(육체)에서 관찰되기 때문이다.[10] 한층 나아가 [육체는] '셋으로 이루어진 것'이다. '바따 · 삣따 · 슐레슈만'이라는 3가지를 통해 '3요소를 가지는 것'이기 때문이다.[11] [이처럼] 그것(육체)은 다른 원소들을 부정한 채 오로지 물만으로 산출될 수가 없다. 따라서 "물이 사람으로 불리게"〈찬도 5.3.3; 5.9.1〉라는 질문과 대답에서 '물'이라는 그 말은 [물의] 우세함이라는 견지에서 [사용될] 뿐, [물의] 단독성이라는 견지에서 [사용되지는] 않는다. 실로 모든 육체들에서는 분비액 · 피 등 액체인 것이 우세하다고 관찰된다.

[전론]: 육체들에서는 흙에 속하는 요소가[12] 가장 우세하다고 관찰되지 않는가?

[후론]: 그러한 결함은 없다. 다른 것(흙)과 비교해서 물이 더 많이 존재할 것이다. 또한 정자 · 피[13]로 지시되는 '육체의 씨앗'에서조차 액체가 더 많다고 관찰된다.

게다가 다른 육체를 산출하는 데 동작적 원인은 의례(업)이다. 그리고 아그니호뜨라 등의 의례들은 소마 · 버터 · 우유를 비롯한 액체인 물질요소에 의존한다. 더욱이 의례에 내속하고 '믿음'이라는 말로 불리

10_ 이 문장(trayāṇām api tejobannānāṃ tasmin kāryopalabdheḥ)은 다음과 같이 읽을 수도 있다: "불 · 물 · 흙이라는 셋 모두가 '그것에 관한 일'(육체를 만드는 일)을 한다고 관찰되기 때문이다." 하지만 이러한 읽기는 그다지 적합하지 않다. <주석 2.4.21>에서 논의하듯이 불 · 물 · 흙의 '결과물이 육체에서' 관찰되기 때문에, 육체는 불 · 물 · 흙으로 이루어진 것이다. 그리고 육체가 불 · 물 · 흙으로 이루어진 것이기 때문에, 물을 용인하는 경우에 불과 흙도 용인해야만 한다.

11_ 바따(vāta), 삣따(pitta), 슐레슈만(śleṣman)이라는 3요소(dhātu)는 각각 풍질, 담즙질, 점액질을 가리킨다. 슐레슈만은 까파(kapha)와 같은 것이다. 아유르베다의 일반적인 관점에 따르면, 슐레슈만 또는 까파는 물이 우세한 것이다.

12_ 흙에 속하는 요소가=고체인 요소가.

13_ '피'를 뜻하는 'śoṇita'를 '난자'로 읽을 수도 있다. 육체의 씨앗이라는 문맥에 따라 정자와 난자가 더 적합하기 때문이다.

는 물은, '천상의 세상'이라고 불리는 불에 의례들과 함께 공물로 제공된다고, [수뜨라 저자는 곧 이어서] 말할 것이다.[14]

따라서 또한 물이 더 많다고 확립된다. 그리고 [물이] 더 많음으로 말미암아 '물'이라는 말이 육체의 씨앗들인 바로 그 모든 미시적 원소들에 대해 사용되는 것에는 과실이 없다. ‖2‖

3. 또한 [개별자아가 다른 육체를 획득할 때에] 생기들이 가기 때문에, [물 원소는 다른 원소들을 동반한 채로 간다].[15]

prāṇagateś ca ‖3‖

또한 [계시서는 개별자아가] 다른 육체를 획득할 때에 생기들이 간다고 들려준다. "그것(개별자아)이 떠날 때는 생기가 좇아 떠나고, 생기가 좇아 떠날 때는 모든 생기들이 좇아 떠납니다."〈브리 4.4.2〉라는 등이 계시되기 때문이다. 그리고 생기들이 그렇게 가는 것은 근저가 없이는 가능하지 않으므로, 그로부터 생기들이 간다고 [계시서에서] 언급하는 것은 바로 그 근저로서의 물 원소가 다른 원소들을 동반한 채로 가는 것이라고 암시적으로[16] 이해된다. 실로 생기들은 근저가 없이 그 어디에도 가거나 머무르지 못한다. 생명체로부터 관찰되기 때문이다. ‖3‖

4. 만약 [생기들이] 불 등으로 간다고 계시되기 때문에 [다른 육체를 획득할 때에 개별자아와 함께 가지 않는다고] 한다면, 아니다; [불 등

14_ <수뜨라 3.1.5-6>과 <주석 3.1.5-6> 참조.

15_ 이 수뜨라와 그 주석에서 '감'(gati)이라는 말은 이전의 육체에서 새로운 육체로 옮겨가는 것을 가리킨다.

16_ * '암시적으로'(arthāt)라는 표현은 Samata에만 추가로 등장한다.

으로 간다는 계시는] 이차적 의미이기 때문이다.

agnyādigatiśruter iti cen na bhāktatvāt ‖4‖

[전론]: 이러할 수도 있다. 생기들은 다른 육체를 획득할 때에 결코 개별자아와 함께 가지 않는다. 불 등으로 간다고 계시되기 때문이다. 그러한 증거로서, 계시서는 죽음의 순간에 발성기관 등의 생기들이 불 등의 신격에게 간다는 것을 보여준다. "어떤 죽은 사람의 발성기관이 불에, 숨이 공기에 … 들어갈 때"〈브리 3.2.13〉라는 등을 통해서이다.

[후론]: 아니다. 이차적 의미이기 때문이다. 발성기관 등이 불 등으로 간다는 계시는 비유적 의미이다. 몸털이나 머리털과 관계하여 ['가는 것'이] 알려지지 않기 때문이다. 예를 들어 "몸털이 초본(草本)에, 머리털이 수목(樹木)에"〈브리 3.2.13〉라는 곳에서 전해진다. 실로 몸털이나 머리털이 [육체로부터] 도약하여 초본이나 수목으로 간다는 것은 가능하지 않다.[17]

게다가 개별자아가 생기들을 한정자로 가지는 것이 부정되는 경우에 [개별자아가] 가는 것은 가능하지 않다. 심지어 생기들이 없이는 [개별자아가] 다른 육체에서 향유하는 것도 가능하지 않다. 더욱이 다른 곳에서는[18] 생기들이 개별자아와 함께 간다고 명백하게 가르친다.

결국 발성기관 등이 불 등으로 간다는 것은, '발성기관 등에 주재하는 것이자 발성기관 등에 보조적인 것으로서 불 등의 신격들'이 죽음의 순간에 도움을 주는 [그 동작을] 단지 중지한다는 견지에서, 비유적으로 사용된다.‖4‖

17_ <브리 3.2.13>에서 몸털이 초본으로, 머리털이 수목으로 '가는 것'은 실제적으로 불가능하므로, 그렇게 간다는 표현은 비유적 의미이다. 마찬가지로 <브리 3.2.13>에서 발성기관이 불로 '가는 것'도 비유적 의미에 지나지 않는다.

18_ 다른 곳에서는=<브리 3.2.13>이 아닌 <브리 4.4.2>에서는.

5. 만약 [물이] 첫 번째 [불과] 관계해서 계시되지 않기 때문에 [물은 사람으로 되지 않는다고] 한다면, 아니다; 왜냐하면 합당함으로 말미암아 [즉 문장적 통일성이 가능함으로 말미암아] 바로 그 [물이 '믿음'이라는 말을 통해 의도되기] 때문이다.

prathame 'śravaṇād iti cen na tā eva hy upapatteḥ ‖5‖

[전론]: 이러할 수도 있다. 그렇다면 물이 '첫 번째 불'(천상)과 관계해서 결코 계시되지 않는 이상, 어떻게 "다섯 번째 공물이 제공될 때 물이 사람으로 불리게 됩니다."〈찬도 5.9.1〉라는 것이 확정된다는 말인가?

실로 이곳에서는, '천상의 세상'을 비롯한 다섯의 불이 다섯의 공물에 대한 소재지라고 가르친다. 그리고 그것들 가운데 맨 먼저, "가우따마여, 실로 저 세상은 불입니다."〈찬도 5.4.1〉라고 제시한 뒤에 "그러한 그 불에서 신격들은 믿음을 넣어 공물로 제공합니다."〈찬도 5.4.2〉라며 믿음을 공물인 것이라고 알려준다. 이 경우에 물은 공물인 것으로 계시되지 않는다. 만약 혹시라도 '비 등'과 관계하여 즉 그 이후의 네 불과 관계하여 물을 공물인 것이라고 추정한다면, [그렇게] 추정해도 될 듯하다. 그것들과 관계하여 공물로 수용되는 소마 등이 물을 더 많이 가진다는 것은 합당하기 때문이다. 하지만 첫 번째 불의 경우에는, 계시된 믿음을 폐기하고 계시되지 않은 물을 추정하므로, 이는 허세일 뿐이다. 그리고 잘 알려져 있는 '의미의 지배력'으로부터, '믿음'이라고 불리는 것은 특정한 관념을 [가리킨다]. 따라서 다섯 번째 공물이 제공될 때 물이 사람으로 되는 것은 합리적이지 않다.

[후론]: 그러한 결함은 없다. 첫 번째 불에 관한 그 경우조차 바로 그 물이 '믿음'이라는 말을 통해 의도되는 까닭에서이다.

어떤 근거에서? 합당하기 때문이다. 실로 그와 같이 시작과 중간과 끝이 일관됨으로써 당혹스럽지 않게 그러한 문장적 통일성이 가능하다. 반대로 그렇지 않은 경우,[19] 다섯 번째 공물이 제공될 때 물이 사람으로 불리는 방식과 관계하는 질문에 대해, 첫 번째 공물로 놓이는 것에 관해 대답하는 와중에 만약 믿음이라는 이름의 '물이 아닌 것'이 공물인 것이라고 소개된다면, 그로부터 질문과 대답이 제각각 다르므로 문장적 통일성이 불가능하다.[20] 또한 "그리하여 실로, 다섯 번째 공물이 제공될 때 물이 사람으로 불리게 됩니다."〈찬도 5.9.1〉라고 끝맺음으로써 바로 이러한 점을 보여준다. 그리고 믿음의 결과물인 소마 · 비 등은 [그것들이] 가시적으로 바뀌는 경우에 물이 더 많아진다고 관찰된다. 이는 또한 믿음이 물인 경우에 합리적이다. 왜냐하면 결과는 원인과 동종적이기 때문이다.[21]

게다가 '믿음'이라고 불리는 관념은 마음의 속성으로 존재하든지 개별자아의 속성으로 존재하든지, 짐승 등으로부터 심장 등을 끄집어낸 채 봉헌하기 위해 사용할 수 있는 것과는 달리, 본체로부터 [그 믿음이라는 속성을] 끄집어낸 채 봉헌하기 위해 사용할 수 없으므로, '믿음'이라는 말은 오직 물이어야 한다.

더욱이 '믿음'이라는 말은 물과 관계해서 합당하다. "실로 믿음이란 물이다."〈따잇-상 1.6.8〉라며 베다에서 사용되는 것을 보기 때문이다. 물은 믿음과 동일한 형태인 '매우 작음'에 도달한 채로 [새로운] 육체의

19_ 그렇지 않은 경우='믿음'이라는 말을 통해 물이 의도되지 않는 경우.

20_ 다섯 번째 공물이 제공될 때 물이 사람으로 불리는 방식과 관계하는 질문은 <찬도 5.3.3>에 등장하고, 첫 번째 공물로 놓이는 것에 관한 대답은 <찬도 5.4.2>에 등장한다. 그리고 질문에서 '물'이 소개되면 대답에서도 '물'이 소개되어야만 문장적 통일성이 가능하다. 따라서 대답에서 소개되는 '믿음'은 물을 의도한다고 볼 수 있다.

21_ 결과는 원인과 동종적(anurūpa)이기 때문에, 믿음의 결과물인 소마 · 비 등에서 물이 더 많이 관찰된다면 그 원인인 믿음 자체도 물이어야 한다.

씨앗이 되므로, 이로부터 '믿음'이라는 말로 불릴 수 있다. 예컨대 사자의 용맹함을 가지는 사람은 '사자'라는 말로 불린다. 또한 [물은] 믿음을 앞세우는 의례에 내속됨으로 말미암아, '단상'(壇上)이라는 말이 사람과 관계해서 합당한 것처럼,[22] '믿음'이라는 말은 물과 관계해서 합당하다. 그리고 [물은] 믿음의 원인임으로 말미암아 '믿음'이라는 말은 [물과 관계해서] 합당하다. "실로 물은 성스러운 의례를 위해 그에게 믿음을 산출한다."라고 계시되기 때문이다.‖5‖

6. 만약 [개별자아에 대해] 계시되지 않기 때문에 [개별자아가 물에 의해 둘러싸인 채로 움직이지 않는다고] 한다면, 아니다; 제의 등을 행한 자들에게서 [개별자아가] 인지되기 때문이다.

aśrutatvād iti cen neṣṭādikāriṇāṃ pratīteḥ ‖6‖

[전론]: 한편 이러할 수 있다. 질문과 대답의 [문장적 통일성을] 통해 믿음 등의 순서에 따라 다섯 번째 공물이 제공될 때 물이 사람의 형태를 얻는다손 치더라도, 개별자아들이 그것(물)에 의해 둘러싸인 채로 움직일 수는 없다. 계시되지 않기 때문이다. 실로 이곳에서는, 물과는 달리 개별자아들에 대해 들려주는 그 어떤 성언도 존재하지 않는다. 따라서 [개별자아가 물에 의해] '둘러싸인 채로 움직인다'는 것은 합리적이지 않다.

[후론]: 그러한 결함은 없다.

어떤 근거에서? 제의[23] 등을 행한 자들에게서 [개별자아가] 인지되기 때문이다. "이제 마을에서 제의, 복지사업,[24] 자선 등에 진력을 다한 그

22_ 단상(mañca)에서 사람이 크게 외칠 때 '단상이 외친다'라고 말하는 것은 합당하다.

23_ 제의(iṣṭa)=아그니호뜨라 등의 베다 제의. 사익(私益)에 해당된다.

러한 자들은 연기에 도달합니다."〈찬도 5.10.3〉라고 시작한 뒤에, 제의 등을 행한 자들이 연기 등을 따라 조상으로 이끌어지는 길을 통해 달에 도달하는 것을 이야기한다. "천공(天空)으로부터 달까지 … 이것(달)은 소마 왕[25]입니다."〈찬도 5.10.4〉에서이다. "그러한 그 불에서 신격들은 믿음을 넣어 공물로 제공합니다. 그 공물로부터 소마 왕이 태어납니다."〈찬도 5.4.2〉라는 곳에서마저, 계시의 유사성으로부터 바로 그것(개별자아)들이 인지된다.[26]

게다가 그들이[27] 아그니호뜨라, 다르샤뿌르나마사[28] 등의 의례를 위한 수단으로 쓰는 응고된 우유, 우유 등에는 액체인 것이 더 많음으로 말미암아 실로 명백하게 물이 존재한다. 아하바니야 [불에] 공물로 제공되는 이것들은, 미시적인 공물이 되고 나서 '새로운 힘'[29]의 형태로 존재하면서 그 자체들이 제의 등을 행한 자들에게 자리 잡는다. 그리

24_ 복지사업(pūrta)=우물 파기, 저수지 건설, 화장실 축조 등. 공익(公益)에 해당된다.

25_ '소마 왕'은 밝은 달을 가리키기도 한다.

26_ <찬도 5.10.3-4>에 따르면, 제의 등을 행한 자들은 달에 도달한다. 따라서 제의를 행함으로써 달에 도달하는 개별자아가 암시된다. <찬도 5.4.2>에서는 믿음이라는 공물로부터 달(소마 왕)이 태어난다고 한다. 따라서 믿음으로부터 달로 태어나는 개별자아가 암시된다. 이처럼 <찬도 5.10.3-4>와 <찬도 5.4.2>는 계시의 유사성을 가진다.

27_ 그들이=제의 등을 행한 자들이.

28_ 다르샤뿌르나마사(Darśapūrṇamāsa)=베다의 제의들 가운데 4명의 주요 사제들이 참여하는 것을 '이슈띠'(iṣṭi)라고 부르는데, 모든 이슈띠 제의들의 원형(prakṛti)에 해당되는 제의. 초승달(다르샤)과 보름달(뿌르나마사)의 시기에 각각 행해지는 두 제의를 하나의 이름으로 부른 것이다. 두 제의는 거의 모든 측면에서 동일하지만, 다르샤 제의에서 뿌로다샤(떡)를 인드라와 아그니에게 바치고 뿌르나마사 제의에서 뿌로다샤를 아그니-소마에게 바치는 것이 유일한 차이점이다.

29_ '새로운 힘'(apūrva)=미맘사 학파에서 행위의 무상성을 극복하기 위한 방안으로 제시한 것. 제의가 종결되는 시점부터 제의의 결과가 개시되는 시점까지 존속하는 행위의 힘.

고 사제는 [죽음 이후에] 장례식의 관례에 따라 그들의 육체를 '그는 천국의 세상으로, 스바하!'라는 [만뜨라와 함께] 마지막 불에[30] 공물로 제공한다. 따라서 믿음을 앞세우는 의례에 내속하고 제공된 공물로 이루어진 그 물은, '새로운 힘'의 형태로 존재하면서 제의 등을 행한 그 개별자아들을 에워싼 채 결과를 주기 위해 저 세상으로 이끌어 간다. 이 점은 "믿음을 넣어 공물로 제공합니다."〈찬도 5.4.2; 브리 6.2.9〉라는 그곳에서 '공물로 제공하다'라는 동사를 통해 언급된다. 또한 마찬가지로 '아그니호뜨라의 [장절'에서는] 여섯의 질문들에 대해 설명하는 형태인 보조적 문장을 통해, "실로 그러한 그 두 공물들은, 제공되었을 때에 올라간다."〈샤따-브 11.6.2.6〉라는 등등과 같이, 아그니호뜨라의 두 공물이 결과를 산출하기 위해 다른 세상에 도달한다는 것을 밝힌다.[31]

그러므로 개별자아들이 자신의 행위 결과를 향유하기 위해 '제공된 공물로 이루어진 물'에 의해 둘러싸인 채로 움직인다는 것은 온당하다.[32]‖6‖

[전론]: 그렇다면 제의 등을 행한 자들이 연기로 상징되는 경로를 통해 달에 오르면서 음식이 된다고 [계시서가] 보여주는 이상, 어떻게 그들이 자신의 행위 결과를 향유하기 위해 움직인다고 그렇게 주장한다

30_ 마지막 불에=장례식(naidhana) 즉 최종의례(antyeṣṭi)에서 화장하기 위한 불에.

31_ '아그니호뜨라의 장절'에서 자나까(Janaka)는 야즈냐발끄야에게, 어떻게 아그니호뜨라를 통해 아침과 저녁의 두 공물이 올라가고, 움직이고(이동하고), 확립하고, 만족하고, 되돌아오고, 형태를 취하는지 여섯 개의 질문을 던진다.

32_ 주석가가 논의한 바에 따라 물(믿음)의 경로를 정리하면 다음과 같다: ① 제의에서 공물로 제공되는 물, ② 제의의 불에 삼켜짐으로써 미시적인 것만 남는 물, ③ '새로운 힘'의 형태로 개별자아에 자리 잡는 물, ④ 개별자아를 둘러싼 채로 다른 세상으로 가는 물.

는 말인가?[33] "이것(달)은 소마 왕입니다. 이것은 신격들의 음식입니다. 신격들은 이것을 먹습니다."〈찬도 5.10.4〉에서 [보여준다]. 또한 "그들은 달에 도달한 뒤에 음식이 됩니다. 그곳에서 신격들은, 마치 이곳에서 '소마 왕을 채우시오! 비우시오!'라며 그것들을 [마시듯이], 그와 같이 그들을 먹습니다."[34]〈브리 6.2.16〉라는, 동일한 내용의 다른 계시가 있다. 결국 호랑이 등에 의해 먹히듯이 신격들에 의해 먹히는 자들에게, 향유란 가능하지 않다.

이로부터 답변을 한다.

7. 혹은, [만약 제의 등을 행한 자들이 달에 오르면서 음식이 된 채로는 자신의 행위 결과를 향유할 수 없다고 한다면, 개별자아들이 음식이 되는 것은] 이차적 의미이다; [또한 그들이] 아뜨만을 알지 못함으로 말미암아 [신격들의 향유대상이 되는 것은 합당하다]; 왜냐하면 [계시서가] 그와 같이 보여주기 때문이다.

bhāktaṃ vānātmavittvāt tathā hi darśayati ‖7‖

[후론]: '혹은'이라는 말은 제기된 결함을 배제하기 위해서이다. 그들이 음식이 되는 것은 일차적 의미가 아니라 이차적 의미이다. 왜냐하면 음식이 되는 것이 일차적 의미인 경우에 "천국을 바라는 자는 제의를 행해야 한다."라는 이러한 종류의 '[제의를 행하는] 자격에 대한 계

33_ 제의 등을 행한 자들의 개별자아는 달에서 음식이라는 대상이 될 뿐인데, 어떻게 자신의 행위 결과를 향유하는(먹는) 주체가 될 수 있다는 말인가?

34_ 이 세상에서 사제들이 제의를 행하면서 소마를 그릇에 채우고 천천히 마시는 것에 빗대어 저 세상에서 신격들이 음식(달 또는 개별자아)을 먹는 것을 묘사한다. 소마 잔에서 소마가 채워진 상태로부터 줄어드는 것은 곧 달이 보름달로부터 그 크기가 점점 줄어드는 것과 유사하다.

시'가 교란될 것이기 때문이다. 만약 제의 등을 행한 자들이 달의 천구(天球)에서 향유하지 않는다면, 무엇 때문에 자격자들이 몹시 수고스러운 제의 등의 의례를 행하겠는가?

게다가 '음식'이라는 말은, 향유의 수단이 된다는 유사성 때문에, 심지어 '음식이 아닌 것'과 관계하여 비유적으로 사용된다고 알려진다. 예컨대 '신하들은 왕들의 음식이고, 가축들은 신하들의 음식이다.'에서이다. 따라서 '신격들의 먹음'이라는 바로 그것은, 그들이 [자신들에게] 종속적으로 존재하는 '제의 등을 행한 자들'과 함께 즐거움을 만끽하는 것을 의도할 뿐, 맛있는 음식 등처럼 씹는 것이나 삼키는 것을 의도하지는 않는다. 마치 [주인인 남성이] 사랑스러운 아내, 아이, 친구, 하인 등과 함께 즐거움을 만끽하는 것과 같다. 또한 "정녕 신들은 먹지도 않고 마시지도 않는다. 바로 그 불멸수(不滅水)를 보고 나서 만족하게 된다."〈찬도 3.6.1〉에서는, 신격들에 대해 씹기 등의 작용을 부인한다. 그리고 왕에 의존적인 수행원들에게 향유하는 것이 가능한 것처럼, 제의 등을 행한 그들에게도, 비록 신격들에 대해 종속적으로 존재할지라도 향유하는 것이 가능하다.[35]

더욱이 제의 등을 행한 자들이 아뜨만을 알지 못함으로 말미암아 신격들의 향유대상이 되는 것은 합당하다. 왜냐하면 그와 같이 계시서는 아뜨만을 알지 못하는 자들이 신격들의 향유대상이 된다는 것을 보여주기 때문이다. "이제 '그는 어떤 것이고 나는 다른 것이다'라고 하면서, 다른 신격을 계속 명상하는 자는 알지 못한다. 그래서 그(다른 신격을 계속 명상하는 자)는 신격들에게 짐승과도 같다."〈브리 1.4.10〉에서이다. 결국 그는 이 세상에서도 짐승처럼 제의 등의 의례들을 통해 신

35_ 수행원들은 왕 아래서 의존적으로 살아가지만 독립적으로 향유하는 것이 가능하다. 마찬가지로 개별자아들은 신격들에 종속적(guṇabhāva)이지만 독립적으로 향유하는 것이 가능하다.

격들을 기쁘게 함으로써 그들을 섬기고, 저 세상에서조차 바로 그 짐승처럼 신격들에게 의존적이고 신격들에게 통솔된 채 결과를 향유하면서 그들을 섬긴다고 이해된다.

[한편] "[또한 그들이] 아뜨만을 알지 못함으로 말미암아 [신격들의 향유대상이 되는 것은 합당하다]; 왜냐하면 [계시서가] 그와 같이 보여주기 때문이다."라는 것은 다르게 설명된다.

실로 아뜨만을 알지 못하는 그들은 제의 등을 행하는 자들로서 유일하게 의례만을 실행할 뿐 명상적 지식과 의례의 공조(共助)를 실행하지는 않는다.[36] 이 경우에 [수뜨라에서] '아뜨만에 대한 앎'이란 '빤짜그니(다섯 불)의 명상적 지식'을 [의미하는 데] 비유적으로 사용된다. 맥락 때문이다. 그리고 제의 등을 행한 자들이 빤짜그니의 명상적 지식을 결여함으로 말미암아 다섯 불에 대한 명상적 인식[37]을 찬양하기 위해 [그들이 신격들의] 음식이 된다는 것을 비유진술로 제시한다.[38] 실로 이 경우에 명령하고자 하는 것은 빤짜그니의 명상적 지식이다. 문장의 취지로부터 알려지기 때문이다.

왜냐하면 그와 같이 다른 계시서는 달의 천구에서 향유가 존재한다는 것을 보여주기 때문이다. "그는 달(소마)의 세상에서 위대함을 경험한 뒤에 다시 되돌아온다."〈쁘라 5.4〉에서이다. 마찬가지로 또 다른 어떤 계시서마저 "이제 그 세상을 얻은 조상들의 환희 백(百)이 … 행

36_ 여기서 '명상적 지식'과 '의례'의 원어는 각각 'jñāna'와 'karma'이다. 참고로 샹까라는 지식과 행위(의례) 가운데 오직 지식만이 해탈의 수단이라고 강조한다. 행위 단독이나 지식과 행위의 공조를 통해 해탈을 얻을 수 없다고 보는 것이다. 그가 '지식과 행위의 공조론'을 부정하는 논의는 <따잇-우 1.11>에 대한 주석에서 찾아볼 수 있다.

37_ 명상적 인식(vijñāna)=명상적 지식(vidyā).

38_ 비유진술이란 그 자체로 이차적 의미 또는 비유적 의미와 관계한다. 그래서 제의 등을 행한 자들이 신격들의 음식이 된다는 것은 일차적 의미가 아니라 비유적 의미이다.

위를 통해 신격이 된 까르마데바들의 환희 하나입니다.”〈브리 4.3.33〉[39]라며 제의 등을 행한 자들이 신격들과 함께 살면서 향유를 누린다는 것을 보여준다.

이와 같이 음식이 된다는 말은 이차적 의미이기 때문에, 이 경우에 제의 등을 행한 개별자아들이 움직인다는 것은 증명된다.

그러므로 [개별자아가 미시적 원소들에 의해] ‘둘러싸인 채로 움직인다’고 언급한 것은 분명 합리적이다.‖7‖

{ 2. ‘행한 것이 사라짐’이라는 주제: 수뜨라 8-11 }

8. [달의 천구에서 개별자아들은] ‘행한 것’이 사라질 때 남은 결과(업)를 가진 채로 [내려온다]; 직관된 것(계시서)[40]과 전승서로부터 [알려진다]; 도달된 바대로 [즉 갔던 바대로] 또 그와 다르게 [즉 그와 반대로 내려온다].

kṛtātyaye ’nuśayavān dṛṣṭasmṛtibhyāṃ yathetam anevaṃ ca ‖8‖

제의 등을 행한 자들은, 연기 등의 경로를 따라 달의 천구에 올라 향유를 경험하고 그로부터 하강한다고 전해진다. “남은 기간까지 그곳에

39_ <브리 4.3.33>을 온전하게 인용하면 다음과 같다: “이제 그 세상을 얻은 조상들의 환희 백(百)이, 간다르바 세상에서의 환희 하나입니다. 이제 간다르바 세상에서의 환희 백이, 행위를 통해 신격이 된 까르마데바(Karmadeva)들의 환희 하나입니다.”

40_ ‘dṛṣṭa’라는 말은 ‘보인 것, 알려진 것, 경험된 것 등’을 뜻한다. 여기서는 이 말이 계시서 그 자체를 지시하므로 ‘직관된 것’이라고 번역한다.

서 머문 다음, 그러고 나서 그들은 갔던 바대로의 바로 그 행로로 다시 되돌아옵니다."〈찬도 5.10.5〉라고 시작하여 '고귀한 행동을 한 자들은 브라흐마나 등의 태생을 얻고, 저열한 행동을 한 자들은 개 등의 태생을 얻는다.'[41]라는 데까지이다.

이 경우에 이런 것이 의문스럽다. 그들은 모든 업들을 향유한 채 남은 결과(업)[42]가 없이 내려오는가, 그렇지 않으면 남은 결과와 함께 내려오는가?

실로 무엇으로 귀결되는가?

[전론]: 남은 결과가 없이 [내려온다].

어떤 근거에서? '남은 기간까지'라는 한정어 때문이다. 이 경우에 '남은 기간'이라는 말은 잠재업을 지시하며, '그것에 의해, 이 세상으로부터 저 제상으로 결과를 향유하기 위해 그들이 움직인다'라는 [어원을 가진다].[43] 또한 '남은 기간까지 [그곳에서] 머문 다음'이라는 것은 그 모든 '행한 것'이 바로 그곳에서 향유되었음을 보여준다. 그리고 바로 이러한 의미는 "그들의 그것(업)이 고갈될 때"〈브리 6.2.16〉라는 다른 계시를 통해 밝혀진다.

41_ <찬도 5.10.7> 참조: "그 경우에 이곳에서 고귀한 행동을 한 그들은 실로 빠른 방식으로 브라흐마나 태생이나 끄샤뜨리야 태생이나 바이샤 태생과 [같은] 고귀한 태생을 얻을 것입니다. 그리고 이곳에서 저열한 행동을 한 그들은 실로 빠른 방식으로 개의 태생이나 돼지의 태생이나 짠달라의 태생과 [같은] 저열한 태생을 얻을 것입니다."

42_ 남은 결과(anuśaya)=개별자아에 매우 밀접하게 접착되어 있는 일종의 업으로서, 저 세상에서 향유된 행위의 결과와는 별도로 이 세상으로 다시 태어나기 위해 남겨진 행위의 결과.

43_ 잠재업(karmāśaya)을 지시하는 '남은 기간'(saṃpāta)이라는 말은 '그것에 의해, 이 세상으로부터 저 제상으로 결과를 향유하기 위해 그들이 움직인다'(saṃpatanty anenāsmāl lokād amuṃ lokaṃ phalopabhogāya)라는 어원을 가진다. 다시 말해, 결과를 향유하도록 그들을 움직이게끔(saṃpatanti) 하는 것이 '남은 기간'(saṃpāta) 또는 잠재업이다.

[반박]: 이러할 수도 있다. 저 세상에서 향유되어야만 하는 업이 있는 한, 그런 만큼의 업만 향유한다고 우리는 가정할 것이다.[44]

[전론]: 그와 같이 가정할 수는 없다. 다른 곳에서 '그 무엇이든지 간에'라고 지시되기 때문이다. 실로 "이 세상에서 그가 행한 그 무엇이든지 간에 그 행위(업)의 끝에 다다르고 나면, 그 세상으로부터 이 세상으로 과업(행위)을 위해 돌아오리라."〈브리 4.4.6〉라는 다른 계시는 '그 무엇이든지 간에'라는 무차별적인 지시를 통해 이곳에서 행한 모든 업이 그곳에서 소멸된다는 것을 보여준다.

더 나아가 죽음은 시작되지 않은 '행위의 결과'(업)가 현시되게끔 한다. 시작된 '행위의 결과'에 의해 억눌린 [시작되지 않은 '행위의 결과'가] 죽음 이전에 현시되는 것은 가능하지 않기 때문이다.[45] 그리고 그것(죽음)은, 시작되지 않은 그 무슨 결과이든지 간에, 그 모든 것이 무차별적으로 현시되게끔 한다.[46] 왜냐하면 동작의 원인이 공통적인 경우에 동작의 결과가 공통적이지 않을 수는 없기 때문이다. 예를 들어 '등불 근처에 있음'이 공통적인 경우에 항아리가 현시되고 천이 현시되지 않는 것은 합당하지 않다. 따라서 [개별자아들은] 남은 결과가 없이 내려온다.

이와 같은 귀결에서 우리는 말한다.

[후론]: [개별자아들은] '행한 것'이 사라질 때 남은 결과(업)를 가진 채

44_ 모든 업이 고갈될 때까지 업을 향유하지 않고 '반드시 향유되어야만 하는 그만큼의 업'만 향유한다고 우리는 가정한다.

45_ 죽음 이전에는 즉 살아 있는 동안에는 현 생애를 위한 '시작된(ārabdha) 업'만이 나타나 있다. 그리고 죽음 이후에는 '시작되지 않은(anārabdha) 업'이 나타난다. 달리 말해서, 살아 있는 동안에는 '시작된 업'에 의해 억눌려 있는 '시작되지 않은 업'이 나타나는 것은 불가능하다.

46_ 죽음 이후에는 '시작되지 않은 업'(축적되어 있는 업)이 그 어떤 예외도 없이 모두 나타난다. 따라서 개별자아는 달의 천구에서 그 업들을 모두 소진한 채 그 어떤 남은 결과도 없이 되돌아온다.

로 [내려온다]. 행위의 무더기를 가진 채 그 결과를 향유하기 위해 달에 오른 자들에게서 [행위의 무더기가] 그 향유를 통해 소멸될 때, 달에서 향유하기 위해 산출된 것이자 물로 이루어진 그들의 육체는, 그 향유가 소멸되는 것을 보면서 [만들어지는] '슬픔의 불'과 접촉함으로써 소멸된다. 얼음과 우박이 태양의 광선에 접촉함으로써 소멸되는 것과 같다. 또한 버터의 견고함이 불의 불꽃에 접촉함으로써 소멸되는 것과 같다. 따라서 행한 것이 사라질 때 즉 제의 등의 행위가 그 결과의 향유를 통해 소멸될 때, 오직 남은 결과와 함께 그들은 이곳으로 내려온다.

[전론]: 무슨 이유로?

[후론]: [수뜨라 저자는] '직관된 것(계시서)과 전승서로부터' [알려진다고] 말한다.

그러한 증거로서, 직접적인 계시는 남은 결과와 함께 [개별자아들이] 내려온다는 것을 보여준다. "그 경우에 이곳에서 고귀한 행동을 한 그들은 실로 빠른 방식으로 브라흐마나 태생이나 끄샤뜨리야 태생이나 바이샤 태생과 [같은] 고귀한 태생을 얻을 것입니다. 그리고 이곳에서 저열한 행동을 한 그들은 실로 빠른 방식으로 개의 태생이나 돼지의 태생이나 짠달라의 태생과 [같은] 저열한 태생을 얻을 것입니다." 〈찬도 5.10.7〉에서이다. '행동'이라는 말은 '남은 결과'를 암시한다고 [수뜨라 저자가 나중에] 설명할 것이다.[47] 그리고 경험적으로 오직 출생에 따라 각각의 생명체에서 높고 낮은 형태로 나눠져 있는 그 향유는, 우연성이란 불가능함으로 말미암아, 남은 결과가 존재한다는 것을 암시한다. 번영과 쇠퇴가 선행과 악행을 원인으로 한다고 공통적으로 성전에 의해 알려지기 때문이다.

또한 전승서는 "계급(바르나)과 인생단계에 따라 자신의 행위에 몰두

47_ <수뜨라 3.1.9-10> 참조.

하는 자들은 죽은 뒤에 행위의 결과를 경험하고, 그 후에 나머지에 따라 특정한 장소, 카스트, 가문, 용모, 수명, 학식, 행동거지, 재물, 행복, 지성을 가진 채로 탄생하게 된다."라며 오직 남은 결과와 함께 [개별자아들이] 내려온다는 것을 보여준다.

[전론]: 그렇다면 '남은 결과'라고 불리는 것은 무엇인가?

먼저 혹자들은 말한다.

[이론]: '남은 결과'라고 불리는 것은, 용기에 묻은 기름처럼, 천국을 목적으로 하는 행위(의례)에서 그 결과가 향유되고 남은 어떤 것이다. 실로 예컨대, 기름 용기가 비워지더라도 전적으로 비워지지는 않고 기름의 어떤 나머지가 분명 용기에 묻은 채로 존재하듯이, 남은 결과도 마찬가지이다.

[반박]: '보이지 않는 힘'이 그 결과물과 모순적임으로 말미암아 '향유되고 남은 결과'가 존재하는 것은 정당하지 않지 않는가?[48]

[이론]: 그러한 결함은 없다. 왜냐하면 [달에서] 행위의 결과가 전적으로(모조리) 향유된다고 우리가 주장하지는 않기 때문이다.

[반박]: 행위의 결과를 남김없이 향유하기 위해 달의 천구에 오르지 않는가?

[이론]: 정말이다. 그렇다고 할지라도 단지 매우 적은 업이 남은 채로 그곳에 머무르지는 못한다. 실로 예컨대, 어떤 신봉자가 [왕을] 섬기기 위한 모든 수단들과 함께 왕궁으로 가지만 [그곳에] 오래 체재함으로써 수많은 수단들을 소모해버리고 단지 우산, 신발 등만이 남은 채로 왕궁에 머무를 수는 없다. 마찬가지로 오직 남은 결과만을 보유한 채로 달의 천구에 머무를 수는 없다.

48_ '보이지 않는 힘'(adṛṣṭa)은 즐거움, 괴로움과 같은 그 결과물(kārya)을 낳자마자 사라지기 때문에 보이지 않는 힘과 그 결과물은 결코 공존할 수 없다. 따라서 보이지 않는 힘은 그 결과물을 모조리 다 산출해야만 한다.

[반박]: 하지만 이는 합리적이지 않은 듯하다. 왜냐하면 [보이지 않는 힘이] 그 결과물과 모순적임으로 말미암아 천국을 목적으로 하는 행위(의례)에서 '향유되고 남은 결과'가 존속하는 것은 합당하지 않다고 언급했기 때문이다.

[이론]: 그 또한 [우리가] 언급했지 않는가? '천국을 의도하는 행위'의 결과가 모조리 향유되지는 않을 것이다.

[후론]: 이는 그다지 건전하지 않다. 이와 같은 가정은, 즉 실로 천국을 목적으로 하는 행위가 천국에 머무는 자에 한해서 천국과 [관련된] 모든 결과를 산출하지 않지만 심지어 천국을 떠난 자에게도 그 어떤 소량의 결과를 산출한다는 가정은, 성언을 지식수단으로 삼는 자들에게 적절하지 않다. 반면에 기름 용기에 소량의 기름이 존속하는 것은 관찰되기 때문에 합당하다. 또한 마찬가지로 신봉자에게 [섬기기 위한] 소수의 수단이 존속하는 것도 관찰된다. 하지만 이 경우에는 천국을 의도하는 소량의 업이 존속한다고 그와 같이 관찰되지 않을뿐더러 가정될 수조차 없다. 천국이 곧 [행위의] 결과라는 성전과 모순되기 때문이다.[49]

결국 이에 대해서는 반드시 다음과 같이 알아야만 한다. '남은 결과'란, 용기에 묻은 기름과 달리, 천국을 의도하는 제의 등의 행위에서 [남은] 한 부분으로 존속하는 것이 아니다. 실로 만약 남은 결과가 천국을 경험하게끔 한 '제의 등의 선한 행위' 그 자체에서 어떤 한 부분이라고 가정된다면, 그 경우에 오직 고귀한 것만이 유일한 남은 결과일 것이고 그 반대인 것은 남은 결과가 아닐 것이다. 그러면 "그 경우에 이곳에서 고귀한 행동을 한 그들은 … 그리고 이곳에서 저열한 행동을 한

49_ 천국을 의도하는 소량의 업이 천국에서 존속하는 것은 불가능하다. 성전에서는 업을 통해 천국 그 자체를 얻는다고 알려주는데, 어떻게 천국을 의도하는 업이 천국에서 남은 채 천국을 의도할 수 있겠는가!

그들은"〈찬도 5.10.7〉이라며 남은 결과에 대해 구분하는 그 계시는 교란될 것이다. 따라서 저 세상에서 결과를 낳은 총체적 행위가 향유된 경우에, 남은 결과란 이 세상에서 결과를 낳기 위해 남겨진 다른 총체적 행위이고, [바로] 그것을 가진 채로 그들(개별자아들)은 내려온다.

'그 무엇이든지 간에'라는 무차별적인 지시 때문에, 이곳에서 행한 모든 행위가 그 결과의 향유를 통해 끝에 다다르고 나서 그들이 남은 결과가 없이 내려온다고 주장한 것에 관해서는, 그건 그렇지 않다. 남은 결과가 존재한다고 알려지기 때문이다. [그 지시를 통해서는], 저 세상에서 결과를 낳기 위해 이곳에서 행했고 [또 저 세상에서] 향유가 시작된 행위라면 그 무엇이든지 간에, [그들은] 결과의 향유를 통해 모든 행위를 소멸시킨 뒤에 [이곳으로 내려온다고] 이해된다.

그리고 죽음은 실로 시작되지 않은 그 모든 '행위의 결과'가 무차별적으로 현시되게끔 하고, 그 경우에 '저 세상에서 결과가 시작되는 어떤 행위'와 '[재생할 때에] 이 세상에서 결과가 시작되는 어떤 행위'를 그렇게 구분하는 것이 가능하지 않다고 주장한 것에 관해서는, 그조차도 오직 남은 결과가 존재하는 것을 제시함으로써 논박된다.

더 나아가, 무슨 이유에서 죽음은 시작되지 않은 '행위의 결과'가 현시되게끔 한다고 주장하는지, 말해야만 한다.

만약 시작된 '행위의 결과'에 의해 억눌린 다른 것에서[50] 작용이 생길 수 없다가 죽음의 순간에 그것이[51] 멈춤으로 말미암아 작용이 생기게 된다고 말한다면, 그 경우에 [다음과 같이] 말해야만 한다. 그러면 실로 죽음 이전에는 시작된 '행위의 결과'에 의해 억눌린 다른 것에서 작용이 생길 수 없듯이, 마찬가지로, 모순적인 결과를 가지는 여러 행위에

50_ 다른 것에서=시작되지 않은 '행위의 결과'에서.
51_ 그것이=시작된 '행위의 결과'가.

서 동시에 결과가 시작되는 것은 불가능함으로 말미암아, 죽음의 순간조차도 '힘을 가진 것'에 의해 억눌린 '힘이 없는 것'에서 작용은 생길 수 없다. 실로, [죽음 이전에 여러 행위가] 시작되지 않은 결과를 가지는 것이 공통적이라고 해서, 다만 상이한 [여러] 태생에서 향유되어야만 하는 결과를 가지는 여러 행위가 하나의 죽음에서 동시에 현시된 채 존재함으로써 하나의 [새로운] 태생을 산출한다고는 말할 수 없다. 각각에 배정되는 결과를 가진다는 것과 모순되기 때문이다.[52] 게다가 죽음에서 어떤 행위(업)는 현시되고 어떤 행위는 절멸된다고 말할 수는 없다. 절대적으로 결과를 가진다는 것과 모순되기 때문이다.[53] 실로 속죄의식 등의 수단들이 없이는 행위들의 절멸이란 불가능하다.[54] 또한 전승서는 '모순적인 결과를 가지는 행위'에 의해 억눌린 '다른 행위'가 오래 존재한다는 것을 보여준다. "가끔씩 이곳에서는, 윤회에 빠져 있는 자가 고통으로부터 자유로워질 때까지, 선한 행위가 불변한 채로[55] 존립한다."라는 이러한 유형에서이다.

또한 만약 시작되지 않은 '행위의 모든 결과'가 하나의 죽음에서 현시된 채 존재함으로써 하나의 [새로운] 태생을 산출한다면, 그 경우에 천국 · 지옥 · 동물에 관한 자격이 알려지지 않음으로 말미암아 다르마

52_ 여러 행위의 결과는 상이한 여러 태생에서 향유되어야만 한다. 그런데 단지 죽음 이전에 여러 행위가 공통적으로 '시작되지 않은 결과'를 가진다고 해서, 바로 그 때문에 한 번의 죽음에서 그 행위의 결과가 동시에 현시된 채 하나의 태생을 산출할 수는 없다. 왜냐하면 그러할 경우 '각각의 행위에 따라 각각의 결과가 배정되는 원칙'과 모순이 발생하기 때문이다.

53_ 죽음의 순간에 강한 행위가 나타나고 약한 행위가 사라질 수는 없다. 왜냐하면 그러할 경우 '모든 행위가 반드시 결과를 가진다는 원칙'과 모순이 발생하기 때문이다.

54_ 행위의 절멸(uccheda)이란 행위가 온전하게 향유됨으로써 사라지는 방법을 제외하고는 속죄의식(prāyaścitta)이라든가 해탈이라는 방법을 통해서만 가능하다.

55_ 불변한 채로=결과를 낳지 않은 잠재된 형태로.

와 다르마가 아닌 것이 생성되지 않을 때에, 동작적 원인이 없기 때문에 그 이후의 태생이 가능하지 않을 것이다.[56] 그리고 브라흐만을 살해하는 것 등의 경우에 그 하나하나의 행위가 [하나의 탄생이 아닌] 여러 탄생을 야기한다고 전승되는 것도[57] 교란될 수 있다. 게다가 다르마와 다르마가 아닌 것의 본질 · 결과 · 성취수단 등을 아는 데 성전과는 별도의 [다른] 수단이 고려될 수는 없다. 더욱이 죽음은, 기우제 등의 행위(의례)에서는, [이미] 발생한 결과가 현시되게끔 할 수 없다.[58] 그래서 죽음이 현시되게끔 한다는 그러한 가정은 여전히 모든 경우에 충족되지 못한다.

등불을 통해 진술한 것마저도, 오직 행위의 강함과 약함을 밝힘으로써 반박되었다.[59] 그리고 이는[60] 가시적이거나 미시적인 형태가 현시되는 것과 같은 [문제라고] 이해해야만 한다. 실로 예컨대 등불은, 비록 '근처에 있음'은 공통적일지라도, 가시적인 형태가 현시되게끔 하지만

56_ 한 번의 죽음에서 시작되지 않은 '행위의 모든 결과'가 현시된 채 하나의 태생을 산출한다고 가정된다면, 천국에서 지옥에서 또는 동물로서 태어나 살아가는 경우에 새로운 행위를 얻을 수 있는 자격이 주어지지 않으므로 새로운 태생의 동작적 원인이 되는 '다르마와 다르마가 아닌 것'이 생성되지 못한다. 결과적으로 그 이후에 새로운 태생을 얻는 것도 불가능하고 또 해탈을 얻을 수 있는 기회조차도 없다. 따라서 그렇게 가정되어서는 안 된다.

57_ 브라흐만을 살해하는 것과 같은 악행은 여러 탄생에 걸쳐 속죄해야만 한다고 전승된다.

58_ 기우제(Kārīrī)를 지내면 '비'라고 하는 결과가 바로 이 세상에서 살아 있는 동안에 발생한다. 따라서 기우제 등과 같은 행위를 고려한다면, 죽음은 '시작되지 않은 모든 행위의 결과'가 현시되게끔 할 수 없다. 이미 발생한 행위의 결과가 다시 발생할 수는 없기 때문이다.

59_ 전론자는 등불의 예시를 통해 시작되지 않은 행위의 결과가 무차별적으로 현시된다는 점을 주장했다. 하지만 후론자는 강한 행위(힘을 가진 것)와 약한 행위(힘이 없는 것)가 존재한다는 것을 언급함으로써 무차별적인 현시가 불가능하다는 점을 암시한 바 있다.

60_ 이는=등불을 통해 진술한 것은.

미시적인 형태가 현시되게끔 하지는 않는다. 마찬가지로 죽음은, 비록 시작되지 않은 '총체적 행위의 결과'가 여지(기회)를 가지는 것은 공통적일지라도, 힘을 가진 행위에서 작용이 생기게끔 하지만 힘이 없는 행위에서 작용이 생기게끔 하지는 않는다. 따라서 계시서 · 전승서 · 논리와 모순됨으로 말미암아 [죽음의 순간에] 모든 행위가 현시된다고 그렇게 용인하는 것은 온당하지 못하다.

남은 행위(업)가 존재하는 경우에 해탈의 불가능함이 수반된다는 것마저 어울리지 않는 근심이다. 참된 직관을 통해 모든 행위가 소멸한다고 계시되기 때문이다. 따라서 남은 결과를 가진 채로 [개별자아들이] 내려온다는, 바로 그 점이 확립된다.

그리고 그들은 내려오면서 도달된 바대로 또 그와 다르게 내려온다. '도달된 바대로'라는 것은 '갔던 바대로'라는 뜻이다. '그와 다르게'라는 것은 '그와 반대로'라는 뜻이다. '조상의 길'이라는 행로에 사용되는 연기와 천공이 내려오는 경우에도 언급되는 것으로부터, 또 '도달된 바대로'라는 말로부터, '갔던 바대로'라는 것이 이해된다. 밤 등이 언급되지 않는 것으로부터, 또 구름 등이 추가되는 것으로부터, '[갔던 행로와는] 반대로'라는 것마저 이해된다.[61] ‖8‖

9. 만약 [남은 결과가 아니라] 행동으로부터 [태생을 획득한다고] 한다면, 아니다; [행동에 대한 그 계시는 남은 결과를] 함의하기 위해서라고 까르슈나지니가 [생각하기 때문이다].

caraṇād iti cen nopalakṣaṇārtheti kārṣṇājiniḥ ‖9‖

61_ 저 세상에서 이 세상으로 내려올 때에 이 세상에서 저 세상으로 갔던 행로를 그대로 따르는 것이 '갔던 바대로'이다. 또한 내려오는 것과 관련된 계시서에서 밤 등처럼 새로운 것이 언급되지 않고 구름 등처럼 '갔던 바대로의 행로'가 추가로 언급되기 때문에, 내려오는 행로는 '갔던 행로와는 반대로(반대 방향으로)'이다.

[전론]: 한편 이러할 수 있다. 남은 결과가 존재한다는 것을 제시하기 위해 인용된 "그 경우에 이곳에서 고귀한 행동을 한 그들은"〈찬도 5.10.7〉이라는 그 계시는, 실로 '남은 결과(업)'로부터가 아니라 '행동'으로부터 [여러] 태생을 획득한다는 것을 보여준다. 행동과 남은 결과는 서로 다른 것이다. 행동의 유의어는 행동거지, 행실, 품행[62]이다. 반면에 남은 결과란 '결과가 향유된 행위(업)'와는 별도로 [존재하는] 행위를 의미한다. 그리고 계시서는 행위(업)와 행동을 상이한 것으로 언급한다. "행위하는 바대로 행동하는 바대로, 그는 그와 같이 됩니다."〈브리 4.4.5〉에서이다. 또한 "결함이 없는 행위들을 추구해야만 한다. 다른 것들을 추구해서는 안 된다. 우리의 좋은 행동들을 그대는 본받아야만 한다."〈따잇 1.11.2〉에서이다. 따라서 행동으로부터 [여러] 태생을 획득한다는 계시로 말미암아 남은 결과가 [존재한다는 것은] 확립되지 않는다.

[후론]: 그러한 결함은 없다. 행동에 대한 그 계시는 오직 남은 결과를 함의하기 위해서라고, 대스승인 까르슈나지니가 생각하는 까닭에서이다.‖9‖

10. 만약 [행동이 결과를 가지지 않는 경우에] 무용하다고 한다면, 아니다; [제의 등의 행위가] 그것(행동)에 의존하기 때문이다.

ānarthakyam iti cen na tadapekṣatvāt ‖10‖

이러할 수도 있다. 그렇다면 무엇 때문에 '행동'이라는 말로부터 계시서에 근거한 '품행'이라는 [의미를] 버린 채 함의된[63] [의미인] '남은

62_ 행동거지, 행실, 품행의 원어는 각각 'cāritra', 'ācāra', 'śīla'이다.

63_ 함의된(lākṣaṇika)=이차적인.

결과'를 받아들이는가?

[전론]: 계시서에 근거한 바로 그 품행(행동)[64]은 명령과 금지에 [따르는] 선과 악의 형태로서 좋거나 나쁜 태생의 획득을 그 결과로 가지지 않겠는가? 그리고 바로 그 품행(행동)은 그 어떤 결과를 가진다고 반드시 용인해야만 한다. 왜냐하면 그렇지 않은 경우 품행(행동)이 무용할 뿐이라는 부조리한 결말이 생길 것이기 때문이다.

[후론]: 그러한 결함은 없다.

어떤 근거에서? [행위가] 그것(행동)에 의존하기 때문이다. 실로 제의 등의 총체적 행위는 행동에 의존한다. 왜냐하면 좋은 행실(행동)이 없이는 [행위를 위한] 그 어떤 자격자(資格者)도 있을 수 없기 때문이다. "베다들은 [좋은] 행실을 결여한 자를 순화하지 않는다."라는 등의 전승들로부터 [알려진다]. 게다가 행실은 인간에게 유익한 것과 관계해서도 무용하지 않다. 왜냐하면 제의 등의 총체적 행위가 결과를 산출할 때 오직 그것과 관련되는 행실은[65] 바로 그것(행위)에서 어떤 추가적인 것을 산출할 것이기 때문이다.[66] 그리고 행위가 모든 것을 야기한다

64_ 주석가가 'caraṇa'(행동)라는 말 대신에 'śīla'(품행)라는 말을 사용하고 있으나 이미 앞에서 이것들이 유의어라는 점을 언급했기 때문에 '품행'을 '행동'의 의미로 이해하면 된다.

65_ 오직 그것과 관련되는 행실은=오직 인간에게 유익한 것과 관련되는 행실은. 이 표현은 또한 '오직 행위(의례)를 하는 그 인간과 관련될 뿐인 행실은'이라는 의미로 이해할 수도 있다.

66_ 행위가 행동에 의존한다면 즉 행위가 행동을 필요로 한다면, 행동은 행위(의례)의 구성요소로서 매우 중요한 의의를 가진다. 일단 행위의 구성요소로서 행동은 그 자체의 결과를 낳지는 않는다. 그럼에도 '인간에게 유익한 것'(puruṣārtha) 즉 '제의를 실행하는 자에게 만족을 주는 것'과 관계하는 어떤 행동은 행위에 기대어 추가적인 어떤 결과를 낳기도 한다. 목욕하기, 기도하기 등과 같은 행동은 행위가 어떤 결과를 낳을 때 추가적으로 결과를 보태기 때문에 결코 무용하지는 않다. 즉 제의를 행하기 이전에 목욕하기를 행한다면 목욕하기는 제의가 낳는 결과에 추가적인 어떤 결과를 보탤 수 있다.

는 것은 계시서와 전승서에서 잘 알려져 있다.[67]

그러므로 품행(행동)에 의해 함의되고 남은 결과로 존재하는 행위 자체가 태생을 획득하는 데 원인이라는 것이 까르슈나지니의 의견이다. 왜냐하면 행위가 가능한 경우에[68] 품행(행동)으로부터 태생을 획득한다는 것은 합리적이지 않기 때문이다. 예를 들어, 발로 달아날 수 있으면서 무릎으로 움직이지는 말아야 한다.‖10‖

11. 하지만 ['행동'이라는 말이 지시하는 것은] 선행과 악행일 뿐이라고 바다리는 [생각한다].

sukṛtaduṣkṛte eveti tu bādariḥ ‖11‖

하지만 '행동'이라는 말이 지시하는 것은 선행과 악행일 뿐이라고 대스승 바다리는 생각한다. 행동, 실행, 행위[69]는 [모두] 유의어이다. 그러한 증거로서, '행동하다'라는 동사는 한결같이 행위 자체와 관계하여 사용된다고 알려진다. 왜냐하면 보통사람들은 제의 등으로 지시되는 선한 행위를 하는 자에 대해 '저 위대한 영혼은 다르마에 따라 행동한다'라고 말하기 때문이다. 그리고 행실 역시 특정한 다르마에 지나지 않는다. 또한 '브라흐마나와 출가자'라는 논리를 통해서도, 행위와 행동의 차이를 언급하는 것은 가능하다.[70]

67_ 여러 태생을 획득하는 것 등과 같은 모든 것은 행동이 아니라 오직 행위로부터 야기될 뿐이다. 따라서 <찬도 5.10.7>에서 '행동'이라는 말은 '남은 결과'를 함의한다.

68_ 행위가 가능한 경우에=행위로부터 태생을 획득하는 것이 가능한 경우에.

69_ 실행, 행위의 원어는 각각 'anuṣṭhāna', 'karma'이다.

70_ 출가자(parivrājaka)란 브라흐마나이면서 수도승의 삶을 선택한 자를 가리킨다. 주석가는 '행위'와 '행동'의 차이를 '브라흐마나'와 '브라흐마나 출가자'의 차이에 비교한다.

그러므로 고귀한 행동을 한 자들이란 찬양할 만한 행위를 한 자들이고, 저열한 행동을 한 자들이란 비난할 만한 행위를 한 자들이라고 확립된다.‖11‖

{ 3. '제의 등을 행하지 않은 자들'[71]이라는 주제: 수뜨라 12-21 }

12. 또한 제의 등을 행하지 않은 자들마저 [달에 갈 수 있다고] 계시된다.

anişṭādikāriṇām api ca śrutam ‖12‖

제의 등을 행한 자들은 달에 간다고 언급했다. 한편 제의 등을 행하지 않은 다른 자들마저 달에 가는지 아니면 가지 않는지 고민스럽다.

이 경우에 먼저 말한다.

[전론]: 오직 제의 등을 행한 자들만이 달에 가는 것은 아니다.

무엇 때문에? 제의 등을 행하지 않은 자들마저 달의 천구에 갈 수 있다고 계시되는 까닭에서이다. 그러한 증거로서, 까우쉬따낀들은 한결같이 전한다. "정녕 이 세상으로부터 떠나는 자들이라면, 바로 그 달로 모두 갑니다."〈까우 1.2〉에서이다. 또한 다시 태어나는 자들에게서 육체가 산출되는 것마저 달에 도달함이 없이는 가능하지 않다. "다섯 번

71_ 여기서 '제의 등을 행하지 않은 자'(aniṣṭādikārin, 제의 등을 행하지 않는 자)란 '악한 것 등을 행하는 자'라고 이해해도 무방하다. 부정을 나타내는 접두사인 'an'이 'iṣṭādikārin'(제의 등을 행하는 자)에 대한 부정인 경우에는 전자의 의미이고, 'iṣṭa'(선한 것, 좋은 것)에 대한 부정인 경우에는 후자의 의미이다. 그러나 실제적으로 양자가 의미의 차이를 크게 가지지는 않는다. 제의 등을 행하지 않은 자는 그 자체로 악한 것 등을 행한 자이기 때문이다.

째 공물이 제공될 때"〈찬도 5.9.1〉에서 공물의 수에 대한 원칙이 있기 때문이다.[72] 따라서 실로 그 모두는 달에 도달해야 한다.

[반박]: 제의 등을 행한 자들과 다른 자들이 똑같은 여로(목적지)를 가지는 것은 합리적이지 않다.

[전론]: 아니다. 다른 자들은 달의 천구에서 향유하지 않기 때문이다.[73]‖12‖

13. 하지만 [모두가 달에 가는 것은 아니다]; 다른 자들은 [즉 제의 등을 행하지 않은 자들은] 죽음의 거처에서 [야마가 내리는 고통을] 경험한 뒤에 [이 세상으로 다시 내려온다]; [그들에게는 이러한] 올라감과 내려옴이 [적용된다]; 그러한 여로를 [계시서가] 보여주기 때문이다.

saṃyamane tv anubhūyetareṣām ārohāvarohau tadgatidarśanāt ‖13‖

[후론]: '하지만'이라는 말은 전론을 배제한다. 모두가 달에 가는 것은 아니다.

무엇 때문에? 왜냐하면 달에 올라가는 것은 오직 향유하기 위해서이고 목적이 없지는 않기 때문이다. 심지어 단지 다시 내려오기 위해서도 아니다. 예컨대 누군가가 나무에 올라가는 것은 오직 꽃과 과일을 취하기 위해서일 뿐, 목적이 없지도 않고 심지어 단지 내려오기 위해서도 아니다. 그리고 제의 등을 행하지 않은 자들은 달에서 향유하지

72_ 개별자아가 달로부터 재생하는 것과 관련된 오화설에서는 '다섯'(5)이라는 공물의 수가 원칙으로 제시되기 때문에 달에 도달함이 없이는 새로운 육체를 가지는 재생 자체가 불가능하다. <주석 3.1.18> 참조.

73_ 다른 자들은 달의 천구에 가기는 하지만 그곳에서 향유하지는 않기 때문이다.

않는다고 언급했다. 따라서 오직 제의 등을 행한 자들만이 달에 올라갈 뿐 다른 자들은 올라가지 않는다.

반면에 그들(다른 자들)은 죽음의 거처에 즉 야마의 거처에 빠져 들어가고 나서, 자신의 악행에 적합하게 '야마가 내리는 고통'을 경험한 뒤에, 분명 새로이 이 세상으로 다시 내려온다. 그들에게는 이러한 연관을 가지는 올라감과 내려옴이 적용된다. 어떤 근거에서? 그러한 여로를 [계시서가] 보여주기 때문이다. 그러한 예시로서, 야마(죽음)의 말 그 자체로서의 계시는 제의 등을 행하지 않은 자들이 야마의 손아귀에 놓여 있는 것을 보여준다. "다른 세상을 얻는 방법은, 재물에 미혹된 우매하고 경솔한 바보에게는 나타나지 않는다. 이 세상만 존재하고 다른 [세상은] 존재하지 않는다고 생각하는 자는, 되풀이해 나의 손아귀에 빠지게 된다."〈까타 2.6〉에서이다. 또한 "사람들이 함께 만나는 [곳인] 바이바스바따(야마)에게"〈리그 10.14.1〉라는 이러한 유형의 전거는 즉 야마의 손아귀에 잡히는 것에 관한 전거는 실로 여럿이다.‖13‖

14. 또한 [식자들이 그러하다고] 전승한다.

smaranti ca ‖14‖

더 나아가 마누, 브야사를 비롯한 식자들은, 저열한 행위가 죽음의 거처인 마을에서 야마에 의존한 채로 열매 맺는다는 것을,[74] 나찌께따스의 설화 등에서 전승한다.‖14‖

15. 더 나아가 일곱의 [지옥들을 전승하기 때문에, 제의 등을 행하지 않은 자들은 달에 도달하지 않는다].

74_ 열매 맺는다는 것을=과보를 얻는다는 것을.

api ca sapta ‖15‖

더 나아가 뿌라나(전설집)의 저자들은 악행의 결과를 향유하는 장소로서 라우라바를 필두로 하는 일곱의 지옥들을 전승한다. 제의 등을 행하지 않은 자들은 그곳에 도달한다. '어찌하여 그들이 달에 도달할 수 있겠는가?'라는 것이 [수뜨라 저자의] 의도이다.[75]‖15‖

[전론]: 그 라우라바 등의 [지옥들에] 찌뜨라굽따 등의 다양한 여러 주재자들이 [존재한다고] 전승하는 이상, 악한 행위를 한 자들이 [오직] 야마에 의존하는 고통을 겪는다는 것은 모순이지 않는가?

[수뜨라 저자는] 아니라고 말한다.

16. 또한, [만약 일곱의 지옥들에 여러 주재자들이 존재한다고 전승함으로써 오직 야마의 고통을 겪는다는 것은 모순이라고 한다면], 심지어 그곳에서도 그(야마)가 활동하기 때문에 모순은 없다.

tatrāpi ca tadvyāpārād avirodhaḥ ‖16‖

[후론]: 심지어 그러한 일곱의 지옥들에서도 바로 그 야마가 주재자로서 활동한다고 용인되기 때문에 모순은 없다. 왜냐하면 찌뜨라굽따 등의 그 주재자들을 야마가 임명했을 뿐이라고 전승하기 때문이다.‖16‖

17. 하지만 ['빤짜그니(다섯 불)의 명상적 지식'에서 '이 두 길의'라는 것

75_ '제의 등을 행하지 않은 자들은 지옥들에 도달하고 마는데 어찌하여 그들이 달에 도달한다고 말할 수 있겠는가?'라는 것이 수뜨라 저자의 의도이다.

은] '명상적 지식과 행위의'라는 [뜻이다]; 논제이기 때문이다; [따라서 제3의 길에 속하는 자들은 즉 제의 등을 행하지 않은 자들은 달에 도달하지 않는다].

vidyākarmaṇor iti tu prakṛtatvāt ‖17‖

'빤짜그니의 명상적 지식'에서 "어떻게 저 세상이 가득 채워지지 않는지 당신은 압니까?"〈찬도 5.3.3〉라는 이 질문에 대답하는 와중에, "이제 이 두 길의 어느 하나도 [따르지] 않는 그들은 반복적으로 되돌아오는(윤회하는) 그러한 매우 작은 존재들입니다. '태어나라! 죽으라!'라는 그것이 제3의 상태입니다. 이 때문에 저 세상은 가득 채워지지 않습니다."〈찬도 5.10.8〉라고 계시된다.

이 경우에 '이 두 길의'라는 것은 '명상적 지식과 행위의'라는 [뜻이다].

무엇 때문에? 논제이기 때문이다. 실로 명상적 지식과 행위는 '신의 길'과 '조상의 길'이라는 두 길을 획득하는 것과 관계하는 논제이다. "그 경우에 이와 같이 아는 자들과"〈찬도 5.10.1〉에서 [논제는] 명상적 지식이고, 그것을 통해 획득해야만 하는 '신의 길'이라는 길이 표명된다. "제의, 복지사업, 자선"〈찬도 5.10.3〉에서 [논제는] 행위이고, 그것을 통해 획득해야만 하는 '조상의 길'이라는 길이 표명된다. 이러한 양상에서 "이제 이 두 길의 어느 하나도 [따르지] 않는 그들은"이라고 계시된다.

말한 바는 이러하다: 명상적 지식이라는 성취수단을 따르는 '신의 길'에 여행의 자격자가 아니고 또한 행위라는 성취수단을 따르는 '조상의 길'에 여행의 자격자가 아닌 그들은, 매우 작은 생명체로 지시되고 반복적으로 되돌아오는 그 제3의 길에 속한다. 따라서 또한 제의 등을 행하지 않은 자들은 달에 도달하지 않는다.

[전론]: 이러할 수도 있다. 심지어 그들도 달의 구체에 올라간 뒤에 그로부터 내려와서 매우 작은 생명체가 될 것이다.

[후론]: 이 또한 그렇지 않다. 올라가는 것이 무용하기 때문이다.[76] 더 나아가 [죽어서] 떠나는 모두가 달의 세상에 도달할 경우, 저 세상은 떠나는(죽은) 자들로 가득 채워질 것이므로, 그로부터 질문과 모순되는 대답이 수반될 것이다. 왜냐하면 어떻게 저 세상이 가득 채워지지 않는지 [알려주는] 대답이 주어져야만 하기 때문이다.

[전론]: 내려오는 것을 용인하기 때문에 가득 채워지지 않는 것은 가능하다.

[후론]: 아니다. 계시되지 않기 때문이다. 바로 그 '내려오는 것' 때문에 가득 채워지지 않을 수 있는 것은 사실이다. 하지만 계시서는 제3의 상태를 언급함으로써 가득 채워지지 않는다는 것을 보여준다. "그것이 제3의 상태입니다. 이 때문에 저 세상은 가득 채워지지 않습니다."에서이다. 이로 말미암아, 바로 그 '올라가지 않는 것' 때문에 가득 채워지지 않는다는 것이 합리적이다. [그렇지 않은 경우] 제의 등을 행한 자들조차 '내려오는 것'을 공통적으로 가짐으로써 [계시서에서] 제3의 상태를 언급하는 것이 무용해지는 부조리한 결말이 생기기 때문이다.[77]

그리고 '하지만'이라는 말은 다른 분파의 문장으로부터 생기는 의심 즉 '모두 간다'는 의심을 해소한다.[78] 이와 같을 경우에, 다른 분파의 문장에서 '모두'라는 말은 '[올라갈 수 있는] 자격자 [모두]'라는 견지로 한

76_ 달에 올라갔다가 바로 내려온다면, 달에 올라가는 것에 목적이 없기 때문이다.

77_ 달에서 '내려오는 것' 때문에 가득 채워지지 않는다고 가정하는 경우, 내려오는 것이란 제의 등을 행한 자들에게도 해당되므로, 굳이 가득 채워지지 않는 이유로 제3의 상태를 언급할 필요가 없게 된다.

78_ <까우 1.2> 참조: "정녕 이 세상으로부터 떠나는 자들이라면, 바로 그 달로 모두 갑니다."

정된다. 실로 이 세상으로부터 떠나는 그 어떤 자격자들이든지, 그 모두가 달 자체로 간다.‖17‖

한편 "다섯 번째 공물이 제공될 때"〈찬도 5.9.1〉에서 공물의 수에 대한 원칙이 있기 때문에 [새로운] 육체를 얻는 것이 가능하기 위해서는 모두 달에 가야만 한다고 주장한 것에 관해서,[79] [우리는] 답변한다.

18. [만약 공물들의 수가 다섯이라는 원칙이 있기 때문에 새로운 육체를 얻기 위해서 모두 달에 가야만 한다고 한다면], 제3의 [상태와] 관계하여 [그러한 원칙이 적용되어서는] 안 된다; [계시서에서] 그와 같이 알려지기 때문이다.

na tṛtīye tathopalabdheḥ ‖18‖

제3의 상태와 관계하여, 육체를 얻기 위해서 공물들의 수가 다섯이라는 원칙이 적용되어서는 안 된다.

어떤 근거에서? [계시서에서] 그와 같이 알려지기 때문이다. 그러한 예시로서, [계시서에서는] 공물의 수에 대한 원칙이 분명 없음에도 묘사된 바대로 제3의 상태를 얻는다고 알려진다. "'태어나라! 죽으라!'라는 그것이 제3의 상태입니다."〈찬도 5.10.8〉에서이다.

더 나아가 "다섯 번째 공물이 제공될 때 물이 사람으로 불리게 됩니다."〈찬도 5.9.1〉에서는 공물의 수가 인간이 육체를 [얻는] 수단인 것으로서 언급될 뿐, 벌레·나방 등이 육체를 [얻는] 수단인 것으로는 언급되지 않는다. '사람'이라는 말은 인간이라는 종(種)을 의미하기 때문이다.

79_ <주석 3.1.12> 참조.

더 나아가 [이곳에서는] '다섯 번째로 제공되는 공물'에서 물이 사람으로 불린다고 가르친다. '다섯 번째로 제공되는 공물이 아닌 것'에서 [물이] 사람으로 불리는 것을 부정하지는 않는다. 문장이 두 가지 의미를 가지는 결함 때문이다.[80] 이러한 사정에서 올라가고 내려오는 것이 가능한 자들의 육체는 다섯 번째 공물이 제공될 때에 생길 것이다. 반면에 다른 자들의 경우에는, 공물의 수를 분명 배제한 채로, 다른 원소들을 동반하는 물에 의해 육체가 산출될 것이다.[81] ‖18‖

19. 더 나아가 이 세상에서 [공물의 수에 대한 원칙이 무시되는 것을] 전승하기 [때문에, 다른 경우에도 무시된다].

smaryate 'pi ca loke ‖19‖

더 나아가 이 세상에서는 전승한다. 드로나, 드리슈따드윰나 등과 시따, 드라우빠디 등은 자궁으로부터 태어나지 않는다. 그 가운데 드로나 등은 '여자와 관계하는 하나의 공물'을 가지지 않는다. 반면에 드리슈따드윰나 등은 '여자, 남자와 관계하는 두 공물 모두'를 가지지 않는다.[82] 그리고 이 경우에 공물의 수에 대한 원칙이[83] 무시되듯이, 마찬

80_ "다섯 번째 공물이 제공될 때 물이 사람으로 불리게 됩니다."라는 문장이 '다섯 번째로 제공되는 공물에서 물이 사람으로 불린다'라는 가르침이라고 해서, 바로 이 문장이 '다섯 번째로 제공되는 공물이 아닌 것에서 물이 사람으로 불린다'라는 것을 부정하지는 않는다. 만약 이 문장이 후자를 부정하기도 한다면, 동일한 문장이 두 가지 의미를 가지는 결함이 수반되기 때문이다.

81_ 제의 등을 행하지 않은 자들의 경우에는 공물의 수와는 상관없이 물 등에 의해 새로운 육체가 산출될 것이다.

82_ <마하>의 등장인물인 드로나(Droṇa) 등은 자궁으로부터 태어나지 않았기 때문에 여자에게 제공되는 공물을 가지지 않은 채로 태어난 셈이다. 또한 <마하>의 등장인물인 드리슈따드윰나(Dhṛṣṭadyumna) 등은 아기로 태어난 것이 아니라 부모가 제의를 실행함으로써 불로부터 젊은 전사로 바로 태어났기 때문에 여자와 남자 모두에게 제공되는 공물을 가지지 않은 채로 태어난 셈이다.

가지로 다른 경우에도 무시될 것이다. 더욱이 학(鶴)은 결코 교미를 하지 않음에도 임신을 한다는 것이 이 세상의 통념이다.‖19‖

20. 또한 [습생과 토생은 교미를 하지 않음에도 생성된다고] 관찰되기 때문에, [공물의 수는 무시되고 다른 경우에도 무시된다].

darśanāc ca ‖20‖

더 나아가 태생(胎生), 난생(卵生), 습생(濕生), 토생(土生)[84]으로 지시되는 네 종류의 생물 가운데 습생과 토생은 결코 교미를 하지 않음에도 생성된다고 관찰되기 때문에, 공물의 수는 무시된다. 마찬가지로 다른 경우에도 무시될 것이다.‖20‖

[전론]: "실로 그러한 그 존재들은 오직 세 원천(씨앗)들을 가진다. [그것들은] 난생, 태생, 토생이다."〈찬도 6.3.1〉[85]라는 곳에서 오직 세 종류의 생물이 계시되지 않는가? 어떻게 생물이 네 종류라고 주장한다는 말인가?

이에 대하여 말한다.

21. [만약 생물이 네 종류가 아니라 세 종류라고 한다면], 세 번째인 ['토생'이라는] 말에 의해 습생이 내포된다.

tṛtīyaśabdāvarodhaḥ saṃśokajasya ‖21‖

83_ * '원칙이'(-niyama-)라는 표현은 Samata에만 추가로 등장한다.

84_ ① 태생: 자궁으로부터 탄생한 생물, ② 난생: 알로부터 탄생한 생물, ③ 습생: 습기로부터 탄생한 생물, ④ 토생: 흙을 뚫고서 탄생한 생물.

85_ 여기서 태생의 원어는 'jīvaja'로서 글자 그대로 '개별자아로부터 탄생한 생물'을 의미한다. 그런데 <찬도 6.3.1>의 맥락에서는 개별자아로부터 탄생한 생물을 태생(jarāyuja)으로 이해해도 무방하다.

[후론]: "[그것들은] 난생, 태생, 토생이다."〈찬도 6.3.1〉라는 곳에서는 세 번째인 바로 그 '토생'이라는 말에 의해 습생이 포괄된다고 이해해야만 한다. 토생과 습생이라는 양자 모두 흙과 물을 '뚫고서' 태어나는 것은 똑같기 때문이다. 하지만 '비(非)동물을 뚫고 나온 것'과 '동물을 뚫고 나온 것'은 상이하므로,[86] 다른 곳에서는 토생과 습생을 차이 있는 것으로 언급한다. 그래서 모순은 없다.‖21‖

{ 4. '유사하게 됨'이라는 주제: 수뜨라 22 }

22. [달에서 내려오는 개별자아들은 천공 등과] 유사하게 된다; 합당하기 때문이다.

sābhāvyāpattir upapatteḥ ‖22‖

제의 등을 행한 자들은 달에 올라간 뒤에 "남은 기간까지 그곳에서 머문 다음"〈찬도 5.10.5〉 그로부터 '남은 결과'와 함께 내려온다고 언급했다.

이제 내려오는 양상을 검토한다. 이 경우에 내려오는 것에 대한 계시는 "그러고 나서 그들은 갔던 바대로의 바로 그 행로로 다시 되돌아옵니다. 천공으로, 천공으로부터 대기로, 대기가 되고 나서 연기가 됩니다. 연기가 되고 나서 수증기가 됩니다. 수증기가 되고 나서 구름이 됩니다. 구름이 되고 나서 비로 내립니다."〈찬도 5.10.5-6〉라는 것이다.

86_ 토생은 흙이라는 비(非)동물을 뚫고 나온 것이다. 반면에 이, 모기 등의 습생은 동물의 땀 등으로부터 탄생한 것이므로 동물을 뚫고 나온 것이다.

이 경우에 의문이 생긴다. 내려오는 [개별자아들은] 천공 등의 본질 그 자체가 되는가, 또는 천공 등과 유사하게 되는가?

[전론]: 이 경우에 먼저 천공 등의 본질 그 자체가 된다고 귀결된다.

어떤 근거에서? 왜냐하면 그와 같은 계시어가 있기 때문이다. 다른 한편으로는 함축이 [적용] 가능하다. 그리고 [직접적인] 계시어와 [간접적인] 함축 사이에 의문이 생길 때는, 계시어가 정당할 뿐 함축이 정당하지는 않다. 이와 같은 연관에서, '대기가 되고 나서 연기가 됩니다'라는 등등과 같은 말들도 그 각각의 본질이 되는 경우에 직접적으로 적절하다. 따라서 [개별자아들은] 천공 등의 본질이 된다.

이러한 귀결에서 우리는 말한다.

[후론]: 천공 등과 유사하게 된다. 달의 천구에서 향유를 위해 산출된 '물로 이루어진 육체'는 그 향유가 끝날 때 '천공과 유사한 미시적인 것'으로 완전히 변하고 만다. 그로부터 대기의 영향권에 들어가고, 그로부터 연기 등과 접촉한다. 그래서 "갔던 바대로의 [바로 그 행로로 다시 되돌아옵니다]. 천공으로, 천공으로부터 대기로"〈찬도 5.10.5〉라는 등등과 같이 그렇게 말한다.

[전론]: 어찌하여 그러한가?

[후론]: 합당하기 때문이다. 실로 그와 같이 그것은 합당하다. 왜냐하면 일차적 의미에서 어떤 것이 다른 것으로 되는 것은 합당하지 않기 때문이다.[87] 게다가 천공의 본질이 될 때에는, 대기 등의 순서에 따라 내려가는 것은 가능하지 않다. 또한 편재함으로 말미암아 [개별자아는] 천공과 영원히 관계를 가지기 때문에, '그것(천공)과 유사하게 되는 것' 이외에 그것(천공)과 [다른] 관계를 가지는 것은 적합하지 않다.[88]

87_ 구별되는 두 사물의 관계에서 하나가 다른 하나로 변환되는 것은 일차적 의미에서 불가능하다.

88_ 누군가는 개별자아와 천공(에테르) 사이에 결합(saṃyoga)의 관계가 적합할지

더욱이 계시어가 적합하지 않을 때에는 함축에 의지하는 것이 정당할 따름이다.

결국 이 경우에 '천공 등이 되는 것'은 오직 '천공 등과 유사하게 되는 것'을 [의미하는 데] 비유적으로 사용된다.‖22‖

{ 5. '매우 긴 동안은 아님'이라는 주제: 수뜨라 23 }

23. [개별자아들이 쌀 등의 상태가 되기 전까지 천공 등이 되는 것은] 매우 긴 동안은 아니다; [계시서에서] 한정이 [언급되기] 때문이다.
nāticireṇa viśeṣāt ‖23‖

이 경우에 쌀 등의 상태가[89] 되기 전까지 천공 등이 되는 것과 관계하여 의문이 든다. '각각 이전의 것과 유사한 상태'에서 '각각 이후의 것과 유사한 상태'로 가는 것은 길디 긴 시간 동안인가, 아니면 짧디 짧은 시간 동안인가?

[전론]: 이 경우에 규칙은 없다. 규칙을 가져다주는 성전이 없기 때문이다.

도 모른다고 생각할 수 있다. 하지만 개별자아와 천공은 둘 모두 편재함으로 말미암아 영원한 관계를 이루고 있기 때문에, 둘 사이에 결합의 관계는 불가능하다. 결론적으로 편재하는 둘 사이에는 '유사하게 되는 관계'만이 가능하다. 혹은, 이 문장의 앞부분은 다르게 풀이될 수도 있다. 즉 '달로부터 내려오는 개별자아'가 편재하지 않고 천공만이 편재한다고 풀이될 수도 있다. 이 경우에도 편재하는 천공은 이미 모든 사물과 영원히 결합의 관계를 이루고 있기 때문에, 여전히 그 개별자아와 천공 사이에 결합의 관계는 불가능하다. 결론적으로 개별자아가 천공과 '유사하게 되는 관계'만이 가능하다.

89_ * '상태가'(-bhāva-)라는 표현은 Samata에만 추가로 등장한다.

이와 같은 귀결에서 이렇게 말한다.

[후론]: 매우 긴 동안은 아니다. [개별자아들은] 천공 등이 되는 상태로 짧디 짧은 시간 동안 [존재하다가] 소낙비와 함께 이 땅에 떨어진다.

[전론]: 어찌하여 그러한가?

[후론]: [계시서에서] 한정이 언급되기 때문이다. 그러한 증거로서, [계시서는 개별자아가] 쌀 등의 상태가 되는 것에 곧 이어서 "정녕 이로부터 벗어나기는 더 어렵습니다."〈찬도 5.10.6〉라고 한정한다. ['두르니슈쁘라빠따람'(벗어나기가 더 어려움)에서] 하나의 음절 '따'가 운율법에 따라 탈락되었다고 간주해야만 한다. '두르니슈쁘라빠따따람'이란[90] '빠져나오기가 더 어려움'이라는 [뜻으로서], 쌀 등의 그 상태로부터 '나오기가 더 어렵게' 된다는 뜻이다. 그래서 [계시서는] 이 경우에 벗어나기가 어렵다는 것을 밝힘으로써 앞의 경우들에서는 벗어나기가 쉽다는 것을 보여준다.[91] 그리고 벗어나기의 '쉬움'과 '어려움'이라는 그 한정은 [벗어나는] 시간의 '짧음'과 '김'에 대한 표징이다. 그러는 동안에는 육체가 산출되지 않음으로 말미암아 향유가 불가능하기 때문이다.[92]

90_ <찬도 5.10.6>에서 'durniṣprapataram'(두르니슈쁘라빠따람)이라는 원어는 베다의 운율법 때문에 'ta' 하나가 빠진 형태이다. 따라서 'durniṣprapatataram'(두르니슈쁘라빠따따람)이 본래 형태이다.

91_ 개별자아가 달로부터 내려오는 여러 단계들에서, 뒷단계의 경우에 각각의 상태로부터 벗어나기가 더 어렵기 때문에 앞 단계의 경우에는 각각의 상태로부터 벗어나기가 상대적으로 더 쉽다.

92_ 개별자아가 내려오는 동안에는 육체가 아직 만들어지지 않음으로 말미암아, '쉬움(sukha)과 어려움(duḥkha)'이라는 한정은 '향유되는 즐거움과 괴로움'을 지시하는 표징이 아니다. '각각의 상태로부터 벗어나는 시간의 짧음과 김'을 지시하는 표징이다. 요컨대, 'sukha'와 'duḥkha'가 일반적으로 '즐거움'과 '괴로움'을 의미한다고 해서 육체를 통한 향유와 관련시킨 채로 이해해서는 안 된다.

그러므로 쌀 등의 상태가 되기 이전에는 그저 짧은 시간 동안에 내려오는 것이 가능하다.‖23‖

{ 6. '다른 것이 주재함'이라는 주제: 수뜨라 24-27 }

24. [달에서 내려오는 개별자아들은] 다른 것(영혼)이 주재하는 ['비(非)동물의 신체들'과 단순한 접촉만 하게 될 뿐], 앞서와 같이 [비동물의 즐거움과 괴로움을 겪지는 않는다]; [앞서와 마찬가지로 계시서에서 행위(업)의 작용을 배제한 채로] 언급되기 때문이다.

anyādhiṣṭhiteṣu pūrvavad abhilāpāt ‖24‖

바로 그렇게 내려오는 와중에, 비에 곧 이어서 "그들은 이곳에서 쌀, 보리, 초본, 수목, 깨, 콩으로 태어납니다."〈찬도 5.10.6〉라고 언급된다.

이 경우에 의문이 생긴다. 그러는 동안에 남은 결과를 가지는[93] [개별자아들은] 비동물의 한 종(種)을 취한 채로 비동물의 즐거움과 괴로움을 겪게 되는가, 그렇지 않으면 다른 영혼이 주재하는 '비동물의 신체들'과 단순한 접촉만 하고 마는가?

실로 무엇으로 귀결되는가?

[전론]: 남은 결과를 가지는 [개별자아들은] 비동물의 한 종을 취한 채로 그것의 즐거움과 괴로움을 겪게 된다.

93_ '남은 결과를 가지는'이라는 표현은 여기서부터 자주 사용된다. 이는 '달에서 향유를 마친 뒤에 남은 결과를 가진 채로 내려오는'이라는 의미로 이해할 수 있다. 달에서 내려오는 개별자아 그 자체를 가리킨다.

[반박]: 어찌하여 그러한가?

[전론]: '태어나다'라는 동사의 일차적 의미가 합당하기 때문이다.[94] 게다가 [개별자아에게는] 비동물의 상태가 향유의 자리라고 계시서와 전승서에서 잘 알려져 있기 때문이다. 더욱이 제의(희생제의) 등의 모든 행위가 짐승의 살생 등과 연관됨으로써 바람직하지 못한 결과를 낳는 것은 합당하기 때문이다.[95]

따라서 개 등으로 태어나는 것처럼 남은 결과를 가지는 [개별자아들은] 오직 일차적 의미에서 쌀 등으로 그렇게 태어난다. 예컨대 "개의 태생이나 돼지의 태생이나 짠달라의 태생과 [같은]"〈찬도 5.10.7〉이라며 남은 결과를 가지는 [개별자아들이] 오직 일차적 의미에서 개 등으로 태어나고 그것(개 등)의 즐거움과 괴로움을 가지게 되듯이, 쌀 등으로 태어나는 것도 마찬가지이다.

이러한 귀결에서 우리는 말한다.

[후론]: 남은 결과를 가지는 [개별자아들은] 다른 개별자아들이 주재하는 쌀 등과 단순한 접촉만 하게 될 뿐, 앞서와 같이 그것의 즐거움과 괴로움을 겪게 되지는 않는다. 남은 결과를 가지는 [개별자아들이 앞서] '대기, 연기 등이 되는 것'이란 그것들과의 단순한 접촉이듯이, 마찬가지로 '쌀 등이 되는 것'조차 비동물인 종들과의 단순한 접촉이다.[96]

94_ <찬도 5.10.6>에 등장하는 '태어납니다'라는 동사의 원형은 √jan(태어나다)이다. 그 무엇으로 '태어난다'는 것의 일차적 의미는 바로 그 무엇을 '취한다'는 것이다.

95_ 여기서 '바람직하지 못한 결과'란 비동물의 한 종으로 태어나는 것을 가리킨다. 전론자는, 짐승의 살생 등과 같은 죄악을 저지르는 경우에 실제적으로 비동물로 태어나는 것은 합당하다고 주장한다.

96_ <수뜨라 3.1.22>에서는 "[달에서 내려오는 개별자아들은 천공 등과] 유사하게 된다 …"라고 언급한 바 있다. 그런데 여기서는 개별자아들이 천공, 대기 등과 단순한 접촉만 하게 된다고 언급한다.

[전론]: 어찌하여 그러한가?

[후론]: 이 경우에도 바로 그와 마찬가지로[97] [계시서에서] 언급되기 때문이다.

[전론]: 어떻게 그와 마찬가지로 언급되는가?

[후론]: 행위(업)의 작용을 배제한 채로 언급된다. 천공에서 시작하여 비로 끝나는 것들과 관계하여 그 어떤 행위의 작용도 지시하지 않듯이, 쌀 등으로 태어나는 것과 관계해서도 마찬가지이다. 따라서 이 경우에는 남은 결과를 가지는 [개별자아들이] 즐거움과 괴로움을 향유하지 않는다.[98] 그와 달리 즐거움과 괴로움의 향유를 의도하는 경우라면, "고귀한 행동을 한 그들은 … 저열한 행동을 한 그들은"〈찬도 5.10.7〉에서와 [같이, 분명] 행위의 작용을 지시해야만 한다.

더 나아가 남은 결과를 가지는 [개별자아들이] 일차적 의미에서 쌀 등으로 태어나면, 쌀 등이 수확되고 도정되고 요리되고 먹히는 경우에 그것(쌀 등)을 자기로 가정하는 '남은 결과를 가지는 자들'은 떠나야 한다. 왜냐하면 개별자아에게서 '자기로 가정하는 어떤 육체'가 침해당할 때 그(개별자아)가 떠난다는 것은 잘 알려져 있기 때문이다. 그 경우에 남은 결과를 가지는 [개별자아들이] '쌀 등이 되는 것'으로부터 '정액 방출자가 되는 것'은 [계시서에서] 언급되지 않아야 한다.[99]

97_ 바로 그와 마찬가지로=대기, 연기 등이 되는 그 경우와 마찬가지로.

98_ 즐거움과 괴로움을 향유하는 것은 행위(업)의 작용에 속한다.

99_ 실제적으로 개별자아가 쌀 등으로 태어난 뒤에 그 쌀 등이 누군가에게 먹힌다면, 쌀 등에 주재하는 바로 그 개별자아는 쌀 등의 육체가 파괴됨으로 말미암아 쌀 등을 떠나야 할 것이다. 그 경우에 계시서는 개별자아가 쌀 등의 상태로부터 정액 방출자의 상태로 이행하는 것에 관해 결코 언급하지 않아야 한다. 그럼에도 계시서는 그렇게 언급하고 있으므로, 개별자아는 일차적 의미에서 쌀 등이 되지 않는다. <찬도 5.10.6> 참조: "그들은 이곳에서 쌀, 보리, 초본, 수목, 깨, 콩으로 태어납니다. 정녕 이로부터 벗어나기는 더 어렵습니다. 실로 음식을 먹고 정자를 방출하는 그러그러한 자로, 바로 [그렇게] 다시, 그는 존재합니다."

결국 남은 결과를 가지는 [개별자아들은] 다른 것(영혼)이 주재하는 쌀 등과 단순한 접촉만을 가진다. 이로부터 '태어나다'라는 동사가 일차적 의미를 가진다는 것과 또 비동물의 상태가 향유의 자리라는 것을 논박할 수 있다.

게다가 우리는 비동물의 상태가 향유의 자리라는 것을 무시하지는 않는다. 어떤 생명체들은 악의 효력에 따라 비동물의 상태가 되면서 그것(비동물)을 향유의 자리로 가질지도 모른다. 하지만 남은 결과를 가지고서 달로부터 내려오는 [개별자아들은] 비동물의 상태를 겪지 않는다고 우리는 말한다.‖24‖

25. 만약 [살생 등 희생제의의 행위가] 불순하고 [그에 따라 남은 결과를 가지는 개별자아들이 일차적 의미에서 쌀 등으로 태어난다고] 한다면, 아니다; [다르마와 다르마가 아닌 것에 대한 지식은] 성언을 [수단으로 하기] 때문에, [살생 등은 불순하지 않다].

aśuddham iti cen na śabdāt ‖25‖

한편, 희생제의의 행위(의례)가 짐승의 살생 등과 연관됨으로써 불순하고, 그것이 심지어 바람직하지 못한 결과를 낳을 수 있으므로, 그로부터 남은 결과를 가지는 [개별자아들이] 오직 일차적 의미에서 쌀 등으로 태어날 뿐이고, 그 경우에 이차적 의미를 가정하는 것은 무용하다고 주장한 것을 논박한다.

아니다. 다르마와 다르마가 아닌 것에 대한 지식은 성전을 수단으로 하기 때문이다.[100] 오직 성전만이 '이것은 다르마이다', '이것은 다르마

100_ 순수하다거나 불순하다거나 하는 것은 성전으로부터만 알려질 수 있기 때문이다.

가 아닌 것이다'라는 지식에 대한 수단이다. 그 둘은 초감각적이기 때문이고, 또 [그 둘은] 공간 · 시간 · 계기에 따라 확고하지 않기 때문이다.[101] 어떤 공간 · 시간 · 계기에서 실행된 어떤 다르마 그 자체는, 다른 공간 · 시간 · 계기들에서 다르마가 아닌 것이 된다. 이로 말미암아 그 누구도 성전이 없이는 다르마와 다르마가 아닌 것과 관계하는 지식을 가지지 못한다. 결국 살생 · 호의(好意) 등을 특징으로 하는 즈요띠슈또마가 다르마라는 것은 성전으로부터 확정된다. 어떻게 그것이 불순하다고 말할 수 있다는 말인가!

[전론]: "모든 존재들을 살생하지 말아야 한다."라며 성전 그 자체는 존재와 관계하는 살생을 다르마가 아닌 것이라고 알려주지 않는가?

[후론]: 정말이다. 하지만 그것은 원칙이다. 예외는 "아그니와 소마를 위해 짐승을 희생으로 바쳐야 한다."라는 것이다. 그리고 원칙과 예외는 [각각] 확립된 영역을 가진다. 따라서 베다의 의례는 순수하다. 식자들이 실행하기 때문이고, 또 [그들이] 비난하지 않기 때문이다. 이로 말미암아 비동물의 한 종이 되는 것은 그것(의례)에 대응하는 결과가 아니다.[102] 또한 쌀 등으로 태어나는 것이 개 등으로 태어나는 것과 같다고도 할 수 없다. 실로 그것은 저열한 행동들을 주제로 삼아 말할 뿐이고, 그와 달리 이 경우에는 그 어떤 특별한 자격도 말하지 않기 때문이다.[103]

101_ 다르마와 다르마가 아닌 것은 공간(deśa), 시간(kāla), 계기(nimitta)에 따라 일정하지 않고 변화가능하기 때문에 오직 불변적인 성전만을 그 기준으로 삼아야 한다.

102_ 개별자아가 비동물의 한 종으로 태어나는 것은 '짐승의 살생 등과 연관된 의례'에 따른 결과가 아니다. 왜냐하면 베다의 의례는 그 자체로 순수하기 때문이다.

103_ 그것은=개 등으로 태어나는 것은. 이 경우에는=쌀 등으로 태어나는 것과 관계해서는,

그러므로 남은 결과를 가지고서 달의 지면으로부터[104] 떨어진 [개별자아들이] '쌀 등이 되는 것'은 '그것(쌀 등)과의 단순한 접촉'을 [의미하는 데] 비유적으로 사용된다.‖25‖

26. 그러고 나서 [즉 쌀 등이 되는 것에 곧 이어서 정액 방출자가 되기 때문에, 쌀 등이 되는 것은 단순한 접촉이다]; [정액 방출자가 되는 것이란] 정액 방출자와의 연계일 [뿐이다].
retaḥsigyogo 'tha ‖26‖

이로 말미암아 또한, 쌀 등이 되는 것은 그것(쌀 등)과의 단순한 접촉이다. 남은 결과를 가지는 [개별자아들이] 쌀 등이 되는 것에 곧 이어서 정액 방출자가 된다고 전하는 까닭에서이다. "실로 음식을 먹고 정자를 방출하는 그러그러한 자로, 바로 [그렇게] 다시, 그는 존재합니다."〈찬도 5.10.6〉에서이다. 그리고 이 경우에 정액 방출자가 되는 것은 일차적 의미에서 가능하지 않다. 왜냐하면 태어난 지 오래되어 청년이 됨으로써 정액 방출자가 되기 때문이다.

[전론]: 과연 어떻게 남은 결과를 가지는 [개별자아가] 먹히는 음식에 내재(內在)된 채 일차적 의미에서 '그것(정액 방출자)이 되는 것'으로 나아간다는 말인가?

[후론]: 이 경우에는 실로 '정액 방출자가 되는 것'이란 정액 방출자와의 연계일 뿐이라고 반드시 용인해야만 한다. 이와 마찬가지로 '쌀 등이 되는 것'조차 쌀 등과의 연계일 뿐이므로 모순은 없다.‖26‖

104_ * Samata에 '지면'(-sthala-)이라는 표현이 등장하는 것과 달리, Nirnaya에는 '천구'(-maṇḍala-)라는 표현이 등장한다.

27. [그러고 나서 즉 정액 방출자가 되는 것에 곧 이어서 자궁에 정자가 사정될 때] 자궁으로부터 육체로 [태어난다]; [따라서 쌀 등과 단순한 접촉만 한다].

yoneḥ śarīram ‖27‖

남은 결과를 가지는 [개별자아들은], 그러고 나서 즉 정액 방출자가 되는 것에 곧 이어서, 자궁에 정자가 사정될 때 '남은 결과'라는 결과를 향유하기 위해 자궁으로부터 육체로 태어난다고 성전은 말한다. "그 경우에 이곳에서 고귀한 행동을 한 그들은"〈찬도 5.10.7〉이라는 등에서이다. 이로부터 또한, [개별자아들은] 쌀 등이 되면서 내려오는 와중에 '즐거움과 괴로움을 동반하는 그것(쌀 등)의 신체' 자체를 가지지 않는다고 이해된다.

그러므로 남은 결과를 가지는 [개별자아들이] 쌀 등으로 태어나는 것은 그것(쌀 등)과의 단순한 접촉이라고 정립된다.‖27‖

제2절

{ 1. '중간대'라는 주제: 수뜨라 1-6 }

지나간 '절'에서는 '빤짜그니의 명상적 지식'을 예시함으로써 개별자아가 윤회하는 데 다양한 여로를 가진다는 것을 상술했다. 한편 이제는, 바로 그 [개별자아가 겪는] 상이한 상태들을 상술한다.

1. 중간대(꿈)에서의 창조는 [실제적인 형태라고 간주된다]; 왜냐하면 [계시서가 그와 같이] 말하기 때문이다.

saṃdhye sṛṣṭir āha hi ‖1‖

이렇게 전한다. "그가 꿈꾸는 경우에"〈브리 4.3.9〉라고 시작한 뒤에 "거기에는 마차들이 없고 말들도 없으며 길들도 없습니다. 이제 그는 마차들과 말들과 길들을 창조합니다."〈브리 4.3.10〉라는 등에서이다.

이 경우에 의문이 생긴다. 바로 그 꿈에서의 창조는 생시에서처럼 실제적인 것인가, 그렇지 않으면 환영으로 이루어진 것인가?[1]

[전론]: 이 경우에 먼저 중간대(꿈)에서의 창조는 실제적인 형태라고[2] 간주된다. '중간대'라는 것은 꿈 상태를 말한다. 베다에서 "꿈 상태는 제3으로서 중간대입니다."〈브리 4.3.9〉라며 사용되는 것을 보기 때문이다. 세상의 두 가지 상태 사이에[3] 혹은 생시 상태와 적정(숙면) 상태 사이에 연결부로 존재하는 것이 중간대이다. 그 중간대의 상태에서 창조란 오직 실제적인 형태여야만 한다.

1_ '실재적인 것'의 원어는 'pāramārthikī'이고, '환영으로 이루어진 것'의 원어는 'māyāmayī'이다.

2_ * '실제적인 형태라고'(tathyarūpā)라는 표현은 Nirnaya에만 추가로 등장한다.

3_ 세상의 두 가지 상태 사이에=이 세상과 저 세상 사이에 즉 이승과 저승 사이에.

어떤 근거에서? 지식수단으로 존재하는 계시서가 그와 같이 말하는 까닭에서이다. “이제 그는 마차들과 말들과 길들을 창조합니다.”라는 등에서이다. 또한 “왜냐하면 그는 조물주이기 때문입니다.”〈브리 4.3.10〉라는 끝맺음으로부터[4] 바로 그와 같다고 이해된다. ‖1‖

2. 또한 한 [분파의 추종자들은 아뜨만이 중간대의 상태에서 욕망대상들에 대한] 창조주라고 [전한다]; 그리고 아들 등이 [욕망대상들이다].

nirmātāraṃ caike putrādayaś ca ‖2‖

더 나아가 한 분파의 추종자들은 아뜨만이 바로 이 중간대의 상태에서 욕망대상들에 대한 창조주라고 전한다. “그 뿌루샤는 수면에서 원하는 욕망대상들을 창조하면서 깨어 있다.”〈까타 5.8〉에서이다. 그리고 이 경우에 아들 등이 욕망대상들로 ‘의도된다’ 즉 ‘욕망된다’.

[반박]: ‘까마’라는 말은 단지 특정한 욕구들을 지시하지 않겠는가?[5]

[전론]: 아니다. “백년을 살 아들들과 손자들을 요청하도록 하라.”〈까타 1.23〉라고 시작한 뒤에, 끝에서 “나는 그대가 욕망대상들에 대해 욕망하기 쉽도록 해주리라.”〈까타 1.24〉라고 [하듯이], ‘까마’라는 말이 논제인 아들 등에 대해 여기저기에서 사용되기 때문이다.[6]

게다가 맥락과 보조적 문장을 통해 우리는 최상의 지성이 그 창조주라고 이해한다. 실로 “‘다르마’와는 다른 것이라고 ‘다르마가 아닌 것’

4_ “왜냐하면 그는 조물주이기 때문입니다.”라는 것은 <브리 4.3.10>의 마지막 문장이다.

5_ <까타 5.8>에 등장하는 ‘kāma’라는 말은 ‘욕망대상’을 의미하지 않고 단지 특정한 욕구(욕망) 그 자체를 지시하지 않겠는가?

6_ <까타 1.24>에 등장하는 ‘욕망대상’이라는 말의 원어도 ‘kāma’이다.

과는 다른 것이라고"〈까타 2.14〉라는 등에서는 그 맥락이 최상의 지성에 대해서이다. 또한 "실로 그것(뿌루샤)은 순수(광휘)이다. 그것은 브라흐만이다. 오직 그것만이 불멸이라고 불린다. 모든 세상들은 그것에 머문다. 그 누구도 그것을 넘어서지 못한다."〈까타 5.8〉라는 보조적 문장마저도 그것(최상의 지성)과 관계할 뿐이다.

더욱이 생시를 소재지(所在地)로 하고 최상의 지성을 조물주로 가지는 창조는 실제적인 형태라고 알려진다. 꿈을 소재지로 하는 창조조차도 그와 같다고 할 수 있다. 이와 같은 연관에서 계시서는 "여기서 혹자들은 실로 말합니다: 그의 그 [자리는] 생시의 자리일 뿐이다. 왜냐하면 생시에서 보는 바로 그것들을 꿈에서 보기 때문이다."〈브리 4.3.14〉라며 생시와 꿈 사이에 논리적 유사성이 있다는 것을 들려준다.

그러므로 중간대에서의 창조는 실제적인 형태일 따름이다.‖2‖

3. 하지만 [중간대에서의 창조는] 오직 환영이다; [꿈이 생시의] 전적(全的)인 것(특징)과 함께 현시되는 본성을 가지지는 않기 때문이다.[7]

māyāmātraṃ tu kārtsnyenānabhivyaktasvarūpatvāt[8] ‖3‖

[후론]: '하지만'이라는 말은 전론을 배제한다. 중간대에서의 창조가 실재적인 것이라고 주장한 것에 관해서는, 그렇지 않다. 중간대에서의 창조는 오직 환영이고, 추호도 실재가 아니다.

7_ 수뜨라의 뒷부분은 '꿈이 생시의 모든 특징들을 전적으로 구현하면서 현시되는 본성을 가지지는 못하기 때문이다'라는 의미이다.

8_ 'kārtsnyena'(전적인 것과 함께)라고 독립적으로 읽지 않고, 'kārtsnya'(전적인 것)와 'anabhivyaktasvarūpatva'(현시되는 본성을 가지지 않음)가 복합어를 이루는 형태라고 읽기도 한다. 후자의 경우에 수뜨라 전체는 'māyāmātraṃ tu kārtsnyānabhivyaktasvarūpatvāt'가 된다.

어떤 근거에서? [꿈이 생시의] 전적인 것(특징)과 함께 현시되는 본성을 가지지는 않기 때문이다. 실로 꿈은, '실재인 것의 전적인 특징'(생시의 모든 특징)과 함께 현시되는 본성을 가지지는 않는다.

[전론]: 그렇다면 이 경우에 '전적인 것(특징)'이란 무엇을 의미하는가?

[후론]: '적절한 상태의 공간 · 시간 · 계기'와 '지양되지 않음'을 [의미한다]. 왜냐하면 꿈에서는 '실재인 것과 관계하는 공간 · 시간 · 계기'와 또 '지양되지 않음'이 가능하지 않기 때문이다.[9]

먼저 꿈에서는 마차 등에 적합한 공간이 가능하지 않다. 왜냐하면 육체로 둘러싸인 공간에서는 마차 등이 여지를 얻지 못할 것이기 때문이다.

[전론]: 이러할 수도 있다. 육체의 바깥에서 꿈을 꿀 수 있다. [꿈에서는] 공간이 갈라놓은 물체를 지각하기 때문이다.[10] 또한 계시서는 육체 바깥에서 [꾸는] 꿈을 보여준다. "[생기를 통해 열등한 둥우리를 보호하면서], 불멸하는 자는 둥우리 바깥을 돌아다니리라. 불멸하는 그는 원하는 곳이면 어디든 가리라."〈브리 4.3.12〉에서이다. 그리고 머무름과 움직임이라는 관념의 차이는 영혼이 [육체로부터] 빠져나오지 않을 경우에 이치에 맞지 않을 수 있다.[11]

[후론]: 아니라고 말한다. 왜냐하면 잠자는(꿈꾸는) 영혼이 '100요자나'나 떨어진 공간으로 잠시 동안 가고 또 그로부터 돌아오는 능력을 가지는 것은 가능하지 않기 때문이다.

또한 어떤 경우에는 돌아오지 못하는 꿈을 들려준다. '나는 오늘 꾸

9_ 결국 '적절한 상태'(saṃpatti)라는 것은 '실재인 것과 관계함'을 의미한다.

10_ 꿈에서 꿈을 꾸는 자는 공간적으로 멀리 떨어져 있는 물체를 직접 지각할 수 있다. 예를 들어 타지에 사는 사람이 꿈에서 고향집을 지각할 수 있는 것과 같다. 따라서 육체의 밖에서 꿈을 꾼다고 말할 수 있다.

11_ 꿈에서 영혼이 실제로 육체로부터 빠져나와야만 '육체 안에 머무른다는 관념과 육체 바깥에서 움직인다는 관념을 구분해서 말하는 계시'가 합당하게 된다.

루 지방에 누운 채 잠에 휩싸였다. 꿈에서 빤짤라 지방으로 찾아갔고 또 그곳에서 깨어났다.'에서이다. 만약 그가 육체로부터 나갔다면, 바로 그 빤짤라 지방에서 깨어났을지도 모른다. [실제로는] 그가 그곳으로 찾아가지 않았으므로 오로지 꾸루 지방에서 깨어난다. 그리고 그는 [꿈에서] 육체와 함께 다른 공간에 도달한다고 생각하는데, [꿈꾸는 그의] 근처에 있는 어떤 자들은 그것(육체)을 바로 그 잠자는 공간에서 본다. 또한 그가 꿈에서 보는 그 존재하는 바대로의 다른 공간들은 [생시에서] 바로 그와 같이 존재하지 않는다. 만약 그가 [꿈에서 그 공간들을] 돌아다니면서 보았다면, 생시에서처럼 그 대상을 실재적인 것으로 보았을지도 모른다.

그리고 계시서는 꿈이 단지 육체의 안에 있다는 것을 보여준다. "그가 꿈에서 그렇게 움직이는 경우에"〈브리 2.1.18〉라고 시작한 뒤에 "원하는 바대로 자신의 육체에서 돌아다닙니다."〈브리 2.1.18〉라고 한다.

따라서 또한, '등우리 바깥'에 대한 계시는, 계시서와 추리와 모순됨으로 말미암아, '불멸하는 자는 둥우리 바깥인 듯이 돌아다니리라'라는 이차적 의미라고 설명해야만 한다. 왜냐하면 육체에 살면서도 그것으로부터 유용함을 가져오지 못하는 그 [영혼은] '육체의 바깥인 듯이' 존재하기 때문이다. 이러한 사정에서 머무름과 움직임이라는 관념의 차이조차도 기만일 뿐이라고 용인해야만 한다.

게다가 꿈에서는 시간의 충돌마저 존재한다. 밤에 잠자는 자는, [꿈에서] '바라따 바르샤'(인도)가 낮이라고 생각한다. 마찬가지로 짧은 순간 동안 존재하는 꿈에서 가끔씩은 여러 햇수가 지나간다.

더욱이 꿈에서는 인식을 위하거나 행위를 위한 적합한 계기들마저 존재하지 않는다. 예를 들어, 기관이 철회됨으로써 그에게는 마차 등을 지각하기 위한 눈 등이 존재하지 않는다. [꿈에서] 마차 등을 완성하는 경우조차, 눈 깜박할 사이에 [도대체] 어디로부터 그의 능력이나 목재(재료)들이 오겠는가!

또한 꿈에서 보이는 그러한 마차 등은 생시에서 지양된다. 그리고 바로 그 꿈에서, 그것들은 쉽게 지양되고 만다. 시작과 끝 사이의 이탈(무효화)을 보기 때문이다. 예를 들어, 꿈에서는 한때 '이것은 마차이다'라며 확정된 것이 순식간에 인간으로 되고, '이것은 인간이다'라며 확정된 것이 순식간에 나무로 된다. 결국 꿈에서는 마차 등이 존재하지 않는다고 성전은 분명하게 들려준다. "거기에는 마차들이 없고 말들도 없으며 길들도 없습니다."〈브리 4.3.10〉라는 등에서이다.

그러므로 꿈에서 보는 것은 오직 환영이다.‖3‖

4. [만약 오직 환영인 경우에 꿈에서는 그 어떤 것도 전혀 실재가 아니라고 한다면, 아니다]; 왜냐하면 [꿈은] 또한 전조가 [되기] 때문이다; [그렇게] 계시되기 때문이다; 또한 그것(꿈)에 정통한 자들이 말한다.

sūcakaś ca hi śruter ācakṣate ca tadvidaḥ ‖4‖

[전론]: 그러면 오직 환영이기 때문에, 꿈에서는 그 어떤 것도 전혀 실재가 아니다.

[후론]: 아니라고 말한다. 왜냐하면 꿈은 또한 '미래의 좋고 나쁜 것'에 대한 전조(암시하는 것)가 되기 때문이다. 그러한 증거로서, "선택적 의례 중에 꿈에서 여인을 볼 때에는, 꿈의 그 암시로부터 그것(의례)이 성공할 것이라고 알아야 한다."〈찬도 5.2.8〉라고 계시된다. 마찬가지로 "[꿈에서] 검은 이빨의 검은 사람을 보면, 그는 그(검은 사람)에 의해 죽는다."라는 등등과 같은 [계시들은] 꿈이 임박한 죽음을 알려준다고 말한다.

또한 꿈에 대한 지식에 정통한 자들은 '꿈에서 코끼리에 올라타는 것 따위는 재수가 좋고, 당나귀에 올라타는 것 따위는 재수가 나쁘다' 라고 말한다. 또한 그들은 만뜨라, 신격, 특정한 물체에 기인하는 어떤 꿈들이 조금이나마 진실한 의미를 가진다고 생각한다. 이 경우조차 그 의도는, 암시된 사실은 진실하다손 치더라도, '여인을 보는 것' 등의 전조(암시한 것)는 [그 자체로] 지양되기 때문에 분명 허위가 된다는 것이다.[12] 따라서 꿈이 오직 환영인 것은 합당하다.

"왜냐하면 [계시서가 그와 같이] 말하기 때문이다."〈수뜨라 3.2.1〉라고 주장한 것은, 이와 같을 경우에 이차적 의미로 설명해야만 한다.[13] 예컨대 '쟁기가 황소 등을 떠받친다'에서는 [쟁기가] 단지 동작적 원인임으로 말미암아 이와 같이 말할 뿐, 실로 직접적으로 쟁기가 황소 등을 떠받치지는 않는다. 마찬가지로 [잠자는 자가] 단지 동작적 원인임으로 말미암아 '잠자는 자가 마차 등을 창조한다'라고 말하고 또 "왜냐하면 그는 조물주이기 때문입니다."〈브리 4.3.10〉라고 말할 뿐, 실로 직접적으로 잠자는 자가 마차 등을 창조하지는 않는다. 그리고 [잠자는 자를] 동작적 원인이라고 말해야만 하는 것은, 그가 [꿈에서] 마차 등의 표상이 야기하는 즐거움, 두려움 등을 봄으로 말미암아, [바로 그가] 그것(즐거움, 두려움)의 원인으로 존재하는 선행과 악행의 동작주체이기 때문이다.[14]

12_ 이 모든 경우들에서조차 그 의도는, 꿈에 의해 암시된 것(의미, 사실)이 진실일 뿐이지 그 꿈에서 전조로서 암시한 것 그 자체는 단순한 허위(vaitathya)일 뿐이라는 것이다.

13_ <수뜨라 3.2.1>에서는 꿈에서의 창조를 실제적인 형태로 간주하면서 그 근거로 "왜냐하면 [계시서가 그와 같이] 말하기 때문이다."라는 것을 제시한다. 그런데 결론적으로 꿈이 환영에 불과하다면, 꿈이 실제적인 형태라는 주장에 근거가 되는 계시 즉 "이제 그는 마차들과 말들과 길들을 창조합니다."<브리 4.3.10>라는 등의 계시는 모순을 수반하게 된다. 모순을 피하기 위해서는 그 계시 내용이 이차적 의미여야만 한다.

14_ 엄밀하게 말해서, 개별자아가 가지는 선행과 악행의 '보이지 않는 힘'(adṛṣṭa)

더 나아가 생시에서는 대상과 감관의 접촉으로 말미암아 또 태양 등의 빛과 혼합됨으로 말미암아 아뜨만의 자기조명성(自己照明性)을 분별하기 어려우므로, 그것을 분별하기 위해 꿈이 제시된다.[15] 이러한 사정에서, 만약 마차 등의 창조에 대한 글귀를 [일차적인] 계시어로 취한다면, 그 경우에 자기조명성은 확립되지 않을 것이다.[16] 따라서 마차 등이 존재하지 않는 것에 대한 글귀는 [일차적인] 계시어라고, 반면에 마차 등의 창조에 대한 글귀는 이차적 의미라고, 우리는 설명해야 한다. 이로 말미암아 창조에 대한 계시가 설명되었다.[17]

그리고 '[한 분파의 추종자들은] 최상의 지성이 그 창조주라고 전한다'라고 주장한 것마저 사실이 아니다. 다른 계시서에서 "스스로를 버리면서 스스로를 창조하고, 스스로의 광휘와 함께 스스로의 빛과 함께 꿈꿉니다."〈브리 4.3.9〉라며 개별자아의 활동이 계시되기 때문이다. "그 [뿌루샤는] 수면에서 [원하는 욕망대상들을 창조하면서] 깨어 있다."〈까타 5.8〉라는 이 경우조차, 잘 알려져 있는 반복진술을 통해 개별자아 자체가 욕망대상들에 대한 그 창조주라고 언급된다. 물론 "실로 그것(뿌루샤)은 순수(광휘)이다. 그것은 브라흐만이다."〈까타 5.8〉라는 보조적 문장을 통해, "그것이 너이다."〈찬도 6.8.7〉라는 등과 같이, 그것의 개별자아 상태를 배제하고 브라흐만 상태를 가르친다. 그래서 [이 경우에도] 브라흐만이 주제라는 것과 모순되지는 않는다.

이 꿈의 '동작적 원인'(nimitta)이다.

15_ 아뜨만의 자기조명성(svayaṃjyotiṣṭva)은 생시와 대비되는 꿈을 통해서 더 잘 분별될 수 있다.

16_ 만약 잠자는 자가 꿈에서 마차 등을 창조한다는 그 글귀를 일차적 의미의 계시어로 받아들인다면, 꿈에서의 창조를 실제적인 사건으로 받아들여야만 한다. 그 경우에는 꿈 상태가 생시 상태와 조금도 다를 바가 없게 되므로, 꿈 상태를 통해 아뜨만의 자기조명성이 분별되기도 어렵다.

17_ 창조에 대한 계시란 <수뜨라 3.2.2>의 자체 문장인 "그 뿌루샤는 수면에서 원하는 욕망대상들을 창조하면서 깨어 있다."<까타 5.8>라는 것을 가리킨다.

게다가 우리는 최상의 지성이 꿈에서조차 경험작용을 가지는 것을 부정하지 않는다. 그것은 모든 것의 신(神)임으로 말미암아 심지어 모든 상태들의[18] 주재자(지배자)가 되는 것은 합당하기 때문이다.

결국 에테르 등의 창조와는 달리, 중간대(꿈)를 소재지로 하는 이 창조는 실재적인 것이 아니라는, 그러한 점만큼만 확립한다. 그리고 에테르 등의 창조마저 궁극에서는 실재성이 없다. 왜냐하면 "[하지만 실재적으로는 향유주체와 향유대상으로 지시되는 구분이 존재하지 않는다]; 그것들의 [즉 원인인 브라흐만과 결과인 세계 사이의] 동일성이 [알려진다]; 기원 등의 성언들 때문이다."〈수뜨라 2.1.14〉라는 곳에서 전 복합현상계가 오직 환영이라고 확립되었기 때문이다. 그러나 브라흐만이 곧 아뜨만이라는 것을 직관하기 이전에는, 에테르 등의 복합현상계는 확립된 바와 같은 상태이다. 반면에 중간대를 소재지로 하는 복합현상계는 매일 지양된다.

그러므로 중간대가 오직 환영이라고 그렇게 말하는 것은 특별하다. ‖4‖

5. **하지만, [만약 신의 부분인 개별자아가 신과 공통적으로 가지는 지식과 권능에 힘입어 꿈에서 창조하는 것이 가능하다고 한다면, 개별자아의 그러한 속성은 무지 등에 의해 숨겨져 있고] 지고한 자(신)에 대한 깊은 명상을 통해 숨겨진 것이 [드러난다]; 왜냐하면 그로부터 [즉 신이라는 근거로부터] 그것(개별자아)의 속박과 그 반대인 것(해탈)이 [생기기] 때문이다.**

parābhidhyānāt tu tirohitaṃ tato hy asya bandhaviparyayau ‖5‖

18_ 모든 상태들의=생시, 꿈, 숙면 상태들의.

[전론]: 한편 이러할 수 있다. 먼저 개별자아는, 불꽃이 불의 부분이듯이, 지고한 자 그 자체인 아뜨만의 부분이다. 그래서 이와 같을 경우에, 불꽃과 불이 공통적으로 태우고 비추는 힘을 가지듯이, 마찬가지로 개별자아와 신도 공통적으로 지식과 권능의 힘을 가진다. 이로부터 또한, 개별자아가 지식과 권능에 힘입어 꿈에서 마차 등을 창조하는 것은 '의지적인 것'으로서 가능하다.

이에 대하여 말한다.

[후론]: 비록 개별자아와 신 사이에 부분과 전체의 관계가 있을지라도, 실로 명백하게 개별자아는 신과 상반되는 속성을 가진다.

[전론]: 그렇다면 개별자아는 신과 공통적인 속성을 결코 가지지 않는가?

[후론]: 결코 가지지 않는 것은 아니다. [공통적인 속성이] 존재하더라도, 무지 등에 의해 차폐(遮蔽)됨으로 말미암아 그것은 숨겨져 있다.

한편 숨겨져 있는 그것은, 진력을 다해 지고한 신을 깊게 명상함으로써 무명(無明)[19]을 일소하고 완성을 얻은 바로 그 어떤 영혼에게서만, 신의 은총을 통해 드러난다. 마치 복시증에 의해 [사물을] 보는 힘이 감춰진 자에게서 약의 효용을 통해 [그 힘이] 드러나는 바와 같다. [그것은] 단지 자발적으로 모든 영혼들에게 드러나지는 않는다.

어떤 근거에서? 왜냐하면 '그로부터' 즉 신이라는 근거(이유)로부터, '그것의' 즉 개별자아의 속박과 해탈이 생기기 때문이다. 신의 본질에 대한 철저하지 못한 지식 때문에 속박이 생기지만, 그의 본질에 대한 철저한 지식 때문에 해탈이 생긴다. 또한 그와 같이 계시서는, "신을 앎으로써 모든 굴레들이 사라진다. 번뇌들이 근절됨으로써 태어남과 죽음이 사라진다. 그(신)에 대한 깊은 명상을 통해 육체가 와해될 때에

19_ 여기서 '무명'의 원어는 'dhvānta'이다.

우주적 신성인 제3을 [얻는다]. 독존인 채로 그의 욕망은 충족된다." 〈슈베 1.11〉라고 이렇게 운운한다.‖5‖

6. 혹은, [만약 개별자아가 지고한 아뜨만의 부분임으로 말미암아 지식과 권능이 감춰져(숨겨져) 있지 않다고 한다면], 그것(숨겨짐)마저 육체와의 연계 때문에 [생긴다].

dehayogād vā so 'pi ‖6‖

[전론]: 그렇다면 개별자아가 지고한 아뜨만의 부분 자체로 존재하는데, 무엇 때문에 지식과 권능은 감춰져 있는가? 결국 불꽃에서 태우기와 비추기가 감춰져 있지 않듯이, [개별자아에서도] 지식과 권능은 감춰져 있지 않다는 것이 합리적이다.

[이에 대하여] 말한다.

[후론]: 그것은 분명히 사실이다. 하지만 '그것마저' 즉 개별자아에서 지식과 권능이 숨겨진 것마저, '육체와의 연계 때문에' 즉 신체, 기관, 마음, 지성, 대상, 감각 등과의 연계 때문에 생긴다. 그리고 이에 대한 유비가 있다. 예컨대 불에 대해 태우기와 비추기가 주어져 있더라도 [불이] 불쏘시개 나무에 담겨 있거나 혹은 재에 덮여 있는 동안에는 태우기와 비추기가 숨겨진 상태이다. 마찬가지로 개별자아에서는, '무지에 의해 가공(架空)된 명칭과 형태'가 야기한 육체 등의 한정자와 연계됨으로써 그것(육체 등)과의 무분별이라는 혼동이 생기기 때문에, 지식과 권능이 숨겨진다.

'혹은'이라는 말은 개별자아와 신 사이에 차이가 있다는 의심을 배제하기 위해서이다.

[전론]: 지식과 권능이 감춰져 있기 때문에 개별자아는 신과 다를 뿐이어야 하지 않는가? 육체와의 연계를 가정하는 것은 무슨 소용이 있

는가?

[후론]: 아니라고 말한다. 실로 개별자아가 신과 다르다는 것은 합당하지 않다. "그러한 이 신은 … 마음으로 바라보았다."〈찬도 6.3.2〉라고 시작한 뒤에 "그러한 개별자아로써 즉 [나의] 아뜨만으로써 [이러한 세 신격들에] 들어가"〈찬도 6.3.2〉에서 '아뜨만'이라는 말을 통해 개별자아를 지시하기 때문이다. 또한 "그것은 존재이다. 그것은 아뜨만이다. 슈베따께뚜여, 그것이 너이다."〈찬도 6.8.7〉라며 개별자아가 신을 본질로 한다는 것을 가르친다.[20] 결국 개별자아가 신과 분명 다르지 않음에도, 육체와의 연계 때문에 지식과 권능은 숨겨지게 된다.

따라서 또한 개별자아가 꿈에서 마차 등을 창조하는 것은 '의지적인 것'으로서 가능하지 않다. 그리고 만약 꿈에서 마차 등을 창조하는 것이 의지적인 것이라면, 그 누구도 바람직하지 않은 꿈을 결코 꾸지는 않을 것이다. 왜냐하면 아무도 바람직하지 않은 것을 마음먹지는 않기 때문이다.

한편 '생시의 자리'에 대한 계시가 꿈의 실재성을 알려준다고[21] 주장한 것에 관해서는, 그 유사성에 대한 글귀는 [꿈의] 실재성을 의도하지 않는다.[22] [아뜨만의] 자기조명성과 모순되기 때문이다. 또한 계시서

20_ "개별자아가 신을 본질로 한다는 것을 가르친다."라는 부분의 원문은 'jīvāya upadiśati īśvarātmatvam'이다. 여기서 'jīvāya'는 문법적으로 4격이더라도 6격으로 이해할 필요가 있다. 굳이 4격으로 풀이한다면, 이 원문은 "개별자아에게 신을 본질로 한다는 것을 가르친다."라는 의미이다. 어느 경우이든지 의미의 차이는 거의 없다.

21_ ∗ Samata에 '알려준다고'(khyāpayati-)라는 표현이 등장하는 것과 달리, Nirnaya에는 '확립한다고'(sthāpayati)라는 표현이 등장한다.

22_ '생시의 자리'(jāgarita-deśa)에 대한 계시란 "여기서 혹자들은 실로 말합니다: 그의 그 [자리는] 생시의 자리일 뿐이다. 왜냐하면 생시에서 보는 바로 그것들을 꿈에서 보기 때문이다."<브리 4.3.14>라는 것이다. <주석 3.2.2> 참조. 전론자는 이 계시가 생시와 꿈 사이의 논리적 유사성을 알려준다고 주장하지만, 후론자는 그렇지 않다고 반박한다.

자체가 꿈에서 마차 등이 존재하지 않는다고 밝혔기 때문이다. 결국 꿈이란 생시에서 산출된 인상이 만드는 것임으로 말미암아 그것(꿈)은 그것(생시)과 유사한 듯이 보인다는 것이 그 의도이다.

그러므로 꿈이 오직 환영인 것은 합당하다.‖6‖

{ 2. '그것의 부재'라는 주제: 수뜨라 7-8 }

7. '그것(꿈)의 부재'(숙면)는 경맥들에서 또 아뜨만에서 [일어난다]; 그렇게 계시되기 때문이다.

tadabhāvo nāḍīṣu tacchruter ātmani ca ‖7‖

꿈 상태를 검토했다. 이제는 숙면 상태를 검토한다.

이 경우에 숙면과 관계하는 이러한 계시들이 있다. 어떤 곳에서는 "그래서 잠자는 누군가가 침잠이고 적정이며 꿈을 보지 않는 경우에, 그러한 경맥들에 들어가게 된다."〈찬도 8.6.3〉라고 계시된다. 그리고 다른 곳에서는 바로 그 경맥을 다루면서 "그것들을 따라 빠져나온 뒤에 심낭(心囊)에서 쉽니다(잡니다)."〈브리 2.1.19〉라고 계시된다. 또한 어떤 곳에서는 바로 그 경맥을 다루면서 "잠자는 자가 그 어떤 꿈도 꾸지 않는 경우에, 그는 그곳(경맥)들에서 존재합니다. 그러면 그는 그 생기 자체와 하나가 됩니다."〈까우 4.19-20〉라고 한다. 게다가 다른 곳에서는 "심장의 안에 있는 허공인 것에 눕습니다."〈브리 2.1.17〉라고 한다. 더욱이 어떤 곳에서는 "얘야 … 그 경우에 존재와 융합하게 된다. 자신에 되들어가게 된다."〈찬도 6.8.1〉라고 한다. 그리고 "그 뿌루샤는 최상의 지성인 아뜨만에 껴안겨서 바깥도 전혀 모르고 안도 전혀 모릅니다."〈브리 4.3.21〉라고 한다.

이 경우에 의문이 생긴다. 이러한 경맥 등은 상호 독립적인 것으로서 상이하고 [여럿인] '숙면의 자리(장소)'들인가, 그렇지 않으면 상호 의존적인 것으로서 하나인 '숙면의 자리'인가?[23]

실로 무엇으로 귀결되는가?

[전론]: 상이한 [숙면의 자리들이다].

어떤 근거에서? 동일한 목적을 가지기 때문이다. 실로 쌀, 보리 등과 [같이] 동일한 목적을 가지는 것들은 어떤 경우에도 상호 의존적이라고 알려지지 않는다.[24] 그리고 경맥 등은 숙면에서 동일한 목적을 가진다고 알려진다. "경맥들에 들어가게 된다.", "심낭에서 쉽니다(잡니다)." 라며 여기저기에서 똑같이 7격으로 지시되기 때문이다.[25]

[반박]: 이와 같을 경우에, "얘야 … 그 경우에 존재와 융합하게 된다."에서는 7격으로 지시된다고 알려지지 않지 않는가?[26]

[전론]: 그러한 결함은 없다. 그 경우조차 7격의 의미가 이해되기 때문이다. 실로 그 경우에 보조적 문장은 의지처(처소)를 원하는 개별자

23_ 의문의 내용은 이러하다: 경맥 등은 개별자아가 잠을 자는 장소들이다. 그렇다면 이러한 장소들은 즉 자리(sthāna)들은 각각이 독립적이라서 잠을 자는 장소가 여럿인가? 아니면 이러한 장소들은 각각이 의존적이라서 잠을 자는 장소가 하나인가?

24_ 쌀, 보리 등의 곡물들 가운데 어느 하나든지 독립적으로 사용하여 동일한 목적인 공물(떡)로 만들 수 있기 때문에 이것들은 서로 의존적이지 않다.

25_ 경맥, 심낭 등의 여러 자리들이 여러 계시에서 모두 7격(처격)으로 사용되는 것은 그것들이 상호 의존적이지 않고 상호 독립적이라는 점을 암시한다. 왜냐하면 상호 의존적 관계는 상이한 격 관계로부터 알려지기 때문이다. 따라서 동일한 7격을 통해 그것들이 상호 독립적이라고 알려지고, 그로부터 동일한 목적을 가진다고 알려진다. 경맥 등의 동일한 목적이란, 주석가에 따르면, '모든 특정한 인식의 중지'이다.

26_ 'satā somya tadā saṃpanno bhavati'(얘야 … 그 경우에 존재와 융합하게 된다)에서는 'satā'(존재와)가 7격이 아니라 3격(도구격)이다.

아가 존재에 들어간다고 말한다. "그 어디에서도 의지처를 얻지 못한 채 생기 자체에 의지한다."〈찬도 6.8.2〉라는 곳에서는 '생기'라는 말을 통해 논제인 '존재'가 수용되기 때문이다. 그리고 의지처란 7격의 의미를 가진다.[27] 이곳에서는 심지어 7격으로 지시되는 것도 보조적 문장에서 관찰된다. "'존재'에 융합하면서 '우리는 존재에 융합한다'라고 알지 못한다."〈찬도 6.9.2〉에서이다.

결국 모든 경우에서 숙면이 '[모든] 특정한 인식의 중지'라는 특징을 가지는 것은 한결같다. 따라서 경맥 등은 동일한 목적을 가지기 때문에, 수면을 위해, 어떤 경우에[28] 어떤 자리를 택일하여 들어간다.

이와 같은 귀결에서 설명한다.

[후론]: '그것(꿈)의 부재'(숙면)는 경맥들에서 또 아뜨만에서 [일어난다]. '그것의 부재'라는 것은, '논제인 그 꿈꾸기'의 부재로서, 숙면이라는 것을 뜻한다. '경맥들에서 또 아뜨만에서'라는 것은 수면을 위해 그러한 경맥 등에 택일로서가 아니라 공동적으로 들어간다는 것을 뜻한다.[29]

어떤 근거에서? 그렇게 계시되기 때문이다. 그러한 증거로서, 경맥 등의 바로 그 모든 것들이 여기저기에서 숙면의 자리라고 계시된다. 그리고 이것들은[30] 공동적인 경우에 화합하게 된다. 실로 이것들은 택

27_ '생기 자체에 의지한다'에서 '생기'(존재)라는 말은 'prāṇam'이라는 2격(목적격)으로 지시되지만, '의지처'(āyatana)라는 말이 7격의 의미를 가지기 때문에 '생기'라는 말도 7격의 의미를 가진다.

28_ 어떤 경우에=경우마다 또는 경우에 따라.

29_ '경맥들에서 또 아뜨만에서'에는 '또'를 뜻하는 원어 'ca'가 포함되어 있다. 바로 이 'ca'는 택일(vikalpa)이 아니라 공동(samuccaya)을 지시한다. 요컨대 수면을 위해 개별자아는 경맥, 아뜨만 등 가운데 어느 하나를 택일한 채로 바로 그것에 들어가는 것이 아니라 공동적으로 즉 그 모든 것들을 숙면의 자리로 삼은 채로 그것들에 들어간다.

30_ 이것들은=이 모든 계시들은.

일이라는 입장에서 [그 일부가] 지양되고 말 것이다.[31]

[전론]: 쌀, 보리 등처럼 경맥 등은 동일한 목적을 가지기 때문에 택일이라고 언급했지 않는가?

[후론]: 아니라고 말한다. 실로 동일한 격어미로 지시된다는 것만으로는 동일한 목적을 가진다고도 택일로도 간주되지 않는다. '궁전에서 자고, 침상에서 잔다'라는 등등과 같은 것들에서, 심지어 다양한 목적으로도 공동적으로도, 동일한 격어미로 지시되는 것을 보기 때문이다.[32] 마찬가지로 이 경우에도 '경맥들에서 심낭에서 또 브라흐만에서 잠잔다'라는 공동적인 것이 가능하다. 또한 그와 같이 계시서는, "잠자는 자가 그 어떤 꿈도 꾸지 않는 경우에, 그는 그곳(경맥)들에서 존재합니다. 그러면 그는 그 생기 자체와 하나가 됩니다."라며 숙면에서 경맥들과 생기가 공동적인 [자리라는] 것을 들려준다. 동일한 문장에서 언급되기 때문이다. 그리고 생기는 브라흐만이라고 [이미] 알려졌다. "생기는 [브라흐만이다]; 그와 같이 이해되기 때문이다."〈수뜨라 1.1.28〉라는 곳에서이다.

비록 경맥이 마치 독립적으로 수면의 자리인 듯이 "그러한 경맥들에 들어가게 된다."라고 들려줄지라도, 그 경우조차 다른 곳(계시서)에서 잘 알려져 있는 브라흐만이 부정되지 않기 때문에 오직 경맥을 매개로

31_ 공동이라는 입장에서는 관련되는 계시들이 모두 화합하게 된다. 그와 달리 택일이라는 입장에서는 그 계시들 가운데 어떤 것은 수용되고 어떤 것은 지양될 것이다. 따라서 계시서의 권위를 확보하기 위해서라도 공동이라는 입장을 취해야만 한다.

32_ '궁전에서 자고, 침상에서 잔다'(prāsāde śete paryaṅke śete)에서 '궁전에서'와 '침상에서'는 둘 다 7격이다. 이 경우에 행위의 주체는 궁전 안에 있는 침상에서 잠을 잔다. 궁전은 침상의 처소가 되는 목적을 가지고, 침상은 잠을 자게끔 하는 목적을 가진다. 따라서 각각의 7격은 다른 목적을 가진다. 게다가 궁전은 간접적으로 잠을 자는 자리이고, 침상은 직접적으로 잠을 자는 자리이다. 따라서 각각의 7격은 잠을 자는 공동적인 자리이다.

하여 브라흐만 그 자체에 머무른다고 이해된다. 게다가 이와 같다고 할지라도 경맥들과 관계하는 7격은 모순되지 않는다. 브라흐만에 들어가면서 경맥들을 통하더라도, 경맥들에는 이미 들어간 상태이기 때문이다.[33] 예를 들어 갠지스 강을 따라 바다로 가는 그는, 갠지스 강에 이미 간 상태이다.

더 나아가[34] 그 경우에는[35] '브라흐만 세상으로 가는 길'이 본질적으로 광선과 경맥을 매개로 한다는 것을 말하고자 하기 때문에, 경맥을 찬양할 목적으로 [경맥에] '들어가는 것'이 언급된다. "경맥들에 들어가게 된다."라고 말한 뒤에 "그 어떤 죄악도 그와 접촉하지 않는다."〈찬도 8.6.3〉라고 말함으로써 경맥을 찬양한다. 그리고 "실로 그는 그때에 빛과 융합하게 된다."〈찬도 8.6.3〉라며 '죄악과 접촉하지 않는 것'에 대한 이유를 말한다.[36] '경맥에 존재하고 뻿따라고 불리는 빛'에 의해 에워싸인 기관이 외부의 대상들을 지각하지 않는다는 뜻이다.[37] 혹은 '빛과'라는 것은 그저 '브라흐만과'를 지시한다. 다른 계시서에서

33_ 경맥을 매개로 하여 브라흐만에 머무른다고 이해한다면, 경맥은 단지 통과하기만 하는 자리라고 간주될 수도 있다. 이 경우 "그러한 경맥들에 들어가게 된다."에서 '경맥들'이 7격(경맥들에)으로 지시되는 것과 모순이 발생한다고 생각할 수도 있지만, 그렇지 않다. 왜냐하면 경맥들을 통과하더라도 경맥들에 이미 들어간 상태이기 때문이다.

34_ Samata에서는 'api ca'(더 나아가)를 'bhavati ca'로 읽는다. 후자로 읽더라도 'bhavati'가 존재동사임으로 말미암아 그 의미의 차이는 무시해도 좋을 정도이다.

35_ 그 경우에는="그러한 경맥들에 들어가게 된다."<찬도 8.6.3>의 경우에는.

36_ "실로 그는 그때에 빛과 융합하게 된다."라는 이 문장이 "그 어떤 죄악도 그와 접촉하지 않는다."라는 문장에 대한 이유를 지시한다면, 원문의 'hi'라는 단어를 '실로'가 아닌 '왜냐하면 ~ 때문이다'로 읽을 수 있다. 그 경우 두 문장을 온전하게 연결하면, "그 어떤 죄악도 그와 접촉하지 않는다. 왜냐하면 그는 그때에 빛과 융합하게 되기 때문이다."라고 읽힌다.

37_ 이 경우에 "실로 그는 그때에 빛과 융합하게 된다."라는 문장은 '실로 그는 그때에 빛에 의해 에워싸이게 된다.'라는 뜻이다.

"브라흐만일 뿐이고 빛(광휘)일 뿐입니다."〈브리 4.4.7〉라며 '빛'이라는 말이 브라흐만에 대해 사용되기 때문이다. 실로 그가 그때에 경맥을 매개로 하여 브라흐만과 융합하게 되고, 그로부터 그 어떤 죄악도 그와 접촉하지 않는다는 뜻이다. 그리고 브라흐만과 융합하는 것이 '죄악과 접촉하지 않는 것'에 대한 이유라고 이해된다. "모든 죄악들은 그것(아뜨만)으로부터 돌아선다. 실로 브라흐만일 [뿐인] 이 세상은 죄악으로부터 자유롭다."〈찬도 8.4.1〉라는 등이 계시되기 때문이다. 결국 이와 같을 경우에, 다른 곳에서 숙면의 자리로 잘 알려져 있는 브라흐만과 함께 경맥들이 공동적으로 [숙면의 자리라고] 알려지게 된다.

게다가 심낭 또한 '브라흐만에 대한 장절'에서 언급됨으로 말미암아 오직 그것(브라흐만)에 종속되는 것으로서 숙면의 자리라고 알려진다. "심장의 안에 있는 허공인 것에 눕습니다."〈브리 2.1.17〉에서 논제인 심장의 허공이 숙면의 자리일 때, "심낭에서 쉽니다(잡니다)."〈브리 2.1.19〉라는 것이 언급된다. 심낭이라는 것은 심장을 둘러싸는 것을 말한다. 그저 그것(심낭)의 안에 존재하는 '심장의 허공'에서 자는 이에 대해, "심낭에서 쉽니다(잡니다)."라고 말할 수 있다. 예를 들어, 그저 성벽에 둘러싸인 마을에서 사는 이에 대해, '성벽에 산다'라고 말한다. 그리고 심장의 허공이 브라흐만이라는 것은 "작은 [허공은 지고한 신이다]; 뒤따르는 ['보조적 문장에 담긴 이유들'] 때문이다."〈수뜨라 1.3.14〉라는 곳에서 [이미] 알려졌다.

더욱이 경맥과 심낭마저, "그것(경맥)들을 따라 빠져나온 뒤에 심낭에서 쉽니다(잡니다)."라며 동일한 문장에서 언급되기 때문에, 공동적이라는 것이 알려진다. 그리고 존재와 최상의 지성이 브라흐만이라는 것은 잘 알려져 있을 따름이다.[38]

38_ 존재(sat)는 앞서 예시된 "얘야 … 그 경우에 존재와 융합하게 된다. 자신에 되

이와 같이 이러한 계시서들에서는 경맥들, 심낭, 브라흐만이라는 바로 그 셋이 숙면의 자리로서 언급된다. 이 경우조차 경맥들과 심낭은 단지 매개일 뿐이고, 오직 브라흐만이 소실되지 않는[39] 유일한 숙면의 자리이다. 더 나아가 경맥들이나 심낭은 [숙면에서] 개별자아의 한정자가 [존재하는] 거처 그 자체이다. 그곳(거처)에는 그것(개별자아)의 기관들이 존재한다.[40] 실로 한정자와 연계되지 않고서는 개별자아에게 오직 그 자체로 그 어떤 거처도 가능하지 않다. [개별자아는] 브라흐만과 다르지 않은 것으로서 자기 영광에 머물기 때문이다.

그것(개별자아)이 숙면에서 브라흐만을 거처로 가진다는 것조차 결코 '거처와 거주하는 자' 사이의 차이를 의도하면서 말하는 것은 아니다.

[전론]: 그러면 무엇이란 말인가?

[후론]: 본질의 동일성을 의도하면서 [말한다]. "얘야 … 그 경우에 존재와 융합하게 된다. 자신에 되들어가게 된다."라고 말하는 까닭에서이다. '자신'이라는 말은 아뜨만을 지시한다. 잠자는 자가 [자신의] 본질에 다다르게 된다는 뜻이다.

더 나아가 개별자아와 브라흐만의 융합이 존재하지 않는 경우는 없다. 본질은 소실되지 않기 때문이다.[41] 하지만 생시와 꿈에서 한정자와 연계되는 것으로 말미암아 '타자의 형태'(비본질)에 다다르는 듯이 간주

들어가게 된다."<찬도 6.8.1>에 등장하고, '최상의 지성'(prājña)은 앞서 예시된 "그 뿌루샤는 최상의 지성인 아뜨만에 껴안겨서 바깥도 전혀 모르고 안도 전혀 모릅니다."<브리 4.3.21>에 등장한다.

39_ * '소실되지 않는'(anapāyi)이라는 표현은 Samata에만 추가로 등장한다.

40_ 기관들은 개별자아의 한정자이다. 숙면에서 이 기관들이 존재하는 거처(ādhāra)가 바로 경맥들이고 심낭이다.

41_ 개별자아가 가지는 본질(브라흐만)은 결코 '소실되지 않기'(anapāyin) 때문에 개별자아와 브라흐만은 항상 융합(saṃpatti)된 채로 존재한다.

하고 나서, 숙면에서 그것이 멈춤으로 말미암아 "자신에 되들어가게 된다."라며 '자신의 형태'(본질)에 다다른다는 것을 말하고자 한다. 결국 이로부터 수면 상태에서 어떤 경우에 존재와 융합되고 어떤 경우에 융합되지 않는다는 것은 합리적이지 않다.

더 나아가 자리의 택일을 용인하더라도, 숙면이 당장 '[모든] 특정한 인식의 멈춤'이라는 특징을 가지는 것은 항상 한결같다. 이러한 경우에 실로 [존재와] 융합된 [개별자아가] 유일성으로 말미암아 [아무것도] 모른다는 것은[42] 합리적이다. "그러면, 무엇을 통해 무엇을 알아야 하겠습니까?"〈브리 2.4.14〉라고 계시되기 때문이다. [브라흐만에서가 아니라] 경맥들에서나 심낭에서 잠을 자는 [경우에는, 인식이] 차이와 관계함으로 말미암아, '인식의 부재'에 대한 어떤 이유도 찾을 수 없다.[43] "소위 다른 것이 있다면, 그 경우에 어떤 것이 다른 것을 볼 수 있습니다."〈브리 4.3.31〉라고 계시되기 때문이다.

[전론]: '매우 멀리 있음' 등은, 비록 [인식이] 차이와 관계할지라도, '인식의 부재'에 대한 이유일 수 있지 않는가?[44]

[후론]: 좋다. 만약 예컨대 비슈누미뜨라가 출타 중에 자신의 집을 보지 못하듯이 개별자아가 그 자체로 제한된다고 용인한다면, 그와 같을 것이다. 하지만 개별자아에게는 한정자와는 별도로 '제한하는 것'이 존

42_ '아무것도 모름'은 '인식의 멈춤' 또는 '인식의 부재'(avijñāna)이다.

43_ 만약 개별자아가 경맥들에서나 심낭에서 숙면한다면, 그 경우에는 인식의 차이성이 존재하기 때문에, 브라흐만(존재)에서처럼 그곳들에서도 특정한 인식이 없을 것이라고 주장할 만한 그 어떤 이유도 찾을 수 없다. 이처럼 경맥들에서나 심낭에서 특정한 인식이 존재한다면, 그곳들은 숙면의 자리가 될 수 없다.

44_ 높디높은 창공을 날고 있는 새를 지각할 수 없듯이 '매우 멀리 있는'(atidūra) 대상을 지각하는 것은 불가능하다. 마찬가지로 개별자아가 숙면의 자리에 제한됨으로써 인식의 대상과 매우 멀리 떨어진 경우에도 그 대상에 대한 인식이 불가능할 수 있다. 다시 말해, 비록 인식이 차이와 관계할지라도, '매우 멀리 있음' 등은 인식의 부재를 수반할 수 있다.

재하지 않는다. 만약 한정자에 포함될 뿐인 '매우 멀리 있음' 등이 '인식의 부재'에 대한 이유라고 말한다면, 그렇다고 할지라도 한정자가 멈춤으로 말미암아 존재 자체에 융합된 [개별자아가 아무것도] 모른다는 것은 합리적이다.

그리고 우리는 여기서 경맥 등이 '공동적인 [숙면의 자리]'라는 것을 [브라흐만과] 동등하다는 [의미에서] 제시하지는 않는다. 왜냐하면 경맥들이나 심낭이 수면의 자리라는 그러한 지식을 통해서는 그 어떤 유용함도 없기 때문이다. 실로 그러한 지식과 결부되는 그 어떤 결과도 계시되지 않는다. 또한 그러한 지식이 '[자체적인] 결과를 낳는 그 어떤 것'의 부분이라고 가르치지도 않는다. 반면에 우리는, 소실되지 않는 브라흐만이 수면의 자리라는, 그 점을 제시한다. 그리고 이러한 지식을 통해서는 유용함이 존재한다. 개별자아가 '브라흐만을 본질로 가진다고 확정하는 것'과 또 '생시와 꿈의 경험작용으로부터 자유롭다고 확정하는 것'이다.

그러므로 수면의 자리는 오직 아뜨만이다.‖7‖

8. 이로부터 [즉 수면의 자리가 오직 아뜨만이라는 이유로부터, 항상 틀림없이] 그것(아뜨만)으로부터 [개별자아가] 깨어난다고 [가르친다].

atah̤ prabodho 'smāt ‖8‖

또한 바로 이로부터 즉 수면의 자리가 오직 아뜨만이라는 그 이유로부터, 항상 틀림없이 그 아뜨만으로부터 [개별자아가] 깨어난다고 '수면의 장절'에서는 가르친다. "그는 어디로부터 왔습니까?"〈브리 2.1.16〉라는 그 질문에 대해 대답하는 와중에, "불로부터 매우 작은 불꽃들이 퍼져 나오듯이, 바로 그와 같이 이 아뜨만으로부터 모든 생기들이"〈브리 2.1.20〉라는 등을 통해서이다. 또한 “존재로부터 왔음에도 ‘우리는 존재로부터 왔다’라고 알지 못한다.”〈찬도 6.10.2〉에서이다. 결국 숙면의 자리들이 택일되는 경우에는, 한때는 경맥들로부터 깨어나고 한때는 심낭으로부터 깨어나며 한때는 아뜨만으로부터 깨어난다고 [계시서에서] 가르쳤을 것이다.

그러므로 또한, 수면의 자리는 오직 아뜨만이다.‖8‖

{ 3. ‘일, 기억, 성언, 명령’이라는 주제: 수뜨라 9 }

9. 하지만 [규칙이 없이 아무것이나 잠깨지 않고, 잠자는] 바로 그것(개별자아)이 [다시 잠깬다]; 일, 기억, 성언, 명령 때문이다.

sa eva tu karmānusmṛtiśabdavidhibhyaḥ ‖9‖

이제 존재와의 그러한 융합으로부터 깨어나면서, 존재와 융합된 바로 그것이 깨어나는지 아니면 그것이거나 다른 것이 깨어나는지 고민스럽다.

[전론]: 이 경우에 먼저 규칙이 없다고 귀결된다.

어떤 근거에서? 왜냐하면 다량의 물에 어떤 물방울을 떨어뜨릴 때에 그것은 다량의 물 자체가 되지만, 다시 끄집어낼 때에 바로 그것이 물방울로 되는 일은 일어나기 어렵기 때문이다. 그와 마찬가지로, 지고한 것과 하나가 되고 적정을 얻는 바로 그 잠자는 자가, 다시 잠깰 수는 없다. 따라서 깨어나는 바로 그것은 신이거나 다른 것이거나 개별자아이다.

이와 같은 귀결에서 이렇게 말한다.

[후론]: 하지만 잠자는 바로 그 개별자아가 자기 본래성을 얻었다가 다시 잠깰 뿐, 다른 것은 아니다.

무엇 때문에? 일, 기억, 성언, 명령 때문이다. 우리는 [이] 논거를 구분한 채로 제시할 것이다.

먼저 남은 일을 실행하는 것을 보기 때문에 바로 그것이 잠깰 수 있을 뿐 다른 것은 아니다. 그러한 증거로서, 이전 날에 실행한 일에 대해 다음 날 그 나머지를 실행하는 것이 관찰된다. 그리고 어떤 이가 반만 행한 일에 대해 다른 이가 그 나머지를 실행하는 데 종사할 수는 없다. 확대적용이기 때문이다. 따라서 이전 날과 다음 날의 한 가지 일에 대해 오직 하나의 동작주체(행위주체)만 있다고 이해된다.

이로 말미암아 또한, 바로 그것이 잠깬다. 이전에 경험한 것을 나중에 잠깰 때에 다른 이가 '나는 지나간 날에 그것을 보았다'라며 기억하는 것은 합당하지 않는 까닭에서이다. 실로 어떤 이가 경험한 것을 다른 이가 기억할 수는 없다. 그리고 '그가 나이다'라는 자기 동일성[45]이란 자신과는 다른 이가 잠깰 때에 가능하지 않다.

게다가 성언들로부터 바로 그것이 잠깬다고 알려진다. 그러한 예시로서, "그는 원래의 자리인 바로 그 생시를 향해 역순으로 다시 돌진합니다."〈브리 4.3.16〉, "이러한 모든 창조물들은, 매일 그 브라흐만 세상으로 가면서도, [그것을] 찾지 못한다."〈찬도 8.3.2〉, "호랑이이거나 사자이거나 늑대이거나 멧돼지이거나, 벌레이거나 나방이거나 각다귀이거나 모기이거나, 이 세상에 있었던 무엇이든지 간에 그것들은 그것들이 된다."〈찬도 6.9.3〉라는 등등과 같이 '생시와 수면의 장절'에서 언급되는 성언들은, 자신과는 다른 이가 잠깰 때에 부조리하게 될 것

45_ '자기 동일성'의 원어는 'ātma-anusmaraṇa'이다. 이 원어는 글자 그대로 '자신에 대한 지속적인 상기'를 뜻한다.

이다.

더욱이 의례와 명상적 지식에 대한 명령들을 통해 바로 그와 같이 이해된다. 왜냐하면 그렇지 않은 경우에 의례와 명상적 지식에 대한 명령들은 무용할 것이기 때문이다. 실로 다른 것이 잠깬다는 입장에서는, 단순히 잠자는 자가 해탈한다는 [결말이] 도출될 수 있다.[46] 만약 이와 같다면, 다가오는 시간에 결과를 낳는 의례나 명상적 지식을 [지금] 행해야 하는 것이 무슨 소용이 있는지 말해 보라! 더 나아가 다른 것이 잠깬다는 입장에서는, 먼저 만약 다른 육체에서 '경험작용을 하는' 개별자아가 [이 육체에서] 잠깬다면, 그곳(다른 육체)에 속하는 경험작용이 철폐되는 부조리한 결말이 생길 것이다.[47] [그리고] 만약 그곳(다른 육체)에서 '잠자는' 자가 [이 육체에서] 잠깬다면, [이러한] 가정은 무의미할 것이다. 실로 어떤 육체에서 잠자는 자가 그 육체에서 잠깨지 않고, 어떤 육체에서 잠자는 자가 다른 육체에서 잠깬다는 이러한 가정에 무슨 이득이 있을 것인가! 이제 만약 '해탈한' 자가 잠깬다면, 해탈이 유한하게 될 것이다. 그리고 무지를 파기한 자가 다시 잠깬다는 것은 합당하지 않다.[48] 이로부터 신이 잠깬다는 것이 논박되었다.

46_ 잠자는 자와 잠깨는 자가 상이한 개별자아라면, 단지 잠을 자기만 해도 개별자아가 해탈하게 되는 모순에 빠진다. 왜냐하면 일단 잠을 자기 시작한 개별자아는 존재와 융합된 상태로 있을 것이고 깨어나는 자는 속박된 다른 개별자아일 것이기 때문이다.

47_ 주석가는 잠자는 자와 잠깨는 자가 상이하다는 입장을 비판하기 위해 세 가지 가정을 제시한다. 첫 번째 가정은 '경험작용을 하는' 개별자아가 잠깨는 것이고, 두 번째 가정은 '잠자는' 개별자아가 잠깨는 것이고, 세 번째 가정은 '해탈한' 자가 잠깨는 것이다. 주석가는 이러한 세 가지 가정 모두가 부조리한 결말로 이어진다는 점을 밝힌다. 그 가운데 먼저, 만약 다른 육체에서 경험작용을 행하고 있는 중인 다른 개별자아가 이 육체에서 잠깨는 자로 간주된다면, 다른 육체를 통해 행한 다른 개별자아의 경험작용은 잠깨는 것을 계기로 하여 완전히 철폐(단절)되고 말 것이다.

48_ 무지로부터 자유로운 해탈한 자가 다시 잠깬다는 것은 즉 경험작용을 다시 시

[신은] 영원히 무지로부터 자유롭기 때문이다. 또한 다른 것이 잠깬다는 입장에서는 '행하지 않은 것의 결과가 도출되고 행한 것의 [결과가] 상실되는 것'이 불가피할 것이다.

그러므로 바로 그것이 잠깰 뿐 다른 것은 아니다.

한편, 예컨대 다량의 물에 떨어뜨린 물방울을 끄집어낼 수 없듯이, 마찬가지로 개별자아가 융합된 경우에 일어날(잠깰) 수 없다고 주장한 것을 논박한다. 그 경우에는 분별(구별)의 수단이 없음으로 말미암아[49] 물방울을 끄집어내지 못하는 것이 합리적이다. 반면에 이 경우에는 행위나 무지라는 분별(구별)의 수단이 존재한다.[50] 이러한 점이 상이하다. 그리고 뒤섞인 우유와 물은, 우리 [인간] 종(種)에 속하는 이들이 분별하기가 어렵더라도 백조는 분별한다고 관찰된다.[51]

더 나아가 다량의 물로부터 분별되어야 하는 물방울처럼 존재로부터 분별되어야 하고, 지고한 것과는 상이한, '개별자아'라는 이름의 그 어떤 것도 존재하지는 않는다. 결국 존재 자체가 한정자와 연계됨으로 말미암아 '개별자아'라는 것으로 비유적으로 사용된다고 수차례 상술했다. 이러한 사정에서, 한 [무리의] 한정자와 관계하는 속박이 존속되는 한, 그런 만큼 한 개별자아의 경험작용이 있다. 그리고 다른 [무리의] 한정자와 관계하는 속박이 존속되는 경우에 다른 개별자아의 경험작용이 있다. 바로 이러한 그 [무리의] 한정자가 씨앗과 새싹의 논리에 따라 수면과 생시에서 [존속되므로],[52] 이로부터 바로 그 개별자아가

작한다는 것은 합당하지 않다.

49_ 분별(구별)의 수단이 없음으로 말미암아=다량의 물로부터 물방울을 분별해낼 수 있는 방법이 없음으로 말미암아.

50_ 행위나 무지는 각 개별자아를 분별(구별)할 수 있는 수단이다.

51_ 산스크리트 문헌에서 백조(haṃsa)는 실제의 새라기보다 이상화된 새에 가깝다. 일반적으로 브라흐마 신을 태우는 탈것으로 잘 알려져 있다. 시적인 전통에서 백조는 물로부터 우유를 분리해내는 특별한 능력을 가진다고 묘사된다.

깨어난다는 것은 합리적이다.‖9‖

{ 4. '기절은 절반만 합치됨'이라는 주제: 수뜨라 10 }

10. [기절은 생시, 꿈, 죽음, 수면이 아니기 때문에], '남겨진 것'(남은 대안)으로부터 기절은 [수면과] 절반만 합치된다.

mugdhe 'rdhasaṃpattiḥ pariśeṣāt ‖10‖

보통사람들이 '까무러쳤다'라고 말하는, '기절'로 불리는 것이 있다. 그리고 그것이 어떤 상태인지 검토하는 경우에, [이렇게] 말한다.

[전론]: 먼저 육체에 머무는 개별자아는 생시, 꿈, 숙면이라는 세 상태를 가진다고 잘 알려져 있다. 네 번째는 '육체로부터 빠져나옴'(죽음)이다. 하지만 개별자아가 가지는 그 어떤 다섯 번째 상태도 계시서에서나 전승서에서나 잘 알려져 있지 않다. 따라서 까무러침은 오직 네 상태들 가운데 어느 한 상태이다.

이와 같은 귀결에서 우리는 말한다.

[후론]: 먼저 기절은 생시 상태가 될 수 없다. 왜냐하면 그(기절한 자)는 감관들로써 대상들을 지각하기 못하기 때문이다.

[전론]: 이러할 수도 있다. '화살 만드는 자'라는 금언에 따라 기절은 [생시 상태가] 될 것이다. 예컨대 화살 만드는 자가 화살에 정신이 팔림으로써 생시임에도 다른 대상들을 지각하지 못하듯이, 마찬가지로

52_ 이처럼 각각의 한정자 무리가 각각의 개별자아에게 특정한 경험작용을 유발하는 이상, 한 개별자아에서는 오직 한 무리의 한정자들이 수면에서는 씨앗과 같이 생시에서는 새싹과 같이 존속될 뿐이므로.

기절한 자는 타봉(打棒)과의 부딪침 등에 의해 발생한 고통스런 경험에 정신이 완전히 나감으로써 생시임에도 다른 대상들을 지각하지 못한다.

[후론]: 아니다. 의식이 있지 않기 때문이다. 실로 [화살에] 마음을 빼앗긴 화살 만드는 자는 '나는 그러한 만큼의 시간 동안 오직 화살을 보고 있었다.'라고 말한다. 반면에 기절한 자는 의식을 차리고서 '나는 그러한 만큼의 시간 동안 칠흑 같은 어둠에 떨어져 있었고, 나는 아무것도 의식하지 못했다.'라고 말한다. 또한 생시 [상태인] 자는 하나의 대상에 마음이 쏠리더라도 몸을 곧추세운다. 반면에 기절한 자의 몸은 지면에 쓰러진다. 따라서 [기절한 자는] 깨어있지 않다.

게다가 [기절한 자는] 꿈을 꾸지도 않는다. 의식이 없기 때문이다.

더욱이 [기절한 자는] 죽은 자도 아니다. 숨과 온기가 존재하기 때문이다. 실로 사람이 기절한 경우에 '그는 죽었을 것이다', '그는 죽지 않았을 것이다'라고 의심하는 자들은, '온기가 없다', '온기가 있다'라며 심장 부위를 만지고, [이를] 확정하기 위해 '숨이 없다', '숨이 있다'라며 콧구멍 부위에 손을 댄다. 만약 숨과 온기의 존재가 알려지지 않으면, 그로부터 '그는 죽었다'라고 확정한 뒤에 화장하기 위해 숲으로 옮긴다. 하지만 만약 숨이나 온기를 느끼게 된다면, 그로부터 '그는 죽지 않았다'라고 확정한 뒤에 [그가] 의식을 차리도록 치료한다. 또한 [기절한 자는] 다시 깨어나기 때문에, [그는] 운명(殞命)한 자가 아니다. 실로 야마에게 간 자는[53] 야마의 영토로부터 돌아오지 않는다.

[전론]: 그러면 의식이 없기 때문에 또 죽지 않았기 때문에 [기절한 자가] 숙면한다고 하자.

53_ * '야마에게 간 자는'(yamaṃ gataḥ)이라는 표현은 Samata에만 추가로 등장한다.

[후론]: 안 된다. 상이성 때문이다. 기절한 자는, 어떤 경우에 심지어 오래도록 숨 쉬지 않고, 그의 몸이 경련하게 되며, 두려워하는 얼굴을 하고, 또 두 눈이 팽창되어 있다. 반면에 숙면하는 자는, 맑은 얼굴을 하고, 일정한 간격으로 되풀이해 숨쉬며, 그의 두 눈이 감겨 있고, 또 그의 몸이 경련하지 않는다. 그리고 단순히 손으로 치는 것만으로 숙면하는 자를 잠깨우지만, 심지어 메(망치)로 타격하는 것으로도 기절한 자를 잠깨우지 못한다. 게다가 기절과 수면은 다른 동작적 원인을 가진다. 기절은 타봉과의 부딪침 등을 동작적 원인으로 하기 때문이고, 또 수면은 피로함 등을 동작적 원인으로 하기 때문이다. 더욱이 이 세상에서는 기절이 수면이라고 잘 알려져 있지 않다.

우리는 '남겨진 것'(남은 대안)으로부터 기절은 [수면과] 절반만 합치되는 것이라고 이해한다. 의식이 없기 때문에 [수면과] 합치되고, 또 그것(수면)과 상이하기 때문에 [수면과] 합치되지 않는다.

[전론]: 그렇다면 수면에 관하여 계시서에서 다음과 같이 언급하는 이상, 어떻게 기절이 절반만 합치(융합)되는 것이라고 말할 수 있다는 말인가?[54] "얘야 … 그 경우에 존재와 융합하게 된다."〈찬도 6.8.1〉, "그곳에서 도둑은 도둑이 아니게 됩니다."〈브리 4.3.22〉, "이 다리(둑)를 낮과 밤은 건너지 못한다. 늙음도 못하고 죽음도 못하며, 슬픔도 못하며, 선행도 못하고 악행도 못한다."〈찬도 8.4.1〉라는 등에서이다. 실로 선행이나 악행은 즐거움이나 괴로움이라는 관념이 생성됨으로써 개별자아에 도달하게 된다. 하지만 즐거움이라는 관념이나 괴로움이

54_ 후론자는 수뜨라의 'ardha-saṃpatti'를 '(기절과 수면이 그 특성상) 절반만 합치되는 것'이라고 이해한다. 그런데 전론자는 그것을 '(개별자아가 기절에서 존재와) 절반만 합치되는 것'이라고 받아들이면서, 계시서에서는 존재와 절반만 합치되는 것을 가르치지 않고 존재와 전적으로 합치되는 것을 가르친다고 후론자를 반박한다. 하지만 이는 전론자가 후론자에게 허수아비 공격을 하는 것에 지나지 않는다.

라는 관념은 숙면에서 존재하지 않는다. 이 두 관념은 심지어 기절에서도 결코 존재하지 않는다. 따라서 한정자가 멈추는 것을 통해, 심지어 기절에서도 숙면에서처럼 오직 [존재와] 전적으로 융합(합치)되는 것이 있을 수 있을 뿐 절반만 융합되는 것은 있을 수 없다.

이에 대하여 말한다.

[후론]: 기절에서 개별자아가 브라흐만과 절반만 융합(합치)된다고 우리는 말하지 않는다.

[전론]: 그렇다면 무엇을 말하는가?

[후론]: 기절이라는 것이 절반은 숙면의 편에 속하고 절반은 다른 상태의 편에 속한다고 우리는 말한다. 그리고 기절은 수면과 유사점과 차이점을 가진다고 [이미] 설명했다. 또한 그것(기절)은 죽음의 관문이다. 그(기절한 자)에게 남은 업이 있는 경우에 말과 마음이 돌아온다. 하지만 남은 업이 있지 않는 경우에 숨과 온기가 사라진다. 따라서 브라흐만을 아는 자들은 [기절을] 절반만 합치되는 것으로 간주한다.

한편 그 어떤 다섯 번째 상태도 잘 알려져 있지 않다고 주장한 것에 관해서는, 그러한 결함은 없다. 그것은 우발적인 상태이므로 잘 알려져 있지 않을 것이다. 그러나 그것은 통념이나 아유르베다에서 잘 알려져 있다.[55] 결국 [기절이 수면과] 절반만 합치되는 것을 용인함으로 말미암아 [따로] 다섯 번째라고 헤아리지 않으므로, 결함은 없다.‖10‖

55_ 두 문장에서 '그것'이 지시하는 것은 '다섯 번째 상태'이다.

{ 5. '두 가지 표징'이라는 주제: 수뜨라 11-21 }

11. 지고한 [브라흐만이 그 자체로] 두 가지 표징을 가지는 것은 [합당하지] 않다; 심지어 조건으로부터도 [즉 한정자와 연계되는 것으로부터도 합당하지 않다]; 왜냐하면 모든 곳에서 [무특성 브라흐만을 가르치기] 때문이다.

na sthānato 'pi parasyobhayaliṅgaṃ sarvatra hi ‖11‖

개별자아는 한정자가 멈춤으로 말미암아 숙면 등에서 브라흐만과 융합되는데, 이제 계시서에 힘입어, [바로] 그것(브라흐만)의 본질을 확정한다.

브라흐만과 관계하는 두 가지 표징을 [보여주는] 계시들이 있다. "모든 행위를 하고, 모든 욕망을 가지며, 모든 냄새를 가지고, 모든 맛을 가지며"〈찬도 3.14.2〉라고 이렇게 운운하는 것들은 유(有)특성의 표징들이다. 또한 "그것은 광대하지도 않고 미세하지도 않으며, 짧지도 않고 길지도 않으며"〈브리 3.8.8〉라고 이렇게 운운하는 것들은 무(無)특성의 표징들이다.

이러한 계시들에서 브라흐만은 두 가지 표징을 가진다고 알려져야만 하는가, 아니면 둘 중 하나의 표징을 가진다고 알려져야만 하는가? 둘 중 하나의 표징을 가지는 경우에도, 유특성인지 아니면 무특성인지 검토되어야 한다.

[전론]: 이 경우에 두 가지 표징에 대한 계시서에 힘입어 브라흐만은 오로지 두 가지 표징을 가진다.

이와 같은 귀결에서 우리는 말한다.

[후론]: 먼저 지고한 브라흐만이 실로 그 자체로 두 가지 표징을 가지

는 것은 합당하지 않다. 왜냐하면 하나의 사물이 실로 그 자체로 형태(색깔) 등의 특성을 가지고 또 그와 반대라고 확정될 수는 없기 때문이다. 모순적이기 때문이다.

[전론]: 그러면 조건으로부터 즉 흙 등의 한정자와 연계되는 것으로부터 [그러하다고] 하자.

[후론]: 그 또한 합당하지 않다. 왜냐하면 심지어 한정자와 연계되는 것으로부터도 어떤 종류의 사물에서 다른 종류의 본성은 가능하지[56] 않기 때문이다. 예를 들어 투명하게 존재하는 수정이 붉은 랙 등의 한정자와 연계되는 것을 통해 불투명하게 되지는 않는다. 불투명하다는 관념은 단순한 혼동이기 때문이다. 또한 한정자들은 무지에 의해 가공된 것이기 때문이다.

결국 이로부터, 둘 중 하나의 표징을 수용하는 경우마저, 모든 특성을 결여하고 오직 구분이 없는[57] 브라흐만이 알려져야만 할 뿐 그와 반대되는 것이 알려져서는 안 된다. 왜냐하면 모든 곳에서 즉 "소리가 없고, 감촉이 없으며, 형태(색깔)가 없고, 소실이 없으며"〈까타 3.15〉라는 등등과 같이 브라흐만의 본질 확립을 의도하는 문장들에서, 오직 모든 특성들이 전혀 없는 브라흐만을 가르치기 때문이다.‖11‖

12. 만약 차이 때문에 [두 가지 표징을 가지지 않는다는 것이 합당하지] 않다고 한다면, 아니다; [한정자의 차이가 언급되는 경우마다] 각 하나씩 그러한 의미(말)가 아니라고 하기 때문이다.

56_ '어떤 종류의 사물에서 다른 종류의 본성은 가능하지'(anyādṛśasya vastuno 'nyādṛśaḥ svabhāvaḥ saṃbhavati)라는 표현은 '한 특정한 사물이 그 자체에 본래적이지 않은 다른 사물의 성질을 가지는 것은 가능하지'라는 의미이다.

57_ '구분이 없는'(무구분)의 원어는 'nirvikalpaka'이다. 일반적으로 이 말은 주관과 객관 또는 인식의 주체와 대상 사이에서 발생하는 그 구분으로부터 자유로운 상태를 의미한다.

na bhedād iti cen na pratyekam atadvacanāt ‖12‖

[전론]: 한편 이러할 수 있다. 브라흐만은 구분이 없고 오직 하나의 표징을 가지며, 그것(브라흐만)은 그 자체로도 조건으로부터도 두 가지 표징을 가지지 않는다고 주장한 것은 합당하지 않다.

무엇 때문에? 차이 때문이다. 실로 [계시서는] 브라흐만의 양상들이 각각의 명상적 지식마다 차이가 있다고 가르친다. "네 발을 가진다."〈찬도 3.18.2〉는 브라흐만, "열여섯 부분(단위)을 가지는"〈쁘라 6.1〉 브라흐만, "'근사한 것들을 가져오는 자'"〈찬도 4.15.3〉 등으로 지시되는 브라흐만, 세 세상을 신체로 가지고[58] '바이슈바나라'라는 말로 불리는[59] 브라흐만 등과 같은 유형들에서이다. 따라서 브라흐만은 심지어 특성을 가진다고 용인되어야만 한다.

[후론]: 브라흐만이 두 가지 표징을 가질 수 없다고 언급했지 않는가?

[전론]: 그 또한 모순되지 않는다. 양상들의 차이는 한정자가 야기하기 때문이다. 실로 그렇지 않은 경우, 차이에 대한 성전이 심지어 그 영역을 상실한다는 결말이 생길 것이다.

[후론]: 아니라고 우리는 말한다.

무엇 때문에? [한정자의 차이가 언급되는 경우마다] 각 하나씩 그러한 의미(말)가 아니라고 하기 때문이다. 실로 각 '한정자의 차이'마다[60] 성전은 브라흐만이 차이 없음을 가질 뿐이라고 들려준다. "그 흙 안에서 빛나고 불멸하는 그러한 사람과 인체에서 육화된 채로 빛나고 불멸하는 그러한 사람. 바로 그가 이 아뜨만입니다."〈브리 2.5.1〉라는 등

58_ <브리 1.3.22> 참조: "이러한 세 세상들과 같고, 이러한 만물과 같다."
59_ <찬도 5.11.2> 참조: "이 아뜨만을 바이슈바나라로"
60_ 각 '한정자의 차이'마다=한정자에 의해 야기된 각각의 차이가 언급되는 경우마다.

에서이다.

결국 이로부터 브라흐만이 차이 있는 양상들을 가지는 것이 성전과 관련된다고는 말할 수 없다. 차이는 계속적 명상을 목적으로 하기 때문이고, 차이 없음에 [성전의] 취지가 있기 때문이다.‖12‖

13. 더 나아가 어떤 [분파의 추종자들은] 그와 같이 [차이에 대한 통찰을 비난한 이후에 바로 그 차이 없음에 대한 통찰을 전한다].
api caivam eke ‖13‖

더 나아가 어떤 분파의 추종자들은 그와 같이 차이에 대한 통찰을 비난한 이후에 바로 그 차이 없음에 대한 통찰을 전한다. "오직 마음을 통해 그것을 획득해야만 한다. 이곳에는 그 어떤 다양함도 있지 않다. 이곳에 마치 다양함이 있는 듯이 보는 자는, 죽음으로부터 죽음으로 간다."〈까타 4.11〉에서이다. 마찬가지로 다른 이들마저 "향유주체, 향유대상, 명령자를 생각(명상)할 때, 이 모든 것이 가르쳐진다. [모든 것은] 세 종류의 브라흐만이라고 가르쳐진다."〈슈베 1.12〉라며, 향유대상, 향유주체, 지배자로 지시되는 모든 복합현상계가 브라흐만을 유일한 본질로 한다는 것을 가르친다.‖13‖

[전론]: 그렇다면 계시서가 브라흐만과 관계하여 양상을 가진다고도 가르치고 양상을 가지지 않는다고도 가르치는 경우에, 어떻게 바로 그 무(無)양상[61] 브라흐만이 확정되는 반면에 그 반대되는 것은 확정되지 않는다는 말인가?

61_ <주석 3.2.14>에서 주석가는 '무양상'의 원어로 'anākāra'와 'nirākāra' 두 가지를 사용한다.

이로부터 답변을 한다.

14. 실로 [브라흐만은] 오직 '형태(양상)를 가지지 않은 것'이다; [계시서가] 그것을 주된 것으로 삼기 때문이다.

arūpavad eva hi tatpradhānatvāt ‖14‖

[후론]: 오직 형태(색깔) 등의 양상이 없는 브라흐만이 확정되어야만 할 뿐, 형태 등을 가지는 것이 확정되어서는 안 된다.

무엇 때문에? [계시서가] 그것을 주된 것으로 삼기 때문이다. "그것은 광대하지도 않고 미세하지도 않으며, 짧지도 않고 길지도 않으며"〈브리 3.8.8〉, "소리가 없고, 감촉이 없으며, 형태(색깔)가 없고, 소실이 없으며"〈까타 3.15〉, "'허공'이라고 불리는 것은 명칭과 형태의 산출자이다. 안에 그것들을 가지는 것은 브라흐만이다."〈찬도 8.14.1〉, "뿌루샤는 실로 신성하고 형상이 없으며, 실로 안과 밖 모두이고 생성되지 않은 것이며"〈문다 2.1.2〉, "그러한 이 브라흐만은 앞선 것도 없고 뒤진 것도 없고, 안도 없고 바깥도 없다. 이 아뜨만은 모든 것을 지각하는 브라흐만이다."〈브리 2.5.19〉라고 이렇게 운운하는 문장들은 초현상적인 '브라흐만 즉 아뜨만'이라는 실재를 주된 것으로 삼을 뿐 다른 대상을 주된 것으로 삼지 않는다. 그래서 이는 "하지만, [만약 브라흐만이 성전을 원천으로 가지지 않는다고 한다면], 그것(브라흐만)은 [오직 베단따 성전으로부터만 알려진다]; [베단따 문장들의] 조화 때문이다."〈수뜨라 1.1.4〉라는 곳에서 [이미] 정초되었다. 따라서 이러한 유형의 문장들에서는 계시된 바대로 오직 무양상 브라흐만이 확정되어야만 한다.

반면에 양상을 가지는 브라흐만과 관계하는 다른 문장들은 그것을[62] 주된 것으로 삼지 않는다. 왜냐하면 그 [문장들은] 계속적 명상에 대한 명령을 주된 것으로 삼기 때문이다. 그 [문장들이] 모순되지 않는 경우에는 계시된 바대로 받아들여야만 한다. 그러나 모순되는 경우에는, 그것을 주된 것으로 삼는 [문장들이] 그것을 주된 것으로 삼지 않는 [문장들보다] 더 권위 있게 된다.

이렇게 [문장들을] 획정(劃定)해서 수용하는 데 그 근거는 이러하다: 비록 계시가 두 가지로 존재할지라도, 바로 그 무양상 브라흐만이 확정되는 반면에 그 반대되는 것은 확정되지 않는다.‖14‖

[전론]: 그러면 양상을 가지는 [브라흐만과] 관계하는 계시들은 어떤 여지가 있는가?

이로부터 [수뜨라 저자는] 말한다.

15. 또한, [만약 양상을 가지는 브라흐만과 관계하는 계시(문장)들에 여지가 있느냐고 한다면], 빛처럼 [브라흐만도 소위 그러한 양상을 취한다]; [그 문장들도] 무용하지는 않기 때문이다.

prakāśavac cāvaiyarthyāt ‖15‖

[후론]: 예컨대 해나 달의 빛은, 공간에 고루 미친 채로 존재함에도 손가락 등의 한정자와 연계됨으로 말미암아 그것(한정자)들이 곧음과 굽음 등의 상태를 취할 때마다 소위 그러한 상태를 취한다. 마찬가지로 브라흐만도 흙 등의 한정자와 연계됨으로 말미암아 소위 그러한 양상을 취한다. 이를 근거로 하여, 브라흐만에 대한 계속적 명상을 목적으로 특정한 양상을 가르치는 것은 모순되지 않는다. 이와 같이 양상을

62_ 그것을=초현상적인 '브라흐만 즉 아뜨만'이라는 실재를, 또는 무양상 브라흐만을.

가지는 브라흐만과 관계하는 문장들마저도 무용하지는 않게 될 것이다. 실로 베다의 문장들 가운데 어떤 것은 유용하고 어떤 것은 유용하지 않다고 간주하는 것은 합리적이지 않다. [모든 문장들이] 지식수단인 것은 한결같기 때문이다.

[전론]: 그렇다고 할지라도, 심지어 한정자와 연계되는 것으로부터도 브라흐만이 두 가지 표징을 가지지는 않는다고 앞에서 주장한 것과 모순되지 않는가?

[후론]: 아니라고 우리는 말한다. 한정자에 기인하는 것은 사물의 특징으로 합당하지 않기 때문이다. 또한 한정자들은 무지에 의해 가공된 것이기 때문이다. 그리고 무지가 자연스럽게 존재하는 바로 그 경우에 일상과 베다의 경험작용이 수용된다고 우리는 여기저기에서 말했다.‖15‖

16. 또한 [계시서는 브라흐만이] '그것(순수의식)일 뿐인 것'이라고 말한다.

āha ca tanmātram ‖16‖

또한 계시서는 '순수의식일 뿐인 것'이고 다른 상이한 형태(특성)를 가지지 않는 무(無)특성 브라흐만을 말한다. "이는 마치 안이 없고 밖이 없으며 전적으로 맛 덩어리일 뿐인 소금 덩어리와 같습니다. 여보, 마찬가지로 이 아뜨만은 안이 없고 밖이 없으며 전적으로 지식 덩어리일 뿐입니다."〈브리 4.5.13〉에서이다.

말한 바는 이러하다: 이 아뜨만은 순수의식과는 별도로 안이나 밖의 형태를 가지지 않는다. 그리고 그것의 본질은 무(無)차이의 순수의식 그 자체이다. 예컨대 소금 덩어리가 다른 맛을 가지지 않고 안과 밖의 차이가 없는 오직 짠맛만을 가지듯이, 바로 그와 마찬가지이다.‖16‖

17. 또한 [계시서는 다른 형태(특성)를 부정하는 것을 통해 브라흐만을] 보여준다; 게다가 [전승서들에서도] 그와 같이 [브라흐만을] 전승한다.

darśayati cātho api smaryate ‖17‖

또한 계시서는 단지 다른 형태를 부정하는 것을 통해 브라흐만을 보여준다. [브라흐만은] 특성을 가지지 않기 때문이다. "이제 여기서부터는 [브라흐만에 대한] 지시입니다: 이러한 것도 아니고 그러한 것도 아니다(네띠 네띠)."〈브리 2.3.6〉, "그것(브라흐만)은 실로 알려진 것과는 다르고 또 알려지지 않은 것과도 상이하다."〈께나 1.4〉, "언어가 마음과 함께 도달하지 못하여 그것으로부터 돌아서고 말리라."〈따잇 2.9.1〉라고 이렇게 운운하는 것들을 통해서이다. 그리고 바슈깔린의 질문을 받은 바드바는 단지 말없음을 통해 브라흐만을 가르쳤다고 계시된다. "한때 그(바슈깔린)는 말했다: 선생님, [브라흐만에 대한] 가르침을 주십시오. 그(바드바)는 침묵을 지켰다. 두 번째로 세 번째로 그것을 물었을 때, 그는 말했다: 실로 나는 말했지만, 그대는 알지 못한다. 그 아뜨만은 정적(靜寂)이다."에서이다.

게다가 전승서들에서도 단지 다른 것을 부정하는 것을 통해 [브라흐만을] 가르친다. "[이제] 알아야만 하는 것에 관해 나는 말할 것입니다. 그것을 알게 되면 불멸을 얻습니다. 지고한 브라흐만은 시초를 가지지 않습니다. 그것은 '존재'라고도 '비존재'라고도 불리지 않습니다."〈기따 13.12〉라고 이렇게 운운하는 것들에서이다. 그리고 우주적 형태를 취한 나라야나는 나라다에게 "나라다여, 그대가 모든 존재의 속성들을 가진 나를 보는 것은, 내가 창조한 그 환영 때문입니다. 그대는 나를 그와 같다고 알아서는 안 됩니다."라고 말했다고 전승된다.‖17‖

18. 또한 바로 이로부터, [아뜨만은 '물에 비친] 반사된 태양' 등과 같다는 유비가 [성전들에서 사용된다].[63]

ata eva copamā sūryakādivat ‖18‖

이 아뜨만은 순수의식으로 이루어지고 특성을 가지지 않으며 언어와 마음을 초월하고 다른 것에 대한 부정을 통해 가르쳐질 수 있는 것인 까닭에, 또한 바로 이로부터, 특성을 가지는 것들이 한정자에 기인하고 실재적인 것이 아니라는 점을 의도한 채로 그것(아뜨만)은 '물에 비친 반사된 태양' 등과 같다는 유비가 해탈에 대한 성전들에서 사용된다. "실로 예컨대, 빛나는 저 태양이 하나임에도 상이한 물에 들어감으로써 한정자에 의해 여럿으로 나타나듯이, 그와 같이 신으로서 이 무(無)생성의 아뜨만도 [상이한] 몸들에서 상이한 형태로 나타난다."에서이다. 또한 "실로 오직 하나인 존재들의 아뜨만은, 각각의 존재에 자리 잡으면서 물에 비친 달처럼 하나로 또 여럿으로 알려진다."[64]라고 이렇게 운운하는 것들에서이다. ‖18‖

이에 대하여 [다음과 같이] 대립한다.

19. 하지만 '물에 [비친 반사된 태양' 등과] 같다는 [유비는 합당하지] 않다; 그와 같다고 이해되지 않기 때문이다.

ambuvad agrahaṇāt tu na tathātvam ‖19‖

[전론]: 이 경우에 '물에 비친 반사된 태양' 등과 유사하다는 것은 합

63_ 이해의 용이함을 위해 수뜨라의 'sūryaka'(태양을 닮은 것)라는 말을 '반사된 태양'으로 풀이한다.

64_ *Amṛtabindu-upaniṣad* 12 참조.

당하지 않다. 그와 같이 이해되지 않기 때문이다. 실로 물이라는 형체는 태양 등의 형체들과는 별도로 존재하고 [그것들로부터] 멀리 떨어진 공간에 있다고 이해된다. 그 경우에 태양 등의 반사가 생기는 것은 합리적이다. 하지만 아뜨만은 형체가 아닐뿐더러, 그것(아뜨만)과는 별도로 존재하고 [그것으로부터] 멀리 떨어진 공간에 있는 한정자들이 없다. [아뜨만은] 편재하기 때문이고, 또 모든 것과 동일하기 때문이다.

따라서 그 예시는 합리적이지 않다.‖19‖

이에 대하여 반박한다.

20. [하지만 이 예시는 합리적이다]; [‘물에 비친 반사된 태양’처럼, 브라흐만은 변형을 겪지 않고 유일한 형태로 존재하더라도 한정자에] 내재함으로 말미암아 증가와 감소에 동참하는 [듯하다]; 이와 같이 [예시와 예시되는 것의] 양자가 적당하기 때문이다.

vṛddhihrāsabhāktvam antarbhāvād ubhayasāmañjasyād evam ‖20‖

[후론]: 하지만 이 예시는 합리적일 뿐이다. 말하고자 하는 일면(一面)이 적합하기 때문이다. 실로 ‘예시’와 ‘예시되는 것’(예시의 대상) 사이에서는, 그 누구도 ‘말하고자 하는 어떤 경우의 어떤 일면’을 배제한 채로 전면적인 유사성을 보여줄 수 없다. 왜냐하면 전면적인 유사성에서는 예시와 예시되는 것의 관계가 분명 절멸될 것이기 때문이다. 그리고 [수뜨라 저자는] ‘물에 비친 반사된 태양’ 등의 예시를 자신의 바람(생각)에 따라 이렇게 만들지는 않는다. 반면에 이 [예시는] 성전에서 [이미] 만들어진 것으로서 [여기서는] 단지 응용하기 위해 제시된다.

[전론]: 그렇다면 이 경우에 말하고자 하는 유사성이란 무엇인가?[65]

이에 대하여 말한다.

[후론]: 증가와 감소에 동참하는 것이다. 실로 물에 존재하는 반사된 태양은, 물이 증가할 때 증가하고 물이 감소할 때 감소하며 물이 움직일 때 움직이고 물이 갈라질 때 갈라지므로, 그와 같이 물의 특징을 따라가게 된다. 하지만 실재적으로 태양이 그와 같지는 않다. 마찬가지로 브라흐만은 비록 실재적으로 변형을 겪지 않고 유일한 형태로 존재할지라도 육체 등의 한정자에 내재함으로 말미암아 증가와 감소 등 한정자의 특징들에 동참하는 듯하다. 이와 같이 예시와 예시되는 것의 양자가 적당하기 때문에 모순은 없다.‖20‖

21. 또한 [계시서는 지고한 브라흐만이 한정자들의 안에 들어가는 것을] 보여주기 때문이다.

darśanāc ca ‖21‖

또한 계시서는 바로 그 지고한 브라흐만이 육체 등 한정자들의 안에 들어가는 것을 보여준다. "그는 두 발을 가진 몸들을 만들었고 네 발을 가진 몸들을 만들었으리라. 그는 새(鳥)[66]로서 그 몸들이 된 뒤에 뿌루샤로서 그 몸들에 들어갔으리라."〈브리 2.5.18〉에서이다. 또한 "그러한 개별자아로써 즉 [나의] 아뜨만으로써 [이러한 세 신격들에] 들어가"〈찬도 6.3.2〉에서이다. 따라서 "또한 바로 이로부터, [아뜨만은 '물에 비친] 반사된 태양' 등과 같다는 유비가 [성전들에서 사용된다]."〈수뜨라 3.2.18〉라는 것은 합리적이다.

그러므로 브라흐만은 '구분이 없는 것'이라는 오직 하나의 표징을 가

65_ 말하고자 하는 유사성이란 무엇인가?=말하고자 하는 '유사성의 일면' 즉 '부분적 유사성'이란 무엇인가?

66_ 새(pakṣin)=윤회의 주체인 미시적 신체.

질 뿐, 두 가지 표징이나 그 반대의 표징을[67] 가지지 않는다고 정립된다.

이 경우에 혹자들은 [이 '주제'에 대하여] 두 '주제'를 가정한다.[68]

[이론]: 먼저 첫 번째는, 브라흐만이 모든 복합현상계를 결여한 채로 하나의 양상을 가지는가 아니면 복합현상계처럼 다양한 양상을 가지는가 하는 것이다. 그리고 두 번째는, 브라흐만이 복합현상계를 결여한다고 확립된 경우에[69] [그것은] '존재'로 지시되는가 아니면 '의식'으로 지시되는가 아니면 두 가지로 지시되는가 하는 것이다.[70]

이에 대하여 우리는 말한다.

[후론]: 다른 '주제'를 시작하는 것은 어느 경우이든지 무용하다.

먼저 만약 지고한 브라흐만이 다양한 표징을 가진다는 것을 부인해야만 하는 그러한 시도라면, 실로 "[지고한 브라흐만이 그 자체로 두 가지 표징을 가지는 것은 합당하지] 않다; 심지어 조건으로부터도 [즉 한정자와 연계되는 것으로부터도 합당하지 않다] …"〈수뜨라 3.2.11〉라는 이전의 그 '주제'를 통해 부인했으므로, 이후의 '주제'인 "또한, [만약 양상을 가지는 브라흐만과 관계하는 계시(문장)들에 여지가 있느냐고 한다면], 빛처럼 [브라흐만도 소위 그러한 양상을 취한다] …"〈수뜨라 3.2.15〉라는 것은 실로 무용하게 될 것이다.[71]

67_ 그 반대의 표징을='구분이 없는 것'(nirvikalpaka)이라는 표징이 아닌 '구분이 있는 것'이라는 표징을.

68_ 주석가는 <수뜨라 3.2.11-21>을 하나의 '주제'로 묶는다. 그런데 혹자들은 <수뜨라 3.2.11-14>를 하나의 주제로 묶고 <수뜨라 3.2.15-21>을 또 하나의 주제로 묶음으로써, 이를 두 개의 주제로 나눈다.

69_ * Samata에는 '확립된 경우에'(sthite)라는 표현이 등장하지 않는다. Samata에서는 이 부분을 "브라흐만이 복합현상계를 결여하는 경우에"라고 읽는다.

70_ '존재'와 '의식'의 원어는 각각 'sat'와 'bodha'이다.

71_ 이론에서는 두 개의 '주제'로 나눠야 한다고 주장하면서 그 각각의 주제에 해당되는 내용(선택적 상황)을 '첫 번째', '두 번째'라는 식으로 제시한다. 그런데 만

또한 브라흐만은 '존재'로 지시될 뿐 '의식'으로 지시되지 않는다고 말할 수 없다. "인식 덩어리일 뿐입니다."〈브리 2.4.12〉라는 등의 계시가 무용해지는 부조리한 결말이 생기기 때문이다. 의식이 배제된 브라흐만을, 과연 어떻게 의식체인 개별자아의 본질이라고 가르칠 수 있다는 말인가! 게다가 브라흐만은 '의식'으로 지시될 뿐 '존재'로 지시되지 않는다고도 말할 수 없다. "실로 '존재한다'라고 … 알려질 수 있다."〈까타 6.13〉라는 등의 계시가 무용해지는 부조리한 결말이 생기기 때문이다. 존재가 배제된 것을, 과연 어떻게 의식이라고 용인할 수 있다는 말인가! 더욱이 브라흐만은 두 가지로 지시될 뿐이라고도 말할 수 없다. 앞서 용인하는 것과 모순이 수반되기 때문이다.[72] 그리고 '존재를 배제한 의식'이나 '의식을 배제한 존재'가 브라흐만에 주어진다고 주장하는 자에게는, 이전의 '주제'에서 부정된 바로 그것이 즉 [브라흐만이] 복합현상계를 가진다는 점이 수반될 것이다.

[이론]: 계시되기 때문에 결함은 없다.

[후론]: 아니다. 동일자가 다양한 본질을 가지는 것은 가능하지 않기 때문이다.

이제 만약 존재 자체가 의식이고 또 의식 자체가 존재로서 이 둘 사이에 상호 배제가 없다고 말한다면, 그렇다고 할지라도, 브라흐만이 '존재'로 지시되는가 아니면 '의식'으로 지시되는가 아니면 두 가지로 지시되는가 하는 그 의심(선택적 상황)은 분명 근거를 잃고 말 것이다.[73]

약 그처럼 다른 주제를 시작하는(나누는) 것이 '첫 번째'와 관련된 목적을 달성하기 위한 시도라면, <수뜨라 3.2.11-14>에서 이미 그 목적을 달성했기 때문에 <수뜨라 3.2.15>에서 다른 주제가 시작된다고 말하는 것은 무용하다.

72_ 이론자에 따르면 이전의 '주제'에서 그 결론은 <수뜨라 3.2.11>과 같이 '브라흐만은 하나의 양상을 가진다.'라는 것이다. 그런데 이후의 주제에서 만약 브라흐만이 '존재'와 '의식'이라는 두 가지로 지시된다고 말한다면, 결과적으로 앞서 스스로 용인하는 것과 모순이 발생하고 만다.

그와 달리 우리는 수뜨라들을 단지 하나의 '주제'로 검토했다.

더 나아가 브라흐만과 관계하는 계시들에서 [브라흐만이] 양상을 가지고 [또] 양상을 가지지 않는다고 제시함으로써 이견이 있는 경우에, 양상이 없는 브라흐만을 수용할 때는 다른 계시들의 여지에 대해 반드시 말해야만 한다. 그러한 연관에서 "또한, [만약 양상을 가지는 브라흐만과 관계하는 계시(문장)들에 여지가 있느냐고 한다면], 빛처럼 [브라흐만도 소위 그러한 양상을 취한다] …"라는 등의 수뜨라들은 더 의미 있는 것으로 된다.[74]

만약, 비록 계시서들이 양상을 다룰지라도, 복합현상계의 완전한 소멸을 필두로 하여 무(無)양상을 이해하려는 목적을 가질 뿐 별도의 목적이 없다고 말한다면, 그 또한 적합한 듯이 보이지는 않는다. 어떻게? 실로 '상위 지식에 대한 장절'에서 예컨대 "실로 그것에는 말(기관)들이 열 아니 백으로 묶여 있으리라. 그것은 정녕 말들이다. 그것은 실로 열이고 또 천이다. 무수이고 또 무한이다."〈브리 2.5.19〉라는 등등과 같이 언급되는 그 어떤 복합현상계는 완전한 소멸을 목적으로 가져야 한다. "그러한 이 브라흐만은 앞선 것도 없고 뒤진 것도 없고, 안도 없고 바깥도 없다."〈브리 2.5.19〉라고 끝맺기 때문이다. 다른 한편으로 '계속적 명상에 대한 명령의 장절'[75]에서 예컨대 "'마음으로 이루어진 것'은 생기를 육체로 하고, 빛의 형태이며"〈찬도 3.14.2〉라는 등등과 같이 언급되는 복합현상계는 완전한 소멸을 목적으로 하지 않는다는 것

73_ <수뜨라 3.2.15-21>을 독립적인 '주제'로 간주하기 위해서 마지막 대안으로 '존재'와 '의식' 사이에 상호 배제(vyāvṛtti)가 없다고 말하는 경우조차, 애당초 이론에서 제기한 의심(vikalpa) 즉 선택적 상황 그 자체가 존립할 수 없는 모순에 빠진다.

74_ 후론자는 <수뜨라 3.2.15> 이후의 내용이 <수뜨라 3.2.11-14>에 연속적이고 보조적이라는 점을 정당화한다.

75_ * '명령의'(-vidhāna-)라는 표현은 Samata에만 추가로 등장한다.

이 정당하다. 그것(복합현상계)들은 "그는 결의를 만들어야 한다."〈찬도 3.14.1〉라는 이러한 유형의 '논제 그 자체인 계속적 명상에 대한 명령'과 관련되기 때문이다. 그리고 [직접적인] '계시어에 따라' 이와 같은 종류의 속성들이 계속적 명상을 목적으로 하는 것이 적절한 경우에, '함축에 따라' 완전한 소멸을 목적으로 하는 것은 적절하지 않다. 게다가 모든 것들이[76] 공통적으로 완전한 소멸을 목적으로 하는 경우에 "실로 [브라흐만은] 오직 '형태(양상)를 가지지 않은 것'이다; [계시서가] 그것을 주된 것으로 삼기 때문이다."〈수뜨라 3.2.14〉라며 확정해서 수용하는 데 그 근거가 되는 글귀에 여지가 없을 것이다. 더욱이 그것(계속적 명상)들의 결과가, 가르친 바대로 어떤 경우에는 죄악의 소멸이고 어떤 경우에는 권능의 획득이며 어떤 경우에는 점진적 해탈이라고 알려질 뿐이므로, 이로부터 계속적 명상에 대한 문장들과 브라흐만에 대한 문장들은 단지 별도의 목적을 가진다는 것이 정당하다. 문장적 통일성은 없다.

결국 어떻게 그것들이 문장적 통일성을 가진다고 짐작되는지 [당신은] 말해야만 한다.

[이론]: 쁘라야자와 다르샤뿌르나마사에 대한 문장처럼 하나의 강제적 명령이라고 이해되기 때문이다.[77]

[후론]: 아니다. 브라흐만에 대한 문장들에서는 강제적 명령이 없기

76_ 모든 것들이=모든 복합현상계들이.

77_ 쁘라야자(Prayāja)는 보조적인 제의이고 다르샤뿌르나마사(Darśapūrṇamāsa)는 주된 제의로서, 양자에 대한 문장들은 오직 '하나의' 명령으로 결합된다. 베다의 이슈띠(iṣṭi) 제의인 다르샤뿌르나마사에서는 주된 공물을 제공하기 이전과 이후에 각각 작은 공물을 제공하는 의례가 펼쳐진다. 주된 공물 '이전에'(pra) 작은 공물을 제공하는 것을 '쁘라야자'라고 부르고, 주된 공물 '이후에'(anu) 작은 공물을 제공하는 것을 '아누야자'(anuyāja, anūyāja)라고 부른다.

때문이다. 실로 사물 그 자체를 확정하는 브라흐만에 대한 문장들이 강제적 명령을 가르치지 않는다는 점은, "하지만, [만약 브라흐만이 성전을 원천으로 가지지 않는다고 한다면], 그것(브라흐만)은 [오직 베단따 성전으로부터만 알려진다]; [베단따 문장들의] 조화 때문이다."〈수뜨라 1.1.4〉라는 곳에서 [이미] 자세하게 정초했다. 그리고 그 경우에 [당신은] 무엇과 관계하는 강제적 명령이 의도되는지 말해야만 한다.[78] 왜냐하면 강제로 명령을 받는 사람은 자신의 그 어떤 일과 관계하여[79] '행하라!'라고 강제로 명령을 받기 때문이다.

[이론]: 강제적인 명령과 관계하는 것은 이원적인 복합현상계의 완전한 소멸이지 않겠는가? 왜냐하면 이원적인 복합현상계가 완전하게 소멸되지 않는 경우에 브라흐만이라는 실재에 대한 깨우침이 생기지 않기 때문이다. 이 이유로부터, 브라흐만이라는 실재에 대한 깨우침에 반대되는 것인 이원적인 복합현상계가 완전하게 소멸되어야만 하는 것이다. 예컨대 천국을 원하는 자에게 제의를 '실행해야만 하는 것'으로 가르치듯이, 마찬가지로 지고선을 원하는 자에게는 복합현상계의 완전한 소멸을 가르친다. 또한 예컨대 어둠에 자리 잡은 항아리 등의 실재를 알고자 하는 자에 의해 그것(실재)에 반대되는 것인 어둠이 완전하게 소멸되듯이, 마찬가지로 브라흐만이라는 실재를 깨우치고자 하는 자에 의해서는 그것에 반대되는 것인 복합현상계가 완전하게 소멸되어야만 한다. 왜냐하면 복합현상계가 브라흐만을 본질로 할 뿐 브라흐만이 복합현상계를 본질로 하지는 않기 때문이다. 이로 말미암아 명칭과 형태의 복합현상계가 완전하게 소멸됨으로써 브라흐만이라는 실재에 대한 깨우침이 생긴다.

78_ 당신은 강제적 명령의 내용이 무엇인지 말해야만 한다.

79_ 자신의 그 어떤 일과 관계하여=자신에게 주어진 채로 자신이 행해야만 하는 그 어떤 행위와 관계하여.

이에 대하여 우리는 질문한다.

[후론]: 복합현상계의 완전한 소멸이라고 불리는 그것은 무엇인가? 불의 열기와 접촉함으로써 버터의 견고함이 완전하게 소멸되는 것처럼 복합현상계의 완전한 소멸이 행해져야만 하는가, 그렇지 않으면 하나의 달과 관계하는 '복시증에 의해 야기된 여러 달의 복합현상계'처럼 [유일한] 브라흐만과 관계하는 '무지에 의해 야기된 명칭과 형태의 복합현상계'가 지식을 통해 완전하게 소멸되어야만 하는가?

그 가운데 먼저, 만약 인격적으로(소우주적으로) 신체 등으로 지시되고 또 외적으로(대우주적으로) 흙 등으로 지시되면서 존재하는 이 복합현상계가 완전하게 소멸되어야만 한다고 말한다면, 그것은 단순히 사람에 의해 완전하게 소멸될 수 없으므로, 완전한 소멸에 대한 그 가르침은 무의미한 것 그 자체여야 한다. 또한 최초로 해탈한 한 [사람에] 의해 흙 등의 완전한 소멸이 행해졌으므로 현재는 흙 등이 없는 세계가 되었을 것이다.

이제 만약 무지에 의해 유일한 브라흐만에 덧놓인 이 복합현상계가 지식을 통해 완전하게 소멸된다고 말한다면, 그 경우에 무지에 의해 덧놓인 복합현상계를 부정하는 것을 통해 브라흐만 그 자체가 전해져야만 한다. 브라흐만은 "유일무이한 것이었다."〈찬도 6.2.1〉, "그것은 존재이다. 그것은 아뜨만이다. 슈베따께뚜여, 그것이 너이다."〈찬도 6.8.7〉라며 그것(브라흐만)이 전해지는 경우에 지식은 실로 그 자체로 발생하고, 또 그것(지식)에 의해 무지가 지양된다. 이로부터 또한 무지에 의해 덧놓인 이 모든 명칭과 형태의 복합현상계는 꿈속의 복합현상계처럼 완전하게 소멸된다. 반면에 브라흐만이 전해지지 않는 경우에는, 비록 '브라흐만에 대한 지식을 얻으라!', '복합현상계를 완전하게 소멸하도록 하라!'라는 [가르침을] 백 번 말할지라도, 브라흐만에 대한 지식이나 복합현상계의 완전한 소멸은 발생하지 않는다.

[이론]: 브라흐만이 전해진 경우에[80] 그것에 대한 지식과 관계하거나 복합현상계의 소멸과 관계하는 강제적 명령이 있어야 하지 않는가?

[후론]: 아니다. 오직 초현상적인 브라흐만이 곧 아뜨만이라는 것을 알려줌으로써 [그러한] 양자가 성취되기 때문이다. 예를 들어 오직 밧줄의 본질을 드러냄으로써 '그것의 본질에 대한 지식'과 '무지에 의해 덧놓인 뱀 등의 복합현상계의 완전한 소멸'이 생긴다. 그리고 행해진 것 자체는 다시 행해지지 않는다.[81]

게다가 복합현상계의 상태에서 개별자아라고 불리는 것은 심지어 강제로 명령을 받는다고 알려지는데, 그것은 바로 그 복합현상계의 편에 속해야 하거나 브라흐만 자체의 편에 속해야 한다. 첫 번째 가정의 경우, 브라흐만이라는 초현상적인 실재를 확립하는 것을 통해 흙 등처럼 개별자아마저 완전하게 소멸됨으로 말미암아, 복합현상계의 소멸에 관한 강제적 명령을 누가 [받는다고] 말할 것이며, 강제적 명령에 근거하여 획득될 수 있는 해탈을 누가 [얻는다고] 말할 것인가? 두 번째 [가정의] 경우에도, 개별자아가 오직 그 본성상 강제로 명령을 받지 않는 브라흐만을 본질로 할 뿐이고 개별자아 상태는 무지에 의해 야기된 것에 지나지 않는다는 [식으로] 브라흐만이 확립될 때, 강제로 명령을 받는 [주체가] 없음으로 말미암아 강제적 명령 [그 자체가] 없을 따름이다.

'상위 지식에 대한 장절'에서 언급되는 "[아뜨만을] 보아야만 하고" 〈브리 2.4.5〉 등의 말들조차, 실재에 관심(고개)을 돌리도록 하는 것이 주가 될 뿐 실재에 대한 깨우침을 명령하는 것이 주가 되지는 않는다.[82] 또한 이 세상에서도 '이것을 보라!', '이것을 들으라!'라는 이러한

80_ 브라흐만이 전해진 경우에=브라흐만이 전해진 그 이후에라도.

81_ '브라흐만의 본질에 대한 지식'과 '복합현상계의 완전한 소멸'이 한 번 발생하고 나면, 그것의 발생을 위해 다시 명령하는 것은 불필요하다.

유형의 지시들은, 단지 주의를 기울여야 한다는 말일 뿐 직접적으로 지식 자체를 얻으라는 말은 아니다. 심지어 지식대상에 관심을 돌리는 자에게도 지식이 어떤 경우에는 발생하고 어떤 경우에는 발생하지 않는다. 따라서 그것(지식)에 관해서 알려주고자 원하는 자는 지식의 대상 자체를 보여주어야만 한다.[83] 그것(대상)이 제시될 때 실로 그 자체로 대상에 따르고 지식수단에 따르는 지식이 발생한다. 게다가 심지어 강제로 명령을 받은 자에게는, 다른 지식수단을 통해 다른 방식으로 잘 알려져 있는 대상에 관해 '다른 방식의 지식'을 [얻는 것이] 가능하지 않다.[84] 그리고 만약 '나는 강제로 명령을 받은 자이다'라고 [간주한 채로] 다른 방식의 지식을 얻는다면, 결코 그것은 지식이 아니다.

[이론]: 그렇다면 무엇인가?

[후론]: 그것은 마음에 속하는 활동이다.[85] 만약 실로 그 자체로[86] 다른 방식의 [지식이] 발생한다면, [그것은] 단지 착오일 것이다. 반면에 지식은 지식수단으로부터 발생하고 또 존재하는 대상에 따른다. 백 번

82_ <브리 2.4.5>의 계시가 혹여 명령처럼 들릴 수 있지만, 실제로는 실재(tattva)에 '관심을 돌리도록 하는 것'(abhimukhīkaraṇa)이 주요 목적이다.

83_ 원문의 'taṃ prati'라는 부분을 '그것(지식)에 관해서'라고 풀이한다. 그런데 이 부분을 '[지식을 원하는] 그에게'라고 풀이할 수도 있다. 후자로 풀이할 경우 전체 문장은 "따라서 [지식을 원하는] 그에게 [지식을] 알려주고자 원하는 자는 지식의 대상 자체를 보여주어야만 한다."이다.

84_ 명령의 목적은 특정한 대상에 대해 특정한 지식수단을 통해 얻은 지식을 다른 지식수단을 통해 수정함으로써 '다른 방식의 지식'(anyathājñāna) 즉 '수정된 지식'을 얻으려는 것이라고 반론을 펼 수 있다. 즉 "[아뜨만을] 보아야만 하고" <브리 2.4.5>라는 성언은 아뜨만에 대해 지각이나 추론을 통해 얻은 지식을 명령과 관련된 성언을 통해 수정함으로써 새로운 내용의 지식을 얻고자 하는 목적을 가진다는 반론이다. 하지만 주석가는 명령을 통해서 아뜨만에 관해 수정된 지식을 얻는 것은 가능하지 않다고 말한다.

85_ 그것은 지식이라고 할 수 없고, 단지 '마음에 속하는 활동(kriyā)' 즉 임의적인 심리활동이라고 할 수밖에 없다.

86_ 그 자체로=지식수단을 통하지 않고서.

의 강제적 명령을 통해서조차 그것을 얻게끔 할 수 없다. 또한 백 번의 금지를 통해서조차 그것을 막을 수 없다. 왜냐하면 그것은 사람에 의존하지 않기 때문이다. 실로 그것은 사물에 의존할 뿐이다. 따라서 또한 강제적 명령은 없다.

더 나아가 이러하다: 단지 강제적 명령과 관련하여 성전이 완결되는 경우에, 개별자아가 '강제로 명령을 받지 않는 브라흐만'을 본질로 한다고 용인하는 것은 실로 근거 없는 주장일 것이다. 만약 성전 자체가 심지어 [개별자아가] 강제로 명령을 받지 않는 브라흐만을 본질로 한다는 것을 전하고, 또 그 깨우침과 관계하여 사람에게 강제로 명령한다면, 그 경우에 브라흐만에 대한 하나의 성전이 두 가지 의미를 지향하고 모순적 의미를 지향하게 [되는] 부조리한 결말이 생길 것이다. 그리고 강제적 명령을 의도하는 경우에는, 계시된 것을 폐기하고 계시되지 않은 것을 가정하는 결함, 또 의례의 결과처럼 해탈이 '보이지 않는 힘'의 결과가 됨으로써 무상하게 되는 결함 등등을 그 누구도 피할 수 없다. 따라서 브라흐만에 대한 문장들은 오직 직접적 앎과 관련되고, 강제적 명령과 관련되지는 않는다. 결국 이로부터 [계시서의 문장들이] 하나의 강제적 명령이라고 이해되기 때문에 문장적 통일성을 가진다는 것은 합리적이지 않다.

게다가, 비록 브라흐만에 대한 문장들에서 강제적 명령이 존재한다고 용인될지라도, 초현상적인 [브라흐만에] 대한 가르침들과 현상적인 [브라흐만에] 대한 가르침들 사이에서 그것(강제적 명령)의 동일성은 실증되지 않는다.[87] 왜냐하면 '말의 차이' 등의 증명수단들을 통해 강제적 명령의 차이가 알려지는 경우에[88] 모든 곳에서 강제적 명령이 동일

87_ 그것(강제적 명령)의 동일성은 실증되지 않는다=동일한 강제적 명령이 존재한다고는 증명되지 않는다.

88_ 미맘사 학파에 따르면 '강제적 명령의 차이'(niyoga-bheda) 또는 '의례의 차

하다고 받아들일 수는 없기 때문이다. 물론 쁘라야자와 다르샤뿌르나마사에 대한 문장들에서는, 자격이라는 측면에서 차이가 없기 때문에, [강제적 명령이] 동일하다는 것이 합리적이다.[89] 하지만 이 경우에, 유(有)속성과 무(無)속성에 대한 신성한 명령들에서는 자격이라는 측면에서[90] 그 어떤 [명령의] 동일성도 없다. 실로 '빛의 형태' 등의 속성들은[91] 복합현상계의 완전한 소멸에 도움을 주지 못한다. 심지어 복합현상계의 완전한 소멸은 '빛의 형태' 등의 속성들에 도움을 주지 못한다. 상호모순적이기 때문이다. 실로 '전체 복합현상계의 완전한 소멸'과 '복합현상계의 한 부분을 필요로 하는 것'과 [같은 모순적인 두 가지가] 동일한 본체에 공존하는 것은 합리적이지 않다.

그러므로 양상을 가지는 것과 양상을 가지지 않는 것에 대한 가르침들을 구분하는 것이 더 합리적이라고 우리는 이미 말했다.‖21‖

이'(karma-bheda)를 알려주는 6개의 증명수단(pramāṇa)들이 있다. 그 가운데 '말의 차이'(śabda-antara)가 첫 번째이다. <미맘사-바 2.1.1> 참조.

89_ 비록 다르샤뿌르나마사가 주된 제의이고 쁘라야자가 보조적인 제의일지라도, 두 제의 모두 동일한 사제들에 의해 실행되면서 천국을 획득하는 것을 목적으로 삼기 때문에, 그것들에 관한 문장들은 자격과 관련된 측면에서 문장적 통일성을 가진다고 볼 수 있다.

90_ 바로 앞선 문장에서 '자격이라는 측면(aṃśa)'과 이 문장에서 '자격이라는 측면'은 모두 '자격에 관해 다루는 계시서의 특정한 부분(aṃśa)'이라는 의미로 풀이될 수도 있다.

91_ <찬도 3.14.2> 참조: "'마음으로 이루어진 것'은 생기를 육체로 하고, 빛의 형태이며, 진실한 결의를 가지고, 허공을 본질로 하며, 모든 행위를 하고, 모든 욕망을 가지며, 모든 냄새를 가지고, 모든 맛을 가지며"

{ 6. '그러한 만큼의 논제인 것'이라는 주제: 수뜨라 22-30 }

22. 실로 ['네띠'는] 그러한 만큼의 논제인 것을 [즉 형체와 무형체로 지시되는 브라흐만의 형태를] 부정한다; 또한 그것(부정)보다 더한 것을 말한다.
prakṛtaitāvattvaṃ hi pratiṣedhati tato bravīti ca bhūyaḥ ‖22‖

"실로 브라흐만은 두 형태를 가집니다. 형체인 것과 또 형체가 없는 것"〈브리 2.3.1〉이라고 시작한 뒤에, 5개 대원소들을 두 부류로 나누고 나서[92] '뿌루샤'라는 말로 불리는 '형체가 없는 것의 정수'가 울금(鬱金) 등의 형태들을 가진다고 보여준 후에,[93] 또다시 "이제 여기서부터는 [브라흐만에 대한] 지시입니다: 이러한 것도 아니고 그러한 것도 아니다(네띠 네띠).[94] 왜냐하면 '이러한 것도 아니다'라는 이것보다 더 지고한 다른 [지시는(존재는)] 없기 때문입니다."〈브리 2.3.6〉라고 언급한다.

이 경우에 우리는 그 부정의 대상이 무엇인지 알고자 한다. 실로 이 경우에는, '이것', '그것'이라는 그 어떤 한정된 부정대상이 알려지지 않는다. 그리고 이 경우에는 '이띠'(이러한 것)라는 말에 의해 그 어떤 부정

92_ 흙 · 물 · 불이라는 셋이 형체인 것들이고, 공기 · 에테르라는 둘이 형체가 없는 것들이다.

93_ 울금(mahārajana, māhārajana)은 심황(深黃), 강황(薑黃)으로 불린다. 생강과의 다년생 초본으로 음식(특히 카레)의 향신료로 쓰이거나 노란색으로 염색을 하는 데 쓰인다. <브리 2.3.6>에서는 형체가 없는 것의 정수인 뿌루샤를 '마치 울금의 노란색으로 염색된 옷과 같고'라고 비유한다.

94_ 'na iti na iti'로 풀이되는 '네띠 네띠'(neti neti)라는 표현에 대해서는 'not so, not so'라는 영어 번역이 매우 적절하다. 우리말로는 '네띠 네띠'가 글자 그대로 '~라는 것이 아니고, ~라는 것이 아니다'라는 뜻이기에, 이를 '이러한 것도 아니고 그러한 것도 아니다'라고 번역한다.

대상이 제시된다. '네띠 네띠'에서 '이띠'가 '나'(아니다)라는 [부정사] 뒤에 사용되기 때문이다.[95] 그리고 '이띠'라는 이 말은 근접해 있는 것을 지시하고 '에밤'(이러한)[96]이라는 말과 유사한 어법으로 사용된다고 알려진다. '실로 이렇게(이띠) 선생님은 말씀하셨다'라는 등등과 같은 것들에서이다. 결국 이 경우에 맥락의 효력으로부터 근접해 있는 것은 '브라흐만의 두 가지 현상적인 형태'와 '그 두 형태를 가지는 브라흐만'이다.[97]

이 경우에 우리에게 의문이 일어난다. 그 부정은 '두 형태'와 '[그 두] 형태를 가지는 것'(브라흐만)이라는 두 가지 모두를 부정하는가, 그렇지 않으면 '둘 중의 하나'를 부정하는가? 심지어 둘 중의 하나인 경우에도 두 형태를 남긴 채 브라흐만을 부정하는가, 그렇지 않으면 브라흐만을 남긴 채 두 형태를 부정하는가?

[전론]: 이 경우에, 똑같이 논제임으로 말미암아, 두 가지 모두를 부정한다고 우리는 생각한다. 그리고 '네띠'라는 말이 두 번 사용되기 때문에 그 둘이 부정된다. 둘 중 하나(네띠)에 의해 브라흐만의 현상적인 형태가 부정되고, 다른 것(네띠)에 의해 형태를 가지는 브라흐만이 부정된다고 짐작한다.

95_ '나'(na)와 '이띠'(iti)가 결합된 '네띠'(neti, ~라는 것이 아니다)라는 말에는 '~라는 것'(이띠)이라는 불확정적인 말이 포함되어 있기 때문에, '이것은 아니다'에서 '이것'이나 '그것은 아니다'에서 '그것'과는 달리, 구체적으로 한정된 어떤 부정대상이 알려지지 않는다. 그럼에도 '~라는 것'이라는 말을 통해서 그 어떤 부정대상이 제시되고 있기는 하다. 왜냐하면 '이띠' 앞에 '나'가 사용됨으로써 '~라는 것이 아니다'라며 무언가가 부정되고 있는 것만큼은 분명하기 때문이다.

96_ 에밤(evam)=불변화사로서 '이러한, 이와 같은, 마찬가지로' 등등의 뜻을 가진다.

97_ 맥락을 통해 볼 때 '이띠'라는 말은 근접해 있는 것인 '브라흐만의 두 가지 현상적인 형태들' 또는 '그 두 형태들을 가지는 브라흐만 그 자체'를 지시한다. 따라서 브라흐만의 형태들 또는 브라흐만 자체가 부정된다고 결론 내릴 수 있다.

혹은 오직 형태를 가지는 브라흐만이 부정된다. 왜냐하면 그것은 언어와 마음을 초월함으로 말미암아 그 존재가 가늠되지 않고 [그에 따라] 부정될 만하기 때문이다. 반면에 형태적 복합현상계는 지각 등의 영역에 속함으로 말미암아 부정될 만하지 않다. 물론 [이 경우에 네띠의] 반복이란 진지한 희원(希願)을 의미한다.

이와 같은 귀결에서 우리는 말한다.

[후론]: 먼저 두 가지를 부정하는 것은 합당하지 않다. 허무주의가 수반되기 때문이다. 예컨대 밧줄 등에 대한 뱀 등처럼, 실로 그 어떤 실재를 근거로 하여 비실재가 부정된다. 그리고 이는 그 어떤 존재가 남겨질 때에 가능하다. 그와 달리 전체가[98] 부정되는 경우에는 [과연] 어떤 다른 존재가 남겨질 것인가! 또한 어떤 것이 남겨지지 않을 때에는, 부정되기 위해 놓인 다른 것이 부정될 수 없음으로 말미암아, 바로 그것(다른 것)이 실재가 되기 때문에 부정 [자체가] 불가능하다.[99]

게다가 브라흐만에 대한 부정은 합당하지 않다. "나는 당신에게 브라흐만에 대해 말하고자 합니다."〈브리 2.1.1〉라는 등의 시작(서두)과 모순되기 때문이다. "만약 브라흐만이 비(非)존재라고 안다면, 그는 비존재 자체가 되리라."〈따잇 2.6.1〉라는 등의 비난(폄하)과 모순되기 때문이다. "실로 '존재한다'라고 … 알려질 수 있다."〈까타 6.13〉라는 등의 확정과 모순되기 때문이다. 결국 모든 베단따들의 침훼가 수반되기 때문이다.

또한 브라흐만이 언어와 마음을 초월한다고 말하는 것은 존재하지

98_ '전체가'(kṛtsna) 대신에 '두 가지가'(ubhaya)로 읽어도 무방하다.

99_ A를 부정하는 데 부정의 토대가 되는 '어떤 것'(B)이 남겨지지 않는다면, 부정되어야만 하는 '다른 것'(A)이 부정될 수 없게 된다. 만약 A가 부정될 수 없는 것이라면 그것은 실재이고 실재를 부정하는 것은 완전히 불가능하므로 부정 자체가 불가능하다.

않는다는 의도에서가 아니다. 왜냐하면 베단따들에서 크게 각오를 다지면서 "브라흐만을 아는 자는 지고함을 얻는다."〈따잇 2.1.1〉, "브라흐만은 존재이자 지식이자 무한이다."〈따잇 2.1.1〉라고 이렇게 운운하며 브라흐만을 확립한 뒤에 또다시 바로 그것이 존재하지 않는다고 언급할 수는 없기 때문이다. 실로 '[묻은] 진흙을 씻는 것보다 오히려 멀리서 [진흙에] 닿지 않는 것이 더 낫다'라는 금언이 있다. 반면에 "언어가 마음과 함께 도달하지 못하여 그것으로부터 돌아서고 말리라."〈따잇 2.9.1〉라는 그것은 [브라흐만을] 확립하는 방법론이다. 말한 바는 이러하다: 언어와 마음을 초월하는 브라흐만은, 대상에 속하지 않고, 내재적 아뜨만으로 존재하며, 영원 · 순수 · 자각 · 자유를 본질로 한다.

따라서 브라흐만의 형태적 복합현상계가 부정되고 브라흐만은 남겨진다고 용인해야만 한다.

그래서 [수뜨라 저자는] '실로 [네띠는] 그러한 만큼의 논제인 것을 부정한다'라는 것을 말한다. 그 말(네띠)은 '그러한 만큼의 한계로 제한된 것인 논제'를 즉 형체와 무형체로 지시되는 브라흐만의 형태를 부정한다. 실로 그 논제란 앞서는 글에서 신격적으로 또 인격적으로 상술된다. 그것은 분명 다른 형태를 생성한 것이고, 잠재습성을 특징으로 가지며, 무형체의 정수로 존재하고, '뿌루샤'라는 말로 불리며, 미시(微視) 아뜨만으로 주재(駐在)하고,[100] 울금 등의 유비들을 통해 제시된다. 무형체의 정수인 뿌루샤가 눈에 지각될 수 있는 형태(색깔)를 가질 수는 없기 때문이다.[101] 결과적으로 브라흐만의 현상적인 이러한 형태

100_ '미시 아뜨만'(liṅgātman)에서 '아뜨만'이라는 말이 신격적으로도 인격적으로도 파악될 수 있으므로, 미시 아뜨만은 '세계를 구성하는 미세한 신체'로도 '윤회의 주체인 미세한 신체'로도 모두 이해 가능하다.

101_ 뿌루샤는 무형체의 정수로서 눈에 지각될 수 없기 때문에 울금 등의 유비들을

에 대해, 근접해 있는 것을 지시하는 '이띠'라는 [말을] 수단으로 하여 '나'(아니다)라는 [부정사와] 관련된 부정이 행해진다고 이해된다.

한편 브라흐만은 앞서는 글에서 6격으로 지시되는데, 독립적인 것으로서 6격이 아니라 형태에 대한 한정어로서 6격이다.[102] 그리고 그것(브라흐만)에 속하는 두 가지 형태가 상술되는 경우에, 형태를 가지는 것의 본질을 탐구하는 것과 관계하여 "이제 여기서부터는 [브라흐만에 대한] 지시입니다: 이러한 것도 아니고 그러한 것도 아니다(네띠 네띠)." 라는 것이 다루어진다. 이러한 사정에서 이는[103] 가상된 형태를 부정함으로써 브라흐만의 본질을 알려준다고 확립된다. 왜냐하면 그것(브라흐만)을 토대로 하는 그 모든 결과물이 '이러한 것도 아니고 그러한 것도 아니다'라며 부정되기 때문이다. 또한 "언어에 근거(기원)하고 있으며"〈찬도 6.1.4〉[104]라는 성언 등으로부터 결과물은 비존재이므로 [결과물이] '이러한 것도 아니고 그러한 것도 아니다'라고 부정되는 것은 합리적이다. 하지만 브라흐만이 부정되지는 않는다. [브라흐만은] 모든 가상의 근원이기 때문이다.

그리고 이 경우에, '[묻은] 진흙을 씻는 것보다 오히려 멀리서 [진흙에] 닿지 않는 것이 더 낫다'라는 [금언으로부터], '실로 어떻게 성전은 바로 그 자체로 브라흐만이 두 가지 형태를 가진다고 보여준 뒤에 또 다시 바로 그 자체로 부정한다는 말인가?'라는 이러한 의문이 생겨서

통해 제시될 수밖에 없다.

102_ "실로 브라흐만은 두 형태를 가집니다."<브리 2.3.1>라는 문장의 원문은 'dve vāva brahmaṇo rūpe'이다. 'brahmaṇo'는 6격 단수이다. 이 경우에 브라흐만은 두 형태의 소유주(두 형태를 가지는)로 한정되면서 지시될 뿐, 독립적인 것으로 즉 그 장절에서 독립적인 주제로 지시되지 않는다.

103_ 이는='네띠 네띠'는.

104_ <찬도 6.1.4> 참조: "[찰흙의] 변형이란 언어에 근거(기원)하고 있으며 명칭 자체이고 오직 찰흙이라는 것만이 실재이다."

는 안 된다. 그 성전은 '확립해야만 하는 것'으로 브라흐만의 두 가지 형태를 교시하지 않고 반면에 세상에 잘 알려져 있고 브라흐만에 가상된 그 두 가지 형태를 지시하는데, [이는 그 두 가지 형태를] 부정하기 위해서이고 또 순수한 브라흐만의 본질을 확립하기 위해서이므로, 결함이 없는 까닭에서이다.

게다가 이러한 두 부정은 수(數)의 논리에 따라 형체(형체인 것)와 무형체(형체가 없는 것) 둘 모두를 부정한다.[105] 그렇지 않으면, 앞의 부정은 원소의 총체를 부정하고 뒤의 부정은 잠재습성의 총체를 부정한다. 혹은 '이띠'라는 것이 그렇게 반복되는 '네띠 네띠'라는 것은, 그 무엇이 [브라흐만으로] 짐작(생각)되든지 간에 그 모든 것은 [브라흐만이] 아니라는 뜻이다. 왜냐하면 [앞서] 열거된 것에 대한 부정이 행해지는 경우에는 '만약 이것이 브라흐만이 아니라면, 다른 무언가가 브라흐만일 것인가?'라는 탐구가 있을 수 있지만,[106] 반복이 있는 경우에는 모든 총체적 대상이 부정됨으로 말미암아 대상이 아닌 내재적 아뜨만이 곧 브라흐만이므로 탐구가 멈추기 때문이다. 따라서 브라흐만에 가상된 복합현상계 자체가 부정되고 브라흐만은 남겨진다고 결론을 내린다.

이로 말미암아 또한, 바로 이것이[107] 결론이다. "더 지고한 다른"〈브리 2.3.6〉[108]이라며 그것보다 즉 부정보다 더한 것을 말하는 까닭에서이다.[109] 실로 부정이 행해지면서 '존재하지 않음'으로 귀착될 때, [과연

105_ '네띠 네띠'는 그 자체에 부정이 두 번 포함되기 때문에 형체의 형태와 무형체의 형태 둘 모두를 부정한다.

106_ '네띠 네띠'라는 부정이 앞서 열거된 것들만을 대상으로 할 경우에는 부정되지 않은 다른 무언가가 브라흐만일지도 모른다는 의문이 그치지 않고 계속될 것이다.

107_ 바로 이것이=브라흐만에 가상된 복합현상계 자체가 부정되고 브라흐만은 남겨진다는 것이.

108_ 이 표현은 '네띠 네띠'에 곧 이어 등장한다.

109_ * Samata는 이 문장에 '복합현상계'와 '브라흐만'이라는 두 말을 추가한다.

계시서는] '더 지고한 다른' 무엇이 있다고 말하겠는가!

이러한 사정에서 [계시서의 그] 말에 대한 적용(해설)은 이러하다: '네띠 네띠'라고 브라흐만을 지시한 뒤에, 바로 그 지시를 또다시 설명한다. '네띠 네띠'라는 그것의 의미는 무엇인가? 실로 이 브라흐만과는 별도인 것이 존재하지 않는다는 것으로부터 '네띠 네띠'라고 말하지만 [브라흐만이] 바로 그 자체로 존재하지 않는 것은 아니라는 의미이다. 그래서 또한 브라흐만이 다른 것보다 더 지고하고 부정되지 않는 것으로 존재한다고 보여준다.[110]

한편 [계시서의 그] 말들은 다음과 같이 적용(해설)된다: 왜냐하면 '네띠 네띠'라며 복합현상계를 부정하는 형태인 그러한 지시보다 더 지고한 다른 '브라흐만에 대한 지시'는 존재하지 않기 때문이다.[111] 이 경우에 [수뜨라의] '또한 그것(부정)보다 더한 것을 말한다'라는 것은 [브라흐만의] 명칭 자체와 관계하여 해석해야만 한다. 왜냐하면 "이제 [그것의] 명칭 자체입니다: 진리의 진리. 실로 생기들은 진리입니다. 이것들의 진리가 그것(브라흐만)입니다."〈브리 2.3.6〉라고 말하기 때문이다. 그리고 이는 부정이 브라흐만으로 귀착될 때[112] 이치에 맞게 된다. 반면에 부정이 '존재하지 않음'으로 귀착될 때, [과연 계시서는] '진리의

Samata에서는 이 문장을 "… 그것보다 즉 복합현상계에 대한 부정보다 더한 것인 브라흐만을 말하는 까닭에서이다."라고 읽는다.

110_ 주석가는 "더 지고한 다른"이라는 표현이 속한 문장을 두 가지 방식으로 풀이한다. 우선 그 문장은 일반적으로 "왜냐하면 '이러한 것도 아니다'(네띠)라는 이것(지시)보다 더 지고한 다른 [지시는] 없기 때문입니다."라고 풀이된다. 이러한 풀이는 바로 이어지는 주석가의 논의에서 확인할 수 있다. 반면에 여기서는 그렇게 풀이되지 않는다. 여기서는, '네띠 네띠' 자체가 브라흐만에 대한 지시이므로 그 문장은 "왜냐하면 '네띠'로 [지시되는] 이것(브라흐만)보다 더 지고한 다른 [존재는] 없기 때문입니다."라는 의미라고 풀이된다.

111_ 이 내용은 "더 지고한 다른"이라는 표현이 속한 문장에 대한 또 하나의 해설이다.

112_ 부정이 브라흐만으로 귀착될 때=부정이 '브라흐만의 존재함'으로 결론 날 때.

진리'가 무엇이라고 말하겠는가!

그러므로 그 부정은 브라흐만으로 귀착되고 존재하지 않음으로 귀착되지 않는다고 우리는 확정한다.‖22‖

23. 그것(브라흐만)**은 [감관에 의해 지각될 수 없는] 미현현자이다; 왜냐하면 [계시서가 그와 같이] 말하기 때문이다.**

tad avyaktam āha hi ‖23‖

[전론]: 만약 '부정되는 총체적 복합현상계'와는 다른 '지고한 브라흐만'이 존재한다면, 무엇 때문에 지각되지 않는가?

[이에 대하여] 대답한다.

[후론]: 그것(브라흐만)은, 모든 관찰대상(지각대상)의 관찰자임으로 말미암아, 감관에 의해 지각될 수 없는 미현현자이다.

왜냐하면 계시서가 그와 같이 말하기 때문이다. "그것은 눈으로도 언어로도 파악되지 않는다. 다른 기관들로도 고행이나 의례로도 파악되지 않는다."〈문다 3.1.8〉, "그러한 이 아뜨만은 이러한 것도 아니고 그러한 것도 아닙니다. 지각되지 않기 때문에 지각 불가능한 것입니다."〈브리 3.9.26〉, "[불멸체는] 보일 수 없고 파악될 수 없는 것이며"〈문다 1.1.6〉, "왜냐하면 누구든지 가시적이지 않고, 육화되지 않고, 설명되지 않고, 지지물이 없는 그것(브라흐만)에서"〈따잇 2.7.1〉라는 등을 통해서이다.

전승서 또한, "그것은 현현되지 않은 것이고, 그것은 생각할 수 없는 것이며, 그것은 불변하는 것이라고 말합니다."〈기따 2.25〉라는 등을 통해서 [그와 같이 말한다].‖23‖

24. 더 나아가 [요가 수행자들은] 완전한 명상에서 [미현현자인 그 아뜨만을 본다]; [이는] 지각(계시서)과 추론(전승서)을 통해서 [알려진다].
api ca saṃrādhane pratyakṣānumānābhyām ‖24‖

더 나아가 요가 수행자들은 완전한 명상의 시간에 그 아뜨만을 즉 모든 복합현상계로부터 자유로운 미현현자를 본다. 그리고 완전한 명상이란 섬김, 명상, 헌신[113] 등을 실행하는 것이다.

[전론]: 그렇다면 어떻게 그들이 완전한 명상의 시간에 [미현현자를] 본다고 알려진다는 말인가?

[후론]: '지각과 추론을 통해서 [알려진다].' 즉 '계시서와 전승서를 통해서 [알려진다]'라는 뜻이다. 그러한 증거로서, 계시서는 "자존(自存)하는 자가 감관들을 외부로 꿰뚫었다. 따라서 [사람들은] 외적인 것을 보지만 내재적 아뜨만을 보지 못한다. 불멸성을 원하는 어떤 지성은 눈을 감은 채 내적 아뜨만을 보았다."〈까타 4.1〉라고 한다. 그리고 "지식의 청명함을 통해 그 존재가 순수해지고, 그로부터 부분이 없는 그것을 명상을 통해 본다."〈문다 3.1.8〉라고 이렇게 운운하는 것들에서이다. 전승서 또한 "잠을 떨치고 숨을 정복하고 만족하고 감관을 제어하고 요가를 하는 자들은 빛을 봅니다. 요가를 본질로 하는 그 빛에게 경배합니다. 요가 수행자들은 그것을 영원무궁하게 존경스러운 것으로 압니다."라고 이렇게 운운한다.‖24‖

[전론]: '완전한 명상의 대상'과 '완전한 명상의 주체' 사이의 관계를 용인하기 때문에 지고한 아뜨만과 다른 아뜨만 사이에[114] 차이가 생기

113_ '섬김, 명상, 헌신'의 원어는 각각 'bhakti, dhyāna, praṇidhāna'이다.

지 않겠는가?

아니라고 말한다.

25. 또한, [만약 명상에서 대상과 주체 사이의 관계 때문에 지고한 아뜨만과 다른 아뜨만 사이에 차이가 생긴다고 한다면], 빛 등처럼 빛(아뜨만)은[115] 행위대상(한정자)과 관계하여 [차이를 가지는 것처럼 나타나고] 또 [그 자체로는] 차이가 없다; [베단따들에서는 양자 사이에 차이가 없다는 것을] 반복을 통해 [확립한다].

prakāśādivac cāvaiśeṣyaṃ prakāśaś ca karmaṇy abhyāsāt ‖25‖

[후론]: 예컨대 빛 · 공간 · 태양 등이 손가락 · 물병 · 물 등 한정자로 존재하는 행위대상들과 관계하여 차이를 가지는 것처럼 나타나지만[116] 본유적으로 '차이 없음'이라는 본질을 버리지 않듯이, 마찬가지로 단지 한정자에 기인하여 아뜨만에서 그러한 차이가 있지만 [아뜨만은] 그 자체로 본질적 동일성을 가질 뿐이다. 그러한 증거로서, 베단따들에서는 개별자아와 최상의 지성 사이에 차이가 없다는 것을 여러 차례의 반복을 통해 확립한다.[117]‖25‖

114_ 지고한(para) 아뜨만과 다른(itara, apara) 아뜨만 사이에=지고한 아뜨만과 개별적 아뜨만 사이에 또는 상위 아뜨만과 하위 아뜨만 사이에.

115_ 두 개의 빛(prakāśa) 가운데 앞의 것은 물리적인 빛을 지시하고 뒤의 것은 내적인 빛으로서 아뜨만을 지시한다.

116_ 빛은 손가락 등에 비춰짐으로써 손가락 등의 꼴과 같은 형태를 취하고, 공간은 물병 등에 의해 분할되며, 태양은 물 등에서 여러 개로 나타난다.

117_ 예를 들어 <찬도 6>에서는 "그것이 너이다."라는 위대한 문장이 여러 차례 반복된다.

26. 따라서 [개별자아는 지식을 통해] 무한한 [아뜨만과의 동일성에 도달한다]; 왜냐하면 그와 같은 [계시서의] 표징 때문이다.

ato 'nantena tathā hi liṅgam ‖26‖

따라서 또한 차이 없음은 본유적이기 때문에 또 차이는 무지에 의해 야기되기 때문에, 개별자아는 지식을 통해 무지를 일소한 뒤에 지고하고 무한한 것이자 최상의 지성인 아뜨만과의 동일성에 도달한다. 왜냐하면 그와 같은 [계시서의] 표징 때문이다. "실로 그 지고한 브라흐만을 아는 자는 브라흐만 자체가 된다."〈문다 3.2.9〉, "브라흐만 자체로 존재하면서 브라흐만에 되들어갑니다."〈브리 4.4.6〉라는 등에서이다. ‖26‖

27. 하지만 양자(차이와 차이 없음)가 언급되기 때문에, [그 실체적인 관계는] 뱀과 똬리와 같다.

ubhayavyapadeśāt tv ahikuṇḍalavat ‖27‖

완전한 명상의 대상과 완전한 명상의 주체 사이의 바로 이 관계에 대해 [수뜨라 저자는] 자신의 의견을 명확하게 하기 위해 다른 의견을 제시한다.[118]

어떤 곳에서는 개별자아와 최상의 지성 사이에 차이가 언급된다. "그로부터 부분이 없는 그것을 명상을 통해 본다."〈문다 3.1.8〉에서는

118_ 완전한 명상의 대상과 완전한 명상의 주체 사이의 관계를 보다 명확하게 확립하기 위해 수뜨라 저자는 <수뜨라 3.2.27>과 <수뜨라 3.2.28>을 통해 두 가지 비유를 보여준다. 두 가지 비유는 사실상 이 관계에 관한 두 가지 다른 의견으로서, 수뜨라 저자는 차후에 이를 거부한다. 결론적으로 말해 두 가지 비유란 <수뜨라 3.2.29>의 정론에 도달하기 위한 방편에 지나지 않는다.

명상주체와 명상대상을 통해서 즉 보는 자와 보이는 것을 통해서, "지고한 것보다 더 지고한 신성의 뿌루샤에 도달한다."〈문다 3.2.8〉에서는 도달하는 자와 도달되는 것을 통해서, "모든 존재들을 안으로부터 지배하는 것"〈브리 3.7.15〉에서는 지배자와 지배대상을 통해서 [차이가 언급된다].

반면에 어떤 곳에서는 바로 그 둘 사이에 차이 없음이 언급된다. "그것이 너이다."〈찬도 6.8.7〉, "나는 브라흐만이다."〈브리 1.4.10〉, "이것은 모든 것의 안에 있는 당신의 아뜨만입니다."〈브리 3.4.1〉, "그것은 내부의 지배자, 당신의 불멸하는 아뜨만입니다."〈브리 3.7.3〉에서이다.

그러면, 이와 같이 양자가 언급되고 있는 경우에, 만약 오직 차이 없음만을 절대적으로 수용한다면, 차이에 대한 언급에는 실로 근거가 없을 것이다. 따라서 양자에 대한 언급을 보기 때문에, 이 경우에 실체적인 [관계는] 뱀과 똬리 같아야만 한다. 예컨대 뱀이라는 것은 차이 없음이지만 똬리, 우산 모양, 늘어짐 등은 차이이듯이, 이 경우에도 또한 마찬가지이다.[119]‖27‖

28. 혹은 빛과 처소(태양)처럼 [이 관계를 이해해야만 한다]; [양자 모두] 빛이기 때문에 [완전히 차이 있지는 않고 차이에 대해 언급하는 것이 쉽다].

prakāśāśrayavad vā tejastvāt ‖28‖

혹은 빛과 처소처럼 이 [관계를] 이해해야만 한다. 예컨대 태양의 빛

119_ 차이 없음에 대한 언급과 차이에 대한 언급을 조화시키기 위해서는 뱀과 똬리 등의 유비를 통해 개별자아와 최상의 지성 사이의 관계를 이해해야만 한다.

과 그 처소인 태양은, 양자 모두 한결같이 빛이기 때문에 완전히 차이 있지는 않고, 그 경우에 또 차이에 대해 언급하는 것이 쉽듯이, 이 경우에도 또한 마찬가지이다.‖28‖

29. 혹은 앞서와 같이 [즉 '빛 등처럼' 차이가 없다고 제시되었듯이, 이 관계도 그와 같아야만 한다].

pūrvavad vā ‖29‖

혹은 예컨대 "또한 … 빛 등처럼 … 차이가 없다 …"〈수뜨라 3.2.25〉라며 앞서 제시되었듯이, 이 [관계도] 바로 그와 같아야만 한다. 이를 풀이한다: 속박은 무지에 의해 야기되기 때문에 해탈은 지식을 통해 가능하다. 그렇지만 만약 오직 실재적으로 그 어떤 아뜨만(개별자아)이 속박된다고 용인한다면, [그것이] 뱀과 똬리의 논리에 따라 지고한 아뜨만의 형상으로 존재하든지 또는 빛과 처소의 논리에 따라 [지고한 아뜨만의] 한 부분으로 존재하든지, 그 경우에 실재적인 속박을 물리칠 수 없음으로 말미암아 해탈에 대한 성전이 무용하다는 부조리한 결말이 생길 것이다.

그리고 이 경우에,[120] 계시서는 차이와 차이 없음이라는 양자 모두를 동등하게 언급하지 않는다. 실로 오직 차이 없음만이 확립되어야만 하는 것으로 교시될 뿐이고, 그것을 말하려는 의도에서 단지 이전에 잘 알려져 있는 것으로서의 차이를 되풀이해 말한다.

그러므로 '또한 … 빛 등처럼 … 차이가 없다 …'라는 바로 그것이 정론이다.‖29‖

120_ 이 경우에=<수뜨라 3.2.25>에서 드러나는 관계를 받아들이는 경우에.

30. 또한 [성전이 지고한 아뜨만과는 다른 의식체를] 부정하기 때문에, ['빛 등처럼' 차이가 없다].

pratiṣedhāc ca ‖30‖

이로 말미암아 또한, 바로 그것이 정론이다. 성전이 "그것과는 다른, 보는 자는 없습니다."〈브리 3.7.23〉라고 이렇게 운운하며 지고한 아뜨만과는 다른 의식체를 부정하는 까닭에서이다. 그리고 "이제 여기서부터는 [브라흐만에 대한] 지시입니다: 이러한 것도 아니고 그러한 것도 아니다(네띠 네띠)."〈브리 2.3.6〉, "그러한 이 브라흐만은 앞선 것도 없고 뒤진 것도 없고, 안도 없고 바깥도 없다."〈브리 2.5.19〉라며, 브라흐만과는 별도로 [존재하는] 복합현상계를 부인하기 때문에 또 오직 브라흐만만이 남기 때문에, 바로 그것이 정론이라고 이해된다.‖30‖

{ 7. '지고함'이라는 주제: 수뜨라 31-37 }

모든 복합현상계로부터 자유로운 것으로 확정된 그 브라흐만보다 더 지고한 다른 실재가 존재하는지 존재하지 않는지, 계시서의 이견으로부터 의문이 생긴다. 왜냐하면 어떤 문장들은 단지 첫눈에 얼핏 보기에 심지어 브라흐만보다 더 지고한 다른 실재를 제시하는 듯하기 때문이다. 실로 그것들을 논박하기 위해, 이렇게 시작해 본다.

31. 그것(브라흐만)보다 더 지고한 [다른 실재는 존재해야만 한다]; 둑, 측량, 결합, 차이가 언급되기 때문이다.

param ataḥ setūnmānasaṃbandhabhedavyapadeśebhyaḥ ‖31‖

[전론]: 그것보다 즉 브라흐만보다 더 지고한 다른 실재는 존재해야만 한다.

어떤 근거에서? 둑이 언급되기 때문이고, 측량이 언급되기 때문이며, 결합이 언급되기 때문이고, 차이가 언급되기 때문이다.

먼저 둑에 대한 언급이다. "이제, 아뜨만인 것은 [이 세상들이 뒤섞이지 않도록] 지지하는 다리(둑)이다."〈찬도 8.4.1〉에서는 '아뜨만'이라는 말로 지시되는 브라흐만이 둑이라고 언급된다. 그리고 이 세상에서 '둑'이라는 말은 실로 물의 흐름을 중단시키는 '흙·나무 등의 더미'와 관계한다고 잘 알려져 있다. 반면에 이 경우에는, '둑'이라는 말이 아뜨만에 대해 사용되므로, 세속적인 둑처럼 '아뜨만이라는 둑'과는 다른 대상이 존재한다는 것을 의미한다.[121] 또한 "다리(둑)를 건너고 나면"〈찬도 8.4.2〉에서 동사인 '건너다'라는 말이 사용되기 때문이다. 예컨대 세속적인 둑을 건넌 뒤에 둑이 아닌 원시적인 곳에[122] 도달하듯이, 마찬가지로 아뜨만이라는 둑을 건넌 뒤에 둑이 아니고 아뜨만이 아닌 것에 도달한다고 이해된다.

또한 측량에 대한 언급이 있다. "이러한 그 브라흐만은 네 발을 가지고, 여덟 발굽을 가지며, 열여섯 부분을 가진다."[123]에서이다. 그리고 이 세상에서는, 동전 등과 [같이] '측정된(헤아려진) 그것은 이러한 만큼이다'라고 제한된 것이 [있다면], 그것과는 다른 대상이 존재한다고 잘

121_ 세속적인 둑과는 다른 어떤 대상(vastu)이 존재하는 것처럼 '아뜨만이라는 둑'과는 다른 어떤 대상도 존재할 것이다.

122_ 둑이 아닌 원시적인 곳에=둑 건너편에 존재하는 원시적인 숲과 같은 곳에.

123_ <찬도 3.18.2> 참조: "이러한 그 브라흐만은 네 발을 가진다. … 불이 한 발이고, 공기가 한 발이며, 태양이 한 발이고, 방위가 한 발이다." 일반적으로 브라흐만의 네 발에서 한 발은 '동, 서, 남, 북', 한 발은 '지상, 하늘, 천상, 바다', 한 발은 '불, 해, 달, 번개', 마지막 한 발은 '눈, 귀, 발성기관, 마음'이다. 각각의 발이 두 개의 발굽을 가지므로, 발굽은 총 여덟 개다. 그리고 각각의 발이 4개의 요소로 이루어져 있으므로, 부분은 총 열 여섯 개다.

알려져 있다. 마찬가지로 브라흐만마저 측정을 가지기 때문에 그것과는 다른 대상이 존재해야만 한다고 이해된다.

게다가 결합에 대한 언급도 있다. "얘야 … 그 경우에 존재와 융합하게 된다."〈찬도 6.8.1〉에서이다. 또한 "육화(肉化)된 아뜨만이다."〈따잇 2.3.1〉, "최상의 지성인 아뜨만에 껴안겨서"〈브리 4.3.21〉에서이다. 그리고 예컨대 사람들이 마을과 결합하듯이 한계를 가지는 것들은 한계를 가지는 것과 결합한다고 관찰된다.[124] 또한 숙면에서는 개별자아들이 브라흐만과 결합한다고 언급된다. 결국 그것(브라흐만)보다 더 지고한 '한계를 가지지 않은 다른 것'이 존재한다고 이해된다.

더욱이 차이에 대한 언급도 바로 이러한 내용을 수반한다. 그러한 증거로서, "이제, 태양 안에서 황금으로 이루어진 그 뿌루샤(사람)가 보인다."〈찬도 1.6.6〉라며 '태양을 거처로 삼는 신'을 언급한 뒤에 그것과는 상이한 '눈을 거처로 삼는 신'을 "이제, 눈 안에서 그 뿌루샤가 보인다."〈찬도 1.7.5〉라고 언급한다. 그리고 형태 등에 대한 연장 적용을 '그것'에서 '이것'으로 행한다. "이러한 이 [뿌루샤의] 형태는 그 [뿌루샤의] 바로 그 형태이다. 이 [뿌루샤의] 두 노래는 그 [뿌루샤의] 두 노래이다. 이 [뿌루샤의] 이름은 그 [뿌루샤의] 이름이다."〈찬도 1.7.5〉에서이다.[125] 또한 양자의 지배권(신성)이 한계를 가진다고 언급한다. 하나는 "이러한 그는 그것(태양)보다 위에 있는 그러한 세상들을 지배하고, 또 신격들의 욕망들을 지배한다."〈찬도 1.6.8〉에서, 하나는 "이러한 그는 그것(눈)보다 아래에 있는 그러한 세상들을 지배하고, 또 인

124_ '한계를 가지는'이라는 표현의 원어는 'mita'로서 일반적으로 '재어진, 측량된' 등을 뜻한다.

125_ 여기서는 '태양을 거처로 삼는 신'의 속성(형태, 노래, 이름 등)을 '눈을 거처로 삼는 신'도 가지고 있다는 식으로 연장 적용한다. 이와 같이 연장 적용이 있다는 것은 양자 사이에 동일성이 아니라 차이성이 있다는 것을 암시한다. 차이를 가지는 것은 궁극적인 실재가 아니다.

간들의 욕망들을 지배한다."〈찬도 1.7.6〉에서이다.[126] 예컨대, '여기는 마가다 왕의 통치지역이고, 저기는 비데하 왕의 통치지역이다'와 같다.

이와 같이 둑 등이 그렇게 언급되기 때문에 브라흐만보다 더 지고한 것은 존재한다.‖31‖

이러한 귀결에서, [수뜨라 저자는] 설명한다.

32. 하지만 [브라흐만과는 다른 그 어떤 것도 존재해서는 안 된다]; [아뜨만이 둑과] 유사하기 때문에, ['둑'이라는 말이 아뜨만에 대해 사용된다].

sāmānyāt tu ‖32‖

[후론]: '하지만'이라는 말은 제시된 귀결을 배격한다. 브라흐만과는 다른 그 어떤 것도 존재해서는 안 된다. 증명수단이 없기 때문이다. 실로 다른 것이 존재한다는 것에 관해 우리는 그 어떤 증명수단도 찾지 못한다. 왜냐하면 탄생을 가지는 모든 총체적 사물(대상)은 브라흐만으로부터 생성 등이 초래된다고 확정했기 때문이다. 그리고 결과는 원인과 동일하다. 게다가 브라흐만과는 별도로 그 어떤 '생성되지 않은 자'도 가능하지 않다. "얘야, 태초에 이것(세계)은 오직 존재였다. 유일무이한 것이었다."〈찬도 6.2.1〉라고 확정되기 때문이다. 더욱이 '하나에 대한 지식을 통한 모든 것에 대한 지식'이라는 확언으로 말미암아 브라흐만과는 별도로 사물이 존재한다는 것은 적절하지 않다.

126_ 두 신의 지배권이 각각 한계를 가지기 때문에 두 신은 궁극적인 실재가 아니다.

[전론]: 둑 등에 대한 언급들이 브라흐만과는 별도의 실재를 암시한다고 말했지 않는가?

[후론]: 아니라고 말한다.

먼저 둑에 대한 언급은 브라흐만 바깥의 존재를 증명할 수 없다. 왜냐하면 둑이 곧 아뜨만이라고 말할 뿐 그것보다 더 지고한 것이 존재한다고 말하지는 않기 때문이다.

[전론]: 그러면, 다른 것이 존재하지 않는 경우에 둑이라는 것이 가능하지 않으므로, 그 어떤 다른(지고한) 것이 가정되어야 한다.

[후론]: 그러나 이는 정당하지 않다. 왜냐하면 잘 알려지지 않은 것을 가정하는 것은 독단이기 때문이다. 더 나아가, [당신은] 아뜨만이 둑이라고 언급된다고 해서 세속적인 둑의 예시에 따라 둑(아뜨만) 바깥의 대상이 있다고 허용함으로써, 심지어 [아뜨만도] 흙 · 나무로 이루어진 것이라고 허용해야 한다. 그러나 이는 정당하지 않다. '생성되지 않은 자' 등에 대한 계시와 모순되기 때문이다.[127]

결국 둑과 유사하기 때문에, '둑'이라는 말이 아뜨만에 대해 사용된다는 것이 온당하다. 아뜨만은 세계와 그 경계들을 지지하는 것으로서 둑과 유사하다. 따라서 논제이자 둑과 같은 아뜨만은 둑이라고 찬양된다.

"다리(둑)를 건너고 나면"〈찬도 8.4.2〉이라는 것마저, '건너다'라는 동사가 '넘어감'(초월함)이라는 [의미를 가지는 것이] 불가능하기 때문에 단지 '[둑에] 도달하다'라는 의미를 가진다. 예컨대 '문법을 건넜다'

127_ 만약 당신이 둑(다리)과 아뜨만을 동일시함으로써 둑 바깥의 존재처럼 아뜨만 바깥의 존재를 주장한다면, 당신은 아뜨만마저 둑처럼 흙 · 나무로 이루어진 것이라고 수용해야 한다. 하지만 이는 합당하지 않다. 아뜨만이 생성된 사물로 이루어진 것일 경우, 아뜨만을 '생성되지 않은 자'(aja)라고 말하는 계시와 모순이 발생하기 때문이다.

라는 것이 '[문법을] 넘어갔다(초월했다)'를 지시하지 않고 '[문법에] 도달했다(통달했다)'를 지시하듯이, 그와 마찬가지이다.‖32‖

33. 명상적 관념(계속적 명상)을 위해서, 발과 같이 [측량이 언급된다].

buddhyarthaḥ pādavat ‖33‖

그리고 측량이 언급되기 때문에 더 지고한 것이 존재한다고 주장한 것에 관해서는, 그 경우에 말한다.

측량에 대한 언급마저 브라흐만과는 별도로 사물(대상)이 존재한다는 것을 수용하기 위해서가 아니다. 그러면 무엇을 위해서인가? 명상적 관념을 위해서, 즉 바로 그 계속적 명상을 위해서이다. 실로 어떻게 브라흐만에 대해, "네 발을 가지고, 여덟 발굽을 가지며, 열여섯 부분을 가진다."라는 이와 같은 유형의 고정적인 관념을 혹시라도 가질 수 있다는 말인가! 변형물을 매개로 하여 브라흐만의 측량에 대한 가상 자체가 만들어진다. 실로 모든 사람들이 '변형물이 아니고 무한한 브라흐만'에 대해 관념을 확립할 수는 없다. 사람들은 [제각각] 둔하고 중간이고 뛰어난 관념(지성)을 가지기 때문이다.[128]

발과 같다. 예컨대 마음과 허공은 [각각] 인격적(소우주)이고 신격적(대우주)인 '브라흐만의 상징'으로 전해지는데, 명상을 위해서 마음에 속하는 발성기관 등의 네 발들과 허공에 속하는 불 등의 네 발들이 가정되듯이,[129] 그와 마찬가지이다.

128_ 주석가는 사람들의 지성이 제각각이기 때문에 초월적인 브라흐만에 대해 마음을 고정시키기 힘든 사람들의 경우 변형물을 매개로 하여 브라흐만을 측량함으로써 계속적 명상을 의도한다고 주장한다.

129_ 마음에 속하는 네 발은 발성기관, 코, 눈, 귀이고, 허공에 속하는 네 발은 불, 공기, 해, 방향이다. <찬도 3.18.1-2> 참조.

또 다른 해설로는, '4분의 1과 같다'라는 것은,[130] 예컨대 모든 사람들이 [물건을] 사고파는 데 양이 불규칙적임으로 말미암아 단지 온전한 동전으로써 항상 거래할 수는 없기 때문에 다량의 거래를 위해 동전에 대해 4분의 1을 구분하는 것이 가정되듯이, [이 경우에도] 그와 마찬가지라는 뜻이다.[131] ‖33‖

34. [동일한 것에 대한] 특정한 조건(한정자) 때문에, 빛 등처럼 [결합과 차이가 언급된다].

sthānaviśeṣāt prakāśādivat ‖34‖

이 수뜨라에서는 결합과 차이에 대한 두 가지 언급 모두와 관계하여 논박을 행한다.

한편 결합이 언급되기 때문에 또 차이가 언급되기 때문에 그것보다 더 지고한 것이 존재할 것이라고 주장한 것마저 사실이 아니다. 바로 그 동일한 것에 대한 특정한 조건이라는 견지에서, 그러한 두 언급은 합당한 까닭에서이다.

먼저 결합에 대한 언급은 이러한 의미이다: '지성 등의 한정자 즉 특정한 조건'과의 연계를 통해 산출된 특정한 지식은 한정자가 정지될 때에 [정지되는데, 그 '지식의] 정지'가 '지고한 아뜨만과의 결합'이라고 단지 한정자의 견지에서 비유적으로 사용될 뿐 한계를 가진다는 견지에서는 아니다. 마찬가지로 차이에 대한 언급 또한, 브라흐만이 단지

130_ 수뜨라의 'pādavat'에서 'pāda'라는 말은 '발'이라는 뜻과 별도로 '4분의 1'이라는 뜻을 가진다.

131_ 하나의 동전에 대해 가상적으로 4개로 나누는 것이 다량의 거래를 위해서이듯이, 브라흐만에 대해 가상적으로 측량이 있는 것은 계속적 명상을 위해서이다.

한정자의 차이를 가진다는 견지에서 비유적으로 사용될 뿐 본질의 차이를 가진다는 견지에서는 아니다.

[수뜨라에서는] '빛 등처럼'이라는 유비가 사용된다. 예컨대 해나 달의 동일한 빛이 한정자와 연계됨으로써 특수성을 산출하는 경우에, 한정자의 정지로부터 결합에 대한 언급이 있고 또 한정자의 차이로부터 차이에 대한 언급이 있다. 혹은 예컨대 '바늘귀 속의 공간' 등과 관계하여 단지 한정자의 견지에서 결합과 차이에 대한 그러한 두 언급이 있다. [이 경우에도] 그와 마찬가지이다.‖34‖

35. 또한 [이와 같은 결합과 차이만이] 합당하고 [다른 종류의 결합과 차이는 합당하지 않기] 때문에, [브라흐만보다 더 지고한 것이 존재할 것이라는 주장은 사실이 아니다].

upapatteś ca ‖35‖

또한 이 경우에 오직 이와 같은 결합만이 합당하고 다른 종류의 결합은 합당하지 않다. 왜냐하면 "자신에 되들어가게 된다."〈찬도 6.8.1〉라며 그것은 자체 형태[132]와의 결합이라고 전하기 때문이다. 또한 자체 형태는 소실되지 않기 때문에,[133] '사람들과 마을'의 논리에 따르는 결합은 적합하지 않다. 반면에 자체 형태는 한정자에 의해 숨겨지기 때문에, "자신에 되들어가게 된다."라는 것이 합당하다.[134]

132_ 자체 형태(svarūpa)=그 자체의 본모습 또는 그 자체의 본질.

133_ 이유(논거)를 지시하는 이 부분은, "오직 이와 같은 결합만이 합당하고 다른 종류의 결합은 합당하지 않다."라는 주장에 대한 추가적인 이유라고도 볼 수 있다.

134_ 사람들과 마을의 결합은 한계를 가지는 것 사이의 결합이다. 반면에 자체 형태와의 결합은 한정자가 정지됨으로써 '소실되지 않는 것' 즉 '한계를 가지지 않는 것'에 되들어가는 것이다.

마찬가지로 차이 또한, 다른 종류의 [차이는] 적합하지 않다. 보다 많은 계시에서 신이 하나라고 잘 알려져 있는 것과 모순되기 때문이다. 이와 같은 연관에서 계시서는, 다만 하나인 허공에 대해 조건에 따라 차이가 언급되는 것을 제시한다. "뿌루샤(사람)의 밖에 있는 그 허공이다." 〈찬도 3.12.7〉, "뿌루샤(사람)의 안에 있는 그 허공이다."〈찬도 3.12.8〉, "심장의 안에 있는 그 허공이다."〈찬도 3.12.9〉에서이다.‖35‖

36. 그와 같이 다른 것을 부정하기 때문에, [브라흐만보다 더 지고한 다른 사물은 존재하지 않는다].

tathānyapratiṣedhāt ‖36‖

이와 같이 [수뜨라 저자는] 상대이론의 논거들 즉 둑 등에 대한 언급들을 논파한 뒤에 이제 다른 논거를 통해 자기이론의 결론을 내린다.

또한 그와 같이 다른 것을 부정하기 때문에, 브라흐만보다 더 지고한 다른 사물(대상)은 존재하지 않는다고 이해된다. 그러한 예시로서, "정녕 그것은 아래이고 … 정녕 나는 아래이고"〈찬도 7.25.1〉, "정녕 아뜨만은 아래이고"〈찬도 7.25.2〉, "만물은, 만물을 아뜨만과는 다른 것으로 아는 자를 내쫓습니다."〈브리 2.4.6〉, "실로 브라흐만은 이 모든 것이고"〈문다 2.2.11〉, "정녕 아뜨만은 이 모든 것입니다."〈찬도 7.25.2〉, "이곳에는 다양함이 조금도 없으리라."〈브리 4.4.19〉, "그 무엇도 그보다 더 높거나 더 낮지 않다."〈슈베 3.9〉, "그러한 이 브라흐만은 앞선 것도 없고 뒤진 것도 없고, 안도 없고 바깥도 없다."〈브리 2.5.19〉라고 이렇게 운운하는 문장들은, [브라흐만] 자체의 맥락에 놓인 채로 다른 의미를 도출할 수 없는 것들로서, 브라흐만과는 별도의 다른 사물을 부인한다. 그리고 '모든 것의 안에 있는 [브라흐만]'이라는 계시로부터는,[135] 지고한 아뜨만과는 다른 '내부 아뜨만'이 존재하지 않

는다고 이해된다.[136]‖36‖

37. 이로써 [즉 둑 등에 대한 언급들을 논박함으로써, 또한 다른 것을 부정하는 것에 의거함으로써, 아뜨만의] 편재성이 [확립된다]; [또한 아뜨만의 편재성은] '펼쳐짐' 등의 말로부터 [알려진다].

anena sarvagatatvam āyāmaśabdādibhyaḥ ‖37‖

'이로써' 즉 둑 등에 대한 언급들을 논박함으로써, 또한 다른 것(다른 사물)을 부정하는 것에 의거함으로써, 아뜨만이 편재한다는 것마저 확립되고 만다. 왜냐하면 그렇지 않은 경우에 이는 확립될 수 없기 때문이다. 실로 둑 등에 대한 언급들이 일차적 의미라고 수용되는 경우에 아뜨만이 '제한된 것'이라는 결말이 생길 것이다. 둑 등이 그와 같은 본질을 가지기 때문이다. 마찬가지로 다른 것을 부정하지 않는 경우마저, 사물이 다른 사물로부터 배제되므로 아뜨만이 '제한된 것'에 지나지 않는다는 결말이 생길 것이다.[137]

또한 그것(아뜨만)의 편재성은 '펼쳐짐' 등의 말로부터 알려진다. '펼쳐짐'이라는 말은 '편재'(고루 미침)를 의미하는 말이다.[138] 실로 "정녕 이 허공만한, 그런 만큼이 심장의 안에 있는 그 허공이다."〈찬도 8.1.3〉,

---

135_ <브리 2.5.19>, <까타 5.9-11> 등 참조.

136_ * Samata에 '이해된다'(avagamyate)라는 표현이 등장하는 것과 달리, Nirnaya에는 '확정된다'(avadhāryate)라는 표현이 등장한다.

137_ 존재하는 사물이 존재하는 다른 사물에 의해 배제되는 경우에, 그 사물은 예외 없이 '제한된 것'(pariccheda)일 수밖에 없다. 따라서 '아뜨만과는 다른 것이 존재하는 것'을 부정해야만 아뜨만은 '편재하는 것'이라고 증명된다.

138_ 주석가는 수뜨라의 '펼쳐짐'(āyāma)을 '편재'의 의미로 이해한다. 본문에서는 '편재'를 의미하는 말로 'sarvagata'와 'vyāpti'가 사용된다. 이어지는 인용문들에 등장하는 'ākāśa'(허공)라는 말도 '편재'를 함의하는 것으로 간주되는 듯하다.

"허공(에테르)처럼 편재하고 영원한", "천상보다 더 크고"〈찬도 3.14.3〉, "허공보다 더 큰(위대한)"〈샤따-브 10.6.3.2〉, "그것은 영원하고 편재하며 부동하고 안정적이며 영원무궁합니다."〈기따 2.24〉라고 이렇게 운운하는 계시서 · 전승서 · 논리는 아뜨만이 편재한다는 것을 가르친다. ‖37‖

{ 8. '결과'라는 주제: 수뜨라 38-41 }

경험적으로 지배자와 지배대상으로 구분되는 상태와 관계하여, 바로 그러한 브라흐만의 다른 본성은 이러하다고 설명된다.

38. 그로부터 [즉 신으로부터 행위의] 결과가 [생긴다]; 추리되기 때문이다.

phalam ata upapatteḥ ‖38‖

생명체들에게서 윤회의 영역에 속하는 '행위의 결과'는 좋은 것, 나쁜 것, 섞인 것으로 지시되는 세 종류라고 잘 알려져 있는데,[139] 그것이 행위로부터 생기는지 그렇지 않으면 신으로부터 생기는지 검토한다.

[후론]: 이 경우에 먼저 그로부터 즉 신으로부터 결과가 생겨야만 한다고 확립된다.

어떤 근거에서? 추리되기 때문이다. 실로 그는 만물의 주시자(注視

139_ '좋은 것'(iṣṭa)이란 천국을 가리키고, '나쁜 것'(aniṣṭa)이란 지옥을 가리킨다. '섞인 것'(vyāmiśra)이란 인간으로 태어나 향유하는 것을 가리킨다.

者)로서 다양한 창조·유지·파괴를 실행하면서 특정한 공간과 시간을 완전하게 알기 때문에 행위를 한 자들에게 행위에 적합한 결과를 부여한다는 것이 합당하다. 반면에 매순간 소멸하는 행위가 '다른(미래의) 시간에 존재해야만 하는 결과'를 가진다는 것은 합당하지 않다. 비(非)존재로부터 존재가 생성되지는 않기 때문이다.

[반박]: 이러할 수도 있다. 소멸을 겪는 행위는 오직 자체의 시간에[140] 자체에 적합한 결과를 산출하고 나서 소멸한다. 그 결과는 동떨어진 시간에 행위주체가 향유할 것이다.

[후론]: 그 또한 [결함을] 해소하지는 못한다. 향유주체와 연계되기 이전에는 결과라는 것이 가능하지 않기 때문이다.[141] 실로 아뜨만(개별자아)이 어떤 시간에 어떤 즐거움이나 괴로움을 향유하든, 그것(아뜨만) 자체가 [그 시간에 그 즐거움이나 괴로움이라는] 결과를 가진다고 이 세상에서는 잘 알려져 있다. 왜냐하면 보통사람들은 아뜨만과 연계되지 않은 즐거움이나 괴로움을 '결과'라고 인지하지 않기 때문이다.

그러면 [이에 대하여] 말할 것이다.

[반박]: 행위에 곧 이어서 결과가 생기지 않는다고 하자. 행위의 결과인 '새로운 힘'으로부터 결과가 생길 것이다.

[후론]: 그 또한 합당하지 않다. '새로운 힘'은 장작이나 흙덩이 같은 비의식체로서 의식체에 의해 촉발되지 않으면 작용이 불가능하기 때문이다. 또한 그것이 존재한다는 것과 관계하여 증명수단이 없기 때문이다.

[반박]: 추정[142]이 증명수단(지식수단)이다.

140_ 자체의 시간에=그 자체가 지속되는 동안에.

141_ 만약 행위의 결과를 미래의 동떨어진 시간에 행위주체(향유주체)가 향유한다고 한다면, 그 결과는 향유되기 이전에도 틀림없이 존재해야만 한다. 그런데 향유주체와 연계되기 이전에는 그 어떤 것도 '결과'라고 불릴 수 없다.

[후론]: 아니다. 신이 확증됨으로써 추정은 헛수고이기 때문이다.[143] ‖38‖

39. 또한 계시되기 때문에, [신이 행위의 결과를 낳는 근거이다].

śrutatvāc ca ‖39‖

우리는 오로지 추리 자체를 통해서만 신이 [행위의] 결과를 낳는 근거라고 간주하지 않는다.

[반박]: 그렇다면 [또] 무엇인가?

[후론]: 또한 계시되기 때문에 신 자체가 결과를 낳는 근거라고 우리는 생각한다. 이와 같은 연관에서 "실로 그러한 그 위대하고 생성되지 않은 아뜨만은, 음식을 먹는 자요, 부유함을 주는 자이다."〈브리 4.4.24〉라는 이러한 유형의 계시가 있다.‖39‖

40. 바로 이로부터 [즉 계시되고 추리되기 때문이라는 두 이유로부터] 다르마가 [결과의 제공자라고] 자이미니는 [생각한다].

dharmaṃ jaiminir ata eva ‖40‖

[미맘사]: 반면에 바로 이로부터 즉 계시되기 때문이고 또 추리되기 때문이라는 두 이유로부터 다르마가 결과의 제공자라고 대스승 자이미니는 생각한다.

142_ 추정(arthāpatti)이란, 예컨대, 뚱뚱한 데바닷따가 낮에 음식을 먹지 않는 경우에 그 사실로부터 암시되는 지식(그는 반드시 밤에 음식을 먹는다)을 얻는 수단이다. 미맘사와 베단따 학파에서는 추정을 독립적인 지식수단으로 간주하지만 다수의 다른 학파에서는 이것을 추론에 포함시킨다.

143_ 주시자인 신이 결과를 부여한다고 확증된 이상, 굳이 추정이라는 지식수단의 도움을 빌려 '새로운 힘'(apūrva)을 증명할 필요가 없다.

먼저 그러한 내용은 계시된다. "천국을 바라는 자는 제의를 행해야 한다."라고 이렇게 운운하는 문장들에서이다. 그리고 이 경우에 명령에 대한 계시로부터 대상의 존재가 수용되기 때문에 [그 대상인] 제의가 천국을 낳는다고 이해된다. 왜냐하면 그렇지 않은 경우에 집행자가 없는 제의가 될 것이고, 그러면 그것에 대한 가르침이 무의미해질 것이기 때문이다.

[후론]: 매순간 소멸하는 행위가 결과를 가진다는 것은 합당하지 않으므로 이러한 입장은 폐기되었지 않는가?

[미맘사]: 그러한 결함은 없다. 계시서의 권위 때문이다. 만약 계시서가 권위를 가진다면, 계시된 '행위와 결과의 그러한 관계'가 합당한 바대로, 그와 같이 수용되어야만 한다.

게다가 행위가 그 어떤 '새로운 힘'을 생성하지 않는다면, 소멸을 겪는 행위는 동떨어진 시간에 결과를 제공할 수 없다. 이로부터, '새로운 힘'이라고 불리는 것이, 행위에 속하는 그 어떤 미시적인 '이후의 상태'로나 결과에 속하는 그 어떤 미시적인 '이전의 상태'로서 존재한다고 추리된다. 결국 언급한 바대로의 그러한 내용은 합당하다.

반면에 신이 결과를 제공한다는 것은 합당하지 않다. 다양하지 않은 원인이 다양한 결과를 낳는 것은 가능하지 않기 때문이고, [신에게] 불공평함과 잔인함이 수반되기 때문이며,[144] 또 그것(행위)을 실행하는 것이 무의미하게 되기 때문이다.[145]

따라서 결과는 오직 다르마로부터 [생긴다].‖40‖

144_ <수뜨라 2.1.34> 참조: "[만약 신이 세계의 원인인 경우에 신에게 불공평함과 잔인함이 수반된다고 한다면, 신에게는] 불공평함과 잔인함이 [수반되지] 않는다; [신에게는] 의존하는 것이 [즉 다르마와 다르마가 아닌 것이] 있기 때문이다; 왜냐하면 [계시서가] 그와 같이 보여주기 때문이다."

145_ 행위 자체가 그 결과를 낳지 못함으로 말미암아 행위 자체를 실행하는 것이 무의미하다는 결말이 생기기 때문이다.

41. 하지만 앞서 [언급한 신이 결과를 낳는 근거라고] 바다라야나는 [생각한다]; [신이] 근거라고 [계시서에서] 언급되기 때문이다.

pūrvaṃ tu bādarāyaṇo hetuvyapadeśāt ‖41‖

[후론]: 하지만, 앞서 언급한 것 그 자체가 즉 신이, 결과를 낳는 근거라고 대스승 바다라야나는 생각한다. '하지만'이라는 말은 오로지 행위로부터만 혹은 오로지 '새로운 힘'으로부터만 결과가 [생긴다는] 그러한 입장을 배제한다. [신이] 행위를 고려하거나 '새로운 힘'을 고려할지도 모르지만, 그러한 바대로 신으로부터 결과가 [생긴다는] 것이 정론이다.[146]

어떤 근거에서? [신이] 근거라고 [계시서에서] 언급되기 때문이다. 실로 신은 근거라고 즉 다르마와 다르마가 아닌 것 모두에 대해 원인 제공자라고 언급된다. 또한 결과에 대해서도 제공자라고 [언급된다]. "바로 그것은, 실로 '이 세상들로부터 끌어올리고자 하는 자'로 하여금 선행을 행하게끔 한다. 바로 그것은, 실로 '이 세상들로부터 끌어내리고자 하는 자'로 하여금 악행을 행하게끔 한다."〈까우 3.8〉에서이다. 그리고 이러한 내용은 『바가바드 기따』에서 전승된다. "섬기는 자가 [신의] 그 어떤 모습이라도 믿음으로 숭배하기를 원한다면, 나는 그 누구든지 그가 가지는 바로 그 믿음을 굳건하게 만듭니다. 그 믿음을 가진 채로 그는 그 모습에 대한 숭배에 열중하고, 바로 내가 규정한 그 욕망한 것들을 그로부터 얻습니다."〈기따 7.21-22〉에서이다.

게다가 모든 베단따들에서는 [모든] 창조들이 신을 원인으로 할 뿐이라고 언급된다. 그리고 [신이] 창조물들을 각각의 행위에 적합한 바

146_ 신으로부터 행위의 결과가 생긴다는 것만큼은 확실한 정론이다. 다만 신이 행위나 '새로운 힘'을 고려할 수도 있다.

대로 창조한다는 바로 그 점에서, 신은 결과를 낳는 근거이다. 다양한 결과가 가능하지 않다는 것 등의 결함들조차도,[147] [신이 창조물들이] 행한 노력을 고려하기 때문에, 신에게는 수반되지 않는다.‖41‖

147_ 다양하지 않은 원인이 다양한 결과를 낳는 것은 가능하지 않다는 결함과 신에게 불공평함과 잔인함이 수반된다는 결함조차도.

제3절

{ 1. '모든 베단따들에서 명상적 관념들'이라는 주제: 수뜨라 1-4 }

인식대상인 브라흐만의 본질을 설명했다. 그리고 이제는 각각의 베단따에서 명상적 인식들이 차이를 가지는지 혹은 가지지 않는지 검토한다.

1. 모든 베단따들에서 명상적 관념들은 [동일하다]; 신성한 명령 등이 한결같기 때문이다.

sarvavedāntapratyayaṃ codanādyaviśeṣāt ‖1‖

[전론]: 인식대상인 브라흐만이 앞선 것과 뒤진 것 등의 차이를 결여하고[1] 소금 덩어리처럼 동질적이라고[2] 확정했지 않는가? 그 경우에 어찌하여 명상적 인식의 차이와 무(無)차이를 고려할 여지가 있겠는가?

실로 베단따들에서 의례(행위)의 다양성처럼 심지어 브라흐만의 다양성을 제시하고자 한다고 말할 수는 없다. 브라흐만은 유일하기 때문이고, 또 단일한 형태이기 때문이다. 또한 단일한 형태인 브라흐만과 관계하여 다양한 형태의 명상적 인식은 가능하지 않다. 왜냐하면 '그러한 대상'에 대해 '그러하지 않은 인식'이라는 것은 틀림없는 착각이기 때문이다.[3] 또다시, 만약 여러[4] 베단따들에서 동일한 브라흐만과 관

1_ <브리 2.5.19> 참조: "그러한 이 브라흐만은 앞선 것도 없고 뒤진 것도 없고, 안도 없고 바깥도 없다."

2_ <브리 4.5.13> 참조: "이는 마치 안이 없고 밖이 없으며 전적으로 맛 덩어리일 뿐인 소금 덩어리와 같습니다. 여보, 마찬가지로 이 아뜨만은 안이 없고 밖이 없으며 전적으로 지식 덩어리일 뿐입니다."

3_ 이 문장의 원문은 이중부정으로 이루어져 있는데, 사물의 본질과는 다르게 인식

계하여 다양한 명상적 인식들을 제시하고자 한다면, 그것들 가운데 하나는 착각이 아니고 다른 것들은 착각이므로 베단따들에 관해 신뢰의 상실이 수반된다. 따라서 당장 각각의 베단따마다 브라흐만에 대한 명상적 인식에 차이가 있다고 의문을 제기할 수는 없다.

게다가 그것(명상적 인식)에 대한 신성한 명령 등이 한결같음으로 말미암아 차이가 없다고 말할 수는 없다. 브라흐만에 대한 명상적 인식은 신성한 명령을 특징으로 가지지 않기 때문이다. 실로 대스승은 "하지만, [만약 브라흐만이 성전을 원천으로 가지지 않는다고 한다면], 그것(브라흐만)은 [오직 베단따 성전으로부터만 알려진다]; [베단따 문장들의] 조화 때문이다."〈수뜨라 1.1.4〉라는 곳에서, 브라흐만에 대한 명상적 인식이, 명령을 주된 것으로 삼지 않고 사물로 귀착되는 '브라흐만에 대한 문장들'을 통해 발생한다고 말했다. 결과적으로 왜 차이와 무차이에 대한 이러한 고려를 시작한다는 말인가?

이에 대하여 말한다.

[후론]: 명상적 인식의 차이와 무차이에 대한 이러한 고려는 유(有)속성 브라흐만과 관계하고 또 생기 등과 관계하므로 결함이 없다. 왜냐하면 그 경우 의례처럼 계속적 명상들이 차이와 무차이를 가지는 것이 가능하고, 또 바로 그 의례처럼 계속적 명상들이 가시적인 결과나 비가시적인 결과를 낳는다고 말하기 때문이다. 그리고 어떤 것들은 참된 직관이 발생하는 것을 통해 점진적 해탈이라는 결과를 낳는다. 그것들과 관계하여 '각각의 베단따마다 명상적 인식은 차이를 가지는가, 그렇지 않으면 차이를 가지지 않는가?'라는 이러한 고려가 가능하다.

이러한 사정에서 전론의 근거들을 먼저 제시한다.

하는 것이 착각(bhrānta)이라는 점을 강조하기 위해서이다.

4_ * '여러'(-antareṣu)라는 표현은 Nirnaya에만 추가로 등장한다.

[전론]: 먼저 명칭이 차이를 결정하는 근거라고 '즈요띠스' 등에서 잘 알려져 있다.[5] 그리고 이 경우에,[6] 여러 베단따들에서 규정된 명상적 인식들과 관계하여 '따잇띠리야까', '바자사네야까', '까우투마까', '까우쉬따까',[7] '샤뜨야야나까'라는 등등과 같은 이러저러한 명칭이 존재한다.

게다가 형태의 차이도 의례의 차이를 증명한다고 잘 알려져 있다. "우유 덩어리는 비슈바데바들에게, 우유 액은 말들에게!"라는 등등과 같은 것들에서이다.[8] 그리고 이 경우에 형태의 차이가 존재한다. 그러한 예를 들어, '빤짜그니의 명상적 지식'에 관해 어떤 분파의 추종자들은 여섯 번째의 다른 불을 전하는 반면에, 다른 이들은 오직 다섯 [불만을] 언급한다. 또한 '생기들의 대화' 등에서 발성기관 등 [생기들의 수에 관해] 어떤 이들은 더 적게 전하고 다른 이들은 더 많게 전한다.

더욱이 특별한 세부사항(특성)[9]도 '까리리'(기우제) 등에서 의례의 차이를 증명한다고 생각된다.[10] 그리고 이 경우에 특별한 세부사항이 존

5_ '즈요띠스'(jyotis)라는 명칭의 경우처럼 명칭이 의례의 차이를 결정하는 근거라고 미맘사에서 잘 알려져 있다.

6_ 이 경우에=명상적 인식의 경우에.

7_ * '까우쉬따까'라는 표현은 Samata에만 추가로 등장한다.

8_ 우유 덩어리는 모든 신격들에게 공물로 바치고, 우유 액은 말의 신격들에게 공물로 바친다는 뜻이다. 공물이 고체인지 액체인지 그 형태(rūpa)에 따라 공물을 바치게 되는 신격도 다르므로, 형태의 차이가 의례의 차이를 증명한다. 응고된 우유에 뜨거운 우유를 섞으면 우유가 덩어리인 고체와 액체로 나뉜다.

9_ '세부사항'의 원어는 'dharma'이다. 이 말은 다르마, 속성, 특징 등을 뜻하지만, 계속적 명상과 관련해서는 명상을 실행할 때의 '세부사항'이라는 의미로 이해하는 편이 적절하다. 한편, 계속적 명상을 주된 주제로 삼는 <주석 3.3>에서는 '유속성(saguṇa) 브라흐만'과 관계하여 여러 가지 속성들이 등장한다. 이 경우에 속성을 가리키는 원어는 대개 'guṇa'이다. 그런데 이 말도 특별히 계속적 명상과 관련해서는 '세부사항'이라는 의미로 이해하는 편이 적절하다.

10_ 기우제의 일종인 까리리(Kārīrī) 제의에서 『야주르베다』 소속의 따잇띠리야 분파는 매우 특별한 행동을 한다. 예컨대 다른 분파가 그릇에 음식을 담아 먹는

재한다. 예컨대『아타르바베다』의 추종자들이 행하는 '머리의 서약'이다.[11]

마찬가지로 반복 등마저 차이의 근거들로서, 가능한 한 여러 베단따들에 적용해야만 한다. 따라서 각각의 베단따마다 명상적 인식에는 차이가 있다.

이와 같은 귀결에서 우리는 말한다.

[후론]: 모든 베단따들에서 명상적 관념들은 즉 그 각각의 베단따마다 명상적 인식들은 그게 그것이어야만 한다.[12]

어떤 근거에서? 신성한 명령 등이 한결같기 때문이다. [미맘사 학파는] '다른 분파라는 주제'에서 정론인 수뜨라를 통해 무(無)차이의 근거들을 말하는데, [수뜨라 저자는] 여기서 '등'을 언급함으로써 [그것들을] 내세운다. 관련성, 형태, 신성한 명령, 이름이 한결같기 때문이라는 뜻이다.[13] 예컨대 동일한 아그니호뜨라와 관계하여 분파가 [서로] 다름에도 '공물로 제공해야 한다'라며 거의 같을 뿐인 인간의 노력이 명령된다. 마찬가지로 "실로 맏이이고 최고인 것을 아는 자는"〈브리 6.1.1; 찬도 5.1.1〉이라며 바자사네야의 추종자들과 찬도가의 추종자들에게서 신성한 명령은 거의 같을 따름이다.[14] 목적(유용함)의 관련성마저 "친족들 중에서 맏이가 되고 최고인 것이 된다."〈브리 6.1.1〉라며 똑같을 뿐이다.[15] 또한 두 경우에서 명상적 인식의 형태도, 맏이, 최고인

것과 달리 그들은 맨땅에 음식을 내려놓고 먹는다. 따라서 그들이 보여주는 특별한 세부사항(dharma)의 차이가 의례의 차이를 수반한다고 볼 수 있다.

11_ '머리의 서약'(śirovrata)이란『아타르바베다』의 추종자들이 '한 성자'(ekarṣi)라는 이름의 불을 향해 그 불을 머리에 붙들고 있겠다고 신성하게 서약을 하는 것을 가리킨다. <문다 3.2.10> 참조.

12_ 그게 그것이어야만 한다=차이가 없이 동일해야만 한다.

13_ <미맘사-수 2.4.9> 참조.

14_ 바자사네야 분파의 것인 <브리 6.1.1>과 찬도가 분파의 것인 <찬도 5.1.1>은 동일한 문장으로 시작된다.

것 등의 세부사항(속성)을[16] 특성으로 가지는 생기라는 실재 바로 그것이다.[17] 그리고 예컨대 물질요소와 신격이 제의의 형태이듯이, 마찬가지로 인식대상이 명상적 인식의 형태이다.[18] 왜냐하면 그것(인식대상)에 의해 그것(명상적 인식)이 형태지어지기 때문이다. 이름조차 [두 경우 모두에서] '쁘라나(생기)의 명상적 지식'이라는 바로 그것이다. 따라서 명상적 인식들은 모든 베단따들에서 [동일한] 관념을 가진다. '빤짜그니(다섯 불)의 명상적 지식', '바이슈바나라의 명상적 지식', '샨딜르야의 명상적 지식' 등등과 같은 것들에 대해서도 이와 같이 적용될 수 있다.

한편 차이에 대한 그럴듯한 근거인 명칭, 형태 등은 바로 그 '제1편'(미맘사 수뜨라)[19]에서 "명칭들로 [말미암아 의례들은 다르지] 않을 것이다; [명칭들은] 신성한 명령을 위해 불리지 않기 때문이다."[20]〈미맘사-수 2.4.10〉라고 시작하면서 논박되었다.‖1‖

15_ <찬도 5.1.1>에는 '친족들 중에서'(svānāṃ)라는 말이 빠져 있다. 즉 "맏이가 되고 최고인 것이 된다."이다. 그럼에도 '맏이이고 최고인 것을 아는 자는 바로 그것 자체가 된다'라는 '목적의 관련성'(prayojana-saṃyoga)은 <브리 6.1.1>과 <찬도 5.1.1>에서 똑같다.

16_ * '세부사항(속성)을'(-guṇa-)이라는 표현은 Nirnaya에만 추가로 등장한다.

17_ 생기라는 바로 그 실재가 <브리 6.1.1>과 <찬도 5.1.1> 모두에서 동일하게 명상적 인식의 형태(rūpa)로 등장한다.

18_ 명상적 인식을 다루는 <브리 6.1.1>과 <찬도 5.1.1>에서 인식대상(vijñeya)인 것은 '생기'이다. 그런데 어떤 이유에서 이 생기를 명상적 인식의 '형태'라고 부르는가? 주석가는, 물질요소(dravya)와 신격(devatā)이 제의의 형태인 것처럼, 인식대상(명상대상)인 것이 명상적 인식의 형태라고 대답한다.

19_ '제1편'(prathama-kāṇḍa)이란 <수뜨라>와 대비되는 <미맘사-수>를 가리킨다.

20_ 명칭들이 다르다고 해서 의례들이 다르지는 않다. 즉 명칭의 차이가 의례의 차이를 수반하지는 않는다.

이 경우에도 특정한 무언가가 의문시됨으로써 [수뜨라 저자는 그것을] 논박한다.

2. 만약 [세부사항의] 차이로 말미암아 [모든 베단따들에서 명상적 인식들이 동일하지] 않다고 한다면, 아니다; 심지어 동일한 [명상적 인식에서도 세부사항의 차이가 있기 때문이다].

bhedān neti cen naikasyām api ‖2‖

[전론]: 이러할 수도 있다. 명상적 인식들이 모든 베단따들에서 [동일한] 관념을 가지는 것은 세부사항(속성)의 차이로 말미암아 합당하지 않다.

그러한 증거로서, 바자사네야의 추종자들은 '빤짜그니(다섯 불)의 명상적 지식'을 제시하면서 여섯 번째의 다른 불을 전한다. "불은 그의 불 자체가 됩니다."〈브리 6.2.14〉라는 등을 통해서이다. 반면에 찬도가의 추종자들은 그것을 전하지 않는다. 그리고 그들은 "이제 이와 같이 이 다섯 불들을 아는 자는"〈찬도 5.10.10〉이라며 오직 다섯이라는 수(數)와 함께 끝맺는다. 결국 그러한 세부사항이 있고 또 없는 두 가지 경우에서[21] 어떻게 하나의 명상적 지식이 가능할 것이라는 말인가! 그리고 이 경우에 세부사항이 공유된다고 이해할 수는 없다. 다섯이라는 수가 모순되기 때문이다.[22] 마찬가지로 '생기들의 대화'에서도 찬도가의 추종자들은 '최고인 것과는 다른 네 생기들'을 즉 발성기관, 눈,

---

21_ 이 경우에 세부사항(guṇa)이란 '여섯 번째의 다른 불'이다.

22_ 만약 세부사항이 공유(upasaṃhāra, 함께 도출됨)됨으로 말미암아 <브리 6.2.14> 등에서 암시된 여섯 번째의 불이 <찬도 5.10.10> 등에도 암묵적으로 가정된 것이나 마찬가지라고 한다면, 그렇게 이해해서는 안 된다. 왜냐하면 <찬도 5.10.10>에서 분명하게 '다섯'이라는 수를 명시하기 때문이다.

귀, 마음을 전한다. 반면에 바자사네야의 추종자들은 "정자는 실로 생식(生殖)이다. 이와 같이 아는 자는 아이들과 가축들로 풍성해진다."〈브리 6.1.6〉라며 심지어 다섯 번째를 전한다.

결국 [세부사항의] 추가와 배제에 차이가 있기 때문에[23] 명상적 지식의 대상에서 차이가 생긴다. 또한 물질요소, 신격에 차이가 있기 때문에 제의에서 차이가 있듯이, 명상적 지식의 대상에 차이가 있기 때문에 명상적 지식에서 차이가 있다.

[후론]: 그러한 결함은 없다. 심지어 동일한 명상적 지식에서도 그와 같은 종류의 '세부사항의 차이'가 가능한 까닭에서이다. 비록 여섯 번째의 불을 공유하는 것이 가능하지 않을지라도, 천상 등의 다섯 불들이 두 경우에서 인지되기 때문에 명상적 지식의 차이가 있을 수는 없다. 예를 들어 소마 잔을 잡는 것과 잡지 않는 것과 관계하여 아띠라뜨라는 차이를 가지지 않는다.[24] 게다가 찬도가의 추종자들도 "그가 죽고 운명 지어지면, 그로부터 [사람들은 그를] 불 자체로 데려갑니다."〈찬도 5.9.2〉라며 심지어 여섯 번째의 불을 언급한다. 반면에 바자사네야 추종자들은 '[유사성을 통해] 결합된 것들인 다섯 불들'에 이어지는 '장작, 연기 등의 가상'을 파기하기 위해 "불은 그의 불 자체가 됩니다. 장작은 그의 장작이 됩니다."〈브리 6.2.14〉라는 등을 전한다.[25] 이는 통

23_ 예를 들어 여섯 번째 불의 경우, <브리 6.2.14> 등에는 그것이 추가되어 있고 <찬도 5.10.10> 등에는 그것이 배제되어 있다.

24_ 아띠라뜨라 제의에서 '쇼다쉬'(ṣoḍaśī)라고 불리는 소마 잔을 잡느냐 혹은 잡지 않느냐 하는 것 때문에 제의 자체에 어떤 차이가 생기지는 않는다.

25_ 신성한 다섯 불은 '천상, 비, 지상, 남자, 여자'라는 가상된 다섯 불과 대응한다. 즉 천상 등의 다섯 불은 '유사성을 통해 결합된 것'(sāmpādika)들로서 가상의 불이다. 그래서 바자사네야 추종자들은 죽은 자를 화장하면서 화장터의 '실제의 장작, 연기 등'으로부터 '유사성을 통해 결합된 가상의 장작, 연기 등'을 또 다시 가정하는 것을 회피하기 위해, 가상이 아닌 실제의 불이 죽은 자의 불이 되고 가상이 아닌 실제의 장작이 죽은 자의 장작이 된다는 식으로 언급한다.

상적인 것에 대한 반복진술이다.[26] 비록 이 진술이 계속적 명상을 목적으로 할지라도, 찬도가의 추종자들조차 그 세부사항을 공유할 수 있다. 그리고 그 경우에는 다섯이라는 수가 모순된다고 의문시할 필요가 없다. 왜냐하면 '[유사성을 통해] 결합된 것으로서의 불'을 의도하는 그 다섯이라는 수는 통상적인 것에 대한 반복진술로서 명령에 내속되지 않으므로 결합이 없기 때문이다.[27] 마찬가지로 '생기들의 대화' 등에서도 [한 곳에서] 추가된 세부사항을 다른 곳에서 공유하는 것은 모순되지 않는다.

결국 추가와 배제에 차이가 있기 때문에 명상적 지식의 대상에서 차이가 있고 또 명상적 지식에서 차이가 있다고 의문시할 필요는 없다. 비록 명상적 지식의 대상에서 그 어떤 부분이 추가되고 배제될지라도, 명상적 지식의 대상에서 더 큰(중요한) 덩어리는 차이를 가지지 않는다고 알려지기 때문이다.

그러므로 명상적 지식은 동일할 뿐이다.‖2‖

3. [명상적 지식에 차이가 있다고 주장하는 근거(예시)인 '머리의 서약' 등은] 성전 공부의 [세부사항일 뿐 명상적 지식의 세부사항이 아니

26_ 통상적인 것(nitya)에 대한 반복진술(anuvāda)=상시적으로 이미 알려져 있는 사실에 대해 다시 반복하여 언급하는 것. <브리 6.2.14>의 경우는, 죽은 자의 육체가 실제의 불에 의해 화장되는 통상적인 사실에 대해 다시 언급하는 것일 뿐 그 불에 대해 명상하려는 목적을 가지지 않는다.

27_ <브리 6.2.14>의 진술이 계속적 명상을 목적으로 한다고 해도, 다섯만을 고집하는 <찬도 5.10.10> 등마저 세부사항을 즉 여섯 번째인 불을 추가하여 공유할 수 있다. 그 경우에 <찬도 5.10.10>의 다섯이라는 수와 명상을 위한 여섯 번째인 불 사이에 모순이 발생하지는 않는다. 왜냐하면 "이제 이와 같이 이 다섯 불들을 아는 자는"<찬도 5.10.10>에서 다섯이라는 수는, 비록 가상의 불들을 의도할지라도, 실제의 불이 다섯이라는 것에 대해 즉 통상적인 사실에 대해 다시 반복하는 진술에 불과하므로 명령과 아무런 관계가 없기 때문이다.

다]; 왜냐하면 사마짜라에서 그와 같은 것으로 [전하기] 때문이고, 또 자격 때문이다; 그리고 헌주(獻酒)처럼 그렇게 제약된다.

svādhyāyasya tathātvena hi samācāre 'dhikārāc ca savavac ca tanniyamaḥ ‖3‖

그리고 『아타르바베다』의 추종자들이 명상적 지식에 관해서 '머리의 서약' 등을 필요로 하기 때문에 또 다른 자들이 그것을 필요로 하지 않기 때문에 명상적 지식에 차이가 있다고 주장한 것을 논박한다.

그것은 성전 공부의 세부사항이고, 명상적 지식의 세부사항은 아니다. 이는 어떻게 해서 알려지는가? 베다의 서약을 가르치는 것을 의도하는 '사마짜라'라는 책에서, 『아타르바베다』의 추종자들이 그것마저 베다의 서약인 것으로 즉 그와 같이 성전 공부의 세부사항인 것으로 설명했다고 전하는 까닭에서이다. 또한 "서약을 지키지 않은 자는 이것을 읽지 말아야 한다."〈문다 3.2.11〉에서 자격자와 관계하기 때문에 또 '이것'이라는 말과 '읽음'(낭독)이라는 말 때문에, 그것(서약)은 '자체의 우빠니샤드 낭독하기'의 세부사항일 뿐이라고 확정된다.

[전론]: "정녕 가르침에 따라 '머리의 서약'을 지킨 자, 오직 그들에게 브라흐만에 대한 이 지식을 말해야 한다."〈문다 3.2.10〉라는 브라흐만에 대한 지식과 관련되는 계시로부터, 브라흐만에 대한 지식은 모든 곳에서 동일할 뿐이므로, 그 세부사항은 [모든 곳의 지식과] 결합되지 않겠는가?

[후론]: 아니다. 그 경우에조차 '이'라는 것은[28] 논제를 상기(想起)시키기 때문이다. 그리고 브라흐만에 대한 지식이 논제라는 것은 특정한

28_ '이'라는 것은=<문다 3.2.10>의 "브라흐만에 대한 이 지식을"에서 '이'(etāṃ)라는 말은.

책[29]에 의존하므로 그 세부사항은 특정한 책과 관련될 뿐이다.

'그리고 헌주처럼 그렇게 제약된다'라며 [수뜨라 저자는] 예시를 언급한다. 그리고 예컨대 사우르야에서 시작하여 샤따우다나로 끝나는 일곱의 헌주들이 다른 베다에서 말하는 삼위(三位)의 불과 관련되지 않기 때문에 또 『아타르바베다』에서 말하는 하나의 불과 관련되기 때문에 바로 그 『아타르바베다』의 추종자들에 대해 제약되듯이, 바로 그와 같이 그 세부사항마저 특정한 성전 공부와 관계되기 때문에 바로 그 경우에 제약된다.[30]

그러므로 또한 명상적 지식이 동일하다는 것은 결함이 없다.‖3‖

4. 또한 [베다마저 모든 베단따들에서 명상적 지식의 대상이 동일하다고 가르치는 것을 통해 명상적 지식이 동일하다는 것을] 보여준다.

darśayati ca ‖4‖

또한 베다마저 모든 베단따들에서 명상적 지식의 대상이 동일하다고 가르치는 것을 통해 명상적 지식이 동일하다는 것을 보여준다. "모든 베다들이 전하는 것이고"〈까타 2.15〉에서이다. 그리고 "왜냐하면 실로 『리그베다』의 추종자들은 그것을 '위대한 욱타'에서, 『야주르베다』의 추종자들은 그것을 '불'에서, '『사마베다』의 추종자'(찬도가)들은 그것을 '마하브라따'(위대한 서약)에서 숙고(명상)하기 때문이다."〈아이-아 3.2.3.12〉에서이다. 게다가 "치켜 들린 번개와 [같이] 거대한 두려

29_ 특정한 책=<문다>.

30_ 일곱의 헌주들이 『아타르바베다』의 특정한 불과 관련되기 때문에 『아타르바베다』의 추종자들에 대해 한정되듯이, 마찬가지로 <문다 3.2.11> 등의 서약(세부사항)은 <문다>를 낭독하는 특정한 성전 공부와 관계되기 때문에 바로 그 성전 공부에 한정된다.

움인"〈까타 6.2〉이라며 까타까에서 두려움의 원인인 것으로 언급되는 신의 속성은, 따잇띠리야까에서 "왜냐하면 누구든지 그것에서 조금이라도 간극(차이)을 만드는 바로 그 때, 그러면 두려움이 그에게 생기기 때문이다. 실로 바로 그것(브라흐만)은 현명하지 않은 식자에게는 두려움이다."〈따잇 2.7.1〉라며 차이에 대한 직관을 비난하기 위해 지시된다고 알려진다. 더욱이 바자사네야까에서 한 뼘의 척도가 부여된 바이슈바나라는 찬도그야에서 "하지만 그와 같은 이 바이슈바나라로서의 아뜨만을, 한 뼘의 척도인 아비비마나로 계속 명상하는 자는"〈찬도 5.18.1〉이라며 '잘 알려져 있는 것'(확립된 것)으로 언급된다. 그리고 모든 베단따들에서 관념이 [동일함으로] 말미암아 어떤 곳에서 규정된 '욱타' 등은 다른 곳에서 계속적 명상을 실행하기 위해 언급되기 때문에, '빈번하게 보는 것'이라는 논리에 따라[31] 계속적 명상들마저 모든 베단따들에서 [동일한] 관념을 가진다고 정립된다.‖4‖

{ 2. '공유'라는 주제: 수뜨라 5 }

5. 결국 유사한 [명상적 인식들에서 세부사항들은] 공유된다; [세부사항들이 가지는] 의미에 차이가 없기 때문이다; 명령에 부차적인 것들의 [즉 아그니호뜨라 등이 가지는 세부사항들의 경우와] 같다.

upasaṃhāro 'rthābhedād vidhiśeṣavat samāne ca ‖5‖

31_ '빈번하게 보는 것'(prāyadarśana)이라는 논리에 따라=빈번하게 보는 것은 모든 곳에서 다 볼 수 있다는 논리에 따라.

이것은 '[앞선 논의를] 적용한 결과'인 수뜨라이다.

[후론]: 결국 이와 같이 모든 명상적 인식들이 모든 베단따들에서 [동일한] 관념을 가진다고 확립된 경우에, 어떤 곳에서 말하는 '명상적 인식의 세부사항들'을, 심지어 다른 곳의 유사한 명상적 인식에서도 공유하게 된다. 의미에 차이가 없기 때문이다. 실로 그러한 세부사항들이 한 곳에서 특정한 명상적 인식에 보조적인 것으로서 의미를 가진다면, 다른 곳에서도 분명 그러하다. 왜냐하면 두 경우 모두가 동일한 명상적 인식이라는 바로 그 점으로부터 [세부사항이] 공유되기 때문이다.

명령에 부차적인 것들과 같다. 실로 예컨대, '명령에 부차적인 것들'의 즉 '아그니호뜨라 등이 가지는 세부사항들'의 경우에, 바로 그 아그니호뜨라 등의 의례가 모든 곳에서 동일하므로 [세부사항들이 가지는] 의미에 차이가 없기 때문에 [세부사항들이] 공유되듯이, 이 경우에도 마찬가지이다. 실로 만약 명상적 인식에 차이가 존재하면, 그 경우에 세부사항들이 [제각각] 어떤 명상적 인식과 결부됨으로 말미암아 또 원형과 변형의 관계가 없음으로 말미암아, 공유가 있을 수 없다.[32] 하지만 명상적 인식이 동일한 경우에는 그와 같지 않다.

한편 적용한 결과인 바로 이 수뜨라에 대해서는 "… 모든 곳에서 차이가 없기 때문이다."〈수뜨라 3.3.10〉라고 시작함으로써 부연설명이 있을 것이다.‖5‖

32_ 만약 명상적 인식들이 차이를 가진다면, 첫째로, 세부사항들이 제각각 그 자체의 명상적 인식과 결부되기 때문에 공유가 있을 수 없다. 둘째로, 명상적 인식들이 원형(prakṛti)과 변형(vikṛti)의 관계를 가지지 못하기 때문에 공유가 있을 수 없다. 미맘사에 따르면, 원형적인 제의에서 규정된 세부사항들은 그 원형적 제의가 변형된 제의에서도 유효하게 공유된다.

{ 3. '다른 방식으로'라는 주제: 수뜨라 6-8 }

6. 만약 다른 방식으로 [논의되는] 성언으로 말미암아 [즉 바자사네야까와 찬도그야의 '우드기타(쁘라나)의 명상적 지식'에서 논의되는 바에 차이가 있음으로 말미암아, 명상적 지식이 동일하지 않다고] 한다면, 아니다; [그만큼의 차이보다는 더 많은] 동일성이 [알려지기] 때문이다.

anyathātvaṃ śabdād iti cen nāviśeṣāt ‖6‖

바자사네야까에서는 "그 신들은 말했다: 자, 제의에서 우드기타를 통해 우리가 악신들을 넘어서 봅시다!"〈브리 1.3.1〉, "그들은 발성기관에게 말했다: 그대는 우리를 위해 우드기타를 노래해 주시오."〈브리 1.3.2〉라고 시작한 뒤에, 발성기관 등의 생기들이 악신의 사악함에 손상되었다고 [그것들을] 비난하고 나서 [입 안의] 으뜸인 생기를 인정하는 것이 언급된다. "이제 그들은 입 안의 그 생기에게 말했다: 그대는 우리를 위해 우드기타를 노래해 주시오. 그러자면서 그들을 위해 그 생기는 우드기타를 노래했다."〈브리 1.3.7〉에서이다. 그리고 찬도그야에서도 "그래서 신들은 '우리는 이것을 통해 그들(악신들)을 제압할 것이다'라며 우드기타를 취했다."〈찬도 1.2.1〉라고 시작한 뒤에, 다른 생기들이 악신의 사악함에 손상되었다고 [그것들을] 비난하고 나서 바로 그와 같이 [입 안의] 으뜸인 생기를 인정하는 것이 언급된다. "이제 실로 그들은 입에 있는[33] 그러한 생기 그 자체를 우드기타로 계속 명상

33_ '입에 있는'을 뜻하는 'mukhya'라는 말은 그 자체로 '으뜸인'이라는 뜻도 가진다.

했다."〈찬도 1.2.7〉에서이다. 결국 두 경우 모두 생기를 찬양함으로써 '쁘라나(생기)의 명상적 지식'[34]을 명령한다고 이해된다.

이 경우에 의문이 생긴다. 이 경우에, 명상적 지식에 차이가 있을 것인가, 그렇지 않으면 명상적 지식은 동일할 것인가?

실로 무엇으로 귀결되는가?

[전론]: 앞의 논리에 따라 명상적 지식은 동일하다.

[반박]: 명상적 지식이 동일하다는 것은 합리적이지 않지 않는가? 논의되는 바에 차이가 있기 때문이다. 실로 바자사네야의 추종자들은 한 방식으로 논의하고 찬도가의 추종자들은 다른 방식으로 논의한다. 바자사네야의 추종자들은 "그대(생기)는 우리를 위해 우드기타를 노래해 주시오."라며 생기를 '우드기타를 행하는 자'로[35] 전한다. 반면에 찬도가의 추종자들은 "그러한 [생기 그 자체를] 우드기타로 계속 명상했다."라며 생기를 '우드기타'로 전한다. 이 경우에 어떻게 명상적 지식이 동일할 것이라는 말인가?

[전론]: 그러한 결함은 없다. 실로 그만큼의 차이에 의해 명상적 지식의 동일성이 훼손되지는 않는다. 심지어 더 많은 동일성이 알려지기 때문이다. 그러한 증거로서, 선신(데바)과 악신(아수라)의 싸움을 시작으로 하는 것, 악신을 이겨내려는 의도에서 우드기타를 제시하는 것, 발성기관 등에 대해 언급하는 것, 그것(생기)들을 비난함으로써 으뜸인 생기에 의지하는 것, 그것(으뜸인 생기)의 힘에 의해 산산이 부서지는 악신을 바위와 흙덩이로 예시하는 것[36]과 같이, 다수의 내용들이 두 경

34_ <찬도 1>은 일반적으로 '우드기타의 명상적 지식'이라고 잘 알려져 있다.

35_ 우드기타를 '행하는 자'(kartṛ)로=우드기타를 노래하는 자로.

36_ '바위와 흙덩이로 예시하는 것'이란 흙덩이가 바위에 부딪침으로써 산산이 부서지는 것에 관한 예시를 가리킨다. <브리 1.3.7>에는 바위와 흙덩이가 모두 등장하지만, <찬도 1.2.7>에는 바위만 등장한다.

우 모두에서 동일하다고 알려진다.

그리고 바자사네야까에서마저 생기는 우드기타와 동격 관계를 가지는 것으로 계시된다. "이것은 정녕 우드기타이다."〈브리 1.3.23〉에서이다.[37] 따라서 찬도그야에서마저 ['우드기타를] 행하는 자'가 함축되어야만 한다.

그러므로 또한 명상적 지식은 동일하다.‖6‖

7. 오히려 [명상적 지식은 동일하지] 않고 [차이가 있을 뿐이다]; 맥락의 차이 때문이다; '지고한 것보다 더 지고함' 등과 같다.

na vā prakaraṇabhedāt parovarīyastvādivat ‖7‖

[후론]: 오히려 이 경우에 명상적 지식이 동일하다는 것은 정당하지 않다. 이 경우에는 명상적 지식에 차이가 있을 뿐이라는 것이 정당하다.

무엇 때문에? 맥락의 차이 때문이다. 논의되는 바의 차이 때문이라는 뜻이다. 실로 그와 같이 이 경우에는 논의되는 바의 차이가 알려진다.

먼저 찬도그야에서는 "'옴'이라는 이 음절을 우드기타로 계속 명상해야 한다."〈찬도 1.1.1〉라며 이와 같이 우드기타의 한 부분인 음절 '옴'을 명상대상으로 제시한 뒤에, 그곳에서 '최고의 정수' 등의 세부사항(속성)에 대해 보충설명을 하고 나서,[38] 이제 "실로 [이것이] 바로 이 음

37_ <브리 1.3.23>에서 '이것'(생기)과 '우드기타'는 모두 1격(주격)이므로, 그곳에서는 생기를 '우드기타를 행하는 자'로 전할 뿐만 아니라 '우드기타' 자체로 전하기도 한다.

38_ <찬도 1.1.3> 참조: "그러한 이 '우드기타'는 정수들 가운데 최고의 정수이고 지고한 것이고 가장 고양된 것이고 여덟 번째인 것이다."

절에 대한 보충설명이다."〈찬도 1.1.10〉라며 심지어 또다시 우드기타의 한 부분인 바로 그 음절 '옴'을 반복한 후, 선신과 악신의 예화(例話)를 통해 "[실로 그들은 코에 있는] 생기를 우드기타로 계속 명상했다." 〈찬도 1.2.2〉라고 그렇게 말한다. 이 경우에 만약 '우드기타'라는 말이 온전한 섬김을 의도하고 또 그것(섬김)을 행하는 자가 우드가뜨리(노래하는 자) 사제라고 의도한다면,[39] 그 경우에 시작이 교란될 것이고 또 함축이 수반될 것이다.[40] 그리고 일단의 문장들에서[41] 끝은 시작과 호응해야만 한다.[42] 따라서 실로 이 경우에는 우드기타의 부분인 음절 '옴'과 관계하여 생기를 보는(명상하는) 것을 가르친다.[43]

반면에 바자사네야까에서는, '우드기타'라는 말을 통해 [우드기타의] 부분을 파악하는 데 근거가 없음으로 말미암아, 바로 그 온전한 섬김을 전한다. "그대(생기)는 우리를 위해 우드기타를 노래해 주시오."〈브리 1.3.2〉에서조차 그것(섬김)을 행하는 자가 생기로서의 우드가뜨리

39_ 후론자가 이러한 가정을 하는 이유는 분명하다. 즉 우드기타에 대한 <찬도>의 논의가 <브리>의 논의와 차이가 없다는 전제 하에 이러한 가정을 할 경우, 과연 <찬도> 자체에 아무런 문제가 발생하지 않는지 살펴보기 위해서이다. <브리>의 논의에 대한 분석은 곧 이어서 등장한다.

40_ <브리>의 경우처럼 '우드기타'라는 말이 온전한 '섬김'(bhakti)을 의도한다면, 시작에서는 명상대상이 음절 '옴' 즉 우드기타의 한 부분으로 제한되었기 때문에, 시작과의 모순이 발생할 것이다. 또한 <브리>의 경우처럼 섬김을 행하는 자가 우드가뜨리(Udgātṛ) 사제 즉 생기라고 의도한다면, "[실로 그들은 코에 있는] 생기를 우드기타로 계속 명상했다."<찬도 1.2.2>에서 생기들이 생기를 명상할 수는 없으므로 일차적 의미가 불가능하다. 따라서 일차적 의미를 버리고 함축(lakṣaṇā)을 적용해야만 한다.

41_ 원문은 '하나의 문장에서'(ekasmin vākye)이지만 맥락을 고려하여 '일단의 문장들에서'라고 이해한다.

42_ * Nirnaya에 '시작과 호응해야만'(upakrama-anurodhena)이라는 표현이 등장하는 것과 달리, Samata에는 '시작에 의존해야만'(upakrama-tantreṇa)이라는 표현이 등장한다.

43_ 음절 '옴'과 관계하여 생기를 보는(명상하는) 것을 가르친다=음절 '옴'을 생기로 명상하는 것을 가르친다.

사제라고 확정된다. 그래서 [찬도그야와는] 접근법이 상이하다. 비록 그곳에서[44] 생기가 우드기타와 동격 관계를 가질지라도, 그 또한 '[계시서에서] 우드가뜨리 그 자체임을 드러내고자 했던 생기'가 모든 것을 아뜨만으로 한다는 점을 제시하기 위해서일 뿐, 명상적 지식이 동일하다는 것을 이끌어내지는 않는다. 그리고 심지어 이 경우에는, '우드기타'라는 말이 실로 온전한 섬김과 관계하므로 [찬도그야와는] 상이하다. 또한 생기가 우드가뜨리라는 것은, 불가능하다는 이유 때문에 폐기되지는 않는다.[45] [생기가] 우드기타가 되는 것처럼 우드가뜨리가 되는 것마저도 계속적 명상을 위한 것이라고 가르치기 때문이다. 그리고 우드가뜨리가 실로 생기의 힘을 통해 '우드기타를 부르는 일'을 하는 것이 불가능하지는 않다. 또한 마찬가지로 바로 그곳에서 "그는 실로 발성기관과 생기를 통해 우드기타를 노래했다."〈브리 1.3.24〉라고 가르친다.

게다가 말하고자 하는 의미(내용)에 차이가 있다고 알려지는 경우에 단순히 문장들의 유사성을 좇음으로써 동일한 의미를 가진다고 확정하는 것은 합리적이지 않다. 그러한 예시로서, 비록 "쌀알들을 세 부분으로 나눠야 한다."라는 월출(月出)에 대한 문장과 "중간에 있는 것들을 뿌로다샤(떡)로 [만들어] 여덟 질그릇에 [담아], '주는 자'인 아그니(불)에게 바쳐야 한다."라는 가축 희구(希求)에 대한 문장에서 그 교시가 유사할지라도, 시작의 차이로 말미암아 월출에 대한 문장에서는 신격들의 분리가 이해되지만 가축 희구에 대한 문장에서는 제의에 대한 명령이 이해된다.[46] 마찬가지로 이 경우에도 시작의 차이로 말미암아 명상적

44_ 그곳에서="이것은 정녕 우드기타이다."<브리 1.3.23>에서.

45_ 후론자는 <브리>의 논의에서 생기가 곧 우드가뜨리라고 주장한다. 그런데 생기가 우드가뜨리가 되는 것은 불가능하다는 반론이 제기될 수도 있다. 하지만 단지 불가능하다는 이유 때문에 후론자의 주장이 폐기되지는 않는다.

지식에 차이가 있다.

'지고한 것보다 더 지고함' 등과 같다. 예컨대, 비록 [우드기타에] 지고한 아뜨만이라는 관념을 덧놓는 것은 유사할지라도, "이것들보다 허공 자체가 더 위대하기 때문에, 허공은 궁극적 목적지입니다."〈찬도 1.9.1〉, "그러한 그것(허공)은 지고한 것보다 더 지고한 우드기타입니다. 그러한 그것은 무한입니다."〈찬도 1.9.2〉에서 '지고한 것보다 더 지고함'이라는 특정한 세부사항(속성)을 가지는 우드기타에 대한 계속적 명상은, '눈 · 태양 등에 존재함', '황금의 수염을 가짐' 등의 특정한 세부사항(속성)을 가지는 우드기타에 대한 계속적 명상과는[47] 상이하다.

더욱이 비록 분파가 동일할지라도, 세부사항(속성)이 서로 공유되지는 않는다. 심지어 분파의 차이가 존재하는 이와 같은 종류의 계속적 명상들에서는, [마땅히] 그와 같다.‖7‖

8. 만약 ['우드기타의 명상적 지식'이라는 동일한] 명칭으로부터 [두 명상적 지식이 동일하다고 한다면, 아니다]; 이에 [대해서는 앞서] 언

46_ 초승달이 뜨는 날에 행해야 하는 제의를 그 전날에 행했을 경우에 제의 집행자는 쌀알을 세 부분으로 나눠 아그니, 인드라, 비슈누라는 세 신격들에게 각각 바침으로써 화를 면할 수 있다. 이와 같은 가르침은 월출(abhyudaya)에 대한 문장들과 '가축 희구'(paśukāma)에 대한 문장들에서 공통적이다. 그럼에도 전자에서는 제의 집행자로 하여금 새로운 제의를 행하라고 명령하지 않고 단지 신격을 바꾸는 것만 요구할 뿐이다. 반면에 후자에서는 새로운 제의 자체를 행하라고 명령한다. 결국 그 시작의 차이로 말미암아, 전자에서는 신격들의 분리가 이해되고, 후자에서는 제의에 대한 명령이 이해된다. <미맘사-수 6.5.1>과 <따잇-상 2.5.5.2> 참조.

47_ <찬도 1.6.6> 참조: "이제, 태양 안에서 황금으로 이루어진 그 뿌루샤(사람)가 보인다. 황금의 수염을 가지고 황금의 머리카락을 가지며, 손톱 끝까지 실로 모조리 황금이다." 또, <찬도 1.7.5> 참조: "이제, 눈 안에서 그 뿌루샤가 보인다."

급했기 [때문이다]; 그리고 그것(명칭의 동일성)**은 심지어 [차이를 가지는 계속적 명상들과도] 관계한다.**

saṃjñātaś cet tad uktam asti tu tad api ‖8‖

만약 두 경우 모두 '우드기타의 명상적 지식'이라는 동일한 명칭을 가지므로, 명칭이 동일하기 때문에, 이 경우에 [두] 명상적 지식이 동일하다는 것은 정당하다고 말한다면, 이 또한 합당하지 않다. 왜냐하면 이에 대해서는 "오히려 [명상적 지식은 동일하지] 않고 [차이가 있을 뿐이다]; 맥락의 차이 때문이다; '지고한 것보다 더 지고함' 등과 같다." 〈수뜨라 3.3.7〉라고 언급했기 때문이다. 그리고 이 경우에는 바로 그것이 더 정당하다.[48] 왜냐하면 [바로 그것이] 계시서의 말과 대응하기 때문이다.

실로 명칭이 동일하다는 그것은 계시서의 말로부터 배제된다. 단지 '우드기타'라는 말이 [계시서에서] 사용됨으로 말미암아 세속적인 경험주의자들이 ['우드기타의 명상적 지식'이라고] 비유적으로 사용한다.[49]

그리고 명칭이 동일하다는 그것은, 심지어 차이가 잘 알려져 있는 '지고한 것보다 더 지고함 등에 대한 계속적 명상들'과도 관계한다. [그것들도] '우드기타의 명상적 지식'이라고 [불린다].[50] 또한 심지어 차이

48_ 이 경우에는 즉 명칭의 동일성이 문제가 되는 경우에는, 바로 그것이 즉 <수뜨라 3.3.7>에서 두 명상적 지식에 차이가 있다고 확정한 우리의 입장이, 더 정당하다.

49_ '우드기타의 명상적 지식'이라는 말 자체는 계시서에 등장하지 않는다. 따라서 명칭이 동일하다는 주장은 계시서를 통해 배제되고 만다. 실제로는 <브리>와 <찬도> 모두에 '우드기타'라는 명칭만 등장하는데, 세속적인 관습을 따르는 보통 사람들이 이를 두고 '우드기타의 명상적 지식'이라고 비유적으로 부를 뿐이다.

50_ 명상적 지식에 차이가 있는 경우에도 명칭의 동일성이 존재하기 때문에, 명칭의 동일성이 명상적 지식의 동일성을 수반하지는 않는다는 말이다.

가 잘 알려져 있는 아그니호뜨라, 다르샤뿌르나마사 등도 '까타까'(까타의 무리)라는 동일한 책에서 열거되는 한 '까타까'라는 동일한 명칭을 가진다고 알려진다. 이 경우에도 마찬가지일 것이다. 하지만, 예컨대 '상바르가(흡수하는 것)의 명상적 지식' 등에서처럼, 차이에 대해 이와 같은 종류의 그 어떤 근거도 없는 경우에는 명칭의 동일성으로부터 명상적 지식의 동일성이 있다고 하자.‖8‖

{ 4. '고루 미쳐 있음'이라는 주제: 수뜨라 9 }

9. 하지만 [덧놓음, 제거, 동일성은 아니고, 한정이] 이치에 맞다; [음절 '옴'이 모든 베다에] 고루 미쳐 있기 때문이다.

vyāpteś ca samañjasam ‖9‖

"'옴'이라는 이 음절을 우드기타로 계속 명상해야 한다."〈찬도 1.1.1〉라는 곳에서 '음절'과 '우드기타'라는 말이 동격 관계를 가지는 것으로 계시되고, [이에 대해] 덧놓음, 제거, 동일성, 한정[51]의 입장들이 등장함으로 말미암아, 이 경우에 어느 하나의 입장이 정당할 것인지 그 검토를 [시작한다].

그중에서 '덧놓음'이라고 불리는 것은, 두 가지 사물 가운데 결코 파기되지 않는 어떤 하나에 대한 관념에 다른 하나에 대한 관념이 덧놓이는 것이다. 다른 관념이 덧놓이게 되는 그 [어떤] 관념은, 심지어 덧

51_ '덧놓음, 제거, 동일성, 한정'의 원어는 각각 'adhyāsa, apavāda, ekatva, viśeṣaṇa'이다.

놓인 다른 관념에서도 존속할 뿐이다. 예컨대 ['옴'과 같은] 명칭에 브라흐만에 대한 관념이 덧놓이는 경우마저, 명칭에 대한 관념은 브라흐만에 대한 관념에 의해 파기되지 않은 채 존속할 뿐이다. 또한 예컨대, 조상(彫像) 등에 비슈누 등에 대한 관념이 덧놓인다. 이와 같이 이 경우에도, 음절에 우드기타에 대한 관념이 덧놓이거나, 우드기타에 음절에 대한 관념이 덧놓인다.

'제거'라고 불리는 것은, 어떤 사물에 대해 이전에 자리 잡은 거짓된 관념이 확정된 경우에, 이후에 생성되는 진실한 관념이 이전에 자리 잡은 거짓된 관념을 파기하는 것이다. 예컨대 '신체와 기관의 집합체에 대한 아뜨만이라는 관념'은 '아뜨만 자체에 대한 아뜨만이라는 관념'에 의해, 즉 이후에 존재할 것인 "그것이 너이다."〈찬도 6.8.7〉라는 그 진실한 관념에 의해 파기된다. 또한 예컨대, 방향에 대한 착오된 관념은 방향에 대한 참다운 관념에 의해 파기된다. 이와 같이 이 경우에도, 우드기타에 대한 관념이 음절에 대한 관념에 의해 파기될 것이거나, 음절에 대한 관념이 우드기타에 대한 관념에 의해 파기될 것이다.

한편 '동일성'이란, 음절과 우드기타라는 말이 '동등한 의미의 어법'을 가지는 것이다.[52] 예컨대 '재생자(再生者)들 가운데 으뜸', '브라흐마나', '지상의 신'(부미데바)은 [동일하다].

다른 한편으로 '한정'이란, 이해될 수 있는 한에서 모든 베다에 고루 미쳐 있는 '옴'이라는 그 음절이 우드기타를 부르는 특정한 일을 가진다고 제시되는 것이다. 예컨대 '푸른 것으로서 연꽃을 가져오시오'이다. 마찬가지로 이 경우에도, '우드기타인 것으로서 음절 옴을 계속 명상해야 한다'이다.

52_ '동등한 의미의 어법'(anatirikta-artha-vṛtti)을 가지는 것이다=동일한 의미를 가지는 어법으로 쓰이는 것이다 또는 동일한 내포와 외연을 가지는 어법으로 쓰이는 것이다.

[전론]: 이와 같이 동격 관계인 이 문장을 고려하는 경우에 이러한 입장들이 등장한다. 이 가운데 어느 하나를 확정하는 데 근거가 없음으로 말미암아 [모든 입장들이] 불확정적이라고 귀결된다.

[이러한 귀결에서 수뜨라 저자는] 이렇게 말한다. "하지만 … 이치에 맞다 … 고루 미쳐 있기 때문이다."

[후론]: [수뜨라에서] '짜'라는 이 말은 '뚜'(하지만)라는 말의 자리에 들어간 것으로[53] 세 가지 입장을 배제하려는 목적을 가진다. 결과적으로 이 경우에 세 가지 입장들은 결함을 가지므로 거부된다. 오직 한정의 입장만이 유일하게 결함이 없으므로 받아들여진다.

그 가운데 먼저 덧놓음의 경우, '어떤 곳에 덧놓인 관념'에 대한 말이 함축의 어법을 가지는 결말이 생길 것이고[54] 또 그 결과가 가정될 것이다.[55]

[전론]: "정녕 욕망들을 획득하는 자가 된다."〈찬도 1.1.7〉라는 등의 결과가 계시될 따름이다.

[후론]: 그렇지 않다. 그것은 다른 것의 결과이기 때문이다. 실로 그것은 획득 등을 보는(명상하는) 것에 대한 결과일 뿐, 우드기타의 덧놓음에 대한 결과가 아니다.[56]

53_ 수뜨라에는 'ca'(그리고, 또한)라는 말을 쓰고 있으나 'tu'(하지만)라는 말을 썼어야만 했다는 뜻이다. 'ca'라는 말도 종종 '하지만'이라는 의미로 쓰인다.

54_ 덧놓음을 적용할 경우, "'옴'이라는 이 음절을 우드기타로 계속 명상해야 한다."<찬도 1.1.1>에서는 음절 '옴'에 우드기타에 대한 관념이 덧놓인다. 그러면 음절 '옴'에 대한 관념이 우드기타에 대한 관념에서도 존속하므로, '우드기타'라는 말은 우드기타 자체를 직접적으로 의미할 수 있음에도 음절 '옴'을 함축적으로 의미한다. 결과적으로, 직접적 의미가 적용 가능한 경우에 함축적 의미를 적용해서는 안 되므로, 덧놓음을 적용해서도 안 된다.

55_ 덧놓음을 적용할 경우 명상의 일종인 덧놓음이 낳는 결과가 가정되어야 한다. 그런데 <찬도 1.1.1>과 관련해서는 명상의 결과가 언급되지 않는다.

56_ '욕망들의 획득'이라는 것은 음절 '옴'의 속성이다. 따라서 욕망들을 획득하는 자가 되는 것은 획득 등을 소유한 음절 '옴'을 명상한 결과일 뿐이다. 음절 '옴'

제거의 경우 또한 결과가 없다는 것은 동일하다.

[전론]: 거짓된 지식의 파기가 결과이다.

[후론]: 아니다. 인간의 목표에 유용하다고 알려지지 않기 때문이다.[57] 그리고 그 어떤 경우라도 음절 '옴'으로부터 음절 '옴'에 대한 관념이 파기될 수 없고, 또 우드기타로부터 우드기타에 대한 관념이 파기될 수 없다.[58] 또한 이 문장은 사물의 본질을 제시하려고 의도하지 않는다. 계속적 명상에 대한 명령을 의도하기 때문이다.

동일성의 입장 또한 조리에 닿지 않는다. 실로 그 경우에 두 가지 말을 발화하는 것은 무용할 것이다. 단지 하나를 통해 말하고자 하는 의미가 전달되기 때문이다. 게다가 호뜨리 사제의 일과 관계하거나 아드바르유 사제의 일과 관계하고[59] 음절 '옴'이라는 말로 지시되는 글자에 대해, '우드기타'라는 말이 [사용된다고는] 잘 알려져 있지 않다. 더욱이 '우드기타'라는 말로 지시되는 '사마(사만)의 두 번째 부(部)' 전체에 대해, 음절 '옴'이라는 말이 [사용된다고는] 잘 알려져 있지 않다. 이로부터 [두 말은] 동등한 의미를 가질 수 없다.

결과적으로 한정의 입장이 수용된다. 고루 미쳐 있기 때문이다. [즉 음절 '옴'이] 모든 베다에서 공통적이기 때문이다. 모든 [베다에] 고루

에 덧놓인 우드기타를 명상한 결과는 아니다.

57_ 음절 '옴'을 제거(파기)하는 것이나 우드기타를 제거하는 것은 '거짓된 지식의 파기'를 통해 인간의 최고 목표를 얻는 데 유용하지 않기 때문이다.

58_ 음절 '옴'과 그것에 대한 관념은 불가분적으로 연계되어 있기 때문에 애당초 관념의 파기 자체가 불가능하다. 우드기타의 경우도 마찬가지이다.

59_ '호뜨리 사제'(Hotṛ)의 일과 관계하거나 '아드바르유 사제'(Adhvaryu)의 일과 관계하고=『리그베다』의 호뜨리 사제가 관장하는 일과 관계하거나 『야주르베다』의 아드바르유 사제가 관장하는 일과 관계하고. 호뜨리 사제는 제의 공간의 북쪽에 앉아 얼굴을 동쪽으로 향한 채 『리그베다』의 만뜨라를 통해 신을 불러들이는 찬양을 행한다. 아드바르유 사제는 제의에서 제단 만들기, 불 피우기, 요리하기 등 동적인 일을 대부분 담당하면서 『야주르베다』의 만뜨라도 찬송한다.

미쳐 있는 그 음절이 이 경우에 적용되지 말아야 하므로, 이로부터 '우드기타'라는 말에 의해 음절이 한정된다. [그렇지 않으면] 어떻게 우드기타의 부분으로 존재하는 음절 '옴'이 이해될 수 있겠는가?[60]

[전론]: 심지어 이 입장에도 [덧놓음처럼] 함축이 똑같이 [적용되지] 않는가? '우드기타'라는 말이 부분을 함축한다고 의도되기 때문이다.[61]

[후론]: 그것은 그와 같이 사실이다. 하지만 함축에도 [직접적 의미로부터] 가까운 것과 먼 것이 있을 뿐이다. 실로 덧놓음의 입장에서는 어떤 대상에 대한 관념이 다른 대상에 놓이므로 먼 함축이지만, 한정의 입장에서는 전체를 의미하는 말에 의해 부분이 제시되므로 가까운 함축이다.[62] 왜냐하면 천, 마을 등에서는 전체들에 대해 작용하는 말들이 부분들에 대해서도 작용하는 것이 알려지기 때문이다.[63]

결국 이로부터 즉 고루 미쳐 있다는 이유로부터, "'옴'이라는 이 음절을"이라는 것에 대해 "우드기타로"라는 것이 한정어(限定語)이므로, 이는 결함이 없고 이치에 맞는다는 뜻이다.[64]‖9‖

60_ 우드가뜨리 사제가 부르는 우드기타는 언제나 '옴'으로 시작되기에 '옴'은 우드기타의 부분으로 존재한다. 이와 같은 사실은 오직 한정의 입장에서만 이해될 수 있다.

61_ '우드기타'라는 말 자체가 우드기타 전체를 지시하지 않고 우드기타의 부분 즉 음절 '옴'을 지시하기 때문에 함축이 적용되어야 마땅하다.

62_ 덧놓음에서는 함축이 '어떤 대상'(우드기타)과 '다른 대상'(옴) 사이에서 발생하므로 함축적 의미가 직접적(일차적) 의미로부터 멀 것이다. 반면에 한정에서는 함축이 '전체'(우드기타)와 '부분'(옴) 사이에서 발생하므로 함축적 의미는 직접적 의미와 가까울 것이다.

63_ '천이 불에 탄다' 또는 '마을이 불에 탄다'라고 말하는 경우에 '천'과 '마을'은 전체(avayavin, samudāya)를 가리킨다. 그런데 실제로 불에 타고 있는 것은 천의 부분(avayava)과 마을의 부분이다. 따라서 전체에 대한 말은 부분에 대해서도 사용된다.

64_ 결론적으로 주석가의 해석에 따라 <찬도 1.1.1>을 이해하자면, 이 문장은 "우드기타로서의 '옴'이라는 이 음절을 계속 명상해야 한다."일 것이다.

{ 5. '모든 곳에서 차이가 없음'이라는 주제: 수뜨라 10 }

10. [어떤 곳에서 언급되는 '가장 풍요로움' 등의] 이러한 [세부사항들은] 다른 곳에서도 [취해야 한다]; [생기의 명상적 인식은] 모든 곳에서 차이가 없기 때문이다.
sarvābhedād anyatreme ‖10‖

바자사네야와 찬도가의 추종자들은 '생기들의 대화'에서 '최고임'이라는 세부사항(속성)을 가지는 생기가 명상대상이라고 언급한다. 실로 그곳에서는 발성기관 등 또한 '가장 풍요로움' 등의 세부사항들을 가진다고 언급한다. 그리고 이러한 세부사항들을 또다시 생기에 되돌린다. "실로 제가 가진 최고의 풍요로움은 당신이 가진 최고의 풍요로움입니다."〈브리 6.1.14〉라는 등을 통해서이다. 하지만 까우쉬따낀을 비롯한 바로 그 다른 분파들의 경우에는, '생기들의 대화'에서 "이제 여기서부터는 가장 우월함에 대한 결정이다. 실로 그러한 신격들은 자기 우월에 대해 논쟁하면서"〈까우 2.14〉라는 이러한 유형의 [계시들을 통해] 생기가 '최고임'(가장 우월함)을 가진다고 언급할 뿐 '가장 풍요로움' 등의 이러한 세부사항들마저 가진다고는 언급하지 않는다.

이 경우에 의문이 생긴다. 어떤 곳에서 언급되는 '가장 풍요로움' 등의 이러한 세부사항들은 다른 곳에서도 취할 것인가 아니면 취하지 않을 것인가?

[전론]: 이 경우에 먼저 취하지 않을 것이라고 귀결된다.

어떤 근거에서? '이와 같이'라는 말이 주어져 있기 때문이다. 실로 "만약(이제) 생기에 관해 가장 우월함을 알고 나서, 이와 같이 지식을 가진 자는"〈까우 2.14〉[65]에서는 '이와 같이'라는 말을 통해 각각의 경우에 '알아야만(명상해야만) 하는 대상'이 제시된다.[66] 그리고 '이와 같이'라는 말은 근접해 있는 것에 의존할 뿐, [그 말이] 다른 분파에서 열거되는 그러한 종류의 모든 세부사항을 제시할 수는 없다. 따라서 세부사항들이 오직 자체적 맥락에서 다루어지기 때문에, [다른 것을 통해 의미를 채우고자] 기대하는 것이 없어진다.[67]

이와 같은 귀결에서 논박한다.

[후론]: 어떤 곳에서 언급되는 '가장 풍요로움' 등의 이러한 세부사항들은 다른 곳에서도 취해야 한다.

어떤 근거에서? 모든 곳에서 차이가 없기 때문이다. 실로 바로 그 모든 곳에서, 바로 그 동일한 '생기의 명상적 인식'에 차이가 없다고 인지된다. '생기들의 대화' 등이 유사하기 때문이다. 결국 명상적 인식에 차이가 없는 경우에, 왜 어떤 곳에서 언급되는 이러한 세부사항들을 다른 곳에서 취할 수 없다는 말인가!

[전론]: '이와 같이'라는 말이, 각각의 경우마다 별도로, '알아야만(명상해야만) 하는 것'을 위해 그러한 종류의 모든 세부사항을 제시한다고 언급했지 않는가?

65_ * 이 인용문에 대한 <주석>의 원문은 'atho ya evaṃ'(만약 … 이와 같이 … 자는)으로 시작된다. 이와 달리 Olivelle은 'tatho evaivaṃ'이라고 읽는다. 어떻게 읽든지 '이와 같이'를 뜻하는 'evam'이라는 말은 공통적이다.

66_ '이와 같이 지식을 가진 자는'이란 '이와 같이 아는 자는'을 뜻한다. 그리고 '이와 같이'라는 말로부터는 오직 그 맥락에서 '알아야만 하는 대상'이 제시될 뿐이다. 알아야만 하는 대상이 바로 그 맥락에서 앞서 제시되어야만 '이와 같이 아는 자는'이라고 말할 수 있기 때문이다. 이처럼 '이와 같이'라는 말은 각각의 경우마다 별도의 맥락을 가지기 때문에 별도의 세부사항들을 지시한다고 볼 수 있다.

67_ '이와 같이'라는 말을 통해 알 수 있듯이 세부사항들이 <까우 2.14>의 자체적 맥락에서 다루어지는 이상, <브리 6.1.14> 등에 등장하는 '가장 풍요로움' 등의 세부사항들을 통해 <까우 2.14>에서 의미를 채우고자 기대하는 것이 없어진다.

이에 대하여 말한다.

[후론]: 비록 근접해 있지 않음으로 말미암아 '까우쉬따끼 브라흐마나'에 존재하는 '이와 같이'라는 말에 의해 '바자사네이 브라흐마나'[68]에 존재하는 모든 세부사항이 지시되지 않을지라도, 바로 그 명상적 인식과 관계해서[69] '바자사네이 브라흐마나'에 존재하는 '이와 같이'라는 말에 의해 그것(모든 세부사항)이 지시된다. 모든 세부사항은 다른(바자사네인) 분파에 존재하는 동일한 명상적 인식과 결부됨에도,[70] 자체의(까우쉬따낀) 분파에 존재하는 것과 구별되지 않는다.[71]

그리고 이와 같을 경우에 계시된 것을 폐기하거나 계시되지 않은 것을 가정하지 않게 된다. 왜냐하면 비록 한 분파에서 계시된 세부사항들일지라도, '세부사항을 가지는 것'에 차이가 없음으로 말미암아,[72] 모든 곳에서 분명 계시된 것이 되기 때문이다. 예를 들어, 용맹성 등의 세부사항을 가진다고 자신의 지역에서 잘 알려져 있는 데바닷따가, 다른 지역에 가서 그 거주민들에 의해 용맹성 등의 세부사항이 알려지지 않더라도, 그 세부사항을 가지지 않게 되지는 않는다. 또한 예컨대, 그 경우에 일종의 친교를 통해 데바닷따의 세부사항들이 다른 지역에서마저 알려지듯이, 마찬가지로 일종의 밀접한 적용을 통해 다만 어떤 분파에

68_ '바자사네이 브라흐마나'=<브리>의 산문. 참고로, <브리>는 <샤따-브>의 일부분이기 때문에 '바자사네이 브라흐마나'는 <샤따-브>의 산문과 <브리>의 산문 둘 모두를 지시할 수 있다.

69_ 바로 그 명상적 인식과 관계해서=동일한 '생기의 명상적 인식'과 관계해서.

70_ * Samata에 '결부될지라도'(-avabaddhaṃ)라는 표현이 등장하는 것과 달리, Nirnaya에는 '(명상적 인식에) 제한될지라도'(-avaruddhaṃ)라는 표현이 등장한다.

71_ '생기의 명상적 인식'과 관계하여 바자사네인 분파에서 지시되는 세부사항들은 일단 그 분파의 그 명상적 인식과 결부된다. 그럼에도 그 세부사항들은 까우쉬따낀 분파에 존재하는 세부사항들과 다르지 않다.

72_ 여기서 '세부사항(속성)을 가지는 것'(guṇavat)은 생기이다.

서 명상대상인 세부사항들이 다른 분파에서마저 취해져야 한다.

그러므로 하나의(동일한) 주된 것에 속하는 세부사항들은, 비록 한 곳에서 언급될지라도, 실로 모든 곳에서 공유되어야만 한다.‖10‖

{ 6. '환희 등'이라는 주제: 수뜨라 11-13 }

11. 주된 것(브라흐만)이 가지는 환희 등의 [세부사항들은 모두 모든 곳에서 수용되어야만 한다]; [브라흐만은 모든 곳에서 차이가 없기 때문이다].

ānandādayaḥ pradhānasya ‖11‖

브라흐만의 본질 제시를 의도하는 계시서들에서는, 브라흐만이 가지는 '환희로 이루어진 것, 인식 덩어리인 것, 편재하는 것, 모든 것을 아뜨만으로 하는 것'이라는 이러한 종류의 세부사항(특성)들이 이러저러한 곳들에서 계시된다.

이것들에 관해 의문이 생긴다. 브라흐만이 가지는 환희 등의 세부사항들은, 계시되는 바로 그런 만큼만 계시되는 그곳에서 수용되어야만 하는가, 또는 모두 모든 곳에서 수용되어야만 하는가?

[전론]: 이 경우에 계시서에서 구분하는 바대로 세부사항들이 수용된다고 귀결된다.

[이러한 귀결에서, 수뜨라 저자는] 이렇게 말한다. "주된 것이 가지는 환희 등의 …."

[후론]: 브라흐만이 가지는 [환희 등의] 세부사항들은 모두 모든 곳에서 수용되어야만 한다.

무엇 때문에? 분명 모든 곳에서 차이가 없기 때문이다. 실로 모든 곳에서, 바로 그 동일한 주된 것 즉 한정대상으로서의 브라흐만은[73] 차이를 가지지 않는다.

그러므로 앞의 '주제'에서 말한 '데바닷따의 용맹성 등'이라는 바로 그 예시에 따라, 브라흐만의 세부사항들은 모든 곳에 적용 가능하다. ‖11‖

[전론]: 이와 같을 경우에 심지어 '기쁨을 머리로 가지는 것' 등의 세부사항들도 모두 모든 곳에서 공용(共用)되지 않겠는가? 그러한 예시로서, 따잇띠리야까에서는 '환희로 이루어진 아뜨만'으로 시작한 뒤에 "그것(환희로 이루어진 것)에서는 실로 기쁨이 머리이다. 즐거움은 오른쪽 부위이다. 더한 즐거움은 왼쪽 부위이다. 환희는 몸통이다. 브라흐만은 지지대로서 꼬리이다."〈따잇 2.5.1〉라고 전한다.

이로부터 답변을 한다.

12. [만약 '기쁨을 머리로 가지는 것' 등의 세부사항들도 모두 모든 곳에서 공용되어야 한다고 한다면], '기쁨을 머리로 가지는 것' 등의 [세부사항들은 다른 곳에서] 유효하지 않다; 왜냐하면 [기쁨 등은] 강렬함과 미약함의 [형태로 알려지기] 때문이다; [강렬함과 미약함은] 차이가 있는 경우에 [가능하다].

priyaśirastvādyaprāptir upacayāpacayau hi bhede ‖12‖

[후론]: 따잇띠리야까에서 전해지는 '기쁨을 머리로 가지는 것' 등의

73_ 한정대상(viśeṣya)으로서의 브라흐만은=한정어인 '환희 등의 세부사항들'에 의해 한정되는 것으로서의 브라흐만은.

세부사항(특성)들은 다른 곳에서 유효하지 않다.[74] 기쁨, 즐거움, 더한 즐거움, 환희라는 것들은 상호성(상대성)이라는 견지에서 또 향유주체의 차이라는 견지에서 강렬해지고 미약해지는 형태로 알려지는 까닭에서이다. 그리고 강렬함과 미약함은 차이가 있는 경우에 가능하다. 그리고 브라흐만은, "유일무이한 것이었다."〈찬도 6.2.1〉라는 등이 계시되기 때문에, 차이를 가지지 않는다.

또한 이러한 '기쁨을 머리로 가지는 것' 등은 브라흐만의 특성(세부사항)들이 아니다. 반면에 이것들은 덮개의 특성들이라고, "'환희로 이루어진 것'은 [지고한 아뜨만이다]; ['환희'라는 말이 지고한 아뜨만과 관계하여] 반복되기 때문이다."〈수뜨라 1.1.12〉라는 곳에서 우리는 언급했다. 더 나아가 이것들은 지고한 브라흐만으로 마음이 흘러들어가기 위한 단순한 방편으로 가상될 뿐, [실제로] 직관해야만 하는 것으로 가상되지는 않는다. 또한 이렇게 하여, '기쁨을 머리로 가지는 것' 등은 다른 곳에서 더더욱 유효하지 않다.[75]

하지만 대스승은 [단지 논증을 목적으로] 이것들을 [덮개가 아닌] 브라흐만의 세부사항들로 만듦으로써, '기쁨을 머리로 가지는 것 등의 [세부사항들은 다른 곳에서] 유효하지 않다'라는 이 [수뜨라가] 오직 논증이라는 것을 밝혔다. 결국 이 논증은 '계속적 명상을 위해 가르치는 브라흐만의 세부사항들'이 확정된 다른 경우들에도, 즉 '근사한 것들의 목적지' 등과 '진실한 욕망을 가지는 것' 등에도[76] 적용되어야만 한다.[77]

74_ 유효(prāpti)하지 않다=타당하지 않다 또는 적용되지 않는다.

75_ '기쁨을 머리로 가지는 것' 등의 세부사항들이 실제로 '직관해야만 하는 것'(draṣṭavyatva)이 아니라 브라흐만에 마음을 고정하기 위한 단순한 방편(upāya)에 지나지 않는다면, 이것들은 브라흐만과 관계하여 보편성을 가지지 못하므로 관련된 곳에서만 유효할 뿐이다.

76_ <찬도 4.15.2> 참조: "그들은 그것을 '근사한 것들의 목적지'(saṃyadvāma)라고 부른다." 또 <찬도 8.7.1> 참조: "진실한 욕망(satyakāma)과 진실한 결의를

실로 그 경우들에서,[78] 명상대상인 브라흐만이 동일한 것으로 존재하더라도 논의되는 바의 차이로 말미암아 계속적 명상에 차이가 있을 때, 어떤 곳에서의 어떤 세부사항들이 다른 곳에서 유효하지는 않다. 그리고 예컨대, 두 여인이 하나는 양산으로써 다른 하나는 총채로써 동일한 왕을 섬기는 그 경우에, 비록 섬겨지는 대상은 동일할지라도 섬김에 차이가 있고 세부사항에 분리가 있듯이, 이 경우에도 마찬가지이다.[79]

강렬해지고 미약해지는 세부사항을 가지는 것은, 실로 차이에 관한 경험작용이 존재하는 유(有)속성 브라흐만과 관계하여 합당할 뿐, 무(無)속성인 지고한 브라흐만과 관계해서는 합당하지 않다.

그러므로 어떤 곳에서 계시되는 '진실한 욕망을 가지는 것' 등의 세부사항들은 모든 곳에서 유효하지 않다는 것이 [수뜨라의] 뜻이다.‖12‖

13. 하지만 [브라흐만의 본질을 제시하기 위해 지시되는 환희 등의] 다른 [세부사항들은 모두 모든 곳에서 알려진다]; 의도가 공통적이기 때문이다.

itare tv arthasāmānyāt ‖13‖

가진다."

77_ 수뜨라 저자는 '기쁨을 머리로 가지는 것' 등과 관련된 이 수뜨라를 통해 브라흐만의 특정한 세부사항이 가지는 유효성을 검토하는 하나의 논증(nyāya)을 만듦으로써, '계속적 명상을 위해' 브라흐만의 무수한 세부사항들이 언급되는 모든 곳에 이 논증이 적용될 수 있는 가능성을 열었다.

78_ 그 경우들에서=계속적 명상을 위해 가르치는 '브라흐만의 세부사항들'이 확정된 여러 경우들에서.

79_ 양산으로써 햇빛을 가리는 것과 총채로써 날벌레를 쫓는 것은 섬김(upāsanā) 자체에 서로 차이가 있을뿐더러 세부사항(특성)도 서로 분리된다는 것을 알려준다.

하지만 오직 브라흐만의 본질을 제시하기 위해 지시되는 환희 등의 다른 세부사항(특성)들은, 의도가 공통적임으로 말미암아 '제시되어야만 하는 브라흐만' 즉 본체(세부사항을 가지는 것)가 동일하기 때문에, 모두 모든 곳에서 알려질 수 있으므로 ['기쁨을 머리로 가지는 것' 등과는] 상이하다. 왜냐하면 그것들은 오직 [브라흐만에 대한] 이해를 목적으로 하기 때문이다.[80]‖13‖

{ 7. '명상'이라는 주제: 수뜨라 14-15 }

14. 명상을 위해서 [오직 뿌루샤만이 그 모든 것들보다 더 지고하다고 제시된다]; [다른 것들이 더 지고한 것으로 제시되는 경우에는] 목적이 없기 때문이다.

ādhyānāya prayojanābhāvāt ‖14‖

실로 까타까에서는, "감관들보다 대상들이 실로 더 지고하고, 또한 대상들보다 마음이 더 지고하다. 그리고 마음보다 지성이 더 지고하고"〈까타 3.10〉라고 시작한 뒤에 "그 어떤 것도 뿌루샤보다 더 지고하지 않다. 그것은 정점이다. 그것은 궁극적 목적지이다."〈까타 3.11〉라고 언급된다.

이 경우에 의문이 생긴다. 대상 등의 그 모든 것들 자체가 그것보다 그것보다 더 지고한 것으로 제시되는가, 아니면 오직 뿌루샤만이 그

80_ 브라흐만에 대한 계속적 명상이 아니라 브라흐만에 대한 직접적 앎을 목적(의도)으로 하기 때문이다.

모든 것들보다 더 지고하다고 제시되는가?

[전론]: 이 경우에 먼저 그 모든 것들 자체가 더 지고한 것으로 제시된다고 짐작한다. 그러한 증거로서, '이것보다 그것이 더 지고하다. 이것보다 그것이 더 지고하다'라고 계시된다.

[반박]: 여러 대상들을 더 지고한 것으로 제시하고자 하는 경우에 문장적(의미적) 분열[81]이 생기지 않겠는가?

[전론]: 그러한 결함은 없다. [이곳에서] 문장이 여럿인 것은 합당하기 때문이다. 실로 여럿일 뿐인 그 문장들은 여럿의 대상들이 [각각] 더 지고함을 가진다는 것을 제시할 수 있다. 따라서 그것들은 제각각 더 지고하다고 제시된다.

이와 같은 귀결에서 우리는 말한다.

[후론]: 실로 오직 뿌루샤만이 그 모든 것들보다 더 지고하다고 제시되는 것은 합리적이고, 그것들이 제각각 더 지고하다고 제시되는 것은 합리적이지 않다.

무엇 때문에? 목적이 없기 때문이다. 실로 다른 것들이 더 지고한 것으로 제시되는 경우에는 그 어떤 목적도 알려지거나 계시되지 않는다. 반면에 모든 해악의 무더기를 초월한 것으로서 뿌루샤가 감관들 등보다 더 지고하다고 제시되는 경우에는 해탈의 완성이라는 목적이 알려진다. 또한 마찬가지로 계시서는 "그것을 주시함으로써 죽음과의 대면으로부터 자유로워진다."〈까타 3.15〉라고 한다. 더 나아가, 더 지고한 것에 대한 부정을 통해 또 '정점'이라는 말을 통해 뿌루샤와 관계하는 진지한 희원을 보여줌으로써,[82] 단계적 연쇄를 언급하는 것이 뿌루샤

81_ 문장적 분열(vākya-bheda)='문장적 통일성'(ekavākyatva)에 대비되는 말로서 관련 문장들의 문장적 통일성이 깨진 상태. 미맘사에서는 명령을 지시하는 하나의 문장이 두 가지 의미를 가질 때 즉 두 가지의 실행을 요구할 때 그 명령은 문장적 분열에 의해 손상된다고 한다.

에 대한 이해를 목적으로 할 뿐이라는 것을 보여준다.

'명상을 위해서'라는 것은 '명상을 앞세운 참된 직관을 위해서'라는 뜻이다. 왜냐하면 이곳에서는 단지 참된 직관을 목적으로 명상을 가르칠 뿐 독립적으로 명상 자체를 가르치지는 않기 때문이다.‖14‖

15. 또한 '아뜨만'이라는 말 때문에, [뿌루샤에 대한 이해를 목적으로 한다].

ātmaśabdāc ca ‖15‖

이로 말미암아 또한, 감관들 등의 연쇄를 그렇게 언급하는 것은 뿌루샤에 대한 이해를 목적으로 할 뿐이다. "그것은 모든 존재들에 숨어 있고, 아뜨만으로 드러나지 않는다. 하지만 미묘한 주시자들은, 예리하고 미묘한 지력(지성)을 통해 [그것을] 본다."〈까타 3.12〉에서 논제인 뿌루샤를 '아뜨만'이라고 말하는 까닭에서이다. 따라서 또한 다른 것들이 '아뜨만이 아닌 것'이라는 점을 말하고자 한다고 이해된다. 그리고 바로 그것(뿌루샤)이 '알기 어려운 것'이지만 정제(精製)된 식견을 가지는 이에 의해 알려질 수 있다는 점을 보여준다. 실로 그것에 대한 지식을 위해 "지적인 자는 발성기관 [등을] 마음에서 제어해야 한다."〈까타 3.13〉라며 명상이 명령된다. 이는 "[만약] 추론된 것조차 [즉 추론에 의해 확정된 쁘라다나조차] 어떤 자들에게 [성언에서 주어지는 것으로 알려진다고 한다면] …."〈수뜨라 1.4.1〉이라는 곳에서 [이미] 설명했다. 이와 같이 여러 각도에서 볼 때, 계시서의 탁월한 의도(요점)는 뿌루샤와 관계해서 이해될 뿐 다른 것들과 관계해서는 이해되지 않는다.

82_ 〈까타 3.11〉 참조: "그 어떤 것도 뿌루샤보다 더 지고하지 않다. 그것은 정점이다. 그것은 궁극적 목적지이다."

더 나아가 "그는 여로의 끝에 도달한다. 그곳은 비슈누의 궁극적 거처이다."〈까타 3.9〉라는 언급에서 그 '여로의 끝'이자 '비슈누의 궁극적 거처'라는 것이 무엇인지 그렇게 기대되는 경우에, [곧 이어서] 감관들 등을 열거하는 것으로부터 그러한 노고(勞苦)는[83] 궁극적 거처에 대한 이해를 목적으로 할 뿐이라고 결말지어진다.‖15‖

{ 8. '아뜨만이 파악됨'이라는 주제: 수뜨라 16-17 }

16. [이곳에서는] 다른 곳에서처럼 ['아뜨만'이라는 말을 통해 오직 지고한] 아뜨만이 파악된다; 그 이후의 [즉 '아뜨만'이라는 말 이후의 한정어] 때문이다.

ātmagṛhītir itaravad uttarāt ‖16‖

아이따레야까에서는 "실로 태초에 이것(세계)은 오직 하나의 아뜨만이었다. 다른 그 어떤 것도 눈을 깜박이지 않았다. 그는 '나는 세상들을 창조하리라'라고 마음으로 바라보았다."〈아이 1.1.1〉, "그는 이러한 세상들을 창조했다. 천상수(천상계), 광선(중간계), 죽음(지상계), 물(지하계). 하늘의 위에 있는 것이 천상수(천상계)이고"〈아이 1.1.2〉라는 등이 계시된다.

이 경우에 의문이 생긴다. 이곳에서 '아뜨만'이라는 말은 오직 지고

83_ * Nirnaya에 '노고는'(āyāsa)이라는 표현이 등장하는 것과 달리, Samata에는 '성전은'(āmnāya)이라는 표현이 등장한다. 후자인 경우에 그 성전이란 <까타 3.10-11> 등을 가리킨다. 전자인 경우에 그 노고란 <까타 3.10-11> 등에서 지고한 것의 단계적 연쇄를 제시하는 노력을 가리킨다.

한 아뜨만을 지시하는가, 아니면 그 어떤 다른 것을 지시하는가?

실로 무엇으로 귀결되는가?

[전론]: 이곳에서 '아뜨만'이라는 말은 지고한 아뜨만을 지시할 수 없다.

무엇 때문에? '문장의 연관성'을 보기 때문이다.

[반박]: 문장의 연관성은 지고한 아뜨만과 관계한다고 더더욱 알려지지 않는가? 생성 이전에서 아뜨만의 유일성이 확정되기 때문이다. 또한 마음으로 바라보기를 앞세우는 창조주를 말하기 때문이다.

[전론]: 아니라고 말한다. 세상들의 창조를 말하기 때문이다. 실로 지고한 아뜨만을 창조주로 수용하는 경우에는 대원소의 창조를 처음에 말해야만 한다. 하지만 이곳에서는 세상들의 창조를 처음에 말한다. 그리고 세상들이란 대원소의 특정한 배열이다. 또한 그와 같이 천상수(天上水) 등은 오직 세상인 것이라고 설명된다. "하늘의 위에 있는 것이 천상수(천상계)이고"라는 등을 통해서이다. 그리고 세상들의 창조는 지고한 신의 주재 하에 그 어떤 다른 신에 의해 행해진다고 계시서와 전승서에서 알려진다. 그러한 예시로서, "태초에 이것은 오직 뿌루샤(사람)의 모양새인 아뜨만이었다."〈브리 1.4.1〉라는 등의 계시가 있다. 전승 또한 "실로 그는 첫 번째로 육화(肉化)된 존재라고 불리고, 실로 그는 뿌루샤라고 불린다. 그는 존재들에 대한 최초의 조물주로서 태초에 브라흐마로 나타났다."라고 한다. 아이따레야의 추종자들마저 앞의 장절에서, 즉 "이제 여기서부터는 정액을 통한 창조이다. 신격들은 쁘라자빠띠의 정액이다."〈아이-브 2.1.3.1〉라는 곳에서 쁘라자빠띠를 조물주로 하는 다양한 창조를 전한다. "태초에 이것은 오직 뿌루샤(사람)의 모양새인 아뜨만이었다."라는 곳에서 '아뜨만'이라는 말조차 그(쁘라자빠띠)와 관계하여 사용된다고 알려진다.[84] 생성 이전에서 [아뜨만의] 유일성이 확정되는 것마저 [세상들이] 자신의 변형이라는 견지에서

합당하다.[85] 마음으로 바라보기조차 그가 의식체라는 것을 용인하기 때문에 합당하다.

더 나아가 이곳에서는, "그(신)는 그들에게 암소를 데려왔다. … 그는 그들에게 말을 데려왔다."〈아이 1.2.2〉, "그는 그들에게 인간(뿌루샤)을 데려왔다. 그들은 말했다."〈아이 1.2.3〉라는 이러한 종류의 매우 많은 특정한 활동들이, 즉 차이(특수성)를 가지는 일상적인 아뜨만들과 관계하여 잘 알려져 있는 활동들이 수반된다. 따라서 이곳에서 아뜨만이란 분명 차이를 가지는 어떤 것이어야 한다.

이와 같은 귀결에서 우리는 말한다.

[후론]: 이곳에서는 다른 곳에서처럼, '아뜨만'이라는 말을 통해 오직 지고한 아뜨만이 파악된다. 예컨대 "그러한 이 아뜨만으로부터 실로 허공(에테르)이 산출되었다."〈따잇 2.1.1〉라고 이렇게 운운하는 '창조에 대한 다른 계시들'에서 지고한 아뜨만이 파악되듯이, 또한 예컨대 '아뜨만'이라는 말이 일상적으로 사용되는 다른 경우에 '아뜨만'이라는 말을 통해 오직 내재적 아뜨만이 일차적 의미로 파악되듯이, 이 경우에도 마찬가지여야만 한다. 반면에 '태초에 이것은 오직 아뜨만이었다'라는 등등과 같은 것에 '뿌루샤(사람)의 모양새인'이라는 등등과 같은 다른 한정어가 [삽입된 채로] 계시되는 경우에는, 아뜨만이 차이를 가지는 것이라고 파악될 것이다.

한편 이 경우에는 지고한 아뜨만을 파악하는 데 분명 도움을 주는

84_ "태초에 이것은 오직 뿌루샤(사람)의 모양새인 아뜨만이었다."<브리 1.4.1>에서 아뜨만은 사람의 모양새를 하고 있기에 비라뜨(Virāṭ)를 가리킨다. 그리고 비라뜨는 곧 쁘라자빠띠의 가시적인 양상이다. 쁘라자빠띠의 미시적인 양상은 히란야가르바이다.

85_ 쁘라자빠띠 등을 수용한다고 하더라도 생성 이전의 유일성과 모순되지는 않는다. 왜냐하면 그가 자기 자신을 다양한 변형물들로 전개하기 이전에 다만 유일한 존재였다고 확정될 수 있기 때문이다.

한정어마저 그 이후에[86] 알려진다. “그는 ‘나는 세상들을 창조하리라’라고 마음으로 바라보았다.”〈아이 1.1.1〉, “그는 이러한 세상들을 창조했다.”〈아이 1.1.2〉라고 이렇게 운운하는 것들에서이다.

그러므로 오직 그것(지고한 아뜨만)이 파악되는 것은 정당하다.‖16‖

17. 만약 [문장의] 연관성 때문에 [지고한 아뜨만이 파악되지 않는다고] 한다면, [그것이 파악되는 것은 합당해야] 한다; 확정하는 것(진술) 때문이다.

anvayād iti cet syād avadhāraṇāt ‖17‖

한편 문장의 연관성을 보기 때문에 지고한 아뜨만이 파악되지 않는다고 주장한 것은 논박되어야만 한다.

이에 대하여 말한다. “… 한다; 확정하는 것 때문이다.”

지고한 아뜨만이 파악되는 것은 합당해야 한다.

무엇 때문에? 확정하는 것(진술) 때문이다. 실로 지고한 아뜨만이 파악되는 경우에, 생성 이전에서 아뜨만의 유일성을 ‘확정하는 것(진술)’은 이치에 맞을 수 있다. 왜냐하면 그렇지 않은 경우에 ‘그것’은 이치에 맞지 않다고 추정해야 하기 때문이다.

그리고 [이곳에서] 세상들의 창조를 말하는 것은, ‘다른 계시서에서 잘 알려져 있는 대원소의 창조에 곧 이어서’라고, 우리는 해석할 것이다.[87] 예컨대 “그는 불을 창조했다.”〈찬도 6.2.3〉라는 것은 다른 계시

86_ 그 이후에=“실로 태초에 이것(세계)은 오직 하나의 아뜨만이었다.”라며 ‘아뜨만’이라는 말이 처음 등장하는 문장 그 이후에.

87_ 〈아이 1.1.1-2〉에서 세상들의 창조를 말하기 때문에 지고한 아뜨만이 아닌 다른 것이 지시된다고 전론자가 주장한 것은, 다른 계시서에서 제시하는 대원소의 창조에 ‘곧 이어서’(연속해서) 세상들의 창조를 말한다고 해석함으로써 우리는 논박할 수 있다.

서에서 잘 알려져 있는 '에테르와 공기의 창조에 곧 이어서'라고 우리가 해석했듯이,[88] 이 경우에도 마찬가지이다. 왜냐하면 공통적 주제 아래 어떤 계시서에서 잘 알려져 있는 특이점(차별점)은 다른 계시서들에서 공유되어야만 하기 때문이다.

"그(신)는 그들에게 암소를 데려왔다."〈아이 1.2.2〉라는 등등과 같이 특정한 활동들이 그렇게 수반되는 것조차, 단지 말하고자 하는 의미를 확정하는 데 도움을 주는 것으로 파악해야만 한다. 실로 그 설화 전체가 '말하고자 하는 바'라고 말할 수는 없다. 그렇게 이해하는 경우에는 인간의 목표가 부재하기 때문이다.[89] 반면에 이 경우에 말하고자 하는 바는 브라흐만이 곧 아뜨만이라는 것이다. 그러한 증거로서, 천상수(천상계) 등의 세상들과 세상의 보호자들인 불 등에 대한 창조를 가르친 뒤에 기관들과 기관들의 처소인 육체를 가르치고 나서, 바로 그 창조주가 "과연 '나' 없이 어떻게 그것이 존재할 수 있으리!"〈아이 1.3.11〉라고 사유한 후 "그는 바로 그 경계를[90] 가르고 나서 그 관문을 통해 들어갔다."〈아이 1.3.12〉라며 그 육체로 들어가는 것을 보여준다. 한층 나아가, "만약 발성기관에 의해 발화된다면, 만약 생기(코)에 의해 숨을 쉰다면"〈아이 1.3.11〉이라고 이렇게 운운하며 기관들의 활동을 검토하는 것을 앞세운 채 "그 경우에 '나'란 무엇이리!"〈아이 1.3.11〉라고 사유한 후 "그는 바로 그 뿌루샤를 가장 편재하는 브라흐만으로 직관했다."〈아이 1.3.13〉라며, 브라흐만이 곧 아뜨만이라는 직관을 확정한다. 마찬가지로 나중에 "이것은 브라흐만이다. 이것은 인

88_ <주석 2.3.6> 참조.

89_ <아이 1.2.2-3>은 신격들에게 창조주 신이 암소, 말, 인간을 데려오는 내용이다. 주석가는 이 설화 자체가 결코 우빠니샤드의 취지(말하고자 하는 바)일 수는 없다고 말한다. 왜냐하면 이 설화를 통해 해탈이라는 인간의 목표를 달성할 수는 없기 때문이다.

90_ 경계를=두개골의 봉합선을.

드라이다."〈아이 3.3〉라는 등으로써 대원소들과 함께 모든 차이의 총체를 열거한 뒤에, "이 모든 것은 앎을 눈으로 가지고,[91] 앎에서 확립된다. 세상은 앎을 눈으로 가지고, 앎을 지지대로 삼는다. 앎은 브라흐만이다."〈아이 3.3〉라며 브라흐만이 곧 아뜨만이라는 바로 그 직관을 확정한다.

그러므로 이 경우에 "… 아뜨만이 파악된다 …"〈수뜨라 3.3.16〉라는 것은 부인되지 않는다.

[앞의 수뜨라들에 대한] 다른 적용이다.

16. 다른 곳에서처럼 아뜨만이 파악된다; 그 이후에 [본질의 동일성을 가르치기] 때문이다.

바자사네야까에서는 "어느 것이 아뜨만입니까? '인식으로 이루어진 것'이고, 생기(기관)들의 [한가운데에] 있으며, 심장의 안에 있는 빛인, 이 뿌루샤입니다."〈브리 4.3.7〉라며 '아뜨만'이라는 말로 시작한 뒤에, 바로 그것이 모든 집착으로부터 자유롭다는 것을 제시함으로써[92] 브라흐만이 곧 아뜨만이라는 것을 확정한다. 그러한 증거로서, "실로 그러한 그 위대하고 생성되지 않은 아뜨만은, 늙음이 없는 것이고, 죽음이 없는 것이며, 불멸이고, 두려움이 없는 것이며, 브라흐만이다."〈브리 4.4.25〉라고 끝맺는다. 반면에 찬도그야에서는 "얘야, 태초에 이것(세계)은 오직 존재였다. 유일무이한 것이었다."〈찬도 6.2.1〉라며 분명 '아뜨만'이라는 말이 없이 시작한 뒤에, 마지막에 "그것은 아뜨만이다. [슈베따께뚜여], 그것이 너이다."〈찬도 6.8.7〉라며 본질의 동일성을 가

91_ 앎(prajñā)을 눈으로 가지고=앎에 의해 안내되고.

92_ 〈브리 4.3.15〉 참조: "그는 그곳에서 본 그 어떤 것에 의해서도 접촉되지 않습니다. 왜냐하면 이 뿌루샤는 집착이 없기 때문입니다."

르친다.

이 경우에 의문이 생긴다. 이 두 성전은 똑같은 의미를 가질 것인가 혹은 똑같지 않은 의미를 가질 것인가?

[전론]: 먼저 똑같지 않은 의미를 가진다고 귀결된다. 두 성전이 똑같지 않기 때문이다. 실로 성전이 상이할 경우에 의미가 일치한다고 수용하는 것은 합리적이지 않다. 의미를 이해하는 것은 성전에 의존하기 때문이다. 그리고 바자사네야까에서는 '아뜨만'이라는 말로 시작함으로 말미암아 아뜨만이라는 실재를 가르친다고 이해된다. 반면에 찬도그야에서는 시작이 그 반대임으로 말미암아 가르침도 그 반대이다.

[후론]: 찬도가들마저 마지막에 본질의 동일성을 가르친다고 언급했지 않는가?

[전론]: 언급한 것은 사실이다. 끝은 시작에 의존함으로 말미암아 그것은 '본질의 동일성에 대한 가상적 결합'이라고 간주된다.[93]

이러한 귀결에서 말한다.

[후론]: 심지어 찬도가들의 "얘야, 태초에 이것(세계)은 오직 존재였다."라는 곳에서도 다른 곳에서처럼 아뜨만이 파악되어야만 한다. 예컨대 바자사네인들의 "어느 것이 아뜨만입니까?"라는 곳에서 아뜨만이 파악되듯이, 바로 그와 같다.

무엇 때문에? 그 이후에 본질의 동일성을 가르치기 때문이다.

17. 만약 [시작과의] 연관성 때문에 [또 시작에서 '아뜨만'이라는 말이 계시되지 않기 때문에 아뜨만이 파악되지 않는다고] 한다면, [그것이 파악되는 것은 합당해야] 한다; 확정하는 것(진술) 때문이다.

93_ 시작에서 아뜨만을 제시하지 않는 이상, 끝에서(마지막에서) 제시하는 그 본질의 동일성이란, 실상 브라흐만과 아뜨만 사이의 유사성에 따른 '가상적 결합' (saṃpatti) 즉 결합하기(saṃpad)에 지나지 않는다.

[전론]: 시작과의 연관성 때문에 또 시작에서 '아뜨만'이라는 말이 계시되지 않기 때문에 아뜨만이 파악되지 않는다고 주장한 것에 관해서, [당신은] 어떻게 논박하는가?

[이에 대하여] 이렇게 말한다. "… 한다; 확정하는 것 때문이다."

[후론]: 이 경우에 아뜨만이 파악되는 것은 합당해야 한다. 확정하는 것(진술) 때문이다. 그러한 증거로서, "듣지 못한 것을 듣게끔 하고 생각하지 못한 것을 생각하게끔 하고 인식하지 못한 것을 인식하게끔 하는"〈찬도 6.1.3〉이라며 '하나에 대한 지식을 통한 모든 것에 대한 지식'을 확정한 뒤에, 그것을 이행하고자 함으로써 "오직 존재였다."〈찬도 6.2.1〉라고 말한다. 그리고 이는 아뜨만이 파악될 때에 올바르게 된다. 왜냐하면 그렇지 않은 경우, 으뜸인 그 아뜨만이 알려지지 않으므로 모든 것에 대한 지식이 결코 생기지 않을 것이기 때문이다. 또한 생성 이전에서의 유일성을 확정하는 것, '아뜨만'이라는 말이 개별자아를 지시하는 것, 수면 상태에서 [개별자아가] 그 본질과 융합한다고 이야기하는 것, [슈베따께뚜의] 문의(問議)에 뒤이어서 "그것이 너이다."〈찬도 6.8.7〉라고 되풀이해 확정하는 것, 이 모든 것은 오직 본질의 동일성이 확립되는 경우에 적절할 뿐 본질의 동일성에 대한 가상적 결합인 경우에는 적절하지 않다.

게다가 이 경우에는 [끝이] 시작에 의존한다고 제시하는 것이 정당하지 않다. 왜냐하면 시작에서는 아뜨만에 대해 언급하지도 않고 아뜨만이 아닌 것에 대해 언급하지도 않기 때문이다.[94] 그리고 일반적 진술로서의 시작은 보조적 문장에 담기는 특정적 진술과 상충되지 않는다.

94_ "얘야, 태초에 이것(세계)은 오직 존재였다. 유일무이한 것이었다."<찬도 6.2.1>라는 시작은 단지 일반적인 진술에 불과하므로, 이것(세계)과 동일시되는 '존재'가 '아뜨만'으로 언급되는지 '아뜨만이 아닌 것'으로 언급되는지 알 수 없다.

특정적 진술을 통해 일반적 진술의 [의미가] 기대되기 때문이다.[95]

더욱이 '존재'라는 말의[96] 의미조차도, 정밀하게 검토하면, 으뜸인 아뜨만과는 다른 것일 수 없다. 결국 다른 모든 사물은 "기원 등의 성언들 때문"〈수뜨라 2.1.14〉에 비존재라는 것이 합당하기 때문이다. 성전의 상이함조차도 필연적으로 의도의 상이함을 낳지는 않는다. '가져오라, 그릇을!', '그릇을 가져오라!'라고 이렇게 운운하는 경우에 의미가 일치함에도 그것을 보기 때문이다.[97]

그러므로 이와 같은 유형의 문장들에서는, 비록 제시하는 방식에 차이가 있을지라도, 제시되는 대상에는 차이가 없다고 정립된다.‖17‖

95_ 장절의 끝에 등장하는 '특정적 진술'(viśeṣa)은 시작에 등장하는 '일반적 진술'(sāmānya)을 규정한다. 쉽게 말해, 시작에서 모호하게 언급되는 말은 끝에서 구체적으로 언급되는 말에 의해 확정된다. 이러한 점에서, 이 경우에는 끝이 시작에 의존한다기보다 끝이 시작을 규정한다. '존재'라는 말을 포함하는 "얘야, 태초에 이것(세계)은 오직 존재였다. 유일무이한 것이었다."<찬도 6.2.1>라는 진술은 일반적이다. '존재'라는 말이 '아뜨만'을 의미하는지 '아뜨만이 아닌 것'을 의미하는지 알 수 없지만, 끝에 등장하는 특정적 진술을 통해 그것이 무엇을 의미하는지 알 수 있다는 기대감이 생긴다. 특정적 진술은 '아뜨만'이라는 말을 포함하는 "그것은 아뜨만이다. [슈베따께뚜여], 그것이 너이다."<찬도 6.8.7>라는 것이다. 이 진술을 통해 '존재'는 '아뜨만'이라고 확정되므로 일반적 진술에서의 그 기대감은 충족된다. 결국 시작에 등장하는 일반적 진술은 끝에 등장하는 특정적 진술과 상충되지 않는 셈이다.

96_ "얘야, 태초에 이것(세계)은 오직 존재였다. 유일무이한 것이었다."<찬도 6.2.1>에서 '존재'라는 말의.

97_ 주석가는 문장(성전)이 상이하다고 해서 반드시 의미(의도)가 상이하지는 않다고 주장한다. 예컨대, '가져오라, 그릇을!'과 '그릇을 가져오라!'의 경우에는 문장이 상이하지만 의미가 상이하지는 않다. 따라서 본문의 '그것'이라는 말이 가리키는 것은 '성전의 상이함' 또는 '문장의 상이함'이다.

{ 9. '행해야만 하는 것으로 언급됨'이라는 주제: 수뜨라 18 }

18. [입을 헹구는 것은] '행해야만 하는 것(일)'으로 언급되기 때문에, [명령되는 것으로 합당하지 않다]; [입을 헹굴 수 있는 물과 관계하여 '생기의 벌거벗음을 없애는 수단'이라고 생각하는 것을] 새로운 것으로서 [가르친다].

kāryākhyānād apūrvam ‖18‖

찬도가들과 바자사네인들은 '생기들의 대화'에서 생기가 '개 등에 이르는 것'을 음식으로 삼는다고 전한 뒤에, 바로 그것(생기)이 물을 옷으로 삼는다고 전한다. 그리고 곧 이어서 찬도가들은 "따라서 그들은 [음식을] 먹으면서 그 이전과 또 그 이후에 물로써 이것(생기)을 둘러싼다."[98] 〈찬도 5.2.2〉라고 전한다. 그리고 바자사네인들은 "그래서 베다에 정통한 현자들은 먹기 전에 입을 헹구고 먹은 후에 입을 헹군다. 바로 이를 통해 그것(생기)의 벌거벗음을 없앤다고 그들은 생각한다."〈브리 6.1.14〉, "그러므로 이와 같이 아는 자는 먹기 전에 입을 헹궈야 하고 먹은 후에 입을 헹궈야 한다. 바로 이를 통해 그것(생기)의 벌거벗음을 없앤다."〈브리 6.1.14〉[99]라고 전한다.

이 경우에 '입을 헹구는 것'과 '생기의 벌거벗음을 없앤다고 생각(명상)하는 것'[100]이 알려진다. 그래서 양자 모두가 명령되는지, 아니면 오

98_ 이는 기본적으로 브라흐마나들이 음식을 먹기 전이나 먹은 후에 물로써 입을 씻는 모습을 묘사한 것이다.

99_ "그러므로 이와 같이 아는 자는 먹기 전에 입을 헹궈야 하고 먹은 후에 입을 헹궈야 한다. 바로 이를 통해 그것(생기)의 벌거벗음을 없앤다."라는 두 문장은 마드얀디나 이본에 추가된 것이다. 깐바 이본에는 이 두 문장이 빠져 있다. 이러한 차이점에 대해서는 주석가가 <주석 3.3.18>의 뒷부분에서 설명할 것이다.

직 입을 헹구는 것만이 명령되는지, 아니면 오직 벌거벗음을 없앤다고 생각하는 것만이 명령되는지 의문스럽다.

실로 무엇으로 귀결되는가?

[전론]: 양자 모두가 명령된다.

어떤 근거에서? 양자 모두가 [계시서에서] 알려지기 때문이다. 그리고 그 양자 모두가 새로운 것[101]임으로 말미암아 명령에 적합하다.

혹은 오직 입을 헹구는 것만이 명령된다. 왜냐하면 "그러므로 이와 같이 아는 자는 먹기 전에 입을 헹궈야 하고 먹은 후에 입을 헹궈야 한다."에서 그것(입을 헹구는 것)을 명령하는 어미가 명백하기 때문이다.[102] 벌거벗음을 없앰에 대해 언급하는 것은 바로 그것을 찬양하기 위해서이다.

이와 같은 귀결에서 우리는 말한다.

[후론]: 입을 헹구는 것은 명령되는 것으로 합당하지 않다. '행해야만 하는 것(일)'으로 언급되기 때문이다. 실로 저 입을 헹구는 것은, 이미 확립된 것으로서 즉 정화를 목적으로 한다고 전승서에서 잘 알려져 있는 '행해야만 하는 것'으로서, [이곳에서] 재언급된다.

[전론]: 이 계시서가 그 전승서의 근원(근거)이어야 하지 않는가?

[후론]: 아니라고 말한다. 주제가 다르기 때문이다.[103] 실로 일반적인 주제를 다루는 전승서는 입을 헹구는 것이 오직 사람과 연계되면서 정화를 목적으로 한다고 전한다. 반면에 이 계시는 '쁘라나(생기)의 명상적 지식'이라는 맥락에서 언급되고, 기껏 입을 헹구는 것이 명령되더라

100_ 생기의 벌거벗음을 없앤다고 생각(명상)하는 것=생기에 옷을 입힌다고 생각(명상)하는 것.

101_ 새로운 것(apūrva)=이전에 다른 곳에서 언급된(확립된) 적이 없는 것.

102_ '입을 헹궈야 한다'(ācāmet)라는 표현은 동사의 원망법으로서 의무를 지시하기 때문에 명령과 관계한다.

103_ 계시서와 전승서에서 다루는 주제가 상이하기 때문이다.

도 바로 그것(명상적 지식)과 관계하여 명령되어야 한다. 그리고 계시서와 전승서가 상이한 주제를 다루는 경우에 '근원과 근원을 가지는 것'의 관계란 적절하지 않다.[104]

게다가 이 계시가 쁘라나의 명상적 지식과 관련하여 '입을 헹구는 것'이라는 '새로운 것'을 명령할 것이라고 받아들일 수는 없다. 오직 사람과 관련하여 실로 '익숙한 것'[105]으로서 입을 헹구는 것이 이곳에서 인지되기 때문이다. 또한 바로 이로부터 양자에 대한 명령도 아니다. 그리고 양자에 대한 명령인 경우에는 문장을 분열시킬 것이다.[106] 따라서 먹기 전과 먹은 후의 두 경우에 입을 헹구는 것을 이미 확립된 것으로 말한 다음, "바로 이를 통해 그것(생기)의 벌거벗음을 없앤다고 그들은 생각한다."라는 이러한 문장을 통해, 입을 헹굴 수 있는 물과 관계하여 '생기의 벌거벗음을 없애는 수단'이라고 생각하는 것을, 쁘라나의 명상적 지식과 연계되는 새로운 것으로서 가르친다.

더욱이 벌거벗음을 없앰에 대해 언급하는 것이 입을 헹구는 것을 찬양하기 위해서라는 것은 정당하지 않다. 입을 헹구는 것은 명령되는 것이 아니기 때문이다. 그리고 벌거벗음을 없앤다고 생각하는 것은 그 자체로 명령되는 것이라고 알려지기 때문이다. 또한 이와 같을 경우에 입을 헹구는 것이라는 하나가 두 가지 목적을 가진다고 즉 '정화'라는 목적과 '옷 입히기'라는 목적을 가진다고 용인되지는 않는다. [두] 작용에는 차이가 있다고 용인되기 때문이다. 실로 '입을 헹구는 것'이라고 불리는 바로 그 하나의 작용이란, 사람에 대한 정화를 목적으로 한다

104_ 계시서는 근원(mūla) 그 자체이고, 그 근원에 의존하는 전승서는 '근원을 가지는 것'(mūlin)이다.

105_ 익숙한 것(pūrva)=이미 잘 알려져 있는 것이자 확립되어 있는 것.

106_ '입을 헹구는 것'을 언급하는 문장과 '생기의 벌거벗음을 없앤다고 생각하는 것'을 언급하는 문장 사이의 의미적 조화를 분열시킬 것이다.

고 용인된다. 반면에 '옷을 생각하는 것'이라고 불리는 바로 그 다른 하나의 작용이란, 그것(입을 헹구는 것)에 속하는 물과 관계하여 생기에 대한 옷 입히기를 목적으로 한다고 용인된다. 이로써 결함은 없다.

더 나아가 "개에 이르고 벌레에 이르고 곤충과 나방에 이르기까지, 그 무엇이든지 간에 당신의 음식입니다."〈브리 6.1.14〉라는 곳에서는, 실로 모든 음식을 먹는 것이 명령된다고 말할 수 없다. 말이 없기 때문이고, 또 불가능하기 때문이다.[107] 반면에 '모든 것이 생기의 음식이다'라며 그렇게 '음식으로 보는(명상하는) 것'이 명령된다. 그리고 이에 호응하여, '물이 옷이다'라는 곳에서마저 물로 입을 헹구는 것은 명령되지 않지만 '입을 헹굴 수 있다고 이미 잘 알려져 있는 물'과 관계해서 '옷 입히기로 보는(명상하는) 것'은 명령된다는 것이 합리적이다. 왜냐하면 절반의 살인이란 가능하지 않기 때문이다.[108]

더 나아가 '입을 헹군다'라는 그 말은 현재 형태를 취함으로 말미암아[109] 명령에 어울리지 않는다.

[전론]: '[그들은] 생각한다'라는 것마저 현재 형태를 취하는 것은 공통

107_ 모든 음식을 먹으라고 명령하는 말이 없고 또 모든 음식을 먹는 것이 불가능하기 때문이다. 여기서 '말이 없음'(aśabda)이라는 것은 여러 뜻으로 해석될 수 있는 여지가 있다. 즉 명령어가 없다는 뜻 이외에도, 성언과 상반된다는 뜻이나 결과에 대한 언급(말)이 없다는 뜻으로 해석될 수 있다.

108_ 어떤 사람의 절반을 죽이고 절반을 살리는 살인이란 가능하지 않다. 따라서 '절반의 살인'(ardha-vaiśasa)이란 모순을 가리킨다. 마찬가지로 <브리 6.1.14>의 앞에서는("개에 이르고 …) 실제의 작용을 부정하고 뒤에서는 그것을 긍정하는 것은 가능하지 않다. 즉 <브리 6.1.14>의 앞에서 모든 음식을 먹는 것이라는 실제의 작용이 아니라 모든 것을 음식으로 간주하는 명상이 명령된다면, 뒤에서도 음식을 먹기 전과 먹은 후에 입을 헹구는 것이라는 실제의 작용이 아니라 그것과 관계해서 옷 입히기로 간주하는 명상이 명령되어야 한다.

109_ "그래서 베다에 정통한 현자들은 먹기 전에 입을 헹구고 먹은 후에 입을 헹군다."<브리 6.1.14>에서 '입을 헹군다'(ācāmanti)라는 것은 3인칭 복수 직설법 현재이다.

적이지 않는가?[110]

[후론]: 그것은 그와 같이 사실이다. 하지만 둘 중의 하나가 불가피한 명상대상인 경우에,[111] 옷이 '행해야만 하는 것(일)'으로 언급되기 때문에, 물을 옷으로 생각하는 것 자체가 새로운 것으로 명령된다. 입을 헹구는 것은 명령되지 않는다. 왜냐하면 그것(입을 헹구는 것)은 익숙함을 가지는 것이기 때문이다. 이러한 점이 [앞서] 제시되었다.

그리고 입을 헹구는 것에 대해 명령하는 어미가 명백하다고 주장한 것마저, '입을 헹구는 것이 익숙하다는 점' 자체에 의해 논박된다.

바로 이로부터, 입을 헹구는 것은 '명령하고자 하는 것'이 아님으로 말미암아 깐바의 [원문은] "바로 이를 통해 그것(생기)의 벌거벗음을 없앤다고 그들은 생각한다."라는 바로 그곳에서 끝이 나고 "그러므로 이와 같이 아는 자는 …"이라는 등을 전하지 않는다. 따라서 심지어 마드얀디나의 원문에서도 입을 헹구는 것을 되풀이해 말함으로써 '이와 같이 아는 자는'이라는 것 자체가 '논제인 생기의 옷을 아는 자는'이라는 [의미로] 규정된다고 이해해야만 한다. 어떤 곳에서는 입을 헹구는 것이 명령되고 다른 곳에서는 옷에 대한 명상적 인식이 명령된다고 그렇게 용인하는 것마저 온당하지 않다. "물은 옷입니다."〈브리 6.1.14〉[112]라는 등의 문장이 적용될 가능성은 [두 곳] 모두에서 한결같기 때문이다.[113]

110_ "바로 이를 통해 그것(생기)의 벌거벗음을 없앤다고 그들은 생각한다."<브리 6.1.14>에서 '생각한다'(manyante)라는 것은 3인칭 복수 직설법 현재이다.

111_ 둘 중의 하나라도 명상대상이 아니라면 문장들 전체가 아르타바다(의미진술)로 간주되어 버린다.

112_ "개에 이르고 벌레에 이르고 곤충과 나방에 이르기까지, 그 무엇이든지 간에 당신의 음식입니다."<브리 6.1.14>라는 문장에 곧 이어서 이 문장이 등장한다.

113_ 마드얀디나 원문에서는 입을 헹구는 것이 명령되고 깐바 원문에서는 옷에 대한 명상적 인식이 명령된다고 용인하는 것도 합당하지 않다. 두 원문 모두에서 "물은 옷입니다."라는 문장을 공유하고 바로 그 문장이 이어지는 문장들에 영

그러므로 이곳에서는 오직 옷에 대한 명상적 인식이 명령되고 입을 헹구는 것은 명령되지 않는다는 것이 정당하다.‖18‖

{ 10. '동일함'이라는 주제: 수뜨라 19 }

19. 또한, [상이한 분파인 경우에 명상적 지식이 하나이고 또 세부사항들이 공유되듯이], 마찬가지로 동일한 [분파인 경우조차 그러해야만 한다]; [명상대상인 브라흐만이 두 곳에서] 상이하지 않기 때문이다.

samāna evaṃ cābhedāt ‖19‖

바자사네인 분파의 '불에 대한 비밀 가르침'(아그니 라하스야)에서는 '샨딜르야'라는 이름이 붙은 명상적 지식이 알려진다. 그리고 그곳에서는 "그는, 마음으로 이루어지고 생기를 육체로 가지며 빛의 형태인 아뜨만을 계속 명상해야 한다."[114]라는 등등과 같은 세부사항(속성)들이 계시된다. 바로 그 분파의 브리하다란야까에서는 또다시 "마음으로 이루어지고 빛으로 존재하는 이 뿌루샤는 쌀알이나 보리알처럼 그 심장의 안에 있다. 이러한 그것은 모든 것의 주재자이고 모든 것의 지배자이며 그 무엇이든지 간에 이 모든 것을 통치한다."〈브리 5.6.1〉라고 언급된다.

이 경우에 의문이 생긴다. '불에 대한 비밀 가르침'과 브리하다란야

향을 미치기 때문이다.

114_ 이와 유사한 내용은 <찬도 3.14.2>에서도 찾아볼 수 있다. "'마음으로 이루어진 것'은 생기를 육체로 하고, 빛의 형태이며"라는 표현이다.

까에서 이 명상적 지식은 하나이고 또 세부사항들은 공유되는가, 아니면 이 명상적 지식은 둘이고 또 세부사항들은 공유되지 않는가?

실로 무엇으로 귀결되는가?

[전론]: 명상적 지식은 상이하고 세부사항들은 분리된다.

어떤 근거에서? [그렇지 않은 경우] 중언부언(동어반복)이라는 부조리한 결말이 생기기 때문이다.[115] 실로 분파들이 상이한 경우에는, 배우는 자, 명상적 지식을 가진 자가 상이함으로 말미암아 중언부언을 회피하는 것이 [가능하다는 것을] 알아챈 뒤에, [그럼에도] 명상적 지식이 하나라는 것을 확정하고 나서 '생기들의 대화' 등과 관계하여 한 곳에서 추가적인 세부사항들이 다른 곳에서 공유된다고 말한다. 다른 한편으로 동일한 분파인 경우에는, 배우는 자, 명상적 지식을 가진 자가 상이하지 않음으로 말미암아 중언부언을 회피하는 것이 불가능할 때에 멀리 떨어진 곳에 놓인 명상적 지식은 하나일 수가 없다.[116]

그리고 이곳에서 하나의 성전은 명상적 지식에 대한 명령을 목적으로 하고 다른 성전은 세부사항들에 대한 명령을 목적으로 한다고 구분하는 것은 가능하지 않다. 왜냐하면 그 경우에 바로 그 추가적인 세부사항들이 각각의 곳들에서 전해져야 하고 공통적인 세부사항들은 전해지지 않아야 하기 때문이다. 하지만 두 곳에서는 '마음으로 이루어지는 것' 등의 공통적인 것들마저 전해진다. 따라서 세부사항들은 서로 공유되지 않는다.[117]

115_ 명상적 지식이 하나일 경우에는 한 곳에서 언급된 것이 다른 곳에서 또 다시 언급되는 결함 즉 중언부언(paunaruktya)이라는 결함이 생기기 때문이다.

116_ 동일한 분파에서는 배우거나 가르치는 자가 동일하므로 중언부언이라는 결함을 조심해야 한다. 달리 말해, 동일한 분파에서 유사한 내용이 등장한다면 중언부언이라는 논리적 결함을 피할 수가 없다. 이를 알면서도 두 곳에서 유사한 내용이 등장한다면, 멀리 떨어진 곳에 놓인 두 명상적 지식은 상이하다고 할 수밖에 없다.

이와 같은 귀결에서 우리는 말한다.

[후론]: 예컨대 분파들이 상이한 경우에 명상적 지식이 하나이고 또 세부사항들이 공유되듯이, 마찬가지로 동일한 분파인 경우조차 그러해야만 한다. 명상대상이 상이하지 않기 때문이다. 실로 '마음으로 이루어지는 것' 등의 세부사항을 가지는 바로 그 브라흐만이 두 곳 모두에서 상이하지 않게 명상대상이라고 우리는 인지한다.

게다가 명상대상이 명상적 지식의 형태이다. 그리고 형태에 상이함이 없는 경우에 명상적 지식이 상이하다고 우리는 확정할 수 없다.[118] 또한 명상적 지식이 상이하지 않는 경우에 세부사항들이 분리된다고 확정할 수도 없다.

[전론]: 중언부언이라는 부조리한 결말이 생기기 때문에 명상적 지식이 상이하다고 확정되었지 않는가?

[후론]: 아니라고 말한다. 목적을 구분하는 것은 합당하기 때문이다. 실로 하나의 성전이 명상적 지식에 대한 명령을 목적으로 하고 다른 성전이 세부사항들에 대한 명령을 목적으로 한다는 것은 조금도 부당하지 않다.

[전론]: 그와 같을 경우에,[119] "이러한 그것은 모든 것의 주재자이고"라는 등 '불에 대한 비밀 가르침'에서 언급되지 않은 바로 그것이 브리

117_ 하나의 성전이 명상적 지식에 대한 명령을 목적으로 하고 다른 성전이 세부사항들에 대한 명령을 목적으로 할 경우에, 각각에서는 추가적인 세부사항들만이 즉 다른 곳에서 언급되지 않은 세부사항들만이 전해져야 한다. 하지만 두 곳에서는 공통적인 세부사항들마저 전해지므로 두 성전을 그렇게 구분하는 것은 불가능하다. 두 성전의 목적을 그렇게 구분하는 것마저 불가능하다면, 명상적 지식이 상이하다는 결론은 유지된다. 따라서 상이한 명상적 지식에서 세부사항들은 공유되지 않고 분리된다.

118_ <주석 3.3.1>의 논의를 참조하시오.

119_ '불에 대한 비밀 가르침'에서 명상적 지식이 계시되고 <브리>에서 세부사항들이 계시됨으로써 목적의 구분이 있는 경우에.

하다란야까에서 언급되어야만 할 뿐, "마음으로 이루어지고"라는 등 [전자에서] 이미 언급된 것은 [후자에서] 언급되지 않아야만 하지 않는가?

[후론]: 그러한 결함은 없다. 바로 그 [반복에] 힘입어 다른 곳에서 언급되는 명상적 지식이 인지되기 때문이다.[120] 실로 동일한 세부사항들을 가진 성전을 통해 멀리 떨어진 곳의 '샨딜르야의 명상적 지식'을 [브리하다란야까에서도 동일한 것으로] 인지하게끔 한 뒤에, 그것과 관계하여[121] 주재자라는 것 등의 [세부사항들을] 가르친다. 실로 그렇지 않은 경우, 어떻게 [브리하다란야까에서] 그것과 관계하여 '세부사항들에 대한 그러한 명령'이 언급된다는 말인가?

더 나아가 [이전에] 확립되지 않은 일면을 가르침으로써 문장의 유용함을 얻은 경우에 확립된 일면을 지시하는 것은 심지어 '통상적인 것에 대한 반복진술'로서도 합당하기 때문에, 그것에[122] 힘입어 [동일성을] 인지하는 것이 묵살되어서는 안 된다.[123]

그러므로 이 경우에는 동일한 분파이더라도 명상적 지식은 하나이고 또 세부사항들은 공유된다는 것이 합당하다.‖19‖

120_ 오히려 "마음으로 이루어지고"라는 등의 세부사항들이 <브리>에서 언급됨으로 말미암아 즉 반복됨으로 말미암아, '불에 대한 비밀 가르침'에서 언급되는 명상적 지식이 <브리>에서도 동일한 것으로 인지되기 때문이다.

121_ 그것과 관계하여='샨딜르야의 명상적 지식'과 관계하여

122_ 그것에='통상적인 것에 대한 반복진술'(nitya-anuvāda)에.

123_ 어떤 문장이 '새로운 것'(확립되지 않은 것)을 가르침으로써 그 자체로 유용성을 가지게 된 경우에, 즉 <브리 5.6.1>에서 "이러한 그것은 모든 것의 주재자이고"라는 등을 가르침으로써 그 문장들이 유용성을 가지게 된 경우에, 이미 가르친 바 있는 '익숙한 것'(확립된 것)에 대한 재언급은 '통상적인 것에 대한 반복진술'로 제한되더라도 충분히 합당하다. 따라서 "마음으로 이루어지고"라는 등의 세부사항들이 반복되는 것은 문제가 되지 않는다.

{ 11. '관련'이라는 주제: 수뜨라 20-22 }

20. ['샨딜르야의 명상적 지식'을 두 곳에서 가르치더라도 세부사항들이 공유된다고 말하듯이], 마찬가지로 [그와 같은 종류의 여지가 있는] 다른 경우에도 [그러해야만 한다]; [세부사항들은 하나의 명상적 지식과] 관련되기 때문이다; [따라서 두 가지 비밀스러운 이름 모두는 두 곳에서 공동으로 유효하다].
saṃbandhād evam anyatrāpi ‖20‖

브리하다란야까에서는 "진리는 브라흐만이다."〈브리 5.5.1〉라고 시작한 뒤에 "저 진리라는 것은 저 태양이다. 저 구체(球體)에 있는 저 뿌루샤와 오른쪽 눈에 있는 이 뿌루샤."〈브리 5.5.2〉라며 바로 그 진리로서의 브라흐만이 신격적(대우주적)으로 또 인격적(소우주적)으로 특별한 처소라는 것을 가르치고 나서, 신비한 음절을 [그의] 육체로 만든 다음에,[124] 신격적으로 "그의 비밀스러운 이름은 '아하르'이다."〈브리 5.5.3〉라고, 인격적으로 "그의 비밀스러운 이름은 '아함'이다."〈브리 5.5.4〉라며 두 개의 비밀스러운 이름을 가르친다.[125]

이 경우에 의문이 생긴다. 두 가지 비밀스러운 이름 모두가 두 곳에

124_ <브리 5.5.3>에서는 '부후'(bhūḥ) 또는 '부르'(bhūr)라는 한 음절을 머리라고, '부바하'(bhuvaḥ) 또는 '부바르, 부바스'(bhuvar, bhuvas)라는 두 음절을 두 팔이라고, '스바하'(svaḥ) 또는 '스바르'(svar)라는 두 음절을 두 다리라고 각각 가르친다. 이 세 가지 음절은 브라흐만들이 매일 발화하는 '신비한 음절'(vyāhṛti)들이다. 부후는 지상과, 부바하는 중간대(공중)와, 스바하는 천상과 각각 관계된다.

125_ '아하르'(ahar) 또는 '아하하'(ahaḥ)라는 음절은 '낮'을 뜻하고, '아함'(aham)이라는 음절은 '나'를 뜻한다.

서 실로 공동으로 고려되어야만 하는가, 아니면 하나는 신격적인 것이고 하나는 인격적인 것이라며 구분된 채로 고려되어야만 하는가?

이 경우에 [전론은] 수뜨라 자체를 통해 시작한다.[126]

[전론]: 예컨대 '샨딜르야의 명상적 지식'에서 비록 [그 명상적 지식을 두 곳에서] 구분된 채로 가르칠지라도 세부사항들이 공유된다고 말하듯이, 마찬가지로 그와 같은 종류의 여지가 있는 다른 경우에도 그러해야만 한다.[127] [세부사항들은] 하나의 명상적 지식과 관련되기 때문이다. 실로 '사뜨야(진리)의 명상적 지식'이라는 그 [공동적인] 하나를 신격적인 것으로 또 인격적인 것으로 가르친다. 시작이 상이하지 않기 때문이고, 또 상호 관련된 원문 읽기가 [있기] 때문이다.[128]

[반박]: 그것과 관계하여 말하는 세부사항(특성)이, 어떻게 바로 그것과 관계하는 [세부사항이] 아닐 수 있다는 말인가?[129]

[전론]: 왜냐하면 대스승과 관계하여 규정된 수행(隨行)하기 등의 그 어떤 행위규범은 [그가] 마을에 존재하든지 숲에 존재하든지 오직 동등하게(공동으로) 적용되기 때문이다.[130]

따라서 두 가지 비밀스러운 이름 모두는 두 곳에서 [공동으로] 유효

126_ <수뜨라 3.3.20> 자체는 전론에 해당되기 때문이다.

127_ 따라서 전론자의 입장은 두 가지 비밀스러운 이름 모두가 두 곳에서 실로 공동으로 고려되어야만 한다는 것이다.

128_ 태양의 구체에 있는 신격적 뿌루샤와 오른쪽 눈에 있는 인격적 뿌루샤에 관한 내용은 상호 관련되면서 읽힌다.

129_ 신격적 뿌루샤의 명상적 지식과 관계하는 세부사항은 바로 그 명상적 지식의 세부사항이어야 하지 않는가? 인격적 뿌루샤의 경우도 마찬가지이다. 어떻게 각각의 세부사항이 각각의 명상에 적용되지 않고 공동으로 적용될 수 있다는 말인가?

130_ 대스승을 섬기는 행위규범들 중 일부는 그가 마을에 존재하든지 숲에 존재하든지 두 곳에서 동등하게 적용되듯이, 마찬가지로 '사뜨야의 명상적 지식'에 속하는 세부사항들은 진리(브라흐만)가 신격적인 것으로 존재하든지 인격적인 것으로 존재하든지 두 곳에서 동등하게(공동으로) 적용된다.

하다.‖20‖

이러한 귀결에서 [수뜨라의 저자는] 반박한다.

21. 오히려 [두 가지는 두 곳에서 유효하지] 않다; [계속적 명상을 위한 장소의] 차이 때문이다; [따라서 두 비밀스러운 이름들은 분리된다].

na vā viśeṣāt ‖21‖

[후론]: 오히려 두 가지는 두 곳에서 유효하지 않다.

무엇 때문에? 차이 때문이다. 계속적 명상을 위한 장소의 차이와 연관되기 때문이라는 뜻이다.

[전론]: 어떻게 장소의 차이와 연관된다는 말인가?

[이에 대하여] 대답한다.

[후론]: 실로 "저 구체에 있는 저 뿌루샤."〈브리 5.5.3〉라며 신격적인 뿌루샤를 주제로 삼은 후 "그의 비밀스러운 이름은 '아하르'이다."〈브리 5.5.3〉라고 들려준다. 또한 "오른쪽 눈에 있는 이 뿌루샤."〈브리 5.5.4〉라며 인격적인 뿌루샤를 주제로 삼은 후 "그의 비밀스러운 이름은 '아함'이다."〈브리 5.5.4〉라고 들려준다. 그리고 '그의'라는 이 대명사는 근접해 있는 것에 의존한다.[131] 따라서 오직 처소의 차이에 의거함으로써 그러한 두 비밀스러운 이름들을 가르친다. 어찌하여 두 가지가 두 곳에서 [공동으로] 유효하겠는가?

[전론]: 오직 하나인 진리로서의 브라흐만이 두 개의 처소를 가진다

131_ <브리 5.5.3>에서 '그의'라는 대명사는 바로 앞에 근접해 있는 것인 신격적인 뿌루샤를 지시하고, <브리 5.5.4>에서 '그의'라는 대명사는 바로 앞에 근접해 있는 것인 인격적인 뿌루샤를 지시한다.

고 제시되기 때문에, 신격적이고 또 인격적인 그 뿌루샤는 오직 하나이지 않는가?

[후론]: 그것은 그와 같이 사실이다. 하지만 다만 하나인 [브라흐만에] 대해 한갓 상태(조건)의 차이를 수용함으로써 비밀스러운 이름의 차이를 가르치기 때문에, 바로 그 [브라흐만의] 상태에 대해 그것(이름)을 적용해야만 한다. 그리고 이러한 예시가 있다. 비록 대스승의 고유성(품성)이 상실되지 않을지라도, 대스승이 앉아 있는 동안에 섬긴다고 지시되는 것은[132] 서 있는 경우에 적용되지 않는다. 또한 서 있는 동안에 섬긴다고 지시되는 것은 앉아 있는 경우에 적용되지 않는다. 반면에, 대스승의 고유성이 마을과 숲에서 상실되지 않기 때문에 또 그 '고유성과 관계되는 세부사항(특성)'의 차이가 마을과 숲에 의해 야기되지 않기 때문에, 두 곳에서 동등하게(공동으로) 적용된다고 [전론자가 앞서 제시한] 것은 부적절한 예시이다.[133]

그러므로 이러한 두 비밀스러운 이름들은 분리된다.[134]‖21‖

22. 또한 [계시서에서는 세부사항들이 분리된다는 전거를] 보여준다; [따라서 두 비밀스러운 이름들은 분리된다].

darśayati ca ‖22‖

더 나아가 [계시서에서는] 이와 같은 종류의 세부사항(특성)들이 분

132_ 섬긴다고 지시되는 것은=제자가 스승을 섬기는 행동이라고 잘 알려져 있는 것은.

133_ 후론자는 <주석 3.3.20>에서 전론자가 제시한 예시를 다른 방식으로 구성한다. 물론 예시의 내용은 똑같이 대스승과 대스승을 섬기는 제자들에 관한 것이다. 결론적으로 후론자는, 전론자가 <주석 3.3.20>에서 '두 곳에서 공동으로 적용된다는 것'을 증명하기 위해 제시한 것이, 두 가지 이유 때문에 '부적절한 예시'(잘못 구성된 예시)에 지나지 않는다고 말한다.

134_ 분리된다=구분된 채로 고려된다.

리된다는 전거(표징)를 보여준다. "이러한 이 [뿌루샤의] 형태는 그 [뿌루샤의] 바로 그 형태이다. 이 [뿌루샤의] 두 노래는 그 [뿌루샤의] 두 노래이다. 이 [뿌루샤의] 이름은 그 [뿌루샤의] 이름이다."〈찬도 1.7.5〉에서이다.

[전론]: 어떻게 이것이 전거라는 말인가?

이에 대하여 말한다.

[후론]: 눈과 태양이라는 장소의 차이에 따라 달라지는 세부사항들이 각각에서 공유될 수 없다는 것을 알아차림으로써, 이곳에서는, 연장적용을 통해 즉 "… 그 [뿌루샤의] 바로 그 형태이다."라는 등을 통해, 태양의 뿌루샤에 존재하는 형태 등을 눈의 뿌루샤와 공유한다.

그러므로 이러한 두 비밀스러운 이름들은 분리될 뿐이라고 결론이 내려진다.‖22‖

{ 12. '함께 모음'이라는 주제: 수뜨라 23 }

23. 함께 모음, 천상에 고루 미침을 [비롯한 브라흐만의 권능들] 역시 [명상적 지식들에서 공유되어서는 안 된다]; 또한 [바로] 그로부터이다 [즉 특정한 처소가 주어지기 때문이다].

saṃbhṛtidyuvyāpty api cātaḥ ‖23‖

"함께 모인 힘들 가운데 브라흐만이 으뜸(맏이)이다. 으뜸인 브라흐만은 태초에 천상으로 널리 퍼졌다."에서와 같이 라나야니야 [분파의][135] 부록편(附錄篇)[136]에서는 브라흐만이 '힘을 함께 모음', '천상에 팽창함'을 비롯한 권능들을 가진다고 언급된다. 그리고 바로 그들의 우빠니샤드에서도 '샨딜르야의 명상적 지식'을 비롯한 '브라흐만에 대한 명상적 지식'들이 언급된다.

브라흐만의 이러한 권능들은 브라흐만에 대한 저 명상적 지식들에서 공유되어야 하는가 혹은 공유되지 않아야 하는가?

이를 검토하는 데 [권능들이] 브라흐만과 관련됨으로 말미암아 공유된다고 귀결되는 경우에,[137] [수뜨라 저자는] 다음과 같이 언급한다.

[후론]: 함께 모음, 천상에 고루 미침을 비롯한 [브라흐만의] 권능들은 '샨딜르야의 명상적 지식' 등에서 공유되어서는 안 된다. 또한 바로 그로부터이다 즉 특정한 처소가 주어지기 때문이다. 그러한 증거로서, '샨딜르야의 명상적 지식'에서는 브라흐만이 심장을 처소로 한다고 말한다. "심장의 안에 있는 나의 이 아뜨만은"〈찬도 3.14.3〉에서이다. 바로 그와 마찬가지로 '다하라(작은 것)의 명상적 지식'에서도 "… 연꽃인 작은 거처. 그 안에는 작은 허공이 있다."〈찬도 8.1.1〉라고 한다. 반면에 '우빠꼬살라의 명상적 지식'에서는 [브라흐만이] 눈을 처소로 가진다. "눈에서 보이는 그 뿌루샤"〈찬도 4.15.1〉에서이다. 이와 같이 여기저기에서, 인격적(소우주적)으로 이러저러한 처소가 그러한 명상적 지식들과 관계해서 알려진다. 하지만 '함께 모음, 천상에 고루 미침'을 비롯한 이러한 권능들은 신격적(대우주적)이다. 어찌하여 이것들이 그 [명상적 지식들과] 관계하여 유효하겠는가?

[전론]: 심지어 그 [명상적 지식들과] 관계해서도 신격적인 권능들이 계시되지 않는가? "천상보다 더 크고, 이러한 세상들보다 더 크다."〈찬

135_ 라나야니야(Rāṇāyanīya) 분파는 『사마베다』에 속하고 라나야니야를 창시자로 한다.

136_ 부록편(khila)=명령과 금지가 포함되지 않은 일종의 보조적인 부록.

137_ 이는 전론자의 입장이다. 이 입장은 라나야니야의 부록편에 등장하는 권능들이 '그들의 우빠니샤드에서 제시되는 명상적 지식들'에서도 공유되어야 한다는 것이다.

도 3.14.3〉, "또한 그것은 실로 '빛을 가져오는 자'이다. 왜냐하면 그것은 모든 세상들에서 '빛나기' 때문이다."〈찬도 4.15.4〉, "정녕 이 허공만한, 그런 만큼이 심장의 안에 있는 그 허공이다. 바로 그것의 안에 천상과 지상 양자가 놓여 있다."〈찬도 8.1.3〉라고 이렇게 운운하는 것들에서이다. 게다가 이 경우에는 심지어 특정한 처소가 없는 채로도 '열여섯의 부분(단위)' 등 브라흐만에 대한 다른 명상적 지식들이 존재한다.

[후론]: 그것은 그와 같이 사실이다. 그렇다고 할지라도 이 경우에는 '함께 모음' 등을 공유하지 않는 특별한 이유가 있다. 실로 유사한 세부사항(속성)들이 전해짐으로 말미암아 심지어 멀리 떨어진 곳에 있는 명상적 지식들을 떠올리게 된 경우에는, 멀리 떨어진 곳의 세부사항들이 공유되어야 한다는 것이 합리적이다. 반면에 '함께 모음 등의 세부사항들'과 '샨딜르야 등의 문장을 영역으로 하는 마음으로 이루어진 것 등의[138] 세부사항들'은 상호 배타적인 본질을 가지기 때문에 [세부사항들이] 다른 곳에 있는 명상적 지식을 떠올리게 할 수는 없다.[139]

게다가 [세부사항들이] 오직 브라흐만과 관련됨으로 말미암아 다른 곳에 있는 명상적 지식을 떠올리게 한다고는 말하지 못한다.[140] 심지어 명상적 지식에 차이가 있는 경우에도 이는 가능하기 때문이다. 실로 브라흐만은 하나임에도 권능의 차이에 따라 다양한 방식으로 계속 명상된다는 것이 확립된다. "… '지고한 것보다 더 지고함' 등과 같다."〈수뜨라 3.3.7〉에서 차이를 보기 때문이다.

138_ * '마음으로 이루어진 것 등의'(manomayatvādayo)라는 표현은 Nirnaya에만 추가로 등장한다.

139_ [세부사항들이] 다른 곳에 있는 명상적 지식을 떠올리게 할 수는 없다=세부사항들을 통해 한 곳에 있는 명상적 지식과 다른 곳에 있는 명상적 지식 사이의 동일성을 확립할 수는 없다.

140_ <주석 3.3.23>의 앞부분에서 전론자가 주장한 것을 반박한다.

그러므로 '힘을 함께 모음' 등은 '샨딜르야의 명상적 지식' 등에서 공유되지 않는다.‖23‖

{ 13. '뿌루샤 등'이라는 주제: 수뜨라 24 }[141]

24. 또한 [사람의 제의라는 것이 똑같다고 해서 세부사항들이 공유되어서는 안 된다]; [한 분파의] '뿌루샤(사람)의 명상적 지식'에서와 달리, 다른 [분파에서는 세부사항을 그와 같이] 전하지 않기 때문이다.

puruṣavidyāyām iva cetareṣām anāmnānāt ‖24‖

딴딘들과 빠잉긴들의[142] '라하스야(비밀 가르침) 브라흐마나'에는 '뿌루샤(사람)의 명상적 지식'이 있다. 이곳에서는 사람이 제의로 가상된다. 그에게 속하는 수명은 세 부분으로 나뉨으로써 세 가지 '제의 시간'이 가상된다.[143] 그리고 [그의] 식욕 등은 축성(祝聖) 등인 것으로 가상된다. 또한 이곳에서는 축복 기원, 만뜨라 암송 등의 다른 세부사항(특

141_ * Samata에서는 이 주제를 '뿌루샤의 명상적 지식'이라고 부른다.

142_ 딴딘(Tāṇḍin)과 빠잉긴(Paiṅgin)은 모두 『사마베다』 소속의 찬도가들이다.

143_ 사람의 수명은 24년, 44년, 48년의 세 부분으로서 총 116년이다. 이러한 수명의 세 주기는 '제의 시간'(savana) 세 가지와 대응한다. 'savana'는 소마를 추출하는 것과 관련되기에 신주(神酒)를 가리키기도 하고 그것을 추출하는 시간을 가리키기도 한다. 세 가지 제의 시간은 아침, 정오, 저녁이다. ① 아침에는 24음절(4×6)의 가야뜨리(gāyatrī) 운율을 암송하고, ② 정오에는 44음절(4×11)의 뜨리슈뚜브(triṣṭubh) 운율을 암송하며, ③ 저녁에는 48음절(4×12)의 자가띠(jagatī) 운율을 암송한다. 이상과 같은 내용은 <찬도 3.16.1-7>에서 살펴볼 수 있다.

성)들이 알려진다. 따잇띠리야까들 또한 "이와 같은 지식이 있는 그의 제의에서, 영혼은 제의 고용주이고 믿음은 아내이다."〈따잇-아 10.64; 나라 80〉라는 이러한 진술을 통해 그 어떤 '사람의 제의'를 가상한다.

이 경우에 의문이 생긴다. 사람의 제의에 대해 다른 곳에서 언급되는 세부사항(특성)들은 따잇띠리야까들에서 공유되어야만 하는가 또는 공유되지 않아야만 하는가?

사람의 제의라는 것이 똑같음으로 말미암아 [세부사항들이] 공유된다고 귀결되는 경우에, 우리는 말한다.

[후론]: 공유되지 않아야만 한다.

무엇 때문에? 그러한 형태(특성)가 인지되지 않기 때문이다.[144] 그래서 대스승은 "뿌루샤(사람)의 명상적 지식에서와 달리"라고 말한다. 딴딘과 빠잉긴이라는 한 분파들의 '사람의 제의'에서 전하는 바와 달리, 따잇띠리야라는 다른 분파에서는 그와 같이 전하지 않는다.

실로 이곳(따잇띠리야까)에서 [유사성을 통해] 제의와 결합되는 것은 다른 곳과 상이할 뿐이라고 알려진다. 아내, 제의 고용주, 베다, 제단, 꾸샤 풀, 제의의 말뚝, 버터, 짐승, 사제 등이 열거되기 때문이다.[145] 제의 시간과 결합되는 것조차도 다른 곳과 상이할 뿐이다. "새벽, 정오, 저녁에 속하는 그러한 것들"〈나라 80〉에서이다. 비록 '아바브리타로서의 죽음'[146] 등 어떤 것은 유사할지라도, 그 또한 [전체적으로는] 매우

144_ 따잇띠리야 문헌에서는 찬도가들의 '라하스야 브라흐마나'에 나타나는 그러한 형태(rūpa)가 인지되지 않기 때문이다.

145_ 따잇띠리야까에 따르면, 제의에서 영혼은 제의 고용주, 믿음은 아내, 육체는 땔감, 가슴은 제단, 머리 타래는 꾸샤 풀, 심장은 제의의 말뚝, 욕망은 버터, 성냄은 짐승, 엄격함은 불, 평정은 제의 비용, 말(발성기관)과 숨(쁘라나)과 눈과 마음은 4명의 사제와 각각 대응한다. 이와 같이 따잇띠리야 문헌에서 유사성을 통해 '제의'와 결합되는 것들은 찬도가들의 문헌에서 등장하는 것들과 다르다.

146_ 아바브리타(Avabhṛtha)=제의의 끝에 정화를 위해 목욕을 함으로써 제의가 끝났음을 상징적으로 알리는 의례. 죽음(maraṇa)은 이와 같이 끝을 상징하는

적음으로 말미암아 더 많은 상이성에 예속됨으로써 [명상적 지식의 동일성을] 인지시킬 수 없다.

게다가 따잇띠리야까에서는 사람이 곧 제의라고 계시되지 않는다. 왜냐하면 '지식이 있는'(지식이 있는 자의)과 '제의에서'(제의의)라는 저 둘은 '지식이 있는 자 그 자체로서 제의에 대해'라는 [의미를 가지는] 동격 관계인 6격이 아니기 때문이다.[147] 실로 사람은 일차적 의미에서 제의가 아니다. 반면에 저 둘은 '지식이 있는 자의 제의에 대해'라는 [의미를 가지는] 상이한 격 관계인 6격이다.[148] 실로 사람은 일차적 의미에서 제의와 관계를 가진다. 그리고 여지가 있다면 오직 일차적인 의미를 받아들여야만 하고 이차적인 의미를 받아들여서는 안 된다. 또한 '영혼은 제의 고용주이고'라며 사람이 제의 고용주라는 것을 설명함으로써, 오로지 상이한 격 관계에 의해 그가 제의와 관계를 가진다는 것을 보여준다.[149]

더 나아가 '이와 같은 지식이 있는 그의'라며 확립된 것에 대한 반복

아바브리타와 다르지 않다.

147_ <따잇-아 10.64>의 원문은 'tasyaivaṃ viduṣo yajñasya'로 시작한다. 여기서 'tasya', 'viduṣaḥ', 'yajñasya'는 모두 문법적으로 6격(소유격)이다. 그런데 주석가는 이 가운데 'viduṣaḥ'(지식이 있는 자의)와 'yajñasya'(제의의)가 동격 관계인 6격이 아니라고 주장한다. 만약 이 두 말이 동격 관계인 6격이라면, 즉 이 두 말이 실질적으로 동격인 6격이라면, 'vidvān eva yo yajñas tasya'(지식이 있는 자 그 자체로서 제의에 대해)라는 동격의 의미로 풀이될 수 있다. 결과적으로 '지식이 있는 자'(사람)와 '제의'가 동일하다고 이해 가능하다.

148_ '지식이 있는 자의 제의에 대해'라는 원문은 'viduṣo yo yajñas tasya'이다. 이는 'viduṣaḥ'와 'yajñasya'를 동격이 아닌 6격으로 풀이한 것이다. 그 구체적 의미는 '[다른 누구의 제의도 아닌, 바로 그] 지식이 있는 자의 제의에 대해'이다. 결과적으로 '지식이 있는 자'(사람)가 '제의'를 소유하는 관계(saṃbandha)를 가진다고 이해 가능하다.

149_ 무엇보다도 사람이 '제의 고용주'라면, 결코 그 사람이 '제의 자체'가 될 수는 없다. 따라서 바로 이 표징(논거)을 통해서도 앞서 제시된 두 말은 동격 관계가 아니라 상이한 격 관계라고 이해된다.

진술이 계시되는 경우에 '사람이 제의가 되고 또 영혼 등이 제의 고용주 등이 되는 것'을 이해하고자 하는 데에는 문장적 분열이 생길 것이다.[150] 더 나아가 세속 떠나기와 함께 '아뜨만에 대한 지식'을 앞에서 가르친 뒤에 곧 이어서 '이와 같은 지식이 있는 그의' 등이 이어지는 것을 봄으로써, 우리는 이 성전(문장)이 전자에 보충적인 것일 뿐 독립적인 것은 아니라고 이해한다. 또한 마찬가지로, 우리는 양쪽 진술 모두에서 오직 하나의 결과를 본다. "그는 브라흐만의 위대성을 획득한다."〈따잇-아 10.64; 나라 80〉라는 것이다.[151] 하지만 다른 경우에는[152] '뿌루샤의 명상적 지식'에 대한 성전(문장)이 다른 하나에 보충적인 것이 아니다. 왜냐하면 "실로 이와 같이 아는 자는 백십육 년을 산다."〈찬도 3.16.7〉라는 의미의 연결로 말미암아 그것은[153] 수명의 연장이라는 결과를 가지기 때문이다.[154]

그러므로 어떤 분파에서 가르치는 축복 기원, 만뜨라 [암송] 등은 즉 '뿌루샤의 명상적 지식'의 세부사항(특성)들은, 따잇띠리야까에서 유효하지 않다.‖24‖

150_ "이와 같은 지식이 있는 그의"라며 이미 확립된 것에 대해 반복진술하는 문장임에도 '사람이 제의가 되는 것'과 '영혼 등이 제의 고용주 등이 되는 것'이라는 상충되는 두 가지 의미를 함께 이끌어낸다면, 이는 장절 전체의 확립된 문장들을 분열시키는 해석에 지나지 않을 것이다.

151_ "이와 같은 지식이 있는 그의"로 시작하는 문장 뒤에는 "그는 브라흐만의 위대성을 획득한다."라는 결과가 계시된다. 그리고 "이와 같은 지식이 있는 그의"라는 것을 기준으로 앞부분의 진술과 뒷부분의 진술은 동일하게 이 하나의 결과를 가질 뿐이다. 따라서 "이와 같은 지식이 있는 그의"로 시작하는 것을 포함하여 뒷부분의 진술은 앞부분의 진술에 대해 보충적인 것이다.

152_ 다른 경우에는=찬도가들의 문헌에서는.

153_ 그것은='뿌루샤의 명상적 지식'에 대한 성전(문장)은.

154_ 그 자체의 결과를 가지는 문장들은 독립적인 것일 뿐 다른 것에 보충적인 것이 아니다.

{ 14. '꿰찌름 등'이라는 주제: 수뜨라 25 }

25. [꿰찌름 등은 명상적 지식들에서 공유되지 않는다]; 꿰찌름 등은 의도의 차이를 가지기 때문이다.

vedhādyarthabhedāt ‖25‖

『아타르바베다』에 소속된 우빠니샤드의 서두에 전해지는 만뜨라가 있다. "[적(敵)의] 전부를 꿰찌른 뒤, [특히] 심장을 꿰찌른 채로 혈관을 조각내고 머리를 깨부숨으로써, [적은] 세 부분으로 쪼개졌도다."라는 등이다. 딴딘들에게도 "태양의 신격이여, 제의를 성취하소서!"라는 등의 [만뜨라가 있다]. 샤뜨야야닌들에게도 "하얀 말을 가진 [인드라] 당신은 푸르고 파랗도다."라는 등의 [만뜨라가 있다]. 까타들과 따잇띠리야들에게도 "미뜨라가 우리에게 축복이기를! 바루나가 우리에게 축복이기를!"〈따잇 1.1.1〉라는 등의 [만뜨라가 있다].

한편 바자사네인들의 우빠니샤드 서두에는 '쁘라바르그야 브라흐마나'가 "실로 신격들은 사뜨라 [제의에] 앉았다."라는 등을 통해 언급된다. 또한 까우쉬따낀들의 '아그니슈또마[155] 브라흐마나'는 "실로 아그니슈또마는 브라흐만이다. 그러한 날은[156] 브라흐만 자체이다. 그들은 브라흐만 자체에 의해 브라흐만에 가까이 간다. 그날 그것(아그니슈또마)에 가까이 가는 그들은 불멸성을 얻는다."라고 언급된다.

"… 꿰찌른 뒤" 등의 이 모든 만뜨라들과 '쁘라바르그야 등의 의례들'

155_ 아그니슈또마(Agniṣṭoma)=전형적인 '소마 제의'로서 신성한 불에 소마를 바치는 것을 통해 5일 동안 그 불을 찬양하는 제의이다. 즈요띠슈또마 제의의 필수적인 부분으로 간주되기에 즈요띠슈또마와 동일시되기도 한다.

156_ 그러한 날은=아그니슈또마 제의를 실행하는 날은.

이 [우빠니샤드의] 명상적 지식들에서 공유되어야 하는지 또는 공유되지 않아야 하는지, 우리는 고찰한다. 실로 우리는 무엇이라고 생각하는가?

[전론]: 이것들은 명상적 지식들에서 공유될 따름이다.

어떤 근거에서? 명상적 지식을 주된 것으로 삼는 우빠니샤드 단락들의 근처에서 읽히기 때문이다.

[반박]: 우리는 이것들이 명상적 지식을 목적으로 명령되는 것을 찾지 못하지 않는가?

[전론]: 정말이다. 하지만 찾지 못하더라도 우리는 근접의 효력을 통해[157] 추론할 것이다. 왜냐하면 [어떤 것이] 근접을 통해 의의를 가질 수 있는 경우에 그것을 까닭 없이 받아들이지 않는 것은 합리적이지 않기 때문이다.

[반박]: 그 만뜨라들이 명상적 지식과 관계하는 효력을 가지는 것을 우리는 조금도 보지 못하지 않는가? 게다가 쁘라바르그야 등의 의례들이 단지 다른 목적을 가진다고 규정되어 있는 경우에, 심지어 명상적 지식을 목적으로 한다는 것을 어떻게 우리가 수용할 수 있다는 말인가?

[전론]: 그러한 결함은 없다. 먼저 심장 등이 언급됨으로 말미암아 만뜨라들이 심지어 명상적 지식과 관계하여 일정한 효력을 가진다고 추정할 수 있다. 왜냐하면 계속적 명상들에서는 심장 등을 주로 처소 등인 것으로 가르치기 때문이다. 그리고 이러한 연관에서 "심장을 꿰찌른 채로"라는 이러한 유형의 만뜨라들이 계속적 명상에 종속적이라는 것은 합당하다. 또한 "나는 부후(지상)로 피난을 간다. 그와 함께, 그와

157_ 근접의 효력을 통해=명상적 지식을 주된 것으로 삼는 우빠니샤드 단락들의 근처에서 읽힌다는 점을 통해.

함께, 그와 함께!"〈찬도 3.15.3〉라고 이렇게 운운하는 것들에서도, 심지어 계속적 명상들과 관계하여 만뜨라가 사용되는 것이 관찰된다. 마찬가지로 쁘라바르그야 등의 의례들이 다른 곳에서조차 사용되고 있음에도, 브리하스빠띠사바가 바자뻬야와 관계하여 사용되는 것처럼, 명상적 지식들과 관계하여 사용되는 것은 모순되지 않는다.[158]

이와 같은 귀결에서 우리는 말한다.

[후론]: 이것들은 명상적 지식들에서 공유되지 않는다.

무엇 때문에? 꿰찌름 등은 의도의 차이를 가지기 때문이다. 실로 "심장을 꿰찌른 채로"라는 이러한 유형의 만뜨라들에서 '심장을 꿰찌름' 등이 가지는 의도는, 우빠니샤드들에서 말하는 명상적 지식들과 차이가 있다. 즉 관련되지 않는다. 이것들은 그것(명상적 지식)들과 함께하기에 적절하지 않다.

[전론]: 심장이 계속적 명상들에서마저 사용됨으로 말미암아, 이를 매개로 하여 계속적 명상과 관계한다는 것을 제시했지 않는가?

[후론]: 아니라고 말한다. 실로 그와 같이 사용되는 것은 심장 자체에 대한 언급이라고 어쨌든 짐작할 수 있다. 하지만 이 경우에는 만뜨라가 단지 심장만을 의도하지 않는다. 왜냐하면 "[특히] 심장을 꿰찌른 채로 혈관을 조각내고"라는 이러한 유형의 만뜨라가 가지는 온전한 의도는 명상적 지식들과 관련되지 않기 때문이다. 실로 그 의도는 주문(呪文)과 관계한다. 따라서 "[적의] 전부를 꿰찌른 뒤"라는 이 만뜨라는 주문의 행위와 관련된다. 마찬가지로 "태양의 신격이여, 제의를 성취

158_ 브리하스빠띠사바(Bṛhaspatisava) 제의는 브라흐마바르짜스(Brahmavarcas)를 얻기 위해 실행된다. 즉 이 제의는 독립적인 목적을 가진다. 그럼에도 이 제의는 그와 동시에 바자뻬야(Vājapeya) 제의에 종속되는 것으로 실행된다. <미맘사-수 4.3.29> 참조. 바자뻬야=통치권 확대를 염원하면서 17일 동안 실행되는 제의, 17이란 숫자와 밀접하게 연관된 제의.

하소서!"라는 것은 제의의 성취라는 표징을 통해 제의의 행위와 관계된다. 한편 어떤 특정한 [제의와] 관계되는지는, 다른 지식수단을 통해 추적되어야만 한다.[159]

이와 같이 즉 어떤 것들에 대한 표징을 통해, 어떤 것들에 대한 말을 통해, 어떤 것들에 대한 다른 지식수단을 통해 [알려지는] 바와 같이, 다른 만뜨라들마저 다른 의도들과 관계해서 사용되는 이상, 비록 '비밀 가르침'(우빠니샤드)에서 [그 만뜨라들이] 언급되고 있을지라도 단순한 근접으로 말미암아 명상적 지식에 부차적이라는 것은 합당하지 않다. 왜냐하면 근접이란 계시어 등에 비해 힘이 없다고 '제1의 지식체계'(미맘사)에서 말하기 때문이다. "계시어, 표징, 문장, 맥락, 위치, 이름이 상충할 때에 뒤따르는 것에 힘이 없다; [뒤따르는 것은] 목적(의미)하는 바와 거리가 멀기 때문이다."〈미맘사-수 3.3.14〉라는 곳에서이다.

더욱이 쁘라바르그야 등의 의례들마저, 다른 곳에서 사용됨에도 명상적 지식에 부차적이라는 것은 합당하지 않다. 왜냐하면 이것들은 명상적 지식들과 의도의 공통성을 조금도 가지지 않기 때문이다.

한편 브리하스빠띠사바가 바자뻬야와 관계하여 다르게 사용되는 것은 명백하다.[160] "바자뻬야 제의를 하고서 브리하스빠띠사바 제의를 행해야 한다."에서이다.

더 나아가 한번 등장한(명령된) 이 하나의 쁘라바르그야가 더 권위 있는 증명수단에 의해 어떤 곳에서 사용된다면, 힘이 없는 증명수단에 의해 다른 곳에서마저 사용될 수는 없다.[161] 실로 두 증명수단 사이에

159_ "태양의 신격이여, 제의를 성취하소서!"라는 만뜨라가 어떤 특정한 제의와 관계를 가지느냐 하는 문제는 다른 수단을 통해 확정되어야만 한다.

160_ 다르게 사용되는 것은 명백하다=종속적인 것으로 사용되는 것은 명백하다.

161_ 하나의 쁘라바르그야가 한번 성전에서 규정된 채로 6가지 문장 해석의 기준들 가운데 더 권위 있는 증명수단인 계시어 등을 통해 즈요띠슈또마 제의 등에서 사용된다면, 바로 그 쁘라바르그야가 더 권위 없는 증명수단을 통해 즉 위치

차이가 파악되지 않는 경우에, 이는[162] 그와 같을지도 모른다.[163] 하지만 힘(권위)이 있고 힘이 없는 증명수단 사이에 차이가 파악되지 않는 것은 불가능하다. 힘이 있는 것과 힘이 없는 것 [그 자체가] 차이일 따름이기 때문이다.

그러므로 이러한 유형의 만뜨라들 혹은 의례들은 단지 근접해서 읽힌다는 것만으로 명상적 지식에 부차적이라고 생각해서는 안 된다. 결국 삼림(森林)에서 암송되는 것 등의 세부사항(특성)들이 공통적임으로 말미암아 근접해서 읽힌다는 것에 만족해야만 한다.‖25‖

{ 15. '폐기'라는 주제: 수뜨라 26 }

26. 하지만 [선행과 악행이] 폐기되는 경우에, [비록 폐기가 단독으로 계시될지라도 획득이 함께해야만 한다]; 꾸샤 가지, 운율, 찬양, 성가처럼 '획득'이라는 말이 [폐기의] 생략된 짝이기 때문이다; 이는 [미맘사 수뜨라에서] 언급되었다.

hānau tūpāyanaśabdaśeṣatvāt kuśāchandastutyupagānavat tad uktam ‖26‖

딴딘들에게는 "말이 털을 털어내듯이 죄를 털어낸 뒤에 라후의 입으로부터 자유로워지는 달처럼 육체를 내던지고 나서, 스스로를 이룬 채

(자리)와 관계하는 근접을 통해 다른 곳에서마저 사용되는 것은 불가능하다.

162_ * '이는'(etad)이라는 표현은 Nirnaya에만 추가로 등장한다.

163_ 이는 그와 같을지도 모른다=어떤 곳에서 사용된 것이 다른 곳에서마저 사용될지도 모른다.

로 이루어지지 않은 브라흐만 세상에 나는 도달한다."〈찬도 8.13.1〉라는 계시가 있다. 또한 『아타르바베다』에 소속된 이들에게는 "마찬가지로 지식을 가진 자는 명칭과 형태로부터 자유로워지고, 지고한 것보다 더 지고한 신성의 뿌루샤에 도달한다."〈문다 3.2.8〉라는 [계시가] 있다. 그리고 샤뜨야야닌들은 "그의 아들들은 유산을 물려받고, 동료들은 선행을 물려받고, 원수들은 악행을 물려받는다."라고 언급한다. 바로 그와 같이 까우쉬따낀들도 "그때에 그는 선행과 악행을 털어냅니다. 그가 호감을 가지는 친족들은 선행을 물려받고, 반감을 가지는 친족들은 악행을 물려받습니다."〈까우 1.4〉라고 [언급한다].

그래서 이 경우에, 어떤 곳에서는 선행과 악행의 폐기가 계시되고, 어떤 곳에서는 바로 그 둘이 분리됨으로써 호감을 가지는 자들과 반감을 가지는 자들에 의한 획득이 계시되고, 반면에 다른 곳에서는 폐기와 획득이라는 양자 모두가 계시된다.[164]

결과적으로 먼저 양자가 계시되는 경우에는 말할 수 있는 것이 조금도 없다. 폐기가 아니라 오직 획득만이 계시되는 경우마저도 분명 암시적으로 폐기가 함께한다. 자신에 속하는 선행과 악행을 다른 자들이 획득하는 경우에, [그에 앞서 자신이] 그것들을 폐기하는 것은 필연적이기 때문이다. 하지만 획득이 아니라 오직 폐기만이 계시되는 경우에는 획득이 함께할 것인지 혹은 함께하지 않을 것인지 의문시된다.

[전론]: 계시되지 않기 때문에 [획득이] 함께하지 않는다. 또한 다른 분파에서 [획득이] 계시되는 것은 다른 명상적 지식의 영역에 속하기

164_ 여기서 '폐기'(hāna)란 '털어냄', '자유로워짐'을 대변하고, '획득'(upāyana)이란 '물려받음'을 대변한다. 주석가는 바로 이 폐기와 획득과 관계하여 세 가지 선택지를 보여주는데, 첫 번째는 딴딘들과 『아타르바베다』에 소속된 이들의 계시와 대응하고, 두 번째는 샤뜨야야닌들의 계시와 대응하며, 세 번째는 까우쉬따낀들의 계시와 대응한다.

때문이다. 더 나아가 선행과 악행을 폐기하는 것이 자신을 동작주체로 하는 반면에 획득하는 것은 타자를 동작주체로 한다. [이에 따라] 그 둘 사이에 필연적인 관계가 없는 경우에, 어떻게 폐기에 의해 획득이 암시(추정)될 것이라는 말인가! 따라서 폐기에서는 획득이 함께하지 않는다.

이렇게 귀결되는 경우에 [수뜨라 저자는] "[하지만 선행과 악행이] 폐기되는 경우에"라고 언급한다.

[후론]: 하지만 폐기되는 경우에, 비록 그것(폐기)이 단독으로 계시될지라도 획득이 함께해야만 한다. [획득은] 그것(폐기)의 생략된 짝이기 때문이다. 실로 까우쉬따낀의 '비밀 가르침'(우빠니샤드)에서는 '폐기'라는 말의 생략된 짝이 '획득'이라는 말이라고 알려진다. 따라서 다른 경우들에도, 비록 '폐기'라는 말이[165] 단독으로 계시될지라도 획득이 따라온다.

계시되지 않기 때문에, 다른 명상적 지식의 영역에 속하기 때문에, 또 필연적이지 않기 때문에 함께하지 않는다고 주장한 것에 관해서 말한다. [폐기의] 분리를 그렇게 언급하는 것은, 만약 한 곳에서 실행대상으로 [이미] 계시된 그 어떤 것을 다른 곳으로 끌어온다면 가능하다.[166] 하지만 이 경우에는 폐기나 획득이 실행대상으로 언급되지 않는다. 다만 그 둘은 명상적 지식에 대한 찬양을 목적으로 하여 언급된다. 명상적 지식은 이와 같이 영광스럽다. 그 효력을 통해, 그 식자가 윤회의 원인으로 존재하는 선행과 악행을 털어내고, 또 그것들이 그의 동료들

165_ * '말이'(-śabda-)라는 표현은 Nirnaya에만 추가로 등장한다.

166_ 한 곳에서 '실행해야만 하는 것'(실행대상)이라고 이미 계시된 폐기를 다른 곳으로 가져와 적용시키려는 경우라면, 그 폐기는 이미 확립된 것이자 그 본래의 맥락에 제한된 것이므로 새롭게 적용시키려는 곳에서도 분리(vyavasthā)된 채로 언급될 수 있다.

과 원수들에 들어간다. 그리고 이러한 언급이 찬양을 목적으로 하는 경우에, 어떤 곳에서 획득이 폐기에 곧 이어서 존재해야만 하는 것으로 계시되기 때문에 다른 곳에서도 폐기가 계시될 때에 찬양의 탁월성을 얻기 위해 획득이 따라온다고 [수뜨라 저자는] 생각한다. 또한 "저 태양은 정녕 이 세상으로부터 스물한 번째이다."〈찬도 2.10.5〉라고 이렇게 운운하는 곳들에서는 어떤 아르타바다(의미진술)에 의존하여 다른 아르타바다가 작용한다고 잘 알려져 있다. 이 경우에 "달은 열둘이고, 계절은 다섯이며, 이 세상은 셋이고, 저 태양은 스물한 번째이다."라는 이러한 어떤 아르타바다에 의존하지 않을 때에, 실로 어떻게 태양이 스물한 번째라고 언급될 수 있다는 말인가! 마찬가지로 "두 뜨리슈뚜브[167]는 기관들을 가지는 것을 위해 존재한다."라는 등등과 같은 진술은 "기관들은 실로 뜨리슈뚜브이다."라는 등등과 같은 어떤 아르타바다에 의존한다고 알려진다. 게다가 획득에 대한 그러한 진술은 명상적 지식에 대한 찬양을 목적으로 하기 때문에, '어떻게 어떤 자에게 속하는 선행과 악행이 다른 자들에 의해 획득된다는 말인가?'라는 [의구심에] 지나치게 마음을 쏟을 필요는 없다.

한편 [수뜨라 저자는] '획득이라는 말이 [폐기의] 생략된 짝이기 때문이다'에서 '말'이라는 말을 함께 씀으로써 '폐기에 획득이 따라오는 것'이 오직 찬양을 목적으로 한다는 것을 암시한다. 왜냐하면 [그가] 세부사항(속성)들의 공유를 말하고자 하는 경우에는 폐기에 따라오는 것이 ['획득'이라는 말이 아니라] 획득되는 대상 자체라고 언급해야 하기 때문이다.[168] 따라서 이 수뜨라는 세부사항들의 공유를 검토하는 데 수반

167_ 뜨리슈뚜브(triṣṭubh)=44음절의 운율.

168_ 하지만 수뜨라 저자가 수뜨라에서 결코 획득의 대상(artha)이라고 언급하지 않기 때문에 그는 세부사항들의 공유를 말하고자 하지 않는다. 획득의 대상이란 선행과 악행을 가리킨다.

되는 것으로서, 찬양의 공유를 보여주려는 목적으로 [제시된다].

'꾸샤 가지,[169] 운율, 찬양, 성가처럼'이라는 것은 유비의 사용이다. 이 경우의 예를 들어, "꾸샤 가지여, 그대는 나무로부터 나왔도다. 그대가 나를 보호해 주소서!"라는 이러한 발라빈들의 베다 문구에서 꾸샤 가지들이 특정되지 않은 채 [단지] 나무를 원천으로 한다고 계시되는 경우에, 샤뜨야야닌들의 "우둠바라 나무로부터 나온"이라는 특정한 말을 통해 우둠바라 나무로부터 나온 꾸샤 가지들이 받아들여진다. 또한 예컨대, 어떤 곳에서 선신(데바)의 운율들과 악신(아수라)의 운율들[170] 사이의 선후관계가 특정되지 않은 채 우발적인 경우에, "선신의 운율들이 앞선다."라며 빠잉긴들의 성전을 통해 증명된다. 또한 예컨대, 어떤 곳의 '쇼다쉰(소마 잔)의 찬송가'에서 [노래를 하기 위한] 시간이 특정되지 않는다고 귀결되는 경우에, "태양이 떠오를 즈음의 시간에"라는 『리그베다』의 계시를 통해 특정한 시간이 결정된다. 또한 실로 예컨대, 그 어떤 [성전들은] 특정하지 않은 채 성가를 전하지만 발라빈들은 특정해서 전한다.[171]

예컨대 이러한 꾸샤 가지 등의 경우에 다른 계시서에 실린 특정한 것과 연계되듯이, 마찬가지로 폐기에서도 획득과 연계된다는 것이 [수뜨라의] 뜻이다. 왜냐하면 어떤 계시서에서 제시한 특정한 것이 다른 계시서에서 용인되지 않는다면 분명 모든 경우에 택일(擇一)의 [결합이] 생길 것이기 때문이다. 그리고 여지가 있는 경우에 이는 정당하지

169_ 꾸샤 가지(kuśā)=우드가뜨리 사제가 부르는 찬가를 세어 나갈 때 사용하는 작은 나뭇가지.

170_ 악신의 운율은 한 행마다 아홉 음절로 이루어진 것이고, 선신의 운율은 한 행마다 열 음절 이상으로 이루어진 것이다.

171_ 어떤 성전들은 그저 사제들이 성가를 불러야 한다고 일반적으로 규정하지만, 발라빈(Bhāllavin)들은 '아드바르유 사제는 성가를 불러서는 안 된다'라고 특정한 채로 규정한다.

않다. 이는 '미맘사 수뜨라'[172]에서 "하지만 다시, 보조적 문장이 되기 때문에 다른 것을 배제하게 될 것이다. 부정인 경우에는 택일이 있을 것이다."[173]〈미맘사-수 10.8.15〉라고 언급되었다.

또 다른 해설로서, 이 수뜨라를 통해서는 '털어냄'이라는 바로 그러한 계시들과 관계하여 이 점을 논의해야만 한다. '털어냄'이라는 이 말은 선행과 악행의 폐기를 지시하는가, 또는 [폐기가 아닌] 다른 대상을 지시하는가? 그리고 이 경우에 다음과 같이 결말이 생겨야만 한다.

[전론]: '털어냄'은 폐기를 지시하지 않는다. "어근 '두'는 '떪'에 대해서이다."[174]라고 전승되기 때문이다. 그리고 '깃발의 끄트머리가 매우 떨린다'라며, 바람에 의해 흔들리게 되는 깃발의 끄트머리에 대해 사용되는 것을 보기 때문이다. 따라서 '털어냄'은 흔들림을 지시한다. 그리고 흔들림이란, 선행과 악행의 [흔들림으로서, 그것들이] 일정한 시간에 결과를 낳는 것이 방해됨으로써 [가능하다].

이러한 결말이 생긴 것에 대해 답변해야만 한다.

[후론]: '털어냄'이라는 이 말은 오직 폐기에 대해 쓰여야만 한다. '획득'이라는 말이 생략된 짝이기 때문이다. 실로 어떤 자가 붙들고 있는 것인 선행과 악행을 버리지 않는다면 다른 자들이 [그 선행과 악행을] 획득하는 것은 가능하지 않다. 비록 어떤 자에 속하는 선행과 악행을

172_ 여기서는 '미맘사 수뜨라'를 'Dvādaśa-lakṣaṇī'(12개의 장을 가진 것)로 부른다.

173_ 어떤 만뜨라가 대부분의 제의에서 사용됨에도, 보조적 문장으로부터 그 만뜨라가 특정한 제의에서 사용되지 않아야 한다는 것을 듣는다면, 이는 만뜨라 자체가 사용되지 않아야 한다는 '부정'(pratiṣedha)이 아니라 특정한 제의에서 사용되지 않아야 한다는 '배제'(paryudāsa)에 해당한다. 만약 배제가 아니라 부정이라면, 만뜨라를 사용해야 하는지 사용하지 않아야 하는지 알 수 없는 택일의 결함에 빠지게 된다.

174_ <찬도 8.13.1> 등의 '털어냄'(vidhūnana)과 관련된 어근은 √dhū이다. 이 어근은 기본적으로 '떨다'라는 의미이다.

다른 자들이 그렇게 획득하는 것이 직접적으로는 가능하지 않을지라도, 그것이 [계시서에서] 언급됨으로 말미암아 당장 그에 호응하여 '털어냄'이라는 말은 오직 폐기라고 결론을 내릴 수 있다. 그리고 다만 어떤 곳에서[175] '털어냄'에 근접한 채로 그러한 획득이 계시되더라도, 꾸샤 가지, 운율, 찬양, 성가처럼, [그 획득은] '털어냄'이라는 계시어에 의해 모든 곳에서 요청됨으로써 모든 곳에 적용 가능한 '확정의 근거'가 된다.[176]

게다가 깃발의 끄트머리와는 달리 선행과 악행의 흔들림은 일차적 의미로 적합하지 않다. 물체가 아니기 때문이다. 더욱이 말은 털을 털어냄으로써 먼지를 버리고 바로 그와 함께 노후한 털마저 내던진다. 또한 "말이 털을 털어내듯이 죄를 털어낸 뒤에"라는 브라흐마나가 있다.[177] 그리고 동사 어근들은 여러 의미를 가진다고 용인되기 때문에 [문법에 대한] 전승서와 모순되지 않는다.

'이는 [미맘사 수뜨라에서] 언급되었다'라는 것은 [앞서] 설명했다. ‖26‖

{ 16. '죽음'이라는 주제: 수뜨라 27-28 }

27. [빠르양까(침상)의 명상적 지식에서는] 죽을 때에 [즉 육체로부터

175_ 어떤 곳에서=<까우 1.4>에서.

176_ <까우 1.4>의 특정한 언급은, 특정하지 않은 채로 언급되는 다른 모든 곳들에서 의미를 확정하는 데 근거가 된다.

177_ 말이 털을 털어낼 때는 먼지뿐만 아니라 오래된 털도 버린다. <찬도 8.13.1>에서는 말이 털을 털어내듯이 죄를 털어낸다고 한다. 따라서 '털어냄'이란 폐기의 의미이다.

빠져나올 때에 명상적 지식의 효력을 통해 선행과 악행이 폐기된다]; [중간계에서는 선행과 악행을 통해] 얻을 수 있는 것이 없기 때문이다; 실로 그와 같이 다른 [분파들이 전한다].
sāṃparāye tartavyābhāvāt tathā hy anye ‖27‖

까우쉬따끼들은 '빠르양까(침상)의 명상적 지식'에서 '신의 길'이라는 길을 따라 침상에 앉은 채 브라흐만으로 나아가는 자에게서, 그 도중에 선행과 악행이 분리되는 것을 전한다. "그는 '신의 길'이라는 이 길에 도달한 뒤에 불의 세상으로 옵니다."〈까우 1.3〉라고 시작한 뒤에 "그는 비라자 강으로 옵니다. 오직 마음을 통해 그 [강을] 건넙니다. 그때에 그는 선행과 악행을 털어냅니다."〈까우 1.4〉라고 한다.

이 경우에 '분리'라는 말은 계시된 바대로 단지 '도중에 [분리됨]'이라고 이해해야만 하는가,[178] 그렇지 않으면 단지 '시작에 [분리됨]'이라고 즉 '육체로부터 빠져나올 때에 [분리됨]'이라고 이해해야만 하는가?

이를 검토하는 데 계시서의 권위로부터 계시대로 이해된다는 결말이 생긴다.

[후론]: [이에 대하여 수뜨라 저자는] "… 죽을 때에"라고 언급한다. '죽을 때에' 즉 실로 갈 때에 즉 육체로부터 빠져나올 때에, 명상적 지식의 효력을 통해 선행과 악행의 그러한 폐기가 일어난다고 [수뜨라 저자는] 주장한다.

그리고 '얻을 수 있는 것이 없기 때문이다'라며 이유를 말한다. 실로 명상적 지식으로써 브라흐만을 획득하고자 하는 죽은 식자(識者)가 중간계에서 선행과 악행을 통해 '획득할 수 있는 것'은 전혀 없다. [만약]

178_ "그때에 그는 선행과 악행을 털어냅니다."라는 표현은 선행과 악행이 '도중에 분리되는 것'이라고 이해하게끔 한다.

그것이 있다면 그 둘이 잠시 동안 소멸(폐기)되지 않는다고 생각할 수 있다. 하지만 그 둘은 명상적 지식과 모순되는 결과를 가지기 때문에 명상적 지식의 효력에 의해 소멸된다.[179] 그리고 그것(소멸)은 명상적 지식이 그 결과를 낳으려고 하는 바로 그때에 초래되어야만 한다. 따라서 선행과 악행의 그러한 소멸이 실로 이전에 존재함에도 나중에 [존재하는 듯이] 언급된다.[180]

실로 그와 같이 심지어 다른 분파들이 즉 딴딘들과 샤뜨야야닌들이 바로 그 이전의 상태에서 선행과 악행이 폐기되는 것을 전한다. "말이 털을 털어내듯이 죄를 털어낸 뒤에"〈찬도 8.13.1〉에서이고, 또 "그의 아들들은 유산을 물려받고, 동료들은 선행을 물려받고, 원수들은 악행을 물려받는다."에서이다.‖27‖

28. [죽기 이전에] 의지에 따라 [노력을 실행해야 한다]; [이와 같이] 양자가 모순되지 않기 때문에, [죽을 때에 선행과 악행이 폐기된다].
chandata ubhayāvirodhāt ‖28‖

그리고 만약 육체로부터 빠져나온 자가 '신의 길'이라는 길을 따라 떠나는 동안 그 중도에서 선행과 악행이 소멸된다고 용인한다면, 그 경우 육체가 쓰러진 뒤에 [바로 그 중도에서는] '금계, 권계, 지식의 반복적 학습을 본질로 하고 선행과 악행을 소멸시키는 수단인 인간의 노력'을 의지껏 실행하는 것이 불가능함으로 말미암아 그것(노력)을 수단으로 하는 '선행과 악행의 소멸'이 분명 불가능하게 될 것이다. 따라서

179_ 선행과 악행의 결과는 명상적 지식의 결과와 서로 모순된다. 그 때문에 명상적 지식의 효력에 의해 선행과 악행이 소멸된다.

180_ '이전에' 즉 죽을 때에 선행과 악행이 소멸됨에도, <까우 1.4>에서는 마치 '나중에' 즉 도중에 소멸되는 듯이 언급된다.

실로 이전에 구도자의 상태에서[181] [자신의] 의지에 따라 그것(노력)을 실행해야 한다. 결국 선행과 악행의 폐기는 그것(노력)을 앞세운다고 간주해야만 한다.

이와 같이 동작의 원인과 동작의 결과[182]라는 [관계가] 합당하고 또 딴딘들과 샤뜨야야닌들의 계시들과 조화로우므로, [죽을 때에 선행과 악행이 폐기된다].[183]‖28‖

{ 17. '여로의 의의'라는 주제: 수뜨라 29-30 }

29. ['신의 길'에서] 여로의 의의는 두 가지 경우에 [즉 유속성의 계속적 명상들과 참된 직관의 경우에 차별적으로 적용되어야만 한다]; 왜냐하면 그렇지 않으면 [즉 일률적으로 여로를 수용한다면] 모순이 [생길 것이기] 때문이다.

gater arthavattvam ubhayathā 'nyathā hi virodhaḥ ‖29‖

181_ 실로 이전에 구도자의 상태에서=죽기 이전에 명상적 지식을 추구하는 상태에서.

182_ 동작의 원인이란 노력이고, 그 결과란 선행과 악행의 폐기이다.

183_ 이 수뜨라에 대해서는 해석의 여지가 많다. 특히 수뜨라의 'ubhayāvirodhāt'에서 'ubhaya'(양자)를 무엇으로 간주하느냐 하는 문제가 중요하다. 양자를 '동작의 원인'과 '동작의 결과'라고 볼 수도 있고, 양자를 '동작의 원인'과 '동작의 결과' 혹은 '딴딘들의 계시'와 '샤뜨야야닌들의 계시' 가운데 어느 하나라고 볼 수도 있다. 하지만 주석가의 의도를 고려한다면, 이 양자란 '동작의 원인과 동작의 결과'와 '딴딘들과 샤뜨야야닌들의 계시들'일 가능성이 크다. 왜냐하면 <수뜨라 3.3.27>과 관계하는 논거가 '딴딘들과 샤뜨야야닌들의 계시들과 조화롭다'는 것이고 <수뜨라 3.3.28>과 관계하는 논거가 '동작의 원인과 동작의 결과라는 관계가 합당하다'는 것이기 때문이다. 바로 이러한 두 논거로부터 즉 모순되지 않는(합당하고 조화로운) 양자의 논거로부터, 두 수뜨라 전체의 결론인 '죽을 때에 선행과 악행이 폐기된다'라는 것이 정론이라고 증명된다.

어떤 곳에서는 공덕(功德)과 악덕(惡德)을 폐기하는 것과 근접해서 '신의 길'이라는 길이 계시되고, 다른 곳에서는 계시되지 않는다.

이 경우에 의문이 생긴다. [공덕과 악덕이] 폐기될 때에 '신의 길'이라는 길이 실로 일률적으로 함께할(따라올) 것인가, 아니면 차별적으로 어떤 경우에는 함께할 것이고 다른 경우에는 함께하지 않을 것인가?

[전론]: 먼저 [선행과 악행이] 폐기될 때에 실로 일률적으로 획득이 따라온다고 언급한 것처럼,[184] 마찬가지로 신의 길이 따라오는 것도 [일률적으로] 적용되어야만 한다.

이렇게 귀결되는 경우에 우리는 말한다.

[후론]: '신의 길'이라는 길에서 여로의 의의는 두 가지 경우에 [즉 유속성의 계속적 명상들과 참된 직관의 경우에][185] 차별적으로 적용되어야만 한다. 일률적이지 않음으로 말미암아 어떤 경우에는 여로에 의의가 있고 다른 경우에는 의의가 있지 않다.

왜냐하면 그렇지 않으면 즉 실로 일률적으로 그 여로를 수용한다면 모순이 생길 것이기 때문이다. [예컨대] "공덕과 악덕을 털어낸 뒤에 오점이 없이 궁극적인 합치에 도달한다."〈문다 3.1.3〉라고 이렇게 계시되는 경우에는, 어떤 곳으로 이끄는 그 여로란 모순될 것이다. 실로 어떻게 오점이 없고 가지 않는 자가 [공덕과 악덕을 폐기한 뒤에] 어떤 곳으로 갈 것이란 말인가![186] 결국 '도달하는 것으로서 궁극적인 합치'

184_ <수뜨라 3.3.26>과 <주석 3.3.26> 참조.

185_ '두 가지 경우에'란, <주석 3.3.30>을 통해 유속성과 무속성 브라흐만에 대한 지식을 가리킨다는 점을 알 수 있다. 유속성 브라흐만에 대한 명상적 지식을 가진 자에게는 '신의 길'이라는 여로에 의의가 있고, 무속성 브라흐만에 대한 참된 직관을 가진 자에게는 그 여로에 의의가 없다.

186_ 주석가는 <문다 3.1.3>과 같은 사례를 통해 여로(gati) 자체에 의의가 없는 경우를 보여주고자 한다. 즉 이 계시는 공덕과 악덕이 폐기될 때에 '신의 길'이 뒤따르지 않는 사례에 해당한다.

가 '어떤 곳에 도달하는 것'에 의존하지 않으므로, 이 경우에는 여로에 의의가 있지 않을 뿐이라고 우리는 생각한다.‖29‖

30. [두 가지 경우라는 상황은] 합당하다; 그것(여로)을 지시하는 내용이 [유속성의 계속적 명상들에서는] 알려지고 [참된 직관과 관계해서는 알려지지 않기] 때문이다; [이러한 구분은] 세상에서처럼 [알려져야만 한다].

upapannas tallakṣaṇārthopalabdher lokavat ‖30‖

그리고 두 가지 경우라는 그러한 상황은 즉 어떤 경우에는 여로에 의의가 있고 다른 경우에는 의의가 있지 않는 것은 합당하다.

그것(여로)을 지시하는 내용이 알려지기 때문이다.[187] 실로 '빠르양까의 명상적 지식' 등 유(有)속성의 계속적 명상들에서는 여로의 근거가 되는 내용이 알려진다. 예를 들어 '침상에 올라타기, 침상에 앉은 브라흐만과 대화하기, 특정한 향기 등을 누리기'라는 등등과 같이 '어떤 곳에 도달하는 것'에 의존하는 여러 결과들이 계시되는 경우에는, 여로에 의의가 있다.[188]

반면에 참된 직관과 관계해서는 그것(여로)을 지시하는 내용이 알려지지 않는다. 실로 아뜨만의 유일성을 직관하고 욕망이 충족되고 바로 이 세상에서 모든 번뇌의 씨앗을 태운 자들에게 '향유가 시작된 잠재업을 소모하는 것'과는 별도로 아무것도 필요치 않는 경우에는, 여로에

187_ 수뜨라에서 '그것'이라는 말이 '여로'를 가리킨다는 것은, 이 문장에 바로 이어지는 문장을 통해 확인할 수 있다. 그런데 수뜨라 자체만을 따져본다면 '그것'이라는 말은 '두 가지 경우'를 가리킬 수도 있다. 즉 '그것'이라는 말은 '여로에 의의가 있는 경우와 여로에 의의가 없는 경우'를 가리킬 수도 있다.

188_ 이는 '신의 길'을 따라 브라흐만 세상으로 가는 여로이다.

의의가 없다.

또한 이러한 구분은[189] 세상에서처럼 알려져야만 한다. 예컨대 이 세상에서 '어떤 곳으로 이끄는 길'이란 마을에 도달할 때 필요로 할 뿐이고 건강을 획득할 때 필요로 하지 않듯이, 이 경우에도 마찬가지이다.

그리고 이러한 구분을 또 다시 제4장에서, 우리는 더 명료하게 제시할 것이다.‖30‖

{ 18. '제한되지 않음'이라는 주제: 수뜨라 31 }

31. [여로는] 제한되지 않고, 모든 [유속성의 명상적 지식들에 대해 적용되어야만 한다]; 성언(계시서)과 추론(전승서) 때문에 [장절과] 모순되지 않는다.

aniyamaḥ sarvāsām avirodhaḥ śabdānumānābhyām ‖31‖

여로는 유(有)속성의 명상적 지식들과 관계하여 의의가 있고 무속성의 지고한 아뜨만에 대한 지식과 관계하여 의의가 있지 않다고 언급했다. 여로는 바로 그 유속성의 명상적 지식들 가운데 어떤 것들에서 계시된다. 예컨대 '빠르양까(침상)의 명상적 지식', '우빠꼬살라의 명상적 지식', '빤짜그니(다섯 불)의 명상적 지식', '다하라(작은 것)의 명상적 지식'에서이다. 다른 것들에서는 계시되지 않는다. 예컨대 '마두(벌꿀)의 명상적 지식', '샨딜르야의 명상적 지식', '쇼다샤깔라(열여섯 부분)의 명

189_ 이러한 구분은=여로 자체가 어떤 경우에 의의가 있고 다른 경우에 의의가 없다고 구분하는 것은.

상적 지식', '바이슈바나라의 명상적 지식'에서이다.

이 경우에 의문이 생긴다. 그 여로는 계시되는 바로 그곳들에서 제한되어야 하는가, 아니면 제한되지 않음으로써 그러한 유형의 바로 그 모든 명상적 지식들과 관련되어야 하는가?

실로 무엇으로 귀결되는가?

[전론]: [여로는] 제한된다. 계시되는 바로 그곳에서 그러해야만 한다. 장절(맥락)이 '제약하는 것'이기 때문이다. 만약 다만 어떤 곳에서 계시되는 여로가 다른 명상적 지식으로 이동한다면(적용된다면), 계시서 등의 진리성이 해를 입을 것이다. 모든 것이 모든 것의 의미가 되는 부조리한 결말이 생기기 때문이다. 더 나아가 빛에서 시작하는 오직 하나의 여로가 '우빠꼬살라의 명상적 지식'과 '빤짜그니의 명상적 지식'에서 동등하게 언급된다. [하나의 여로가] 모든 것의 의미가 되는 경우에는 이러한 반복이 무의미해질 것이다. 따라서 제한된다.

이와 같은 귀결에서 [수뜨라 저자는] 언급한다.

[후론]: [여로는] 제한되지 않는다. '신의 길'이라고 불리는 그 여로는 '고양되는 것'(번영의 획득)을 결과로 하는 바로 그 모든 유속성의 명상적 지식들에 대해 한결같이 적용되어야만 한다.

[전론]: 제한되지 않는다고 용인하는 경우에 장절과 모순된다고 말했지 않는가?

[후론]: 그러한 모순은 없다. 성언과 추론 때문이다. 즉 '계시서와 전승서 때문이다'라는 뜻이다. 그러한 증거로서, "그 경우에 이와 같이 아는 자들과"〈찬도 5.10.1〉에서 빤짜그니의 명상적 지식을 가진 자들을 위한 '신의 길'이라는 길을 통용시킴으로써[190] "믿음과 고행으로 삼림에서 계속 명상하는 그러한 자들은"〈찬도 5.10.1〉에서 다른 명상적

190_ 통용시킴으로써(avatārayantī)=소개함으로써.

지식을 실행하는 자들마저 빤짜그니의 명상적 지식을 아는 자들과 동일한 길을 얻는다는 것을, 계시서는 이해하게끔 한다.[191]

[전론]: 그렇다면 어떻게 다른 명상적 지식을 실행하는 자들이 그 여로를 얻는다고 알려진다는 말인가? 단지 믿음과 고행이 계시됨으로 말미암아 오직 그 [둘에] 깊이 몰두하는 자들에게만 [그 여로가] 가능하지 않는가?

[후론]: 그러한 결함은 없다. 왜냐하면 명상적 지식의 힘을 배제한 채로 믿음과 고행 단독으로는 그 여로가 얻어지지 않기 때문이다. "그들은 명상적 지식을 통해 욕망들이 사라져버린 그곳으로 올라간다. [일에] 능통한 자들은[192] 그곳으로 가지 못한다. 고행을 하지만 지식이 없는 자들도 그곳으로 가지 못한다."라며 다른 곳에서 계시되기 때문이다. 따라서 이 경우에는 믿음과 고행에 의해 다른 명상적 지식이 함의된다.

한편 바자사네인들은 '빤짜그니의 명상적 지식'을 [다루는] 장절에서 "이와 같이 그것을 아는 자들과, 믿음으로 삼림에서 존재를 계속 명상하는 그러한 자들은"〈브리 6.2.15〉이라고 언급한다. 이 경우에는 '믿음의 편린으로 [삼림에서] 존재인 브라흐만을 계속 명상하는 자들은'이라고 설명해야만 한다. '존재'라는 말은 종종 브라흐만에 대해 사용되기 때문이다. 그리고 바로 그 '이와 같이 아는'[193]이라는 것을 통해 빤

191_ 인용한 <찬도 5.10.1>의 온전한 문장은 "그 경우에 이와 같이 아는 자들과, 믿음과 고행으로 삼림에서 계속 명상하는 그러한 자들은, [바로 그] 빛에 도달합니다."이다. 여기서 '이와 같이 아는 자들'이란 '빤짜그니의 명상적 지식을 가진 자들'이라는 뜻이다. 그리고 '믿음과 고행으로 삼림에서 계속 명상하는 그러한 자들'이란 '다른 명상적 지식을 실행하는 자들'이라는 뜻이다. 이들은 모두 '[바로 그] 빛에 도달합니다'에서 보듯이 동일한 길을 얻는다.

192_ [일에] 능통한 자들은=베다의 제의 등에 능통한 자들은.

193_ '이와 같이 아는'이란 '<브리 6.2.15>에 앞서 가르쳐진 내용을 아는'을 뜻한다. <찬도 5.10.1>에 앞서 빤짜그니의 명상적 지식이 구체적으로 가르쳐지듯

짜그니의 명상적 지식을 아는 자들이 언급되기 때문에, 그 [뒷부분을] 통해[194] 오직 다른 명상적 지식에 깊이 몰두하는 자들이 언급되는 것은 정당하다.

또한 계시서는 "이제 이러한 두 길을 알지 못하는 자들은, 벌레들, 나방들, 그 무엇이든지 깨무는 것[195]들이 됩니다."〈브리 6.2.16〉라며 두 개의 길을 벗어나버린 가혹한 추락을 지시함으로써, 그들을 '신의 길'과 '조상의 길' 자체에 포함시킨다.[196] 이 경우조차도 그들은 명상적 지식이 동등함으로 말미암아 '신의 길'을 획득한다.[197]

전승서 또한 "희고 검은 그 두 여로는 세계에서 실로 영원하다고 간주됩니다. 하나를 통해 되돌아오지 않음으로 나아가고, 다른 것을 통해 다시 되돌아옵니다."〈기따 8.26〉라고 한다.

한편 '신의 길'이라는 길을 '우빠꼬살라의 명상적 지식'과 '빤짜그니의 명상적 지식'에서 두 번 전하는 것은, 두 곳 모두 '[길 자체에 대해] 명상하는 것'을 위해서이다.

그러므로 [여로는] 제한되지 않는다.‖31‖

이 <브리 6.2.15>의 경우에도 마찬가지이다.

194_ 그 [뒷부분을] 통해=<브리 6.2.15>의 "믿음으로 삼림에서 존재를 계속 명상하는 그러한 자들은"이라는 것을 통해.

195_ 깨무는 것(dandaśūka)=뱀 또는 각다귀나 모기.

196_ 여기서 '그들'이란 '다른 명상적 지식을 가진 자들'을 가리킨다. 계시서는 '신의 길'과 '조상의 길'로부터 추락하는 제3의 길을 지시함으로써 다른 명상적 지식을 가진 자들이 반드시 두 개의 길 가운데 어느 하나로 나아간다는 점을 암시한다.

197_ 다른 명상적 지식을 가진 자들의 지식이 빤짜그니의 명상적 지식과 동등하기 때문에, 그들은 조상의 길보다는 신의 길로 나아간다. 여기서 'vidyāviśeṣād'(명상적 지식이 동등함으로 말미암아)라는 표현은 '탁월한 명상적 지식을 통해'라고 읽을 수도 있다. 그러면 전체 문장은 "이 경우조차도 그들은 탁월한 명상적 지식을 통해 '신의 길'을 획득한다."이다.

{ 19. '임무가 있는 한'이라는 주제: 수뜨라 32 }

32. [식자의 경우에] 임무를 가진 자들은 임무가 있는 한 [육체를 가진 채로] 존재한다.

yāvad adhikāram avasthitir ādhikārikāṇām ‖32‖

식자(識者)의 경우에 현존하는 육체가 소멸하는 것에 곧 이어서 다른 육체가 생기는지 혹은 생기지 않는지, [이 점을] 고려한다.

[반박]: 독존(獨存)의 성취수단으로 존재하는 지식이 완성된 경우에 그것(독존)의 성취가 가능한지 혹은 가능하지 않은지, 그렇게 고려하는 것은 합당하지 않지 않는가? 예를 들어 요리의 수단들이 갖춰진 경우에 음식이 생길 것인지 혹은 생기지 않을 것인지 고려하는 것은 적합하지 않다. 또한 [그 경우에] 먹는 자가 만족할 것인지 혹은 만족하지 않을 것인지 고려하지는 않는다.

[전론]: 하지만 그렇게 고려하는 것은 합당하다. 이띠하사(서사집)와 뿌라나(전설집)에서는 심지어 브라흐만을 아는 그 어떤 자들에게도 다른 육체가 생긴다는 것을 보여주기 때문이다.

그러한 증거로서, '아빤따라따마스'[198]라고 불리는 베다의 대스승이자 태고의 성자는 비슈누의 강제적 명령을 통해 깔리와 드바빠라 [유가의] 교차점에서 끄리슈나 드바이빠야나로 태어났다고 전승된다. 그

198_ 아빤따라따마스(Apāntaratamas)=나라야나(Nārāyaṇa)가 '부후'(bhūḥ)라고 발화함으로써 그로부터 현현되었다고 알려지기도 하고 사라스바띠(Sarasvatī)의 아들로 알려지기도 한다. 나라야나는 매 만반따라(마누의 통치 기간)마다 아빤따라따마스(내부의 어둠을 제거한 자)에게 베다를 편집하고 보급하도록 명령한다. 깔리(Kali)와 드바빠라(Dvāpara) 유가의 교차시기에 그는 끄리슈나 드바이빠야나(Kṛṣṇa Dvaipāyana) 즉 베다브야사(Vedavyāsa)로 다시 태어난다.

리고 바시슈타는 브라흐마의 마음에서 태어난 아들임에도 니미의 저주에 의해 이전의 육체를 잃고 또다시 브라흐마의 명령을 통해 미뜨라와 바루나로부터 태어났다. 또한 브리구 등도, 바로 그 브라흐마의 마음에서 태어난 아들들로서, 바루나의 제의 동안에 또다시 태어났다고 전승된다. 사나뜨꾸마라 역시, 바로 그 브라흐마의 마음에서 태어난 아들로서, 스스로 루드라에게 은총을 주는 것을 통해 스깐다가 되어 나타났다. 실로 마찬가지로, 닥샤, 나라다 등이 이러저러한 원인을 통해 다른 육체로 태어나는 것을 전승서에서는 매우 많이 이야기한다. 심지어 계시서에서도, 주로 만뜨라와 아르타바다(의미진술)에서 [다른 육체로 태어나는 것을] 알려준다.

그리고 그들 가운데 어떤 자들은 이전의 육체가 쓰러진 뒤에 다른 육체를 취하지만, 어떤 자들은 그것이 분명 유지되는 동안에 요가의 초능력에 힘입어 여러 육체들을 취하는 방식으로 다른 육체를 취한다. 또한 그들 모두는 베다의 전체 의미를 이해했다고 전승된다.

결과적으로 그들이 다른 육체로 태어나는 것을 보여주기 때문에 브라흐만에 대한 지식은 한편으로 해탈의 수단이거나 한편으로 수단이 아니라고 귀결된다.

이로부터 답변을 한다.

[후론]: 아니다. 아빤따라따마스를 비롯한 그들은, 베다의 반포(頒布) 등 세상을 존속시키는 수단인 [여러] 임무들에 강제되면서, 임무에 의존함으로 말미암아 존속되기 때문이다. 예컨대 신성한 저 태양은 수천의 유가 동안 세계를 위한 임무를 행한 뒤에 그 끝에서 솟음과 저묾이 없는 독존을 누린다. "이제 그 후에는 위로 솟은 채 결코 솟지도 않고 저물지도 않는다. 오직 홀로 가운데에 머무른다."〈찬도 3.11.1〉라고 계시되기 때문이다. 또한 예컨대 현존하면서 브라흐만을 아는 자들은 시작된 향유가 소멸될 때에 독존을 경험한다. "그는 자유로워지지 않는

바로 그러한 만큼 오래 있다가, 그러고 나서 융합된다."〈찬도 6.14.2〉 라고 계시되기 때문이다.

마찬가지로 아빤따라따마스를 비롯한 신들마저 지고한 신에 의해 이러저러한 임무들에 강제되면서, 비록 독존의 수단인 참된 직관이 있을지라도, 업(業)이 소멸되지 않고 임무가 있는 한 [육체를 가진 채로] 존재하고 또 그 끝에서[199] 해방되므로, 모순은 없다. 왜냐하면 그들은 '결과를 주기 위해 한번 작동했을 뿐인 잠재업'을 제거하는 동안 오직 독자적으로 집에서 다른 집으로 옮기는 것처럼 다르고 다른 육체로 옮기면서, 자신의 임무를 완성하기 위해 실로 사라지지 않은 기억을 가진 채로 육체와 기관의 원물질(原物質)을 통제하는 것을 통해 육체들을 창조한 뒤에 동시적으로 또 순차적으로 거주하기 때문이다. 그리고 그들은 [단순히] '전생을 기억하는 자'[200]라고 불리지 않는다. "이들이 바로 그들이다."라며 전승서에서 잘 알려져 있기 때문이다.[201] 실로 예컨대, '술라바'라고 불리는 '브라흐만에 대한 여성 논자'는 자나까와 논쟁하기를 원하여 자신의 육체를 내버리고 자나까가 가진 육체에 들어간 채로 그와 논쟁하고 나서, 나중에는 바로 그 자신의 육체로 들어왔다고 전승된다.

실로 만약 한번 작동한 업이 사용된 뒤에 '다른 육체를 산출하는 원인인 다른 업'이 나타난다면, 그 경우에 '씨앗이 타지 않은 그 어떤 다른 업'마저도 바로 그것처럼[202] 수반될(나타날) 것이므로, 브라흐만에

199_ 그 끝에서=업이 완전히 소멸되고 임무가 종료될 때에.

200_ 전생을 기억하는 자(jātismara)=불가피하게 이전의 육체를 떠나 새로운 육체를 얻은 뒤 이전 육체에서의 모든 것들을 기억하는 자.

201_ 아빤따라따마스를 비롯한 신들은 자발적으로 육체를 창조하기 때문에 불가피하게 새로 태어난 '전생을 기억하는 자'와는 다르다. 또한 그들은 어떤 상황에서든지 자기동일성을 선명하게 유지하기 때문에 '전생을 기억하는 자'와는 다르다.

대한 지식은 한편으로 해탈의 수단이거나 한편으로 수단이 아니라고 의문시될 것이다. 하지만 이러한 의문은 합리적이지 않다. 지식을 통해 업의 씨앗을 태우는 것은 계시서와 전승서에서 잘 알려져 있기 때문이다. 그러한 예시로서, 계시서는 "지고한 것(원인)이자 지고하지 않은 것(결과)인 그것(아뜨만)이 보일 때, 마음의 매듭이 끊기고 모든 의심들이 풀리며, 또한 그의 행위들이 소멸된다."〈문다 2.2.8〉라고 한다. 또한 "기억을 얻을 때에 모든 매듭들이 풀린다."〈찬도 7.26.2〉라고 이렇게 운운한다. 전승서 또한, "아르주나여, 마치 타오르는 불이 장작들을 재로 만들듯이, 마찬가지로 지식의 불은 모든 업(행위)들을 재로 만듭니다."〈기따 4.37〉, "마치 불에 타버린 씨앗들이 다시 자라지 않듯이, 마찬가지로 아뜨만은 지식에 의해 타버린 번뇌들과 다시 결합하지 않는다."라고 이렇게 운운한다.

게다가 무지 등의 번뇌가 타버린 경우에 번뇌의 씨앗인 잠재업에서 한 부위가 타고 한 부위가 자라는 것은 가능하지 않다. 예를 들어 불에 타버린 벼의 씨앗에서 한 부위가 자란다고는 관찰되지 않는다. 반면에 결과가 작동한 잠재업은 '떠난 화살'처럼 추진력이 소멸됨으로써 멈춘다. "그는 … 바로 그러한 만큼 오래 있다가"라며, 육체가 소멸될 때까지 [해탈을] 지연시키기 때문이다.[203] 따라서 임무를 가진 자들이 임무가 있는 한 [육체를 가진 채로] 존재한다는 것은 합당하다.

더욱이 지식의 결과는 상대적(우연적)이지 않다. 또한 그와 같이, 계시서는 실로 한결같이 모든 경우들에서 지식을 통한 해탈을 보여준다. "그것을 깨달은 신격들 가운데 그 누구이든지, 바로 그가 그것이 되었

202_ 바로 그것처럼=다른 육체를 산출하는 원인인 다른 업처럼.

203_ '육체가 소멸될 때까지 [해탈을] 지연시키기 때문이다'(śarīrapātāv adhi kṣepakaraṇāt)라는 표현을 직역하면, '육체의 소멸 위에 [해탈의] 지연을 만들기 때문이다.'이다.

다. 성자들도 마찬가지이고 인간들도 마찬가지이다."〈브리 1.4.10〉에서이다. 그리고 [그 어떤] 위대한 성자들은 초능력 등의 결과를 낳는 다른 지식들에 이끌렸을지도 모른다. 그들이 나중에 초능력의 소멸을 봄으로써 낙담했고, 지고한 아뜨만에 대한 지식에 몰입함으로써 독존을 얻었다는 것은 합당하다. "지고한 자의 종말에서[204] 귀환이 다가올 때, 마음이 순화된 그들 모두는 브라흐마와 함께 지고한 거처로 들어간다."라고 전승되기 때문이다.

또한 지식은 직각(直覺)적인 결과를 가지기 때문에 결과가 부재한다고 의심(염려)하는 것은 합당하지 않다. 실로 직각에 기반을 두지 않는 천국 등과 [같은] 행위의 결과에 관해서는 [결과가] 가능한지 혹은 불가능한지 의심(염려)이 생길 것이다. 반면에 지식의 결과는 직각에 기반을 둔다. "직접적일 뿐 간접적이지 않은 브라흐만이자"〈브리 3.4.1〉라고 계시되기 때문이다. 또한 "그것이 너이다."〈찬도 6.8.7〉라며 확립된 것을 가르치기 때문이다. 실로 "그것이 너이다."라는 이 문장에서, '너'가 죽어서 '그것'이 될 것이라는 그와 같은 의미가 도출될 수는 없다. 그리고 "실로 그러한 그것을 직관함으로써(봄으로써) 성자 바마데바는 '나는 마누였고 또 태양이었다.'라고 알게 되었다."〈브리 1.4.10〉에서는 오직 참된 직관의 순간에 [발생하는] 그 결과를 즉 '모든 것을 아뜨만으로 하는 것'을 보여준다.

그러므로 식자가 독존을 성취하는 것은 절대적(필연적)이다.‖32‖

204_ 지고한 자의 종말에서=히란야가르바의 통치가 끝나가는 시점에서.

{ 20. '불멸체의 명상적 관념'이라는 주제: 수뜨라 33 }

33. 하지만 불멸체와 [관계하여 세부사항들을 부정하는] 명상적 관념들은 [모두가 모든 곳에서] 제공(공유)된다; [형태가] 공통적이고 [대상이] 동일하기 때문이다; 우빠사드 제의처럼 [세부사항들은 기원과 관계없이 모든 곳에서 불멸체와 관련된다]; 이는 [미맘사 수뜨라에서] 언급되었다.

akṣaradhiyāṃ tv avarodhaḥ sāmānyatadbhāvābhyām aupasadavat tad uktam ‖33‖

바자사네야까에서는 "가르기여, 그것은 이 불멸체라고 브라흐마나들은 전합니다. 그것은 광대하지도 않고 미세하지도 않으며, 짧지도 않고 길지도 않으며, 붉지도 않고 기름지지도 않으며"〈브리 3.8.8〉라는 등이 계시된다. 그리고 아타르바나(『아타르바베다』에 소속된 문헌)에서는 "이제 상위의 [지식인] 그것을 통해 그 불멸체를 획득합니다. [불멸체는] 보일 수 없고 파악될 수 없는 것이며, 근원이 없고 특색이 없는 것이며"〈문다 1.1.5-6〉라는 등이 계시된다. 바로 이와 같이, 다른 곳에서도 세부사항(특성)을 부정하는 것을 통해 지고한 브라흐만으로서의 불멸체를 들려준다. 그리고 이 경우에 어떤 곳에서는 추가적으로 그 어떤 세부사항들이 부정된다.[205]

세부사항을 부정하는 이러한 명상적 관념들은 모두가 모든 곳에서 유효한가 아니면 분리되는가 하는 의문에 대해, [먼저] 계시서가 구분

205_ 어떤 곳에서 부정되지 않은 세부사항(viśeṣa, 특성)들이 다른 어떤 곳에서 추가적으로 부정된다.

됨에 따라 분리된다고 귀결된다.

[이에 대하여] 말한다.

[후론]: 하지만 불멸체와 관계하여 세부사항들을 부정하는 명상적 관념들은 모두가 모든 곳에서 제공(공유)되어야만 한다. [형태가] 공통적이고 [대상이] 동일하기 때문이다. 실로 모든 곳에서 브라흐만을 확립하는 방식으로서 세부사항을 부정하는 형태는 공통적이다. 그리고 모든 곳에서 바로 그 동일한 브라흐만이 '확립해야만 하는 것'으로 인지된다. 이 경우에 도대체 왜 어떤 곳에서 언급된 명상적 관념들이 다른 곳에서 [공유되지] 않아야 하는가!

또한 이와 같이 "주된 것(브라흐만)이 가지는 환희 등의 [세부사항들은 모두 모든 곳에서 수용되어야만 한다]; [브라흐만은 모든 곳에서 차이가 없기 때문이다]."〈수뜨라 3.3.11〉라는 곳에서는 [이미] 설명했다. 그 경우에는 긍정적인 세부사항들이 고려되고 이 경우에는 부정적인 세부사항들이 고려된다는 것이 차별점이다. 그리고 이렇게 차이를 두고 고려하는 것은 상술(부연설명)을 위해서이다.[206]

'우빠사드 제의처럼'이란 예시이다. 예컨대, 자마다그니의 아히나[207]와 관계하여 떡을 바치는 우빠사드 [제의가] 규정된 경우에, 비록 "아그니(불)여, 공물 제의를 진척시키기를!"〈딴드-브 21.10.11〉라는 등등과 같이 떡을 제공하는 만뜨라들은 '우드가뜨리 사제의 베다'(사마베다)에 기원하는 것일지라도 [야주르베다의] 아드바르유 사제들과 관련되어 있다. 아드바르유 사제가 떡을 제공하는 행위주체이기 때문이고, 또

206_ <수뜨라 3.3.11>과 <수뜨라 3.3.33> 사이에 차이를 두고 고려하는 것은 브라흐만에 대한 세부사항들을 긍정적으로 또 부정적으로 나누어서 상술하려는 목적 때문이다.

207_ 아히나(Ahīna)=항상 보름에 시작되는 소마 관련 제의로서 이를 실행하는 데는 하루 이상의 여러 날(2일-12일)이 소요된다.

종속적인 것들이 주된 것에 의존하기 때문이다.[208] 마찬가지로 이 경우에도, 그러한 세부사항들이 불멸체(주된 것)에 의존하기 때문에, [세부사항들이] 설령 그 어떤 곳에서 기원한다 해도 모든 곳에서 불멸체와 관련된다는 것이 [수뜨라의] 뜻이다.

이는 제1편(미맘사 수뜨라)에서 언급되었다. "부차적인 것과 일차적인 것이 상반되는 경우에 [부차적인 것은] 그것(일차적인 것)을 목적으로 하기 때문에, 베다는 일차적인 것과 관련된다."〈미맘사-수 3.3.9〉라는 곳에서이다.‖33‖

{ 21. '한계'라는 주제: 수뜨라 34 }

34. [명상적 지식은 동일하다]; [두 만뜨라 모두에서 지식대상(신)은] '한계에 [의해 제한된 것'이라는 그 형태에 차이가 없다고] 전해지기 때문이다.

iyadāmananāt ‖34‖

『아타르바베다』의 추종자들과 슈베따슈바따라들은 인격적인(소우주적인) 것에 대한 장절에서 "함께하는 동료인 두 마리의 새가 동일한 나무에 깃들여 있다. 둘 중에 하나는 달콤한 과육을 먹고, 다른 하나는 먹지 않은 채 구경한다."〈문다 3.1.1; 슈베 4.6〉라는 만뜨라를 언급한

208_ 여기서 '떡을 제공하는 것'과 '만뜨라' 가운데 전자는 '주된 것'(pradhāna)이고 후자는 '종속적인 것'(aṅga)이다. 비록 만뜨라 자체가 우드가뜨리 사제와 관련될지라도 아드바르유 사제가 주된 것을 즉 떡을 제공하는 것을 담당함으로 말미암아 종속적인 그 만뜨라마저도 아드바르유 사제와 관련된다고 할 수 있다.

다. 마찬가지로 까타들은 "선행의 세상에서(육체에서) 행위결과를 마시는 그 둘은 궁극적으로 지고한 거처인 [심장의] 공동에 들어갔다. 브라흐만을 아는 자들은, 즉 5가지의 불을 숭배하고 '나찌께따스'를 3번 행하는 자들은, [이 둘을] '그늘과 빛'이라고 말한다."〈까타 3.1〉라고 언급한다.

이 경우에 명상적 지식은 동일한가 아니면 명상적 지식은 상이한가 하는 것이 의문이다.

실로 무엇으로 귀결되는가?

[전론]: 명상적 지식은 상이하다.

어떤 근거에서? 차별점을 보기 때문이다. 실로 "[함께하는 동료인] 두 마리의 새가"라는 곳에서는 하나가 향유주체라고 알려지고 다른 하나가 향유주체가 아니라고 알려진다. "[선행의 세상에서] 행위결과를 마시는 그 둘은"이라는 곳에서는 두 가지 모두가 향유주체일 뿐이라고 알려진다. 결과적으로 지식대상의 형태에 차이가 있음으로써 명상적 지식에 차이가 있어야 한다.

이와 같은 귀결에서 [수뜨라 저자는] 말한다.

[후론]: 명상적 지식은 동일하다.

어떤 근거에서? 이러한 두 만뜨라의 양자 모두에서 지식대상은 '두 번째를 가지는 것' 즉 '한계에 의해 제한된 것'이라는 그 형태에 차이가 없다고 전해지는 까닭에서이다.

[전론]: 형태에 차이가 있다고 밝혔지 않는가?

[후론]: 아니라고 말한다. 이러한 두 만뜨라의 양자 모두는 '개별자아를 두 번째로 가지는 신'을 제시할 뿐 다른 것을 제시하지 않는다.

먼저 "[함께하는 동료인] 두 마리의 새가"라는 곳에서는 "다른 하나는 먹지 않은 채 구경한다."라며 배고픔 등을 초월하는 지고한 아뜨만을 제시한다. 또한 보조적 문장에서마저 바로 그것을 제시한다고 알려진다. "그가 다른 하나인 '만족하는 신'과 그의 영광을 볼 때에"〈문다 3.1.2; 슈베 4.7〉에서이다. 반면에 "[선행의 세상에서] 행위결과를 마시는 그 둘은"이라는 곳에서는, '양산을 쓴 자들'이라는 논리에 따라, 개별자아가 [행위결과를] 마실 때에 배고픔 등을 초월하는 지고한 아뜨만마저 [이에] 호응함으로써 [행위결과를] 마신다고 비유적으로 적용한다.[209] 이는 실로 지고한 아뜨만을 맥락으로 한다. "'다르마'와는 다른 것이라고 '다르마가 아닌 것'과는 다른 것이라고"〈까타 2.14〉라고 시작하기 때문이다. 또한 이 경우에도 바로 그것과 관계하여 "제의를 행하는 자들에게 다리(교각)이고 불멸체이자 지고한 브라흐만인 것을"〈까타 3.2〉이라는 보조적 문장이 있다. 그리고 이에 대해서는 "공동에 들어간 것은 두 아뜨만들이다 [즉 인식적 아뜨만과 지고한 아뜨만이다]; 왜냐하면 … 때문이다."〈수뜨라 1.2.11〉라는 곳에서 상술했다. 따라서 지식대상에는 차이가 없고, 또 그로부터 명상적 지식은 동일하다.

더 나아가 이러한 세 베단따(우빠니샤드)들 모두의 전후관계를 고려할 경우에 오직 지고한 아뜨만에 대한 지식이 알려진다. 개별자아에 대한 언급은 단지 본질의 동일성을 말하고자 하는 것일 뿐 다른 것을 말하고자 하는 것이 아니다.[210] 그리고 지고한 아뜨만에 대한 지식과 관계해서는 [그 명상적 지식의] 차이와 무차이를[211] 검토할 여지(필요)

209_ 사람들이 왕의 행렬을 구경할 때에, 실제로는 오직 왕만이 양산을 쓰고 있음에도, 그들은 '양산을 쓴 자들이 간다'라고 말한다. 왕의 수행원들은 양산을 쓰고 있지 않지만 양산을 쓴 왕에 호응함으로써 마치 양산을 쓴 것처럼 비유적으로 표현된다.

210_ 여기서 '다른 것'(arthāntara)이란 '본질의 동일성과는 다른 어떤 것'(차이성)을 가리킬 수도 있고 '지고한 아뜨만과는 다른 독립적 대상'을 가리킬 수도 있다.

211_ 차이와 무차이를=상이함과 동일함을.

가 없다고 [이미] 언급했다. 따라서 이 요가(수뜨라)는 상술(부연설명)을 목적으로 할 뿐이다.[212]

그러므로 또한 [세 베단따들에서] 추가적인 세부사항(특성)은 공유된다.[213]‖34‖

{ 22. '안에 있음'이라는 주제: 수뜨라 35-36 }

35. [명상적 지식은 동일하다]; 자신의 아뜨만이 [모든 것의] 안에 있다고 [전하는 것이 한결같기 때문이다]; [아뜨만이 둘인 경우에, 다른 하나의 아뜨만은] 원소들의 집합처럼 ['모든 것의 안에 있음'이 가능하지 않다].

antarā bhūtagrāmavat svātmanaḥ ‖35‖

바자사네인들은 "직접적일 뿐 간접적이지 않은 브라흐만이자 모든 것의 안에 있는 아뜨만."〈브리 3.4.1; 3.5.1〉이라며 우샤스따와 까홀라의 질문과 관계하여 이와 같이 두 번 연이어서 전한다.[214]

212_ * Nirnaya에는 '요가는'(yogaḥ)이라는 표현이 등장함으로써 '요가'라는 말 자체가 수뜨라를 지시한다. 그와 달리 Samata에는 '적용하는 것은'(prayogaḥ)이라는 표현이 등장한다. Samata에서는 이 문장을 "따라서 이렇게 적용하는 것은 상술을 목적으로 할 뿐이다."라고 읽는다.

213_ 명상적 지식이 동일하므로 그 지식의 세부사항들 즉 특성들 또한 공유되어야 한다.

214_ <브리 3.4.1>은 우샤스따(Uṣasta)의 질문이고, <브리 3.5.1>은 까홀라(Kahola)의 질문이다. 이 동일한 질문에 대해 두 곳 모두에서 답하는 사람은 야즈냐발끄야(Yājñavalkya)이다. 그런데 전자와 달리 후자에서는 강조를 지시하는 불변화사 'eva'가 있기 때문에, 후자는 "직접적일 뿐 간접적이지 않은 바로

이 경우에 의문이 생긴다. 명상적 지식은 동일할 것인가 혹은 명상적 지식은 상이할 것인가?

[전론]: 먼저 명상적 지식은 상이하다고 귀결된다. 반복의 효력 때문이다. 실로 그렇지 않은 경우, 덜어지지도 않고 더해지지도 않는 내용을 두 번 전하는 것은 한갓 무용할 것이다. 따라서 반복으로부터 의례에 차이가 있듯이,[215] 마찬가지로 반복으로부터 명상적 지식에 차이가 있다.

이와 같은 귀결에서 [수뜨라 저자는] 대답한다.

[후론]: 자신의 아뜨만이 [모든 것의] 안에 있다고 전하는 것이 한결같기 때문에 명상적 지식은 동일하다. 왜냐하면 두 곳 모두에서는 똑같이 자신의 아뜨만이 모든 것의 안에 있다고 질문하고 또 대답하기 때문이다. 실로 하나의 육체에서 두 아뜨만 [모두가] 모든 것의 안에 있을 수는 없다.[216] 그 경우에,[217] 실로 하나의 [아뜨만은] '모든 것의 안에 있음'이 서슴없이 가능할 것이다. 반면에 다른 하나의 [아뜨만은] 원소들의 집합처럼 '모든 것의 안에 있음'이 결코 가능하지 않다. 실로 예컨대, 5원소의 결합인 육체에서 흙보다 물이 안에 있고 물보다 불이 안에 있으므로 안에 있음이 다만 상대적인 것일 때에는 모든 것의 안에 있음이 결코 일차적 의미이지 않듯이, 이 경우에도[218] 마찬가지라는 것이 [수뜨라의] 뜻이다.

그 브라흐만이자 모든 것의 안에 있는 아뜨만."이라고 읽어야 한다.

215_ 미맘사 학파에 따르면 어떤 의례(karma)에서 규정된 내용이 다른 의례에서 반복(abhyāsa)되는 경우에 두 의례는 상이하다고 간주된다.

216_ 실로 하나의 육체에 두 아뜨만이 존재하면서 둘 모두가 동시에 모든 것의 안에 있는 것은 불가능하다. 따라서 두 곳에서 각각 모든 것의 안에 있다고 전하는 그 아뜨만은 상이한 아뜨만이 아니라 동일한 아뜨만이다. 동일한 아뜨만이기 때문에 명상적 지식도 동일하다.

217_ 그 경우에=하나의 육체에 두 아뜨만이 존재하는 경우에.

218_ 이 경우에도=다른 하나의 아뜨만도.

그 밖의 해설로서, '원소들(존재들)의 집합처럼'[219]이라는 것은 다른 계시를 암시한다. 예컨대 "하나의 신은 모든 존재들에 숨겨져 있다. 그는 편재하는 자이고, 모든 존재들의 내재적(안에 있는) 아뜨만이다."〈슈베 6.11〉라는 이 만뜨라에서 존재들의 전 집합과 관계하여 오직 하나의 아뜨만이 모든 것의 안에 있다고 전해지듯이, 이러한 두 브라흐마나에서도 마찬가지라는 것이 [수뜨라의] 뜻이다.

그러므로 명상대상(아뜨만)이 하나이기 때문에 명상적 지식은 동일하다.‖35‖

36. 만약 그렇지 않은 경우에 [즉 명상적 지식의 차이가 용인되지 않는 경우에 성전의] 차이가 합당하지 않다고 한다면, 아니다; 다른 가르침처럼 [합당하기 때문이다]; [따라서 명상적 지식은 동일하다].

anyathā bhedānupapattir iti cen nopadeśāntaravat ‖36‖

이제 명상적 지식의 차이가 용인되지 않는 경우에 성전의 차이가[220] 합당하지 않다고 주장한 것을 논박해야만 한다.

이에 대하여 말한다.

그러한 결함은 없다. 다른 가르침처럼 합당하기 때문이다. 예컨대 딴딘들의 우빠니샤드 그 여섯 번째 장(章)에서 "그것은 아뜨만이다. 슈베따께뚜여, 그것이 너이다."〈찬도 6.8.7〉라는 것을 심지어 아홉 번이나 가르침에도 명상적 지식에 차이가 없듯이, 이 경우에도 마찬가지일

219_ 수뜨라의 'bhūtagrāmavat'에서 'bhūta'라는 말은 '원소'와 '존재'의 의미를 둘 다 가진다.

220_ 성전의 차이가="직접적일 뿐 간접적이지 않은 브라흐만이자 모든 것의 안에 있는 아뜨만."<브리 3.4.1; 3.5.1>이라며 우샤스따와 까홀라의 질문과 관계하여 이와 같이 두 번 연이어서 전하는 것의 차이가.

것이다.

[전론]: 하지만 심지어 아홉 번이나 가르침에도 어떻게 명상적 지식에 차이가 없다는 말인가?

[후론]: 시작과 끝으로부터 하나의 주제를 가진다는 것이 이해되기 때문이다. 즉 "존경스러운 이여, 저에게 단지 조금만 더 알려주십시오."〈찬도 6.5.4〉라며 오직 하나의 주제가 되풀이해서 '제시하고자 하는 것'으로 암시되기 때문이고, 또 새로운 의심을 쫓아냄으로 말미암아 수차례의 가르침은 합당하기 때문이다. 마찬가지로 이 경우에도 질문의 형태에 차이가 없기 때문에 또 "이것과는 다른 것은 소멸을 향합니다."〈브리 3.4.2; 3.5.1〉라며 '장절'의 결말이 한결같기 때문에, 시작과 끝은 참으로 하나의 주제와 관계한다고 알려진다. "직접적일 뿐 간접적이지 않은 바로 그 브라흐만이자"〈브리 3.5.1〉라는 두 번째의 질문에서는 '바로 그'(에바)라는 것이 사용됨으로써[221] 분명 이전의 질문에 포함되는 주제가 이후의 곳에서 환기되는 것을 보여준다. 또한 이전의 브라흐마나에서는[222] 신체와 기관과는 구별되는 아뜨만이 존재한다는 것을 말한다. 그리고 이후에서는 바로 그것이 배고픔 등 윤회세계의 특성을 초월한다는 것을 [그것의] 세부사항(특성)으로[223] 말한다. 이로써 하나의 주제를 가진다는 것은 합당하다.

그러므로 명상적 지식은 동일하다.‖36‖

221_ <브리 3.4.1>은 'yat sākṣād aparokṣād brahma'이고, <브리 3.5.1>은 'yad eva sākṣād aparokṣād brahma'이다. 즉 후자에는 'eva'(바로 그)가 추가되어 있다.

222_ 이전의 브라흐마나에서는=<브리 3.4>에서는.

223_ * '세부사항(특성)으로'(viśeṣaḥ)라는 표현은 Samata에만 추가로 등장한다.

{ 23. '치환'이라는 주제: 수뜨라 37 }

37. 치환은 다른 경우처럼 [명상을 위해 전해진다]; 왜냐하면 [전하는 이들이 두 가지를 발화함으로써 그렇게] 구별하기 때문이다; [따라서 치환은 두 가지 양상으로 명상되어야만 한다].

vyatihāro viśiṃṣanti hītaravat ‖37‖

아이따레인들이 태양의 뿌루샤라는 주제 아래 "이 경우에 '나'라는 것은 '그'이고, '그'라는 것은 '나'이다."〈아이-아 2.2.4.6〉라고 전하듯이, 마찬가지로 자발라들도 "존경스러운 신이여, '당신'은 실로 '나'이고, '나'는 실로 '당신'입니다."라고 전한다.

이 경우에 의문이 생긴다. 이 경우에 명상적 생각[224]은 치환을 통해 두 가지 양상으로 행해져야만 하는가 아니면 오직 하나의 양상으로 행해져야만 하는가?[225]

[전론]: 먼저 오직 하나의 양상이라고 말한다. 왜냐하면 이 경우에는 아뜨만이 신과 동일하다는 것을 제외한 채 그 어떤 것도 전혀 생각(명상)할 수 없기 때문이다.[226] 그러나 만약 다음과 같이 즉 '윤회하는 자는 신을 본질로 하고 또 신은 윤회하는 영혼을 본질로 한다'는 것과 [같이] 특별하게 생각할 수 있다고 추정한다면, 그 가운데 먼저 윤회하는

224_ 명상적 생각(mati)=명상적 인식, 명상적 관념.

225_ 아뜨만('나')을 신('그' 또는 '당신')으로 생각하고 신을 아뜨만으로 생각하는 두 가지 방식의 명상을 실행해야 하는가, 아니면 아뜨만을 신으로 생각하는 한 가지 방식의 명상만 실행해야 하는가?

226_ '아뜨만이 신과 동일하다는 것' 이외의 다른 것을 생각할 수 없다는 뜻이다. 이 경우에 다른 것이란 '신이 아뜨만과 동일하다는 것'이고, 생각할 수 없다는 것이란 명상할 수 없다는 것이다.

자가 신을 본질로 하는 경우에는 고양(高揚)이 있을 것이지만, 신이 윤회하는 영혼을 본질로 하는 경우에는 저락(低落)이 야기될 것이다. 따라서 명상적 생각은 오직 하나의 양상이다. 물론 치환을 전하는 것은 동일성을 확고하게 하기 위해서이다.

이와 같은 귀결에서 [수뜨라 저자는] 대답한다.

[후론]: 그러한 치환은 다른 경우처럼 명상을 위해 전해진다. '모든 것을 아뜨만으로 하는 것'을 비롯한 다른 세부사항(속성)들이 명상을 위해 전해지듯이, 그와 마찬가지이다. 왜냐하면 전하는 이들이[227] '당신은 나이고, 나는 당신이다'라고 두 가지를 발화함으로써 그렇게 구별하기 때문이다. 이는 또한, 명상적 생각을 두 가지 양상으로 행해야만 하는 경우에 의미가 있게 된다. 실로 그렇지 않은 경우에 특별히 이렇게 두 가지를 전하는 것은 무의미할 것이다. 단지 하나로도 충분하기 때문이다.

[전론]: 두 가지를 전하는 것이 특별한 의미를 가진다고 추정하는 경우에 신이 윤회하는 영혼을 본질로 하게 됨으로써 저락이 수반될 것이라고 언급했지 않는가?

[후론]: 그러한 결함은 없다. 그 방법을 통해 바로 그 본질적 동일성이 명상되기 때문이다.

[전론]: 그와 같을 경우에 바로 그것이[228] 동일성을 확고하게 하지 않겠는가?

[후론]: 우리는 동일성을 확고하게 하는 것을 부인하지 않는다.

[전론]: 그렇다면 무엇인가?

[후론]: 이 경우에 우리는 [계시서] 글귀의 권위로 말미암아 치환을 통

227_ 전하는 이(samāmnātṛ)들이=편집자들이.

228_ 바로 그것이=우리가 주장한 바처럼 '아뜨만이 신과 동일하다는 것'이, 또는 '윤회하는 자가 신을 본질로 한다는 것'이.

해 명상적 생각을 두 양상으로 행해야만 할 뿐 하나의 양상으로 행해서는 안 된다는 그러한 만큼을 확립한다. 그리고 결과적으로 동일성마저 확고하게 된다. 예컨대 비록 명상의 대상으로 '진실한 욕망을 가짐' 등의 세부사항(속성)들을 가르칠지라도 신이 그 세부사항들을 가진다고 확립되듯이,[229] 그와 마찬가지이다.

그러므로 그 치환은 [두 가지 양상으로] 명상되어야만 하고 또 유사한 영역에서[230] 공유되어야만 한다.‖37‖

{ 24. '진리 등'이라는 주제: 수뜨라 38 }

38. [논제가 이월되기 때문에, '사뜨야(진리)의 명상적 지식'은 하나이다]; 바로 그러한 [하나의 명상적 지식이 이러저러한 세부사항(특성)을 가진다고 전해지므로], 이로부터 '진리' 등의 [모든 세부사항들은 그 명상적 지식을 실행하는 데 공유되어야만 한다].

saiva hi satyādayaḥ ‖38‖

바자사네야까에서는 "위대하고 숭상할 만하며 첫 번째로 산출된 이것을 실로 '진리로서의 브라흐만'으로 아는 그는"〈브리 5.4.1〉이라는 등을 통해 '사뜨야(진리)의 명상적 지식'과 '그 명칭을 가지는 글자(음절)에 대한 계속적 명상'을 규정한 뒤에,[231] 곧 이어서 "저 진리라는 것은

229_ '진실한 욕망을 가짐'(satyakāma) 등과 같은 세부사항들을 명상의 대상으로 가르치는 경우에, 그 가르침은 그 자체로 신이 바로 그러한 세부사항들을 가진다는 사실을 확립한다.

230_ 유사한 영역에서=유사한 맥락을 가지는 다른 명상적 지식에서.

저 태양이다. 저 구체(球體)에 있는 저 뿌루샤와 오른쪽 눈에 있는 이 뿌루샤."〈브리 5.5.2〉라는 등을 전한다.

이 경우에 의문이 생긴다. 이러한 '사뜨야의 명상적 지식'은 둘인가 또는 오직 하나인가?

[전론]: 먼저 둘이라고 귀결된다. 왜냐하면 결과가 상이하게 주어져 있기 때문이다. 앞에서는 "이러한 세상들을 정복한다."〈브리 5.4.1〉라고 하고, 뒤에서는 "죄악을 없애고 또 버린다."〈브리 5.5.3〉라고 한다. 실로 명상대상이 하나임으로 말미암아 논제가 이월된다.[232]

이와 같은 귀결에서 우리는 말한다.

[후론]: 이러한 '사뜨야의 명상적 지식'은 오직 하나이다.

어떤 근거에서? "저 진리라는 것은 [저 태양이다]."라며 논제가 이월되기 때문이다.[233]

[전론]: 명상적 지식이 상이함에도 명상대상이 하나임으로 말미암아 논제가 이월될 수 있다고 언급했지 않는가?

[후론]: 그건 그렇지 않다. 실로 명백한 다른 이유로부터 명상적 지식의 상이함이 수반되는 그 경우에는, 그건 그러할 것이다. 하지만 이곳에서는, 두 가지 방식이 가능한 경우에[234] "저 진리라는 것은"이라며 논

231_ <브리 5.4.1>은 '사뜨야의 명상적 지식'을 제시한다. 그리고 <브리 5.5.1>은 '사뜨야'(satya)라는 명칭을 가지는 글자(음절)에 대한 계속적 명상을 제시한다. <브리 5.5.1>에 따르면, '사뜨야'라는 글자는 '사'(sa), '띠'(ti), '야'(ya) 또는 '얌'(yam)이라는 세 음절로 이루어진 것이다. 첫 번째 음절과 세 번째 음절은 진리(존재)이고, 가운데 놓인 음절은 거짓(비존재)이다.

232_ <브리 5.4>와 <브리 5.5>는 각각 상이한 명상적 지식이지만, 명상대상만은 '진리로서의 브라흐만'이라는 것이 서로 동일하기 때문에 전자의 논제인 '진리'가 후자로 이월(ākarṣaṇa)된다.

233_ "저 진리라는 것은"(tad yat tat satyam)이라는 표현은 <브리 5.4>의 논제인 '진리'가 <브리 5.5>로 이월된다는 것을 암시하기 때문이다.

234_ 전론자는 명상적 지식은 둘이지만 명상대상이 하나이기 때문에 논제가 이월된다고 주장하고, 후론자는 "저 진리라는 것은 [저 태양이다]."라는 표징을 통

제가 이월됨으로써 분명 앞의 명상적 지식과 연계되는 '진리'가 그 다음으로 이월되므로, 하나의 명상적 지식이라고 확정된다.

한편 결과의 상이함이 계시되기 때문에 명상적 지식이 상이하다고 주장한 것에 관해서 말한다. 결과의 상이함이 그렇게 계시되는 것은, "그의 비밀스러운 이름은 '아하르'이다."〈브리 5.5.3〉, "그의 비밀스러운 이름은 '아함'이다."〈브리 5.5.4〉라는 어떤 부분에 대한 가르침을 찬양하는 것이므로, 결함이 아니다.[235] 더 나아가 단지 아르타바다(의미진술)로부터 결과를 추정해야만 하는 경우에 또 명상적 지식이 하나인 경우에, 부분들과 관계하여 계시되는 다양한 모든 결과들은 [그 부분들에 대한] 전체 그 자체인 명상적 지식에서 공유되어야만 한다.[236] 따라서 바로 그러한 그 하나의 '사뜨야의 명상적 지식'이 이러저러한 세부사항(특성)을 가진다고 전해지므로, 이로부터 '진리' 등의 바로 그 모든 세부사항(속성)들은 바로 그 하나를 실행하는 데[237] 공유되어야만 한다.

한편 혹자들은 이 수뜨라에 대해, 바자사네야까에서 '눈과 태양의 뿌루샤'와 관계하는 그 문장과, 찬도그야에서 "이제, 태양 안에서 황금

해 논제가 이월되기 때문에 명상적 지식도 하나라고 주장한다. 이와 같이 두 가지 방식이 가능한 경우에.

235_ 계시되는 두 가지 결과 가운데 하나인 "죄악을 없애고 또 버린다."<브리 5.5.3>라는 것은, "그의 비밀스러운 이름은 '아하르'이다."<브리 5.5.3>라는 등 명상의 어떤 한 '부분'에 대한 가르침을 찬양하는 것에 지나지 않으므로, 아무런 문제가 없다.

236_ 하나의 명상적 지식 아래 찬양을 의도하는 아르타바다로부터 불가피하게 명상적 지식 자체의 결과를 추정해야만 한다면, "죄악을 없애고 또 버린다."<브리 5.5.3>와 같은 아르타바다는 명상의 한 부분과 관계하는 결과로 용인되면서 명상적 지식 전체에서마저 그 결과로 공유되어야만 한다. 명령의 결과가 명령과 관계하는 문장들에서 계시되지 않는 경우에 아르타바다로부터 그것(결과)을 가져와야 한다는 원칙은 <미맘사-수 4.3.17-19>를 참조하시오.

237_ 바로 그 하나를 실행하는 데=바로 그 하나의 명상적 지식을 실행하는 데.

으로 이루어진 그 뿌루샤(사람)가 보인다."〈찬도 1.6.6〉와 "눈에서 보이는 그 뿌루샤, [그것은 아뜨만이다]."〈찬도 4.15.1〉라는 문장을 예시한 뒤에, '눈과 태양의 뿌루샤'와 관계하는 바로 그러한 그 명상적 지식이 두 경우에서 오직 하나라고 정하고 나서, 바자사네인들이 [제시하는] '진리' 등의 세부사항(속성)들이 찬도가들에서도 공유되어야만 한다고 생각한다.[238]

이는 온당하지 않아 보인다. 실로 찬도그야에서는 그러한 명상적 지식이 우드기타에 의존하는 것으로서 즈요띠슈또마[239] 의례와 연계된다고 알려진다. 왜냐하면 그곳에는 시작과 중간과 끝에 의례와 연계되는 표시들이 있기 때문이다. "정녕 이것(흙)은 '리끄'이고, 불은 '사마'이다."〈찬도 1.6.1〉라는 시작에서이고, "리끄와 사마는 그의 두 노래(노래하는 이)이다. 따라서 그는 우드기타이다."〈찬도 1.6.8〉라는 중간에서이며, "이와 같이 지식을 가지면서 사마를 노래하는 자는"〈찬도 1.7.9〉이라는 끝에서이다. 이와 달리 바자사네야까에서는 의례와 연계되는 표시가 조금도 없다.

이러한 사정에서 논의되는 바의 차이로부터 명상적 지식에 차이가 있는 경우에 세부사항(속성)들은 분리될 뿐이라는 것이 합리적이다.‖38‖

238_ <수뜨라 3.3.38>에 대해 다른 해석을 제시한다. 혹자들은 이 수뜨라가 '<브리 5.4>의 명상적 지식'과 '<브리 5.5>의 명상적 지식'이 동일한지 또는 상이한지 다룬다기보다 '<브리 5.5.2>의 명상적 지식'과 '그와 유사한 내용을 가지는 <찬도 1.6.6>과 <찬도 4.15.1>의 명상적 지식'이 동일한지 또는 상이한지 다룬다고 풀이한다.

239_ * '즈요띠슈또마'(jyotiṣṭoma-)라는 표현은 Nirnaya에만 추가로 등장한다.

{ 25. '욕망 등'이라는 주제: 수뜨라 39 }

39. [명상적 지식이 상이하지만 세부사항들은 공유된다]; '[진실한] 욕망' 등 [그곳의 세부사항들은] 다른 곳에서 [연계된다]; 그리고 [다른 곳의 세부사항들은] 그곳에서 [연계된다]; 처소 등이 [유사하기] 때문이다.
kāmādītaratra tatra cāyatanādibhyaḥ ‖39‖

찬도가들은 "이제, 여기에는 그 '브라흐만의 마을'에 연꽃인 작은 거처. 그 안에는 작은 허공이 있다."〈찬도 8.1.1〉라고 시작한 뒤에, "그것은 죄악으로부터 자유롭고, 늙지 않으며, 죽지 않고, 슬픔이 없으며, 허기가 없고, 갈증이 없으며, 진실한 욕망을 가지고, 진실한 결의를 가지는 아뜨만이다."〈찬도 8.1.5〉라는 등을 가르친다. 그리고 바자사네인들은 "'인식으로 이루어진 것'이고, 생기(기관)들의 [한가운데에] 있는 그것은, 실로 위대하고 생성되지 않은 이 아뜨만입니다. 그것은 심장의 안에 있는 그 허공에 놓여 있습니다. 그것은 만물의 통치자이고"〈브리 4.4.22〉라는 등을 [가르친다].

이에 대해 명상적 지식이 동일하고 세부사항(속성)들이 서로 적용되는지 또는 그렇지 않은지 의문이 생기는 경우에, 명상적 지식은 동일하다고 [말한다].[240]

240_ 명상적 지식이 동일하다는 이 주장이 전론자의 것인지 후론자의 것인지 약간은 불분명하다. 그럼에도 <주석 3.3.39>의 끄트머리에 등장하는 내용을 고려한다면 이 주장은 전론자의 것이라고 추정할 수 있다. 주석가가 세부사항들이 공유되는 것은 신의 권능을 보여주기 위해서일 뿐 계속적 명상을 위해서는 아니라고 말하기 때문이다. 또한 주석가가 주석을 전개하는 전형적인 방식을 고려하더라도 전론자의 주장일 가능성이 높다. 결론부터 말하건대, 전론자의 주장

[후론]: 이 경우에 [수뜨라 저자는] "… '[진실한] 욕망' 등 …"이라고 이렇게 말한다. ['욕망 등'이란] '진실한 욕망 등'이라는 뜻이다. 예컨대 '데바닷따'는 '닷따'이고, '사뜨야바마'는 '바마'이다.[241] 찬도그야에서 알려지는 '진실한 욕망' 등 심장의 허공이 가지는 세부사항(속성)들의 그 총체는 다른 곳에서 즉 바자사네야까의 "['인식으로 이루어진 것'이고] … 실로 위대하고 생성되지 않은 이 아뜨만입니다."라는 곳에서 연계되어야 한다. 그리고 바자사네야까에서 알려지는 '통치자' 등 [세부사항들의 그 총체] 또한 다른 곳에서 즉 찬도그야의 "그것은 죄악으로부터 자유롭고 … 아뜨만이다."라는 곳에서 연계되어야 한다.

어떤 근거에서? 처소 등이 유사하기 때문이다. 실로 바로 그 두 곳에서는, 심장을 처소로 하는 유사함, 신이 지식대상이라는 유사함, 그(신)가 세상들이 뒤섞이지 않는 것을 목적으로 하는 다리(둑)라는 유사함[242] 등등과 같이 여러 유사성이 살펴진다.

[전론]: 심지어 차별점도 살펴지지 않는가? 그 세부사항들을, 찬도그야에서는 '심장의 허공'이 가지지만 바자사네야까에서는 '허공을 소재지로 하는 브라흐만'이 가진다.

[후론]: 아니다. "작은 [허공은 지고한 신이다]; 뒤따르는 ['보조적 문장에 담긴 이유들'] 때문이다."〈수뜨라 1.3.14〉라는 곳에서, 찬도그야에서조차 '허공'이라는 말이 브라흐만 그 자체라고 정초했기 때문이다.

물론 이 경우에는 그렇게 차별점이 존재한다. 실로 찬도그야에서는

은 명상적 지식이 동일하고 세부사항들도 공유된다는 것이고, 후론자의 주장은 명상적 지식이 상이하지만 세부사항들은 공유된다는 것이다.

241_ 어떤 용어나 이름을 축약해서 사용할 수 있다는 뜻이다.

242_ 신을 다리(둑)로 비유하는 표현은 <브리>의 경우 "그것은 이 세상들이 뒤섞이지 않도록 지지하는 다리(둑)입니다."<브리 4.4.22>라고 등장한다. 그리고 <찬도>의 경우 "이제, 아뜨만인 것은 이 세상들이 뒤섞이지 않도록 지지하는 다리(둑)이다."<찬도 8.4.1>라고 등장한다.

유속성의 브라흐만에 대한 명상적 지식을 가르친다. "한편, 이 세상에서 아뜨만과 또 그러한 진실한 욕망들을 찾은 뒤에 떠나는 자들은"〈찬도 8.1.6〉에서 아뜨만처럼 욕망들마저 지식대상이라고 계시되기 때문이다. 반면에 바자사네야까에서는 오직 무속성의 지고한[243] 브라흐만을 가르친다고 알려진다. "실로 해탈을 위해서 그 이상으로 말해주십시오."〈브리 4.3.14〉, "왜냐하면 이 뿌루샤는 집착이 없기 때문입니다."〈브리 4.3.15〉라는 등에서 질문과 대답이 조화되기 때문이다. 그리고 바자사네야까에서 '통치자' 등 세부사항들의 총체는 오직 그것(브라흐만)을 찬양하기 위해서 언급된다.[244] 이와 같은 연관에서, 나중에는 "그러한 이 아뜨만은 이러한 것도 아니고 그러한 것도 아닙니다."〈브리 4.4.22〉라는 등을 통해 오직 무속성의 브라흐만으로 끝맺는다.

결국 [무속성의 브라흐만이] 속성을 가지는 브라흐만과 동일하기 때문에 [신의] 권능을 보여주기 위해 그렇게 세부사항들이 공유될 뿐 계속적 명상을 위해서는 아니라고 수뜨라를 통해 이해해야만 한다.‖39‖

{ 26. '존중'이라는 주제: 수뜨라 40-41 }

40. [먹는 것이 생략될 때에 '생기를 위한 아그니호뜨라'는] 생략되지 않는다; [그 아그니호뜨라에 대한] 존중 때문이다.

ādarād alopaḥ ‖40‖

243_ * '지고한'(paraṃ)이라는 표현은 Nirnaya에만 추가로 등장한다.

244_ 바자사네야까에서 '통치자' 등의 세부사항들은 유속성의 브라흐만과 관계할 뿐이라고 의심할 수 있다. 하지만 그러한 세부사항들은 오직 무속성의 브라흐만을 찬양하려는 목적을 가질 뿐이다.

찬도그야에서는 '바이슈바나라의 명상적 지식'이라는 주제 아래 "그래서 첫 번째로 올 것인 그 음식을 공물로 제공해야만 합니다. 첫 번째의 공물로 제공해야 하는 공물을, 그는 '생기를 위하여, 스바하(사바하)!'라는 [만뜨라와 함께] 공물로 제공해야 합니다."〈찬도 5.19.1〉라는 등이 계시된다. 이곳에서는 생기를 위한 다섯 공물들이 규정된다. 그리고 그것들과 관계하여 나중에 '아그니호뜨라'라는 말이 사용된다. "이와 같이 그것에 대해 지식을 가지면서 아그니호뜨라를 실행하는 자는"〈찬도 5.24.2〉에서이고, 또 "마치 이 세상에서 배고픈 아이들이 어머니에 둘러앉듯이, 마찬가지로 모든 존재들은 아그니호뜨라에 둘러앉는다."〈찬도 5.24.5〉에서이다.

이 경우에 이런 것이 의문스럽다. 먹는 것(먹기)이 생략될 때에 '생기를 위한 아그니호뜨라'는 생략되는가 아니면 생략되지 않는가?[245]

[후론]: "그래서 [첫 번째로 올 것인] 그 음식을 …"이라며 [아그니호뜨라가] '음식이 오는 것'과 관련된다고 계시되기 때문에 또 '음식이 오는 것'이 먹는 것을 목적으로 하기 때문에, 먹는 것이 생략될 때에 생기를 위한 아그니호뜨라는 생략된다.

[전론]: 이와 같은 귀결에서 먼저 생략되지 않아야 한다고 말한다.

무엇 때문에? 존중 때문이다. 그러한 예시로서, 바로 그 '바이슈바나라의 명상적 지식'과 관계하여 자발라들의 계시는 "손님들보다 앞서 먹어야 한다. 실로 예컨대, 자신의 아그니호뜨라를 실행하지 않은 채 남의 아그니호뜨라를 실행할지도 모르듯이, 이 [또한] 마찬가지이다."라며 손님이 우선적으로 먹는 것을 비난하고 [제의의] 주인이 우선적

245_ 이 의문을 간단하게 풀이하면 다음과 같다: 생기를 위한 아그니호뜨라는 기본적으로 육체에 존재하는 생기를 강화하려는 제의이다. 그렇다면 이 제의는 생기에 필수적인 먹는 것이 없을 때에 실행되지 않아야 하는가 아니면 실행되어야 하는가?

으로 먹는 것을 전함으로써 '생기를 위한 아그니호뜨라'에 대해 존중을 행한다.[246] 왜냐하면 [제의의 주인이] 우선적으로 생략되는 것을 참지(허용하지) 못하는 그 [계시는] 우선권을 가지는 아그니호뜨라가 생략되는 것을 더더욱 참지 못할 것이라고 간주되기 때문이다.

[후론]: [아그니호뜨라가] 먹는 것을 목적으로 하는 '음식이 오는 것'과 관련된다고 [계시되기] 때문에, 먹는 것이 생략될 때에 [생기를 위한 아그니호뜨라도] 생략된다고 전했지 않는가?

[전론]: 아니다. 그 [문장은[247] 아그니호뜨라를 위한] 특정한 물질요소를 규정하려는 목적을 가지기 때문이다. 실로 통상적인(상시적인) 아그니호뜨라에 우유를 비롯한 물질요소들이 부여됨으로 말미암아 이 경우에도[248] '아그니호뜨라'라는 말로부터 '까운다빠인들의 아야나'처럼 그 세부사항(특성)들이 유효한 경우에,[249] "그래서 [첫 번째로 올 것인] 그 음식을 …"이라는 그 문장은 '음식'이라는 물질요소에 대한 특정한 세부사항을 규정하려는 목적을 가진다.

결국 세부사항(부차적인 것)이 생략될 때에 일차적인 것은 생략되지 않는다고[250] 이와 같이 귀결된다. 비록 먹는 것이 생략될지라도, 대체

246_ 베다 등에 따르면, 일반적으로 집에 손님이 찾아올 경우 주인보다 손님이 우선적으로 먹는다. 하지만 '생기를 위한 아그니호뜨라'에서는 손님보다 주인이 우선적으로 먹는다.

247_ 그 [문장은]="그래서 첫 번째로 올 것인 그 음식을 공물로 제공해야만 합니다."라는 문장은.

248_ 이 경우에도=생기를 위한 아그니호뜨라의 경우에도.

249_ 까운다빠인(Kauṇḍapāyin)들의 아야나(Ayana)='꾼다'(kuṇḍa)라는 항아리를 사용하여 소마를 마시는 자들이 1년 동안 계속 실행하는 '아야나' 제의. 이 제의에서는 한 달 동안 아그니호뜨라를 실행한다. 그런데 통상적인 아그니호뜨라에서 알려지는 모든 세부사항들이 아야나의 아그니호뜨라에서도 유효하듯이, 그것들은 생기를 위한 아그니호뜨라에서도 유효하다. 즉 통상적인 아그니호뜨라에서 우유가 사용된다면, 아야나의 아그니호뜨라에서도 우유가 사용될 수 있듯이, 생기를 위한 아그니호뜨라에서도 우유가 사용될 수 있다.

물이라는 방식으로, 물 혹은 상충되지 않는 다른 물질요소로써 생기를 위한 아그니호뜨라는 실행된다.[251]‖40‖

이로부터 답변을 한다.

41. [먹는 것이] 이루어진 경우에, 그것(음식)으로부터 [생기를 위한 아그니호뜨라는 실행되어야만 한다]; 그러한 글귀 때문이다; [따라서 먹는 것이 생략될 때에 생기를 위한 아그니호뜨라는 생략된다].
upasthite 'tas tadvacanāt ‖41‖

[후론]: 먹는 것(먹기)이 이루어진 경우에, 그것으로부터 즉 우선적으로 주어진 바로 그 '음식'이라는 물질요소로부터 생기를 위한 아그니호뜨라는 실행되어야만 한다.

무엇 때문에? 그러한 글귀 때문이다. 이를 풀이한다: "그래서 첫 번째로 올 것인 그 음식을 공물로 제공해야만 합니다."〈찬도 5.19.1〉라는 [글귀는] 확립된 것으로서의 음식이 주어진다고 지시함으로써 생기를 위한 공물들이 '다른 목적을 위한 물질요소'를 통해 얻어진다는 것을 규정한다.[252] [음식을] 고용하는 특징(힘)을 가지지 못한 채로 존재

250_ 미맘사 학파의 원칙이다. <미맘사-수 10.2.62>에 따르면, 비록 부차적인 세부사항이 생략될지라도 일차적인 것이 필연적으로 생략되지는 않는다고 한다.

251_ 미맘사 학파에 따르면, 한 번 명령된 제의는 온전하게 실행되고 또 종결되어야 하기 때문에, 어떤 물질요소가 없을 경우에는 그 대체물(pratinidhāna)을 사용할 수 있다.

252_ '그 음식을'에서 '그'라는 표현은 음식이 이전에 이미 '확립된 것'(siddhavat)이라는 점을 암시한다. 즉 음식이 공물로 제공되기 이전에 공물과는 독립적으로 존재했다는 점을 암시한다. 따라서 공물들은 '공물이 되기 위한 목적으로 존재하는 물질요소'를 통해 얻어지지 않고 '다른 목적(먹는 목적)을 위한 물질요소'를 통해 얻어질 뿐이다. 요컨대, 생기를 위한 아그니호뜨라에서는 음식을 먹

하는 그것들(공물들)이, 어떻게 먹는 것이 생략될 때에 [음식이 아닌] 다른 물질요소로 대체하게끔 할 수 있다는 말인가![253]

게다가 이 경우에는 통상적인 아그니호뜨라의 세부사항(특성)들이 유효하지 않다. 실로 '꾼다빠인들의 아야나'에서 "그는 한 달 동안 아그니호뜨라를 실행한다."라는 명령적 진술에 포함된 '아그니호뜨라'라는 말은 '그것처럼[254] [명령되는] 것'이라고 규정될 수 있으므로, [그 경우에] 그러한 세부사항들이 유효하다는 것은 합리적이다. 다른 한편으로 이 경우에는, 아르타바다(의미진술)에 포함된 '아그니호뜨라'라는 말은 그것처럼 [명령되는] 것이라고 규정되기에 적합하지 않다.

그리고 그러한 세부사항들이 유효하다고 용인되는 경우에는 '불붙이기' 등마저 유효해야 한다. 하지만 [이는] 가능하지 않다. 먼저 불붙이기란 봉헌의 자리를 마련하기 위한 [것이다]. 하지만 [이 경우에] 이 봉헌은 불에 속하지 않는다.[255] 먹는 것을 목적으로 [봉헌된 공물의] 훼손이 수반되기 때문이다. 이 봉헌은 먹는 것을 목적으로 제공된 물질요소와 연계됨으로 말미암아 입에 속할 뿐이다.[256] 이와 같은 연관에서 "손님들보다 앞서 먹어야 한다."라는 자발라들의 계시는 이 봉헌이 오직 입을 거처로 하여 성취된다는 것을 보여준다.

또한 바로 이로부터,[257] 심지어 이곳에서는 아그니호뜨라에 종속적

는 것이 우선이고 그 결과 바로 그 음식을 공물로 한 채 제의가 실행된다.

253_ 생기를 위한 아그니호뜨라에서 공물은 우선적으로 존재하는 음식에 의존적이다. 즉 공물은 자체적으로 음식을 고용할 수 있는 힘이 없다. 그런데 그 공물이 어떻게 또다시 음식이 없는 경우에 제의의 주인으로 하여금 음식의 대체물을 고용하게끔 하는 힘을 발휘할 수 있다는 말인가!

254_ 그것처럼=통상적인 아그니호뜨라처럼.

255_ 생기를 위한 아그니호뜨라에서는 불 속에 공물을 붓는 방식으로 봉헌이 실행되지 않는다. 즉 이 봉헌은 불과 무관하다.

256_ 생기를 위한 아그니호뜨라에서는 봉헌이 오직 입 속에서 성취될 뿐이다.

257_ 바로 이로부터=통상적인 아그니호뜨라의 세부사항들이 생기를 위한 아그니

인 것들이 단지 [유사성을 통해] 결합된 것임을 보여준다. "바로 그 가슴은 제단(祭壇)이고, 털들은 꾸샤 풀이며, 심장은 가르하빠뜨야 불이고, 마음은 안바하르야 빠짜나 불이며, 입은 아하바니야 불입니다." 〈찬도 5.18.2〉에서이다. 그리고 이곳에서 '제단'이라는 계시어는 단순히 '제의를 위한 땅'을 함의하는 것이라고 간주해야만 한다.[258] 일차적인(통상적인) 아그니호뜨라에서는 제단이 없기 때문이다. 또한 이곳에서는 그 [일차적인 아그니호뜨라에] 종속적인 것들을 [유사성을 통해] 결합시키고자 하기 때문이다.[259]

더욱이 [생기를 위한 아그니호뜨라는] 정해진 시각에 먹는 것 자체와 관련됨으로 말미암아 [통상적인] 아그니호뜨라의 시각에 맞춰질 가능성이 없다.[260] 마찬가지로 예배 등의 다른 그 어떤 세부사항(특성)들마저 어쨌든 상충된다. 따라서 오직 먹는 것이라는 견지에서, 이러한 다섯 봉헌들은[261] [각각의] 만뜨라, 물질요소, 신격과 관련되는 것을 통해 실행되어야만 한다.

한편 존중을 보여주는 글귀는[262] 먹는 것이라는 견지에서 [주인의] 우선권을 규정하려는 의도이다. 왜냐하면 [그] 글귀에는 과도한 불명료성이 없기 때문이다. 결국 그것은 이것이 상시적(常時的)이라는 것을

호뜨라에서는 유효하지 않기 때문에.

258_ <찬도 5.18.2>에서 '제단'이라는 말의 원어는 'vedi'이다. 주석가는 이 말이 '제의를 위한 땅'(sthaṇḍila)을 지시한다고 풀이한다.

259_ <찬도 5.18.2>에서는 통상적인 아그니호뜨라에 종속적인 것들을, 생기를 위한 아그니호뜨라에 종속적인 것들과 그 유사성을 통해 결합시키고자 하기 때문이다.

260_ 생기를 위한 아그니호뜨라는 점심시간과 저녁시간에 행해지지만, 통상적인 아그니호뜨라는 해가 뜨기 전후와 해가 지기 전후에 행해진다.

261_ 이러한 다섯 봉헌들은=생기를 위한 아그니호뜨라는.

262_ 존중을 보여주는 글귀는="손님들보다 앞서 먹어야 한다. 실로 예컨대, 자신의 아그니호뜨라를 실행하지 않은 채 남의 아그니호뜨라를 실행할지도 모르듯이, 이 [또한] 마찬가지이다."라는 글귀는.

증명할 수 없다.[263]

그러므로 먹는 것이 생략될 때에 생기를 위한 아그니호뜨라는 생략될 뿐이다.‖41‖

{ 27. '그것에 대해 확정하는 것들'이라는 주제: 수뜨라 42 }

42. 그것에 대해 [즉 의례에서 세부사항의 본질에 대해] '확정하는 것들(진술들)'은 필연성을 가지지 않는다; 그렇게 알려지기 때문이다; 실로 [의례와 관련되는 명상적 인식은] 장애 없애기 [등과 같이 의례와는] 별도로 결과를 가진다.

tannirdhāraṇāniyamas taddṛṣṭeḥ pṛthag dhy apratibandhaḥ phalam ‖42‖

"'옴'이라는 이 음절을 우드기타로 계속 명상해야 한다."〈찬도 1.1.1〉라는 등등과 같이 의례에 종속적인 것들과 관련되는 명상적 인식들이 있다.

이것들은 빨라샤 나무로 만들어진 것 등처럼 의례들에서 오직 상시적이어야[264] 하는지 아니면 우유통 등처럼 상시적이지 않아야 하는지 우리는 검토한다.[265]

263_ 결국 '그것은' 즉 주인의 우선권을 규정하는 그 글귀는, '이것이' 즉 생기를 위한 아그니호뜨라가, '상시적이라는 것'(nityatā)을 즉 먹는 것이 생략되든 생략되지 않든 언제나 정기적으로 실행되어야만 한다는 것을, 증명할 수 없다.

264_ 상시적(nitya)이어야=필수적이어야 또는 필연적이어야.

265_ 빨라샤 나무로 만들어진 것(parṇamayītva)=빨라샤(빠르나) 나무로 만들어진 것 전부를 지칭하지만, 여기서는 빨라샤 나무로 만들어진 국자(juhū, 제의용 국

실로 무엇으로 귀결되는가?

[전론]: 상시적이다.

어떤 근거에서? 실행명령의 글귀에서 인정(수용)되기 때문이다. 실로 이것(명상적 인식)들을 시작에서 가르치지는 않더라도, [이것들은] '우드기타' 등을 매개로 하여 제의와 관계됨으로 말미암아 다른 종속적인 것들처럼 제의에서 실행명령의 글귀 자체와 연관된다.[266] 한편 "정녕 욕망들을 획득하는 자가 된다."〈찬도 1.1.7〉라는 등의 자체 문장들에서 이것들이 결과를 가진다고 계시되는 것은,[267] 그 [문장이] 직설법 현재의 형태임으로 말미암아 단지 아르타바다(의미진술) 그 자체인 이상, '죄악의 소리를 듣지 않음'에 대한 계시 등처럼 결과를 주된 것으로 삼지 않는다.[268] 따라서 예컨대 "빨라샤 나무로 만들어진 국자를 가진

자)를 지칭한다. 이 국자는 제의에서 버터기름을 불에 넣을 때 사용된다. 우유통(godohana)=제의의 목적이 가축을 얻는 것인지 얻지 않는 것인지에 따라 선택적으로 물을 가져오는 데 사용하는 통. 가축을 얻고자 한다면 반드시 물을 이 우유통에 담은 채 가져와야 한다.

266_ 빨라샤 나무로 만들어진 국자와 같은 종속적인 것은 혹여 특정한 제의에 대한 장절을 시작하는 곳에서 특별히 언급되지 않더라도 상시적으로 제의와 관련된다고 알려져 있다. 그 국자는 의심의 여지없이 제의를 실행하는 데 직접 적용되기 때문이다. 결국 국자와 같은 종속적인 것들은 제의에서 '실행명령의 글귀'(prayoga-vacana)와 연관됨으로써 상시적이다. 마찬가지로 <찬도 1.1.1>과 같은 명상적 인식들마저, 시작에서 언급되지 않더라도, 실행명령의 글귀와 연관됨으로써 상시적이다. <찬도 1.1.1>과 같은 명상적 인식들도 어쨌든 제의에 적용되기 때문이다.

267_ 명상적 인식들은 그 자체의 결과를 가지게 되면 제의의 상시적인 부분이 될 수 없기 때문에, 전론자는 <찬도 1.1.7>의 문장이 의도하는 바를 새롭게 해명하고자 한다.

268_ "정녕 욕망들을 획득하는 자가 된다."(āpayitā ha vai kāmānāṃ bhavati)<찬도 1.1.7>라는 문장에는 '된다'(bhavati)라는 직설법 현재형의 동사가 사용될 뿐 명령과 관계하는 동사가 사용되지 않는다. 이 문장은 단순히 아르타바다일 뿐이다. 따라서 이 문장은 "빨라샤 나무로 만들어진 국자를 가진 그는, 죄악의 소리를 듣지 않는다."라는 계시처럼 결과와 크게 상관이 없다. 물론 빨라샤 나무로 만들어진 국자 자체는 제의에서 특정한 결과를 낳는 데 기여하지만, 그 결

그는, 죄악의 소리를 듣지 않는다."라고 이렇게 운운하는 것들이 비록 [어떤] 장절에서 언급되지 않을지라도 국자 등을 매개로 하여 제의에 적용됨으로 말미암아 장절에서 언급되는 [다른 종속적인] 것들처럼 상시적이듯이, 우드기타 등의 계속적 명상들도 마찬가지이다.

이와 같은 귀결에서 우리는 말한다.

[후론]: 그것에 대해 '확정하는 것들(진술들)'은 필연성을 가지지 않는다.[269] '최고의 정수, 획득하는 자, 번영, 입에 있는 생기(으뜸인 생기), 태양'[270]이라는 등등과 같이 '우드기타 등의 의례에서 세부사항(속성)의 진정한 본질을 확정하는 그것들(진술들)'은, 의례들에서 항상 수용될 수는 없다.[271]

어떤 근거에서? 그렇게 알려지기 때문이다. 그러한 증거로서, 계시서는 그와 같은 종류의 것들이 필연적이지 않다는 것을[272] 보여준다. "이와 같이 그것(음절)을 아는 자와 알지 못하는 자, 그 양자가 그것(음

과는 시간적으로 가깝지 않고 매우 멀다. 반면에 그 국자를 사용함으로써 '죄악의 소리를 듣지 않음'과 같이 가까운 시간에 일어나는 결과는 실제로 결과가 아니라 아르타바다일 뿐이다.

269_ 이 문장에서 '그것'이란, 바로 이어지는 문장을 따르자면, '우드기타 등의 의례에서 세부사항(속성)의 진정한 본질'이다.

270_ 차례대로 <찬도 1.1.3>, <찬도 1.1.7>, <찬도 1.1.8>, <찬도 1.2.7>, <찬도 1.3.1>에서 등장한다.

271_ 여기서 '항상'으로 번역한 'nityavat'라는 말은 다른 방식으로 이해 가능하다. 즉 이 말은 '[다른] 상시적인 것들과는 달리'라는 의미로 해석될 수 있다. 하지만 이 말은 '항상'이라는 의미로 해석되어야 한다. 항상 수용될 수는 없다는 것은 필연성을 가지지 않는다는 뜻이기 때문이다. 결론적으로 "그것에 대해 [즉 의례에서 세부사항의 본질에 대해] '확정하는 것들(진술들)'은 필연성을 가지지 않는다 …"라는 수뜨라 자체를 고려한다면, '항상'으로 이해하는 것이 더 적합하다.

272_ * Nirnaya에 '필연적이지 않다는 것을'(aniyatatvam)이라는 표현이 등장하는 것과 달리, Samata에는 '상시적이지 않다는 것을'(anityatvam)이라는 표현이 등장한다.

절)으로써 [제의를] 행한다."〈찬도 1.1.10〉에서는 심지어 지식이 없는 자에게도 의례가 승인되기 때문이다. 또한 쁘라스따바 등의 신격들에 대해 지식을 결여하는 쁘라스또뜨리 등에게도 제의 집행이 확정되는 것을 보여주기 때문이다. "쁘라스또뜨리여, 만약 당신이 '쁘라스따바'와 일치하는 그 신격을 모른 채로 쁘라스따바를 노래한다면"〈찬도 1.10.9〉, "[우드가뜨리여], 만약 당신이 ['우드기타'와 일치하는 그 신격을] 모른 채로 우드기타를 노래한다면"〈찬도 1.10.10〉, "[쁘라띠하르뜨리여], 만약 당신이 ['쁘라띠하라'와 일치하는 그 신격을] 모른 채로 쁘라띠하라를 노래한다면"〈찬도 1.10.11〉에서이다.[273]

더 나아가 그와 같은 종류의 '의례와 관련되는 명상적 인식'은, '의례의 결과를 달성하는 데 장애 없애기', '그것(결과)을 극대화하는 그 어떤 특정한 것을 추가하기'와 [같이], 의례와는 분명 별도로 결과를 가진다고 알려진다. "이와 같이 그것(음절)을 아는 자와 알지 못하는 자, 그 양자가 그것(음절)으로써 [제의를] 행한다. 하지만 지식과 무지는 다르다. 믿음, 비밀스러운 명상과 함께 지식을 통해 행한 바로 그것만이 더한 힘을 가진다."〈찬도 1.1.10〉에서이다.[274] 이곳에서는, '하지만 [지식과 무지는] 다르다'라며 지식(명상적 인식)을 가지는 자와 지식을 가지지 않은 자에 대해 그 적용을 구분함으로써, 또 '더한 힘을 가진다'라며 비교급의 접사[275]가 적용됨으로써, 심지어 지식을 결여하는 의례마저도[276]

273_ 세 부분으로 나뉘는 사마(sāma) 찬가에서, ① 첫 번째 부분이 '쁘라스따바'(prastāva)이고 그것을 노래하는 사제가 '쁘라스또뜨리'(Prastotṛ)이며, ② 두 번째 부분이 '우드기타'(udgītha)이고 그것을 노래하는 사제가 '우드가뜨리'(Udgātṛ)이며, ③ 세 번째 부분이 '쁘라띠하라'(pratihāra)이고 그것을 노래하는 사제가 '쁘라띠하르뜨리'(Pratihartṛ)이다.

274_ <찬도 1.1.10>에 따르면 지식(명상적 인식)을 통해 의례를 행할 경우에 의례가 더한 힘을 가진다고 한다. 이는 명상적 인식을 통해 '의례의 결과를 극대화(samṛddhi)하는 그 어떤 것'이 추가되는 것(atiśaya)을 의미한다.

275_ 비교급의 접사(pratyaya)='보다, 더, 더욱' 등을 의미하는 'tara'라는 형태의

힘을 가진다고 이해된다. 그리고 이는 명상적 지식이 [의례에서] 상시적이지 않은 경우에 합당하다. 반면에 상시적인 경우에는 어떻게 그것(지식)을 결여하는 의례가 힘을 가진다고 허용할 수 있겠는가![277] 왜냐하면 모든 종속적인 것들이 함께하는 경우에 의례가 힘을 가진다는 것이 공리이기 때문이다. 마찬가지로 '세상으로서의 사마'[278] 등에서도 "[계속 명상하는] 자를 위해, 위로 향하고 아래로 향하는 세상들이 실로 적합하게 된다."〈찬도 2.2.3〉라고 이렇게 운운하며 각각의 계속적 명상이 각각에 배정되는 결과를 가진다고 가르친다.

게다가 결과에 대한 그러한 계시를 아르타바다 그 자체라고 간주하는 것은 합리적이지 않다. 왜냐하면 그 경우에 비유진술에 다다를 것이기 때문이다. 하지만 결과에 대한 가르침과 관계해서는 일차진술이 합당하다.[279] 물론 쁘라야자 등과 관계해서는, [종속적인 것들이] 적절하게 행해져야만 한다는 기대를 가진 채로 [주된] 제의가 부과되기 때문에, 그러한 연관에서는 [쁘라야자의] 결과에 대한 계시가 아르타바다라는 것이 합리적이다.[280] 심지어 시작에서 가르치지 않은 빨라샤 나무

접사.

276_ * '의례'(karma)라는 표현은 Nirnaya에만 추가로 등장한다.

277_ 명상적 지식(인식)이 의례에서 상시적이지 않아야만 즉 의례와 필연적으로 연계되지 않아야만, 지식을 결여하는 의례마저 어느 정도 힘을 가진다고 허용할 수 있게 된다.

278_ 세상으로서의 사마(lokasāma)='사마 찬가'에 '지상부터 천상까지의 여러 세상들'을 덧놓는 명상, 또는 다섯 종류의 사마를 다섯 세상들로 명상하는 것.

279_ 결과에 대한 계시를 아르타바다라고 간주할 경우에, 그것은 아르타바다 가운데서도 비유진술(guṇavāda)에 속하고 말 것이다. 하지만 결과에 대한 계시는 비유진술이어서는 안 되고 일차진술(mukhyavāda)이어야만 한다. 비유진술(부차적인 것에 대한 진술)이란 특정한 행위를 찬양하려고 진술하는 것이다. 그리고 일차진술(일차적인 것에 대한 진술)이란 특정한 행위에 특정한 결과가 수반된다는 것을 알려주기 위해 그 결과에 대해 진술하는 것이다.

280_ 쁘라야자(Prayāja)는 다르샤뿌르나마사(Darśapūrṇamāsa) 제의에서 행해지는 종속적인 제의들 가운데 하나이다. 주된 제의인 다르샤뿌르나마사는 종속적

로 만들어진 것 등과 관계해서도, [결과에 대한 계시가 아르타바다라는 것은] 마찬가지이다. 왜냐하면 [그 자체가] 동작(운동)을 본질로 하는 것이 아닌 빨라샤 나무로 만들어진 것 등은 '의존하는 것'이 없이는 결과와 연계되는 것이 가능하지 않기 때문이다. 실로 우유통 등의 경우에는, [제의의 성취를 위해] 부과된 '물 가져오기' 등의 의존하는 것을 가짐으로 말미암아, 결과에 대한 명령이 합당하다. 마찬가지로 빌바 나무로 만들어진 것 등도, [제의의 성취를 위해] 부과된 '제의의 말뚝' 등의 의존하는 것을 가짐으로 말미암아, 결과에 대한 명령이 합당하다.[281] 반면에 빨라샤 나무로 만들어진 것 등과 관계하는 그러한 명령에는 그 어떤 의존하는 것도 부과되지 않는다. 그리고 문장 자체가 '국자 등에 의존하는 것'을 말하고자 한 뒤에 심지어 '결과에 대해 명령하는 것'을 말하고자 한다면, 문장적 분열이 생길 것이다.[282] 하지만 계속적 명상들의 경우에는 동작을 본질로 함으로 말미암아[283] 특정한 명령이 가능하기 때문에 '우드기타 등에 의존하는 것'과 '결과에 대해 명령하는 것'이 모순적이지 않다.

그러므로 예컨대 우유통 등이 제의에 의존하더라도 [그 자체의] 결과와 연계됨으로 말미암아 상시적이지 않듯이, 우드기타 등의 계속적

인 제의들이 모두 '적절하게 행해져야만'(itikartavyatā) 온전하게 성취되는 것으로 부과된다(명령된다). 따라서 이 경우에는 그 성취를 위해 쁘라야자를 찬양할 필요가 있기 때문에, 쁘라야자의 결과에 대한 계시는 아르타바다이다.

281_ 먹는 음식을 원한다면 빌바(bilva) 나무로 만들어진 제의의 말뚝을 사용해야 한다. 이러한 명령에서는 '빌바 나무로 만들어진 것'이 말뚝에 의존함으로 말미암아 즉 말뚝을 소재지로 삼음으로 말미암아 결과에 대한 계시가 합당하다.

282_ "빨라샤 나무로 만들어진 국자를 가진 그는, 죄악의 소리를 듣지 않는다."라는 하나의 문장이, 빨라샤 나무로 만들어진 것 등이 국자 등에 의존한다는 것을 의미하는 동시에 빨라샤 나무로 만들어진 국자 등이 낳는 결과에 대해 명령하는 것을 의미한다면, 이는 문장적 분열에 지나지 않는다.

283_ 계속적 명상 그 자체가 동작(kriyā)에 지나지 않는다.

명상들도 마찬가지라고 이해해야만 한다. 또한 바로 이로부터, 『깔빠 수뜨라』[284]의 저자들은 제의들과 관계하여 이와 같은 종류의 계속적 명상들을 고려하지 않았다.‖42‖

{ 28. '제물'이라는 주제: 수뜨라 43 }

43. [공기와 생기는 단지 분리되는 것으로 몰입(명상)해야만 한다]; [분리되는 것으로 가르치기 때문이다]; 실로 [뿌로다샤의] 제물(祭物)과 같다; 이는 [미맘사의 상까르샤에서] 언급되었다.

pradānavad eva tad uktam ‖43‖

바자사네야까에서는 "발성기관은 '내가 분명 말할 것이다'라고 마음먹었다."〈브리 1.5.21〉라는 곳에서, 인격적(소우주)으로 발성기관 등에서 생기가 최고인 것이라고 확정하고 신격적(대우주)으로 불 등에서 공기가 최고인 것이라고 확정한다. 그리고 찬도그야에서는 "공기는 실로 '흡수하는 것'입니다."〈찬도 4.3.1〉라는 곳에서 신격적으로 불 등에서 공기가 '흡수하는 것'이라고 확정하고, "생기는 실로 '흡수하는 것'입니다."〈찬도 4.3.3〉라는 곳에서 인격적으로 발성기관 등에서 생기가 '흡수하는 것'이라고 확정한다.

이 경우에 의문이 생긴다. 이러한 공기와 생기는 단지 분리되는 것으로 몰입(명상)해야만 할 것인가 아니면 분리되지 않는 것으로 몰입해

284_ 『깔빠 수뜨라』(Kalpa-sūtra)=베다의 제의를 실행하는 데 도움을 주는 여섯 개의 베당가(Vedāṅga) 가운데 하나. '깔빠'라는 말 자체가 실천적인 적용, 방법 등을 의미한다. 고전 우빠니샤드 시기 이후에 작성된 것으로 추정된다.

야만 할 것인가?

[전론]: 먼저 분리되지 않는 것이라고 귀결된다. 본질에 차이가 없기 때문이다. 실로 본질에 차이가 없는 경우에 분리해서 명상하는 것은 정당하지 않다. 그리고 계시서는 인격적인 것과 신격적인 것의 본질에 차이가 없다는 것을 보여준다. "불은 발성기관이 된 채 입으로 들어갔다."〈아이 1.2.4〉라고 시작하는 곳에서이다. 또한 "그러한 이것들은 정녕 모두가 같다. 모두가 무한하다."〈브리 1.5.13〉라며 인격적인 생기들이 신격적인 권능(위대함)을 본질로 가진다는 것을 보여준다. 마찬가지로 다른 곳에서도, 여기저기에서 여러 방식으로, 인격적인 것과 신격적인 것의 본질에 차이가 없다는 것을 보여주고 있다.

게다가 어떤 경우에는 "생기인 것은 공기이다."라며 실로 분명하게 공기와 생기를 하나로 내세운다. 또한 심지어 [앞서] 예시된 '바자사네이 브라흐마나'에서도,[285] "그 무엇으로부터 태양이 솟고"〈브리 1.5.23〉라는 그러한 결말의 시구에서 "이것(태양)은 실로 생기로부터 솟고 생기에서 저문다."〈브리 1.5.23〉라며 오직 생기와 함께 결론내림으로써, [공기와 생기가] 하나라는 것을 보여준다.[286] 그리고 "따라서 그는 오직 하나의 서약을 행해야 한다. 그는 쁘라나(들숨)를 해야 하고 또 아빠나(날숨)를 해야 한다."〈브리 1.5.23〉라며 오직 생기에 대한 하나의 서약과 함께 결론내림으로써, 바로 그것을 확고히 한다.

더욱이 찬도그야에서도 그 이후에 "세상의 수호자인 어느 한 신인 그(쁘라자빠띠)가 위대한 것 넷을 삼켰다오."〈찬도 4.3.6〉라며 오직 하나의 흡수하는 것을 지시한다. 하나의 넷에 대해 하나의 '흡수하는 것'

285_ 예시된 '바자사네이 브라흐마나'에서도=<브리 1.5.21>에서도.

286_ 이 결말의 시구에서 태양이 솟고 저무는 처소로는 인격적인 생기보다 신격적인 공기가 더 적합하다. 다만 공기와 생기가 하나이기 때문에 공기 대신 생기라고 해도 무방하다.

과 다른 넷에 대해 다른 하나의 '흡수하는 것'을 말하지는 않는다.[287] 따라서 [공기와 생기에 대해] 몰입(명상)하는 것은 분리되지 않는다.

이와 같은 귀결에서 우리는 말한다.

[후론]: 공기와 생기는 단지 분리되는 것으로 몰입(명상)해야만 한다.

무엇 때문에? 분리되는 것으로 가르치기 때문이다. 실로 인격적인 것과 신격적인 것으로 그렇게 구분해서 가르치는 것은 명상을 목적으로 한다. 이는 명상이 분리되지 않는 경우에 한갓 무의미하게 될 것이다.

[전론]: 본질에 차이가 없음으로 말미암아 명상이 분리되지 않는다고 언급했지 않는가?

[후론]: 그러한 결함은 없다. 비록 본질에 차이가 없을지라도, 상태(조건)의 차이에 따르는 가르침의 차이에 힘입어 명상에 차이가 있는 것은 합당하기 때문이다. 게다가 시구의 진술이 비록 본질의 차이 없음을 의도한다는 것이 합당할지라도, '앞에서 말한 명상대상의 차이'를 부인하는 효력이 없기 때문이다.[288] 더욱이 "그러한 생기들 중에 그 '가운데의 생기'처럼, 그러한 신격들 중에 공기도 마찬가지이다."〈브리 1.5.22〉라며 비교어와 비교대상을 만들기 때문이다.[289] 이로부터 서약

287_ <찬도 4.3.6>에서 '위대한 것 넷'이란 각각 신격적으로 불, 해, 달, 물이고 인격적으로 발성기관, 눈, 귀, 마음이다. 따라서 신격적인 것 넷에 대해 신격적인 하나의 '흡수하는 것'(saṃvarga)이 있고 인격적인 것 넷에 대해 인격적인 하나의 '흡수하는 것'이 있다고 생각할 수 있지만, 실상 흡수하는 것은 오직 하나일 뿐이다.

288_ 비록 <브리 1.5.23>의 결말의 시구에서 공기와 생기가 하나라는 것을 말할지라도, 그보다 앞서는 <브리 1.5.21> 등에서 인격적인 것과 신격적인 것을 구분하기 때문에 그와 같이 명상대상의 차이를 구분해서 제시한 것이 결코 부인되지는 않는다.

289_ <브리 1.5.22>에서 생기는 비교어(upamāna)로 공기는 비교대상(upameya)으로 다루어진다. 따라서 이 두 명상대상은 분명 차이를 가진다.

을 가르치는 것이[290] 설명되었다.[291]

그리고 "오직 하나의 서약을"에서 '오직'(에바)이라는 것은 발성기관 등의 서약을 파기함으로써 생기의 서약을 수용하기 위해서이다. 실로 발성기관 등의 서약은 깨졌다고 언급된다. "죽음은 무력함을 통해 그들을 붙잡았다."〈브리 1.5.21〉라고 계시되기 때문이다. 공기의 서약을 파기하기 위해서가 아니다. "이제 여기서부터는 서약을 고찰한다."〈브리 1.5.21〉라고 시작한 뒤에 공기와 생기가 동등하게 깨지지 않는 서약을 가진다고 확정되기 때문이다. 게다가 "그는 오직 하나의 서약을 행해야 한다."〈브리 1.5.23〉라고 말한 뒤에 "이로써 그는 그러한 신격에 '합일하는 것'과 그러한 신격과 '같은 세상에 머무르는 것'을 쟁취한다."〈브리 1.5.23〉에서 공기의 획득이라는 결과를 말함으로써, 공기의 서약이 파기되지 않는다는 것을 보여준다. 이곳에서 '신격'이라는 것은 공기여야 한다. '제한적이지 않음을 본질로 하는 것'을 얻고자 하기 때문이다.[292] 또한 앞에서 "그러한 이 공기로서의 신격은 저물지 않는다."〈브리 1.5.22〉라며 [그렇게] 사용되기 때문이다.

마찬가지로 "실로 그러한 이 둘은 '흡수하는 것'입니다. 신격들에서는 공기 자체이고, 기관들에서는 생기입니다."〈찬도 4.3.4〉라며 [공기와 생기를] 차이 있는 것으로 언급한다. 또한 "실로 한편으로 다섯이고 다른 한편으로 다섯인 그러한 그것들은 열이 된다. 이것이 '끄리따'이

290_ * Nirnaya에 '가르치는 것이'(-upadeśo)라는 표현이 등장하는 것과 달리, Samata에는 '제시하는 것이'(-upanyāso)라는 표현이 등장한다.

291_ 후론자는 <브리 1.5.21-23>이 공기와 생기 사이의 '본질에 차이가 없음'과 '명상대상에 차이가 있음'을 보여준다고 결론 내렸다. 이 경우에 '하나의 서약'이라는 것도 본질에 차이가 없음과 명상대상에 차이가 있음이라는 견지에서 이해할 수 있다.

292_ 공기는 그 자체로 '제한적이지 않음'(aparicchinna)을 본질로 한다. 즉 공기는 다른 것에 의해 제한되지 않는다. 그리고 제한적이지 않은 것만이 합일의 처소이다.

다."〈찬도 4.3.8〉라며 [양자가] 실로 차이 있는 것이라고 결론 내린다.

따라서 [공기와 생기에 대한] 몰입은 단지 분리되는 것이다. [뿌로다샤의] 제물(祭物)과 같다. 예컨대 "열한 개 질그릇의 뿌로다샤(떡)가, 왕 인드라에게! 최고의 왕 인드라에게! 자체의 왕 인드라에게!"[293]〈따잇-상 2.3.6〉에서 [알려지는] '뜨리뿌로다쉬니'(세 개의 뿌로다샤)라는 그러한 제의에서는 "모든 [신격들에게] 가게끔 하면서, 실패를 낳지 않도록 나눈다."〈따잇-상 2.3.6〉라고 한다. 이러한 글귀 때문에 또 '인드라'에 차이가 없기 때문에, [세 개의 뿌로다샤] 제물이 함께 [제공되어야 한다는] 의문이 생긴다.[294] [하지만] 왕 등의 세부사항(속성)에 차이가 있기 때문에,[295] 또 야즈야 제문(祭文)과 아누바끄야 제문이 역순(逆順)으로 명령되기 때문에,[296] 실로 [각각] 배열된 바대로 신격들이 분리됨으로 말미암아 제물도 분리되고 만다. 마찬가지로 비록 본질에 차이가 없을지라도 명상대상의 일면(一面)이 분리됨으로 말미암아 명상도 분리된

293_ ① '왕' 인드라는 인드라 신 그 자신을 가리키고, ② '최고의 왕' 인드라는 모든 기관들의 지배자를 가리키며, ③ '자체의 왕' 인드라는 천상의 지배자를 가리킨다.

294_ 이 의문은 뜨리뿌로다쉬니(Tripuroḍāśinī) 제의와 관련하여 미맘사 학파의 논적이 제기하는 것이다. 논적에 따르면 3개의 뿌로다샤(떡)는 특정한 하나의 신격에게 동시에 제공되어야 한다. 우선 3개의 뿌로다샤를 제공하면서 3개를 동시에 제공하지 않으면 나중에 제공되는 2개가 그 효력을 잃음으로써 결과를 낳는 데 실패할 수 있다는 계시서의 글귀 때문이다. 또한 왕 인드라, 최고의 왕 인드라, 자체의 왕 인드라는 모두 동일한 인드라이기 때문이다.

295_ <따잇-상 2.3.6>에서 세 신격은 모두 '인드라'이지만 '왕', '최고의 왕', '자체의 왕'이라는 세부사항이 상이하다.

296_ 아드바르유 사제가 맑은 버터기름을 바칠 때 그의 지시 아래 호뜨리 사제가 읽는 제문이 '야즈야 제문'(yājyā)이고, 아드바르유 사제가 뿌로다샤를 자를 때 그의 지시 아래 호뜨리 사제가 읽는 제문이 '아누바끄야 제문'(anuvākyā)이다. 그 뜨리뿌로다쉬니 제의에서는 첫 번째 제물을 제공할 때에 사용되는 야즈야 제문이 두 번째 제물을 제공할 때에는 아누바끄야 제문이 되고, 첫 번째 제물을 제공할 때에 사용되는 아누바끄야 제문이 두 번째 제물을 제공할 때에는 야즈야 제문이 된다. 즉 제문을 사용하는 데 역순(vyatyāsa)이 명령된다.

다는 것이 [수뜨라의] 뜻이다.

이는 [미맘사의] 상까르샤[297]에서 "신격은 실로 다르다; 분리되는 것으로 알려지기 때문이다."라고 언급되었다. 그리고 그 경우에[298] 물질 요소와 신격의 차이로부터 제의에 차이가 존재하는 것과 달리, 이 경우에는 명상적 지식에 차이가 존재하지 않는다. 인격적인 것과 신격적인 것에 대한 가르침들과 관계하여 시작과 끝으로부터 하나의 명상적 지식이 명령된다고 알려지기 때문이다. 결국 심지어 명상적 지식이 하나인 경우에도 인격적인 것과 신격적인 것의 차이로부터 [명상에서] 작용의 차이가 생긴다.[299] 새벽과 저녁 시간의 차이로부터 아그니호뜨라에서 [그러한 바와] 같다. [수뜨라 저자는] 이러한 점만큼을 의도함으로써 "[뿌로다샤의] 제물과 같다."라고 말했다.‖43‖

{ 29. '표징이 다수임'이라는 주제: 수뜨라 44-52 }

44. ['마음에 의해 쌓아올려진 것' 등은 의례에 부차적이지 않고 독자적이다]; [명상적 지식을 본질로 한다는 것을 확증하는] 표징이 다수이기 때문이다; 확실히 이러한 [표징은 맥락보다] 더 권위 있다; 이는 또한 [미맘사 수뜨라에서 언급되었다].

297_ 상까르샤(Saṃkarṣa)=상까르샤 깐다(Saṃkarṣa-kāṇḍa), 상까르샤나 깐다(Saṃkarṣaṇa-kāṇḍa), 데바따 깐다(Devatā-kāṇḍa) 등으로 불리는 미맘사 문헌. 4개의 '장' 아래 465개의 수뜨라로 이루어져 있다. 주로 제의와 관련된 잡다한 내용을 다룸으로써 <미맘사-수>에 보조적인 역할을 한다.

298_ 그 경우에=미맘사 학파의 경우에.

299_ 여기서 '작용'의 원어는 'pravṛtti'이다. 이 말은 '기능, 동작, 행위' 등으로 이해해도 무방하다.

liṅgabhūyastvāt tad dhi balīyas tad api ‖44‖

바자사네인들의 ‘불에 대한 비밀 가르침’(아그니 라하스야)에서는 “실로 태초에 그것은 존재가 결코 아니었다.”라는 그러한 브라흐마나에서 마음을 주제로 삼아 “그것은 자신이 가진, 마음으로 이루어지고 마음에 의해 쌓아올려진 삼만 육천 개의 숭배할 만한 불들을 보았다.”라는 등을 가르친다. 바로 그와 같이, “발성기관에 의해 쌓아올려지고 코에 의해 쌓아올려지며, 눈에 의해 쌓아올려지고 귀에 의해 쌓아올려지며, 손(행위)에 의해 쌓아올려지고 피부(불)에 의해 쌓아올려지는”이라며 [유사성을 통해] 결합된 불들을 분리된 채로 전한다.[300]

이것들에 관해 의문이 생긴다. ‘마음에 의해 쌓아올려진 것’[301] 등의 이것들(상상된 불)은 의례에 해당되고[302] 그것(의례)에 부차적인 것으로 존재하는가 아니면 오로지 명상적 지식을 본질로 하는 것이고 독자적인가?

이 경우에 맥락을 통해 의례에 해당된다고 [전론이] 귀결될 때, [수뜨라 저자는] 먼저 독자적이라고 주장한다.

[후론]: 표징이 다수이기 때문이다. 실로 그 브라흐마나에서는 이것들이 오로지 명상적 지식을 본질로 한다는 것을 확증하는 다수의 표징

300_ 태초에 존재(sat)가 아니었던 그것은 스스로를 봄으로써 마음을 만들었다. 그 마음은 다시 스스로를 봄으로써 불을 만들었다. 이 경우에 인간의 마음은 대략 삼만 육천 개의 상태로 간주될 수 있다. 왜냐하면 1년은 365일이고 인간 수명인 100년은 약 36,000일이기 때문이다. 이 삼만 육천 개의 마음은 제단의 벽돌 개수와 동일시된다. 이에 따라 제단 위의 불은 마치 삼만 육천 개의 마음에 의해 쌓아올려진 것이나 마찬가지이다. 또한 제단 위의 불은 마치 발성기관 등등의 상태들에 의해서도 쌓아올려진 것이나 마찬가지이다.

301_ ‘마음에 의해 쌓아올려진 것’(manaścita, manaścit)이라는 표현은 ‘마음에 의해 불 밝혀진 것’으로 읽어도 무방하다.

302_ 의례(kriyā)에 해당되고=실제적인 행위 영역에서 벌어지는 일이고.

들이 알려진다. "그러한 존재들이 마음에서 무엇을 생각하든지 간에, 이것(불)은 바로 그것(생각한 것)들의 작업이다."라고 하고, 또 "이와 같이 아는 자를 위해, 비록 그가 잠잘지라도 모든 존재들은 실로 그러한 이것(불)들을 영원히 쌓아올린다."[303]라고 하는, 이와 같은 유형들에서이다.[304] 확실히 이러한 표징은 맥락보다 더 권위 있다.

이는 또한 "계시어, 표징, 문장, 맥락, 위치, 이름이 상충할 때에 뒤따르는 것에 힘이 없다; [뒤따르는 것은] 목적(의미)하는 바와 거리가 멀기 때문이다."〈미맘사-수 3.3.14〉라며 전편(前篇)에서[305] 언급되었다.‖44‖

45. [이러한 불들은 독자적이지 않다]; 맥락으로 말미암아 이전의 [실제적 불과 관계하여 특정한] 대안으로 [그렇게 가르친다]; '마음으로 하는 것'과 같이 의례에 [해당되어야] 한다.

pūrvavikalpaḥ prakaraṇāt syāt kriyā mānasavat ‖45‖

[전론]: 이러한 불들이 독자적이라는 것은 즉 다른 것(의례)에 부차적인 것으로 존재하지 않는다는 것은 합리적이지 않다. 의례로 이루어진 이전의 [실제적] 불이 가지는 맥락으로 말미암아, 바로 그것과 관계하여 특정한 대안으로 그러한 가르침이 가능할 뿐, 독자적으로 가능하지

303_ 모든 존재들의 마음을 통해 자기 마음에서 불이 쌓아올려진다는 것을 누군가가 명상을 통해 안다면, 그가 깨어 있든 잠자고 있든 실제로 모든 존재들은 그의 마음에 불을 영원히 쌓아올린다는 뜻이다.

304_ 앞선 문장의 '마음에서 무엇을 생각하든지 간에'라는 표징은 이러한 불들이 의례가 아닌 명상(생각)과 관련된다는 점을 지시한다. 뒤따르는 문장의 '영원히'라는 표징 또한 시간에 제한되는 의례와 관련되지 않는다.

305_ '전편'이란 <미맘사-수>를 가리킨다. '전편에서'라는 표현의 원어는 'pūrvasmin kāṇḍe'이다. 따라서 <미맘사-수>가 'pūrva-kāṇḍa'로 지시되는 셈이다. <주석 3.3.1>에서 주석가는 <미맘사-수>를 '제1편'(prathama-kāṇḍa)이라고 부른 바 있다.

는 않다.

[후론]: 표징이 맥락보다 더 권위 있지 않는가?

[전론]: 그것은 그와 같이 사실이다. 하지만 다만 그와 같은 유형의 표징은 맥락보다 더 권위를 가지지 않는다. 실로 그것은 어떤 대상을 언급한다.[306] [유사성을 통해] 결합된 불을 찬양하는 형태이기 때문이다. 그리고 '어떤 대상을 언급하는 것'(표징)은, 다만 비유진술로서 합당하더라도 그 '어떤 [명령]'이 존재하지 않는다고 귀결되는 경우에는, 맥락을 지양시킬 수 없다.[307] 따라서 이러한 불들은 [유사성을 통해] 결합된 것임에도 맥락으로 말미암아 실로 의례에 해당되어야 한다.

'마음으로 하는 것'과 같다. 예컨대 다샤라뜨라의 열 번째 날인 아비바끄야에서[308] 쁘라자빠띠 신격을 위해 '소마라고 [상상되는] 바다'를 '그릇이라고 [상상되는] 지상(땅)'으로 취하는 동안에, [그릇을] 잡는 것, [그릇을 제자리에] 놓는 것, 공물로 제공하는 것, [남은 소마를] 마시는 것, [남은 것을 마시도록 사제들이 서로를] 초대하는 것, [초대된 사제들이] 마시는 것은, 마음으로 하는 것일 뿐이라고 전한다.[309] 그리고

306_ 실로, 그것은 즉 그와 같은 유형의 표징은 또는 그러한 표징을 포함하는 문장들은, 어떤 대상을 언급한다 즉 증명한다. 다시 말해, 그 표징은 표징에 걸맞게 어떤 것을 증명하는 역할을 한다.

307_ 앞서 후론자가 표징이라고 간주한 문장들은 어떤 대상을 증명하는 표징으로서 역할을 한다. '결합하기'를 통해 결합된 불을 찬양하는 형태이기 때문이다. 어떤 것에 대한 찬양을 목적으로 하는 그 표징은 아르타바다이자 그 가운데서도 비유진술에 속한다. 그래서 그 표징은 바로 그렇게 비유진술로서는 합당하다. 하지만 비유진술로서는 합당하더라도 아르타바다(비유진술)를 가능케 하는 명령이 존재하지 않는 경우에는 맥락보다 더 권위가 없다. 왜냐하면 명령과 관계하는 표징은 맥락보다 더 권위가 있지만 아르타바다와 관계하는 표징은 맥락보다 더 권위가 없기 때문이다. 전론자의 이와 같은 입장에 관해 후론자는 <주석 3.3.49>의 뒷부분에서 반론을 제기한다.

308_ 다샤라뜨라(Daśarātra) 제의에서는 실제로 열한 번째 날이 '아비바끄야'(avivākya)라고 불린다. '아비바끄야'란 만뜨라를 읊지 않는 금언 또는 침묵을 뜻한다.

'용기(容器)와 흡사한 그것'(상상된 용기)은 마음으로 하는 것임에도 의례의 맥락으로 말미암아 실로 의례에 부차적인 것이 된다. '불과 흡사한 이것'(상상된 불)도 마찬가지라는 것이 [수뜨라의] 뜻이다.‖45‖

46. 또한 연장 적용 때문에, [이러한 불들은 의례에 해당된다].

atideśāc ca ‖46‖

또한 연장 적용은 이러한 불들이 의례에 해당된다는 것을 확증한다. "삼만 육천 개의 불들은 숭배할 만하다. 그것들의 바로 그 하나하나는 앞서 [제시한] 그것(의례의 불)만큼 그와 같이 위대하다."에서이다. 실로 유사성이 있는 경우에 연장 적용이 작용한다. 결국 이로부터, '제단의 벽돌에 의해 쌓아올려진 것 즉 의례에 해당되는 이전의 불'에서 '[유사성을 통해] 결합된 불들'로 연장 적용함으로써, 이것들이 의례에 해당될 뿐이라는 것을 분명히 한다.‖46‖

47. 하지만 [이러한 불들은] 오직 명상적 지식을 [본질로 하고 독자적이다]; [계시서가] 확정하기 때문이다.

vidyaiva tu nirdhāraṇāt ‖47‖

[후론]: '하지만'이라는 말은 전론을 배제한다. 마음 등에 의해 쌓아올려진 이러한 불들은 오직 명상적 지식을 본질로 하고 독자적이어야 할 뿐 의례에 부차적인 것으로 존재하지 않는다. 왜냐하면 그렇게 "실로 그러한 이것들은 오직 명상적 지식에 의해 쌓아올려진다."라고 확정하기 때문이다. 또한 "실로 이와 같이 아는 자에게는, 바로 그 명상적 지

309_ <딴드-브 4.9>, <따잇-상 7.3.1> 참조.

식에 의해 이것(불)들이 쌓아올려지게 된다."라고 한다.‖47‖

48. 또한 [표징을] 보기 때문에, [이러한 불들은 독자적이다].
darśanāc ca ‖48‖

또한 이것들이 독자적이라는 것에 관한 표징을 본다. 이는 앞서 "['마음에 의해 쌓아올려진 것' 등은 의례에 부차적이지 않고 독자적이다]; [명상적 지식을 본질로 한다는 것을 확증하는] 표징이 다수이기 때문이다 …"〈수뜨라 3.3.44〉라는 곳에서 제시했다.‖48‖

[전론]: 어떤 것(명령)이 존재하지 않는다고 귀결되는 경우에는 바로 그 표징이 그 어떤 대상에 대한 증명수단(논거)이 아니므로, 그것(표징)을 물리친 뒤에, 맥락의 효력으로 말미암아 [이것들은] 의례에 부차적인 것이라고 확정했지 않는가?

이로부터 답변을 한다.

49. 또한, [만약 맥락의 효력으로 말미암아 이것들이 의례에 부차적인 것이라고 확정했다고 한다면], 계시어 등이 더 권위 있기 때문에 [독자적이라는 입장은] 지양되지 않는다.
śrutyādibalīyastvāc ca na bādhaḥ ‖49‖

[후론]: 그와 달리, 맥락의 효력으로 말미암아 [이것들이] 의례에 부차적인 것이고 [그에 따라] 독자적이라는 입장이 지양되어야만 한다고 확정되지는 않는다. 계시어 등이 더 권위 있기 때문이다. 실로 '계시어, 표징'에 관한 수뜨라에서는[310] 계시어, 표징, 문장이 맥락보다 더 권위 있다고 확립된다. 그리고 이 경우에는 그것들이[311] 독자적이라는

입장을 증명한다고 알려진다.

어떻게? 먼저 "실로 그러한 이것들은 오직 명상적 지식에 의해 쌓아올려진다."라는 계시어(계시)가 있다. 게다가 "비록 그가 잠잘지라도 모든 존재들은 … 영원히 쌓아올린다."라는 표징이 있다. 더욱이 "실로 이와 같이 아는 자에게는, 바로 그 명상적 지식에 의해 이것(불)들이 쌓아올려지게 된다."라는 문장마저 있다.[312]

실로 '오직 명상적 지식에 의해 쌓아올려진다'라는 이 확정적인 계시어는[313] 이것들이 의례에 해당된다고 용인하는 경우에 침해당할 것이다.

[전론]: 그러한 확정은 [이것들이 쌓아올려지는 데에] 외적인 수단을 가지지 않는다는 것을 의도하지 않겠는가?

[후론]: 아니라고 말한다. 왜냐하면 그것을 의도하는 경우에는, '명상적 지식에 의해 쌓아올려진다'라는 만큼이 단지 [이것들의] 본질에 대한 언급으로 충분하기에, 그 확정이 무용해질 것이기 때문이다. 실로 이것들은 그저 본질적으로 외적인 수단을 가지지 않는다. 한편, 비록 외적인 수단을 가지지 않을지라도 '마음에 속하는 용기(容器)'처럼[314] 의례에 해당된다고 의심하는 경우에는, 그 확정은 그것(의심)을 파기하는 결과를 낳는 데 유용하게 될 것이다.

310_ "계시어, 표징, 문장, 맥락, 위치, 이름이 상충할 때에 뒤따르는 것에 힘이 없다; [뒤따르는 것은] 목적(의미)하는 바와 거리가 멀기 때문이다."<미맘사-수 3.3.14>라는 수뜨라에서는.

311_ 그것들이=계시어, 표징, 문장이.

312_ 각각 계시어, 표징, 문장과 관련되는 이 인용문들은 이미 앞서 인용된 것들이다.

313_ '오직 명상적 지식에 의해 쌓아올려진다'에서는 '오직'(eva)이라는 말이 확정적(sāvadhāraṇa)이다.

314_ '마음에 속하는 용기'처럼=<주석 3.3.45>에서 논의한 바대로 그릇에 담긴 소마를 마음으로 마시는 것처럼.

마찬가지로 "이와 같이 아는 자를 위해, 그가 잠잘 때든 또 깨어 있을 때든, 모든 존재들은 이러한 불들을 영원히 쌓아올린다."에서 지속성을 언급하는 것은 이것들이 독자적인 경우에 적절하다. 예컨대 [유사성을 통해] 결합된 '발성기관과 생기로 이루어진 아그니호뜨라'에서, "그 경우에 그는 생기를 발성기관에게 공양한다. … 그 경우에 그는 발성기관을 생기에게 공양한다."〈까우 2.5〉라고 말한 뒤에 "그는 무한히 불멸하는 이러한 두 공물을 깨어 있으면서 또 자면서 영원히 공양한다."〈까우 2.5〉라고 말하듯이, 그와 마찬가지이다. 반면에 [이것들이] 의례에 해당되는 경우에는, 의례에서 짧은 시간 동안 사용함으로 말미암아 이것들을 지속적으로 사용하는 것이 적합하지 않을 것이다.

게다가 그 [문장들이] 단순한 아르타바다라는 것은 정당하지 않다.[315] 왜냐하면 명령을 내리는 '명백한 표징 등'이 알려지는 그 경우에 단순히 '[어떤 대상을] 언급하는 것'[316]을 아르타바다라고 하는 것이 합리적이기 때문이다. 하지만 이 경우에는 명백한 어떤 명령이 알려지지 않음으로 말미암아, 바로 그 '언급하는 것'을 통해, 이것들이 명상적 인식에 대한 명령이라고 추정할 수 있다. 또한 결과적으로, 분명 언급한 바대로 추정할 수 있으므로, 지속성에 대해 언급하는 것을 통해 [이것들이] 그러한 특성을 가질 뿐이라고 추정한다.[317]

결국 이러함에 근거하여 이것들은 독자적이라고 정립된다. 이로부

315_ 전론자는 표징을 포함하는 계시서의 문장들이 아르타바다에 지나지 않는다고 주장한다. 즉 전론자는 표징에 의존하지 않고 맥락에 의존하는 해석을 위해 그 문장들을 아르타바다로 간주해 버린다. 여기서 후론자는 바로 이 주장에 대해 반박한다.

316_ '언급하는 것'을 뜻하는 원어인 'saṃkīrtana'는 '찬양하는 것'이라는 뜻도 동시에 가진다.

317_ 바로 그 계시서의 언급 자체를 통해 명상적 인식에 대한 명령을 추정한다면, 또한 바로 그 지속성(sātatya)에 대한 언급(영원히 쌓아올린다) 자체를 통해 이것들의 지속성을 추정할 수 있다.

터 "그러한 존재들이 마음에서 무엇을 생각하든지 간에, 이것(불)은 바로 그것(생각한 것)들의 작업이다."라는 등이 설명된다. 또한 "이와 같이 아는 자를 위해"라는 문장마저,[318] 이것들이 단지 특정한 사람과 관계된다고 전함으로써 제의와 관계된다는 것을 허용하지 않는다.

그러므로 [이것들이] 독자적이라는 바로 그 입장이 더 낫다.‖49‖

50. 연결 등으로 말미암아 [마음에 의해 쌓아올려진 것 등은 독자적이다]; 다른 명상적 앎들이 [의례들로부터] 분리되는 것과 같다; 또한 [라자수야의 맥락에서 언급되는 아베슈띠는 맥락을 넘어선다고] 알려진다; 이는 [미맘사 수뜨라에서] 언급되었다.

anubandhādibhyaḥ prajñāntarapṛthaktvavad dṛṣṭaś ca tad uktam ‖50‖

이로 말미암아 또한, 맥락을 털어버린 채로 '마음에 의해 쌓아올려진 것' 등은 독자적이라고 간주해야만 한다. 마음 등의 작용(활동)들에 의례의 부분들을 연결시키는 점에서이다. "이것(불)들은 오직 마음에 의해 자리 잡게 되고, 마음에 의해 쌓아올려진다. 용기(容器)들은 오직 마음에 의해 취해진다. 마음에 의해 [우드가뜨리가] 찬양하고 마음에 의해 호뜨리가 찬양한다. 제의에서 그 어떤 행위가 행해지든지, 제의에 속하는 그 어떤 행위가 오직 마음에 의해 [행해지든지], '그러한 마음으로 이루어지고 마음에 의해 쌓아올려진 이것(불)들'과 관계하여 오

318_ 주석가는 앞서 "이와 같이 아는 자를 위해"라는 표현이 들어간 두 개의 문장을 인용했다. 하나는 <주석 3.3.44>의 "이와 같이 아는 자를 위해, 비록 그가 잠잘지라도 모든 존재들은 실로 그러한 이것(불)들을 영원히 쌓아올린다."라는 것이고, 다른 하나는 <주석 3.3.49>의 "이와 같이 아는 자를 위해, 그가 잠잘 때든 또 깨어 있을 때든, 모든 존재들은 이러한 불들을 영원히 쌓아올린다."라는 것이다.

직 '마음으로 이루어진 것'으로서 행해진다."라는 등을 통해서이다.

실로 이러한 연결은 '결합하기'를 결과로 가진다. 그리고 지각 가능한 것으로 존재하는 의례의 부분들을 '결합하기'를 통해 얻고자 해서는 안 된다.[319]

또한 이 경우에는, 우드기타 등의 계속적 명상과 달리, [마음에 의해 쌓아올려진 것 등이] 의례에 종속적인 것들과 연계된다고 해서 그것(의례)에 해당된다고 생각해서는 안 된다. 계시가 상이하기 때문이다. 실로 이 경우에는, [우드기타 등의 계속적 명상과 달리], 의례에 종속적인 그 어떤 것을 취한 뒤에 그것에 어떤 명칭을 덧붙여야만 한다고 말하지 않는다. 반면에, '사람의 제의'[320] 등과 같이, 삼만 육천 개의 '마음의 상이한 변용(양상)'을 취한 뒤에 그것들에 불이라는 것과 용기 등을 가상한다. 그리고 이 수(삼만 육천)는, 사람이 가지는 수명의 [모든] 날들을 [더함으로써] 알려지는 것으로서, 그것(모든 날들)과 관계하는 '마음의 변용들'에 덧얹힌다고 이해해야만 한다. 이와 같이 연결로 말미암아 마음에 의해 쌓아올려진 것 등은 독자적이다.

[수뜨라의] '등'이라는 말로부터 바로 그 '연장 적용 등'을 가능한 한 해석해야만 한다.[321] 그러한 예시로서, "그것들의 바로 그 하나하나는 앞서 [제시한] 그것(의례의 불)만큼 그와 같이 위대하다."에서는 '의례로 이루어진 불'이 가지는 위대함을 '명상적 지식으로 이루어진 것'들의

319_ 마음의 작용들에 의례의 부분들을 연결시키는 것은 양자의 결합하기(saṃpad)라는 결과로 이어진다. 하지만 이러한 결합하기를 통해, 지각 가능한 것으로 존재하는 즉 물리적으로 존재하는 의례의 부분들을 얻고자 욕망해서는 안 된다.

320_ 사람의 제의(puruṣa-yajña)=<찬도 3.16>에 등장하는 계속적 명상으로서, 사람을 제의로 생각하면서 사람에 대해 명상하는 것을 가르친다.

321_ 수뜨라의 '연결 등'에서 '등'이라는 말은 '연결'이라는 근거와 별도로 '연장 적용 등'이라는 근거를 지시한다고 해석해야만 한다.

그 하나하나와 관계하여 연장 적용함으로써 의례를 무시하는 것을 보여준다.

게다가 [모든 불들이] 분명 의례와 관계가 있다고 해서 앞의 것(실제의 불)에 대해 뒤의 것(상상된 불)들이 대안이라고 말할 수는 없다.[322] 왜냐하면 앞의 것은 '아하바니야 불을 유지하는 것 등의 작용'을 통해 의례에 도움을 주지만, 뒤의 것들은 그것을 통해 의례에 도움을 줄 수 없기 때문이다.

한편 연장 적용이 심지어 전론을 확증한다고 주장한 것에 관해서는, 실로 유사성이 있는 경우에 연장 적용이 작용하므로 우리 입장에서마저 '불이라는 것'의 유사성을 통해 연장 적용이 가능하기 때문에, 그것은 논박된다.[323] 왜냐하면 [유사성을 통해] 결합된 불들조차 '불이라는 것'으로 존재하기 때문이다.[324]

더욱이 계시어 등의 [다른] 근거들은 [이미] 제시했다.

이와 같이 [여러] 근거들로 말미암아 즉 연결 등으로 말미암아 '마음에 의해 쌓아올려진 것' 등은 독자적이다. 다른 명상적 앎들이 [의례들로부터] 분리되는 것과 같다. 예컨대, '산딜르야의 명상적 지식'을 비롯한 다른 명상적 앎들이 각각 그 자체의 연결을 통해[325] 연결되는 것들

322_ 전론자가 <주석 3.3.45>에서 <수뜨라 3.3.45>를 풀이하면서 "의례로 이루어진 이전의 [실제적] 불이 가지는 맥락으로 말미암아, 바로 그것과 관계하여 특정한 대안으로 그러한 가르침이 가능할 뿐, 독자적으로 가능하지는 않다."라고 주장한 것은 올바르지 않다.

323_ 전론자가 <주석 3.3.46>에서 <수뜨라 3.3.46>을 풀이하면서 "또한 연장 적용은 이러한 불들이 의례에 해당된다는 것을 확증한다. … 실로 유사성이 있는 경우에 연장 적용이 작용한다."라고 주장한 것은 올바르지 않으므로 거부된다.

324_ 결합하기를 통해 상상된 불마저도 실제의 불처럼 불이라고 말할 수 있기 때문이다.

325_ * '연결을 통해'(anubandhena)라는 표현은 Samata에만 추가로 등장한다. 이 표현이 등장하지 않는 Nirnaya에서는 이 부분을 "다른 명상적 앎들이 각각 그 자체로 연결되는 것들로서"라고 읽는다.

로서, 의례들로부터 분리될 뿐이고 또 다른 명상적 앎들로부터 독자적이듯이, [그와] 마찬가지이다.

또한 라자수야의 맥락에서 언급되는 아베슈띠는, 세 가지 계급(바르나)과 연결되기 때문에 또 라자수야는 끄샤뜨리야(왕)의 제의이기 때문에, 맥락을 넘어선다고 알려진다.[326] 이는 제1편(미맘사 수뜨라)에서 "만약 [아베슈띠가 라자수야] 제의를 목적으로 하는 경우라고 한다면, 아니다; 세 가지 계급(바르나)과 연계되기 때문이다."〈미맘사-수 11.4.9〉라고 언급되었다.‖50‖

51. [마음에 속하는 용기가] 다만 유사하다고 해서 [마음에 의해 쌓아올려진 것 등이 의례에 부차적이지는] 않다; [이것들이 오로지 인간을 위한다고] 알려지기 때문이다; [예를 들어] 죽음과 같이, 예를 들어 세상이 [연료 등과 유사하다고 해서 불이 되는 것에] 다다르지는 않듯이, [그와 마찬가지이다].

na sāmānyād apy upalabdher mṛtyuvan na hi lokāpattiḥ ‖51‖

"… '마음으로 하는 것'과 같이 의례에 [해당되어야] 한다."〈수뜨라 3.3.45〉라고 주장한 것을 논박한다. 마음에 속하는 용기(容器)가 다만 유사하다고 해서 마음에 의해 쌓아올려진 것 등이 의례에 부차적이라고 추정해서는 안 된다.[327] 앞서 언급한 계시어 등의 근거로 말미암아

326_ 아베슈띠(Aveṣṭi)는 라자수야(Rājasūya)의 맥락에서 언급된다. 그래서 아베슈띠가 독자적이지 않고 부차적이라고 오해할 수 있다. 하지만 아베슈띠는 상위 세 계급과 연결되는 반면에 라자수야는 오로지 끄샤뜨리야와 연결되기 때문에, 아베슈띠는 맥락을 벗어나 라자수야로부터 독자적인 의례라고 간주된다. 여기서 '맥락을 넘어선다'(prakaraṇād utkarṣaḥ)라는 표현은, 글자 그대로는 '맥락보다 더 뛰어나다'라는 뜻이다. 그리고 '맥락을 넘어선다'라는 것은 '독자적이다'라는 것을 의미한다.

[마음에 의해 쌓아올려진 것 등이] 오로지 인간을 위한다고 알려지기 때문이다.[328]

실로 그 어떤 것이 다른 것과 어떤 면에서 유사성을 가지는 것은 불가능하지 않다. 그러나 개별적으로 상이성을 물리치지 않는 그러한 정도에서 [유사성을 가져야 한다].[329] 죽음과 같다. 예컨대 "실로 저 구체에 있는 바로 그러한 저 뿌루샤는 죽음이다."〈샤따-브 10.5.2.3〉와 "실로 불은 죽음입니다."〈브리 3.2.10〉에서 비록 '죽음'이라는 말이 '태양의 뿌루샤'와 '불'과 [각각] 유사하게 사용될지라도 완전한 유사성(합치)에 다다르지는 않듯이, 또한 예컨대 "가우따마여, 실로 저 세상은 불입니다. 그 가운데 바로 저 태양이 연료입니다."〈찬도 5.4.1〉라는 곳에서 세상이 연료 등과 유사하다고 해서 불이 되는 것에 다다르지는 않듯이, 그와 마찬가지이다.‖51‖

52. 또한 그 이후에 [다른 브라흐마나에서는] 성언의 [목적이] 그러한 종류의 것이라고 [즉 명상적 지식에 대해 명령하는 것이라고 이해된다]; 결국 더 많은 ['불의 부분들'이 명상적 지식에서 결합될 수 있기] 때문에 [명상적 지식은 불과] 연결된다; [따라서 마음에 의해

327_ 전론자는 <주석 3.3.45>의 끝에서 다샤라뜨라의 열 번째 날인 아비바끄야를 예시로 들면서 다음과 같이 말한 바 있다: "그리고 '용기(容器)와 흡사한 그것'(상상된 용기)은 마음으로 하는 것임에도 의례의 맥락으로 말미암아 실로 의례에 부차적인 것이 된다. '불과 흡사한 이것'(상상된 불)도 마찬가지라는 것이 [수뜨라의] 뜻이다." 여기서 후론자는, 상상된 용기와 상상된 불의 유사성을 논거로 삼는 전론자의 그 주장이 올바르지 않다고 말한다.

328_ 상상된 불들은 '제의를 위하지'(kratu-artha) 않고 '인간을 위한다'(puruṣa-artha). 즉 명상적 지식은 '제의의 목적(유익함)에 기여하는 것'이 아니라 '인간의 목적에 기여하는 것'이다. <미맘사-수 4.1.1-2>에 대한 샤바라 스바민의 주석 참조. 좀 더 상세한 논의는 <주석 3.3.65> 참조.

329_ 둘 사이의 유사성이란 각각에서 발견되는 상이성(차이성)을 버리지 않는 범위 내에서 가능하다.

쌓아올려진 것 등은 명상적 지식을 본질로 한다].
pareṇa ca śabdasya tādvidhyaṃ bhūyastvāt tv anubandhaḥ ‖52‖

또한 그 이후에[330] "불에 의해 쌓아올려진 그것은 정녕 이 세상이다."〈샤따-브 10.5.4.1〉라는 이러한 다른 브라흐마나에서는, 성언의 목적이 그러한 종류의 것이라고 즉 오로지 '명상적 지식에 대해 명령하는 것'이라고 이해될 뿐, '순전히 의례에 종속적인 것에 대해 명령하는 것'이라고 이해되지는 않는다. 이 경우에 예를 들어, "그들은 명상적 지식을 통해 욕망들이 사라져버린 그곳으로 올라간다. [일에] 능통한 자들은 그곳으로 가지 못한다. 고행을 하지만 지식이 없는 자들도 그곳으로 가지 못한다."라는 이러한 시구는 단독적인 의례를 비난함으로써 또 명상적 지식을 찬양함으로써, 이를 이해하게끔 한다. 마찬가지로 심지어 그 이전에도, "타오르는 저 구체인 것은"〈샤따-브 10.5.2.23〉이라는 이러한 브라흐마나에서는, 오직 명상적 지식을 주된 것으로 삼는다고 이해된다. "죽음을 아뜨만으로 하는 그는, 불멸이 된다."라며 바로 그 명상적 지식의 결과로써 끝맺기 때문에 의례를 주된 것으로 삼지 않는다. 이와 유사함으로 말미암아, 이 경우에도 그와 같다.

결국 더 많은 '불의 부분들'이 명상적 지식에서 [유사성을 통해] 결합될 수 있으므로, 이러한 근거 때문에 명상적 지식은 불과 연결된다. 의례에 종속적이기 때문에 [연결되는 것은] 아니다.

그러므로 마음에 의해 쌓아올려진 것 등은 오로지 명상적 지식을 본질로 한다고 정립된다.‖52‖

330_ 그 이후에=<주석 3.3.51>에서 인용된 "실로 저 구체에 있는 바로 그러한 저 뿌루샤는 죽음이다."<샤따-브 10.5.2.3>라는 브라흐마나 이후에.

{ 30. '혹자들, 아뜨만'이라는 주제: 수뜨라 53-54 }

53. 혹자들은 [즉 로까야띠까들은 육체와는 구별되는] 아뜨만이 [존재하지 않는다고 생각한다]; 육체가 [존재할 때에 의식 등이] 존재하기 때문이다.
eka ātmanaḥ śarīre bhāvāt ‖53‖

여기서는, 속박과 해탈의 자격을 확립하기 위해 육체와는 구별되는 아뜨만이 존재한다는 것을 실증한다. 왜냐하면 육체와는 구별되는 아뜨만이 존재하지 않는 경우에 다른 세상을 결과로 가진다는[331] 신성한 명령들이 합당하지 않을 것이기 때문이다. 혹은, 누구에게 브라흐만이 곧 아뜨만이라는 것을 가르치겠는가!

[반박]: 논서의 바로 그 서두에 첫 번째 '절'에서,[332] 논서에서 [가르치는] 결과를 향유하는 데 적합하고 육체와는 구별되는 아뜨만이 존재한다고 언급했지 않는가?

[후론]: 주석가가 언급한 것은 사실이다. 하지만 그 경우에는 '아뜨만이 존재한다는 것'에 대한 수뜨라가 없다. 반면에 이 경우에는 수뜨라의 저자 바로 그 자신이 반론을 앞세운 채로 '그것이 존재한다는 것'을 정초한다. 그리고 대스승 샤바라 스바민은 바로 이곳으로부터 가져간 뒤에 '지식수단의 장'(제1장)에서 설명했다.[333] 또한 바로 이로부터, 존

331_ '다른 세상을 결과로 가진다는'이라는 표현의 원어는 'paralokaphalāś'로서 사후에 다른 세상 자체를 결과로 가진다는 그런 뜻이지만, '다른 세상에서 결과를 가진다는'이라는 뜻으로 해석할 수도 있다.

332_ 논서의 바로 그 서두에 첫 번째 '절'에서=<미맘사-수 1.1.5>에서.

333_ <미맘사-수>의 주석가이자 <미맘사-바>의 저자인 샤바라 스바민은 바로 이곳으로부터 '아뜨만이 존재한다는 것'(ātmāstitva)에 대한 논의를 가져간 뒤에

경스러운 우빠바르샤는 '제1의 지식체계'(미맘사)에서 아뜨만이 존재한다는 것에 대한 언급이 화제인 경우에 '우리는 샤리라까에서 [이에 대해] 말할 것이다'라며 [논의를] 이전했다.[334]

그리고 이 경우에는, 신성한 명령으로 지시되는 계속적 명상들을 검토하고 있는 와중에 이렇게 아뜨만이 존재한다는 것을 검토한다. [이것이] 모든 성전이 남긴 것임을 밝히기 위해서이다. 더 나아가 앞의 '주제'에서는 맥락을 넘어선다는 것을 용인함으로써 마음에 의해 쌓아올려진 것 등이 인간을 위한다고 설명했다. 그 인간이란 무엇인지 그 '마음에 의해 쌓아올려진 것 등'이 무엇을 위해 [존재하는지], 이러한 [의문이] 수반되는 경우에, 육체와는 구별되는 아뜨만이 그렇게 존재한다는 것을 말한다.

그리고 이 첫 번째 수뜨라는 그것이 존재한다는 것에 대한 반론을 의도한다. 실로 반론을 앞세운 채로 논박을 행하는 것은, '기둥 세우기'라는 금언에 따라, 말하고자 하는 주제와 관계하여 굳건한 생각이 들게끔 할 것이다.

이 경우에 혹자들은 즉 육체 그 자체를 아뜨만으로 보는 로까야띠까들은 육체와는 구별되는 아뜨만이 존재하지 않는다고 생각한다. 그들은, 비록 의식이 집합적이거나 개별적인 흙 등의 외적인 것들에서 관찰되지 않을지라도 '육체의 형태로 전변된 원소들(흙 등)'에서 존재할

<미맘사-수>의 '지식수단의 장'(pramāṇa-lakṣaṇa)에 대한 주석에서 그것을 설명했다. 즉 그는 <미맘사-바 1.1.5>에서 '아뜨만 이론'(Ātma-vāda)을 확립했다.

334_ '이전했다'의 원어는 'uddhāraḥ kṛtaḥ'이다. 'uddhāra'는 일차적으로 '끄집어냄, 뽑아냄' 등을 의미하는데, '인용함, 이전함' 등의 파생적 의미도 가진다. '논의를 이전했다'라는 것은, 미맘사 문헌에서 굳이 논의하지 않고 베단따 문헌에서 논의할 것이라고 그 과업을 떠맡겼다는 의미이다. 실제로 <미맘사-수>에는 아뜨만이 존재한다는 것과 관련되는 수뜨라가 없다. 따라서 그러한 수뜨라를 포함하는 '샤리라까'(Śārīraka) 즉 <수뜨라>를 통해 논의를 갈음하고자 한다.

것이므로, 인식으로서의 의식이 '중독시키는 힘'처럼 그것(원소)들로부터 [생긴다고] 간주하고[335] 또 '의식을 소유한 육신'이 인간이라고 말한다. 천국으로 나아가기 위해 혹은 지고선으로 나아가기 위해 적합하고 육체와는 구별되는 아뜨만은, 즉 의식을 육체에 존재할 수 있게끔 만드는 아뜨만은 존재하지 않는다. 결국 육체 자체가 의식체이자 아뜨만이라고 주장한다.

그리고 '육체가 [존재할 때에 의식 등이] 존재하기 때문이다'라고 이유를 말한다. 예컨대 불의 속성인 열과 빛처럼, 실로 어떤 것이 존재할 때에 존재하고 어떤 것이 존재하지 않을 때에 존재하지 않는 무언가는 그 어떤 것의 속성이라고 이해된다. 그리고 생기의 움직임,[336] 의식, 기억 등 아뜨만주의자들이 아뜨만의 속성으로 간주하는 것들마저 오직 육체의 안에서만 알려지고 또 밖에서는 알려지지 않음으로써, 육체와는 구별되는 본체가 실증되지 않는 경우에, [그것들은] 바로 그 육체의 속성들이어야만 한다. 따라서 아뜨만은 육체와는 구별되지 않는다.‖53‖

이와 같은 귀결에서 우리는 말한다.

54. 하지만 [아뜨만이 육체와는 구별되지 않는다고 주장한 것은 그러하지] 않다; [아뜨만은 육체와] 구별된다; 그것(육체)이 존재하는

335_ 매운맛에 담겨 있는 '중독시키는 힘'(madaśakti)은 매운맛을 내는 원재료에서 관찰되지 않지만 그 원재료로부터 생겼다고 간주된다. 마찬가지로 육체에 존재하는 '인식(vijñāna)으로서의 의식(caitanya)'도 흙 등의 원소들에서 관찰되지 않지만 그 원소들로부터 생겼다고 간주된다.

336_ '생기의 움직임'(prāṇa-ceṣṭā)을 분리해서 '생기, 움직임'이라고 읽을 수도 있다. 특히 <주석 3.3.54>에서 '생기, 움직임'이라는 두 단어와 '의식, 기억'이라는 두 단어를 나눈 채로 논의를 전개하는 것을 고려한다면, '생기'와 '움직임'을 분리할 수도 있다.

[경우이더라도 아뜨만의 속성들이] 존재하지 않을 것이기 때문이다; [원소와 원소로 이루어진 것을 대상으로 하는] 인식이 [존재하는 것과] 같이, [그것들로부터 인식(아뜨만)은 구별된다].

vyatirekas tadbhāvābhāvitvān na tūpalabdhivat ‖54‖

하지만 아뜨만이 육체와는 구별되지 않는다고 주장한 것은 그러하지 않다. 그것(아뜨만)은 육체와는 분명 구별되어야만 한다. 그것(육체)이 존재하는 [경우이더라도 아뜨만의 속성들이] 존재하지 않을 것이기 때문이다. 만약 육체가 존재하는 경우에 아뜨만의 속성들이 존재함으로 말미암아 [그것들이] 육체의 속성이라고 생각한다면, 그로부터, 비록 육체가 존재할지라도 그것들이 존재하지 않음으로 말미암아 [그것들이] 그것(육체)의 속성이 아닐 뿐이라고 어찌 생각하지 못하겠는가! [아뜨만의 속성들은] 육체의 속성들과는 상이하기 때문이다.

실로 형태(색깔) 등 육체의 속성들은 육체가 있는 동안 존재한다. 반면에 생기의 움직임 등은 비록 육체가 존재할지라도 죽음의 상태에서는 존재하지 않는다. 그리고 형태 등 육체의 속성들은 심지어 타인들에 의해 지각된다. 반면에 의식, 기억 등 아뜨만의 속성들은 [타인들에 의해] 지각되지 않는다. 실로 더 나아가, 먼저 삶의 상태에서 육체가 존재하는 경우에는 그것(아뜨만의 속성)들이 존재한다는 것을 확정할 수 있다. 반면에 육체가 존재하지 않는 경우에는 그것들이 존재하지 않는다는 것을 확정할 수 없다. 심지어 어느 땐가 그 육체가 쓰러진 뒤에도 아뜨만의 속성들은 다른 육체로 옮겨감으로써 존속될지도 모른다. [이와 같이] 다만 단순한 의문만으로도 상대이론은 반박된다.[337]

337_ 이와 같이 단순한 의문을 제기하는 것만으로도 로까야띠까의 이론은 반박된다.

게다가 또 다시, '원소들로부터 생성된다고 간주되는 그 의식은 무엇을 본질로 한다고 생각하는가?'라고 논적에게 의문을 제기해야만 한다. 왜냐하면 로까야띠까는 네 가지 원소[338]와는 별도로 그 어떤 원리도 인지하지 않기 때문이다.

[로까야띠까]: 원소와 원소로 이루어진 것들을 지각하는 것이 의식이다.

[후론]: 그 경우에 그것들이 [의식의] 대상임으로 말미암아 [의식은] 그것들의 속성이 될 수 없다. 자기 자체와 관계하는 동작은 모순적이기 때문이다. 예를 들어 불은 열기가 있으면서도 자기 자체를 태우지 않는다. 예를 들어 곡예사는 훈련되어 있으면서도 자신의 어깨에 올라가지 않을 것이다. 실로 원소와 원소로 이루어진 것들의 속성으로 존재하는 의식은, 원소와 원소로 이루어진 것들을 대상화할 수가 없다. 왜냐하면 형태(색깔) 등은 자체의 형태이든지 타자의 형태이든지 [그 자체를] 대상화하지 못하기 때문이다.[339] 하지만 [실제로] 의식은 외적이거나 몸과 관련되는 '원소와 원소로 이루어진 것들'을 대상화한다.

결국 이로부터, 실로 원소와 원소로 이루어진 것을 대상으로 하는 그러한 인식이 존재한다고 용인하듯이, 마찬가지로 그것들로부터 그것(인식)이 다만 구별된다고도 용인해야만 한다. 그리고 우리의 아뜨만은 인식을 본질로 할 뿐이므로 아뜨만은 육체와 구별된다.

게다가 인식은 영원하다. 동질적이기 때문이다. 또한 다른 상태와 연계될 때조차도 '내가 그것을 보았다'라며 [동일한] 인식주체로서 인

338_ 네 가지 원소=흙, 물, 불, 공기.

339_ 로까야띠까에서 말하는 의식은 원소와 원소로 이루어진 것들을 지각의 대상으로 삼을 수가 없다. 왜냐하면 형태 등의 원소로 이루어진 것들은 그 자체를 지각의 대상으로 삼을 수가 없기 때문이다. 쉽게 말해서, 의식이 원소와 원소로 이루어진 것들의 속성이라면 형태 등이 형태 등을 지각해야만 하는데 그것은 결코 불가능한 일이기 때문이다.

지되기 때문이다. 또한 기억 등이 가능하기 때문이다.[340]

한편 인식(의식)이 육체가 [존재할 때에] 존재하기 때문에 육체의 속성이라고 주장한 것은 설명한 바대로 논박되었다. 더 나아가 등불 등의 보조수단들이 존재하는 경우에 인식이 존재하고 존재하지 않는 경우에 존재하지 않는다고 해서, 그로부터 인식이 등불 등의 속성 자체가 되지는 않는다. 마찬가지로 육체가 존재하는 경우에 인식이 존재하고 또 존재하지 않는 경우에 존재하지 않는다고 해서 육체의 속성이 될 수는 없다. 육체가 등불 등처럼 다만 보조수단 그 자체로 사용되는 것은 합당하기 때문이다. 게다가 인식에서 육체를 사용하는 것마저 절대적으로 경험되지는 않는다. 꿈에서는 그 육체가 움직임을 가지지 않더라도 가지가지의 인식이 경험되기 때문이다.

그러므로 육체와는 구별되는 아뜨만이 존재한다는 것에는 결함이 없다.‖54‖

{ 31. '종속적인 것들과 결부됨'이라는 주제: 수뜨라 55-56 }

55. 하지만 [의례에] 종속적인 것들과 결부되는 [명상적 관념들은] 각각의 베다마다 바로 그 [자체의] 분파들에서 [분리되지] 않아야 [한다].[341]

aṅgāvabaddhās tu na śākhāsu hi prativedam ‖55‖

340_ 기억 등이 가능하다는 것은 인식(upalabdhi)이 영원하다는 것을 수반한다.

341_ 수뜨라에서 'hi'라는 불변화사를 강조의 의미('바로 그')로 이해한다. 주석가가 주석에서 이것을 'eva'의 의미로 풀이하기 때문이다.

우발적인 논의는 끝났고, 이제 우리는 바로 그 논제를 이어간다.

"'옴'이라는 이 음절을 우드기타로 계속 명상해야 한다."〈찬도 1.1.1〉, "다섯 종류의 사마를 세상들로 계속 명상해야 한다."〈찬도 2.2.1〉, "사람들이 실로 '욱타, 욱타'라고 부르는 바로 그 욱타가, 바로 이 흙이다."〈아이-아 2.1.2.1〉, "불에 의해 쌓아올려진 그것은 정녕 이 세상이다."〈샤따-브 10.5.4.1〉라고 이렇게 운운하며 각각의 베다마다 상이한 분파들에서 명령되고 우드기타 등의 의례에 종속적인 것들과 결부되는 명상적 관념들은, 단지 그 각각의 분파에 포함되는 우드기타 등에 적용될 수 있는지 아니면 모든 분파에 포함되는 우드기타 등에 적용될 수 있는지 의문이 생긴다. 그리고 이러한 [의문이] 제시되는 것은 각각의 분파마다 악센트 등의 차이로 말미암아 우드기타 등의 차이들을 수용하기 때문이다.

실로 무엇으로 귀결되는가?

[전론]: [명상적 관념들은] 단지 자체의 분파에 포함되는 우드기타 등과 관계하여 명령되어야 한다.

어떤 근거에서? 근접해 있기 때문이다. 실로 "우드기타로 계속 명상해야 한다."라며 일반적 진술로 명령된 것들에 대해 특정적 진술을 기대하는 경우에, 분명 근접해 있고 자체의 분파에 포함되는 특정적 진술을 통해 기대 등이 파기되기 때문이다. 이것을[342] 빠뜨린 채로 다른 분파에서 명령되는 특정적 진술을 수용하는 데는 [그 어떤] 이유도 존재하지 않는다. 따라서 [명상적 관념들은] 각각의 분파마다 분리된다.

이와 같은 귀결에서 [수뜨라 저자는] "하지만 [의례에] 종속적인 것들과 결부되는 [명상적 관념들은]"이라고 말한다.

[후론]: '하지만'이라는 말은 전론을 배제한다. 이것(명상적 관념)들은

342_ 이것을=자체의 분파에서 명령되는 '특정적 진술'(viśeṣa)을.

각각의 베다마다 바로 그 자체의 분파들에서 분리되지 않아야 한다. 즉 그와 다르게 모든 분파들에서 함께 적용되어야 한다.

어떤 근거에서? 우드기타 등에 대한 계시는 특정적 진술이 아니기 때문이다.[343] 실로 [명상적 관념들이] 자체의 분파에서 분리되는 경우에, "우드기타로 계속 명상해야 한다."라는 일반적 진술의 계시는 특정적 진술로 작용하고 있지 않음에도 근접에 힘입어 특정적 진술을 향하게 됨으로써 침해당하고 말 것이다. 그리고 이는 정당하지 않다. 실로 근접보다는 계시어가 더 권위 있다. 또한 일반적 진술에 의존하는 명상적 관념이 부당하지는 않다.

그러므로 이와 같은 종류의 명상적 관념들은 악센트 등에 차이가 있더라도 우드기타 등이 특정적 진술이 아니기 때문에 실로 모든 분파에 포함되는 우드기타 등과 관계해야 한다. ‖55‖

56. 혹은 만뜨라 등이 [어떤 분파에서 등장하더라도 다른 분파에서 공유된다고 알려지는] 것처럼, [이 경우에도] 모순은 없다.

mantrādivad vā 'virodhaḥ ‖56‖

혹은 이 경우에는, '어떻게 어떤 분파에 포함되는 우드기타 등과 관계하여 다른 분파에서 명령되는 명상적 관념들이 적용될 수 있다는 말인가?'라며 모순이 [있다고는], 결코 의심할 수 없다. 만뜨라 등처럼 모순이 없다는 것이 합당하기 때문이다. 실로 그와 같이, 만뜨라들, 의례들, 세부사항(부차적인 것)들은 어떤 분파에서 등장하더라도 다른 분파에서 공유된다고 알려진다.

예를 들어 비록 [어떤] 분파의 추종자들에게 '꾸따루라시'라는 돌을

343_ 우드기타 등에 대한 계시는 모든 베다에서 동일하기 때문이다.

들어 올리는 만뜨라가 전해지지 않을지라도, 심지어 "'꾹꾸또시'라거나 '꾸따루라시'라고 하며 돌을 들어 올린다."라고 그렇게 적용되는 것이 알려진다.[344] 사미드 등의 쁘라야자들이 전해지지 않는 자들에게도, 심지어 그것(쁘라야자)과 관계하여 부차적인 것들에 대한 명령이 전해진다. "실로 계절들은 쁘라야자들이다. [이것들은] 같은 곳에서 공물로 제공되어야만 한다."에서이다.[345] 마찬가지로 "아그니와 소마를 위해 숫염소를 희생으로 바쳐야 한다."라는 [식으로] 특정한 종(種)에 대한 가르침이 없는 자들에게도, 심지어 그것과 관계하여 만뜨라의 전언이 알려진다. "[호뜨리여!] 숫염소의 장막(漿膜)과 지방을 위해 아누바끄야 제문을 노래하시기를!"에서이다.[346] 게다가 "아그니(불)여, 공물 제의를 진척시키기를!"〈딴드-브 21.10.11〉이라고 이렇게 운운하는 만뜨라들은 어떤 베다에서 등장하더라도 다른 베다에서 수용된다고 알려진다.[347] 더욱이 『리그베다』에서 언급되는 찬가인 "태어날 때에 이미 최

344_ '꾸따루라시'(kuṭarur asi)라는 만뜨라는 '그대는 꾸따루이다'라는 뜻으로서 쌀을 찧기 위해 돌 막자를 들어 올릴 때 사용한다. 이러한 만뜨라를 『야주르베다』의 추종자들은 그 자체로 전하지 않지만, 그들의 문헌에서는 그것을 적용하는 문장을 찾아볼 수 있다. '꾹꾸또시'(kukkuṭo 'si)란 '그대는 꾹꾸따(수탉)이다'라는 뜻이다.

345_ 마이뜨라야나(Maitrāyaṇa) 분파에서는 사미드(samidh, 땔감) 등의 5가지 공물을 바치는 쁘라야자(의례)들이 전해지지 않는다. 그럼에도 그 의례와 관계하여 '부차적인 것'(guṇa)들이 명령된다. 즉 계절들(5계절)이 곧 쁘라야자들이라고 말함으로써 의례들의 수가 다섯이라는 것을 암시한다. 인도에서 계절은 6개 또는 5개로 알려져 있다.

346_ 『야주르베다』의 추종자들은 "아그니와 소마를 위해 숫염소를 희생으로 바쳐야 한다."와 같이 희생제의에 사용될 동물의 특정한 종을 알려주는 만뜨라를 가지지 않는다. 그 대신에 "아그니와 소마를 위해 동물을 희생으로 바칠 것이다."라는 만뜨라를 가지고 있다. 하지만 또 다른 만뜨라에서는 "[호뜨리여!] 숫염소의 장막과 지방을 위해 아누바끄야 제문을 노래하시기를!"이라고 전하기 때문에 '염소'라는 종이 희생제의에 사용된다고 알려진다.

347_ 이 만뜨라에 대해서는 주석가가 이미 <주석 3.3.33>에서 설명했다: "떡을 제공하는 만뜨라들은 '우드가뜨리 사제의 베다'(사마베다)에 기원하는 것일지라

고였고 사려 깊었던 그(인드라)는"〈리그 2.12.1〉이라는 것은 "아드바르유를 위해 '사자니야'가 찬양되어야만 한다."라는 곳에서 수용된다고 알려진다.[348]

그러므로 [명상적 관념들의] 근저인 '의례에 종속적인 것들'이 모든 곳에서 함께 적용되듯이 의존하는 것인 명상적 관념들도 마찬가지이므로, 모순은 없다.[349]‖56‖

{ 32. '전체가 더 뛰어남'이라는 주제: 수뜨라 57 }

57. [바이슈바나라의 계속적 명상에서는] 전체(집합적인 것)가 제의에서와 같이 더 뛰어나다; 왜냐하면 [계시서가] 그렇게 보여주기 때문이다.

bhūmnaḥ kratuvaj jyāyastvaṃ tathā hi darśayati ‖57‖

"우빠만유의 아들 쁘라찌나샬라."〈찬도 5.11.1〉라는 그 예화에서는 바이슈바나라에 대해 개별적이고 또 집합적인 계속적 명상이 계시된다. 먼저 개별적인 계속적 명상은, "우빠만유의 아들이여, 당신은 무엇

도 [야주르베다의] 아드바르유 사제들과 관련되어 있다."

348_ 『리그베다』에서 등장하는 인드라 찬가(sūkta)가 『야주르베다』에서 수용된다는 말이다. 『리그베다』의 인드라 찬가인 '사자니야'(sajanīya)라는 찬가는 <리그 2.12> 전체를 가리킨다. 그곳에서 모든 시구들은 마지막 시구를 제외하고 'sa janāsa indraḥ'로 끝맺는다.

349_ '의례에 종속적인 것들'과 '명상적 관념들'은 '근저'(āśraya, 의존의 토대)와 '의존하는 자'(āśrita)의 관계 또는 '소재지'와 '소재하는 자'의 관계라고 볼 수 있다.

을 아뜨만으로 계속 명상합니까? 그는 대답했다: 존경스러운 왕이시여, 바로 저 천상입니다. [왕이 말했다:] 당신이 아뜨만으로 계속 명상하는 것은 실로 밝은 빛의 바이슈바나라 아뜨만입니다."〈찬도 5.12.1〉라는 등에서 계시된다. 그리고 집합적인 계속적 명상 또한, "그러한 이 아뜨만으로서의 바이슈바나라에서, 바로 그 머리는 '밝은 빛'(천상)이고, 눈은 '무수한 형태'(태양)이며, 숨은 '다양한 경로로 이루어진 것'(공기)이고, 몸통은 '광대함'(에테르)이며, 바로 그 배는 '부유함'(물)이고, 두 발은 흙 자체이며"〈찬도 5.18.2〉라는 등에서 계시된다.

이 경우에 의문이 생긴다. 이곳에서 계속적 명상은 두 가지 경우 모두에 대해 즉 개별적인 것이고 집합적인 것에 대해 가능한가, 아니면 오직 집합적인 것에 대해 가능한가?

실로 무엇으로 귀결되는가?

[전론]: '밝은 빛'(천상) 등 각각의 부위에 대해 '[당신이] 계속 명상한다'라는 동사가 계시되기 때문에, 또 "따라서 당신의 가문에는 짜낸 [소마], 풍부하게 짜낸 [소마], 오래토록 짜낸 [소마가] 보입니다."〈찬도 5.12.1〉라는 등의 상이한 결과가 계시되기 때문에, 심지어 개별적인 계속적 명상들도 가능하다고 귀결된다.

이로부터 말한다.

[후론]: 이 문장에서는, 전체가 즉 '바이슈바나라의 계속적 명상'에서 사물(말의 대상)의 모음으로 이루어진 집합적인 것이, 더 뛰어남을 즉 최상의 것임을 말하고자 해야만 한다. 각 하나씩의 부위에 대한 계속적 명상들마저 말하고자 해서는 안 된다. 제의에서와 같다. 예컨대 다르샤뿌르나마사를 비롯한 제의들에서 단지 '종속적인 것들과 함께하는 주된 것'의 집합적인 실행(적용)을 유일하게 말하고자 할 뿐 '쁘라야자 등 개별적인 것들'의 실행이나 또는 '일부의 종속적인 것들을 갖춘 주된 것'의 실행마저 말하고자 하지는 않듯이, 그와 마찬가지이다.

[전론]: 바로 그 전체가 더 뛰어나다는 것은 어찌하여 그러한가?

[후론]: 왜냐하면 계시서는, 문장적 통일성이 알려짐으로 말미암아, 전체가 더 뛰어나다는 것을 그렇게 보여주기 때문이다. 실로 이 하나의 장절은 전후관계에 대한 고려를 통해 바이슈바나라의 명상적 지식과 관계한다고 이해된다.

이를 풀이한다: 쁘라찌나샬라에서 시작하여 웃달라까로 끝나는 여섯 성자들은 바이슈바나라의 명상적 지식에 통달하지 못함으로써 께까야의 아들인 아슈바빠띠 왕을 찾아갔다고 [계시서는] 시작한 뒤에, 성자 그 하나하나의 명상대상이 천상 등이라고 하나씩 들려주고 나서, "그는 말했다: 하지만 그것은 아뜨만의 머리입니다."〈찬도 5.12.2〉라는 등을 통해 그것들이 [바이슈바나라의] 머리 등인 것들이라고 규정한다. 그리고 "만약 나에게 오지 않았다면, 그대의 머리가 떨어져 나갔을지도 모릅니다."〈찬도 5.12.2〉라는 등을 통해 개별적인 계속적 명상을 부인한다. 한층 나아가, 개별적인 계속적 명상을 배제한 뒤에 오직 집합적인 계속적 명상을 이어가면서 "모든 세상들에서 모든 존재들에서 모든 아뜨만들에서 음식을 먹습니다."〈찬도 5.18.1〉라며 오직 그 전체와 관련되는 결과를 보여준다.

한편 이와 같을 경우에, '밝은 빛'(천상) 등 각 하나씩에 대해 상이한 결과가 계시되는 것은, 종속적인 것의 결과들이 오직 주된 것과 관계하여 주어진다는 점을 [의도한다고] 이해해야만 한다.[350] 그리고 각각의 부위에 대해 '[당신이] 계속 명상한다'라는 동사가 계시되는 것도, 다른 이(성자)의 소견을 되풀이해 말하기 위해서일 뿐 개별적인 계속적 명상을 명령하기 위해서가 아니다.[351]

350_ '종속적인 것에 대한 계속적 명상'이 낳는 여러 상이한 결과들은 '주된 것에 대한 계속적 명상'이 낳는 하나의 결과에 합해진다고 이해해야만 한다.

351_ '다른 이(성자)의 소견'에 대한 원어는 'para-abhiprāya'이다. 각각의 부위마

그러므로 집합적인 계속적 명상이라는 바로 그 입장이 더 우월하다.

한편 이 경우에 혹자들은, 집합적인 계속적 명상이라는 입장이 더 뛰어나다고 정초함으로써 바로 그 '더 뛰어나다'라는 말 때문에 실로 개별적인 계속적 명상이라는 입장마저 수뜨라 저자가 승인한다고 추정한다.[352] 이는 합리적이지 않다. 문장적 통일성이 알려지는 경우에 문장적 분열을 가정하는 것은 정당하지 않기 때문이다. 또한 "그대의 머리가 떨어져 나갔을지도 모릅니다."라고 이렇게 운운하는 비난의 말과[353] 상충되기 때문이다. 게다가 제시된 결말에서 집합적인 계속적 명상으로 이해하는 것이 명백한 경우에 전론에서 그것(집합적인 계속적 명상)이 아니라고 말할 수는 없기 때문이다. 더욱이 수뜨라에서 언급된 '더 뛰어나다'라는 말은 다만 '권위를 가짐'을 의도한다는 것이 합당하기 때문이다.[354]‖57‖

다 '당신이 … 계속 명상하는 것은'이라고 계시되는 것은, 여섯 성자들의 계속적 명상을 열거하는 가운데 각 성자의 각 소견을 되풀이해(반복적으로) 말하려는 목적에서이다. 한편, 'para-abhiprāya'는 '다른 의도'를 의미한다고 풀이될 수도 있다. 이 경우에, '당신이 … 계속 명상하는 것은'이라고 계시되는 것은, 개별적인 계속적 명상 그 자체를 의도하지 않고 '다른 것'인 집합적인 계속적 명상을 '의도'한다는 점을 되풀이해 말하려는 목적에서이다.

352_ * Samata에 '추정한다'(kalpayanti)라는 표현이 등장하는 것과 달리, Nirnaya에는 '이야기한다'(kathayanti)라는 표현이 등장한다.

353_ * '말과'(-vacana-)라는 표현은 Nirnaya에만 추가로 등장한다.

354_ '더 뛰어나다'라는 말은 개별적인 계속적 명상보다 집합적인 계속적 명상이 '더 뛰어나다' 혹은 '더 선호된다'라는 의미가 아니다. 이 말은 오로지 집합적인 계속적 명상만이 '권위 있다' 혹은 '타당함을 가진다'라는 의미이다.

{ 33. '직접적인 말 등의 차이'라는 주제: 수뜨라 58 }

58. [비록 지식대상이 상이하지 않을지라도 그와 같은 종류의 명상적 지식은] 상이하다; 직접적인 말 등의 차이 때문이다.
nānā śabdādibhedāt ‖58‖

[전론]: 앞의 '주제'에서는, 비록 '밝은 빛' 등이 상이한 결과를 가진다는 계시가 있을지라도 집합적인 계속적 명상이 더 뛰어나다고 언급했다. 이로부터 심지어 여러 계시서의 다른 계속적 명상들도 집합으로 실행될 것이라는 생각에 빠진다.

더 나아가 지식대상(명상대상)이 상이하지 않은 경우에 명상적 지식이 상이하다고는 결코 알려질 수 없다. 왜냐하면 물질요소와 신격이 제의의 형태이듯이, 지식대상이 명상적 지식의 형태이기 때문이다.[355] 그리고 심지어 계시가 다른 경우에도 지식대상은 오직 하나인 신이라고 알려진다. "'마음으로 이루어진 것'은 생기를 육체로 하고"〈찬도 3.14.2〉, "환희('까')가 브라흐만이다. 하늘('카')이 브라흐만이다."〈찬도 4.10.4〉, "진실한 욕망을 가지고, 진실한 결의를 가지는"〈찬도 8.1.5〉이라고 이렇게 운운하는 곳들에서이다. 마찬가지로 "생기는 오직 하나이다.", "생기는 실로 '흡수하는 것'입니다."〈찬도 4.3.3〉, "실로 맏이이고 최고인 것을 아는 자는 맏이가 되고 최고인 것이 된다."〈찬도 5.1.1〉, "실로 생기는 아버지이고, 생기는 어머니이며"〈찬도 7.15.1〉라고 이렇게 운운하는 곳들에서이다.

결국 지식대상이 동일함으로 말미암아 명상적 지식은 동일하다. 이

355_ 〈주석 3.3.1〉 참조.

입장에서는 계시가 다르다는 것조차 상이한 세부사항(속성)을 의도하기 때문에 무용하지는 않다.[356] 따라서 자신과 타인의 분파들에서 규정되고 동일한 지식대상에 의존하는 모든 세부사항들은 명상적 지식의 온전함(전체성)을 위해 공유되어야만 한다.

이와 같은 귀결에서 [수뜨라 저자는] "… 상이하다 ….”라고 제시한다.

[후론]: 비록 지식대상이 상이하지 않을지라도 그와 같은 종류의 명상적 지식은 상이해야만 한다.

어떤 근거에서? 직접적인 말 등의 차이 때문이다. 실로 '안다',[357] '계속 명상해야 한다', "그는 결의를 만들어야 한다."〈찬도 3.14.1〉라는 등등과 같이 직접적인 말의 차이가 존재한다. 그리고 "말의 차이에서 의례의 차이가 있다; [말은] 행하는 것과 결부되기 때문이다."[358]〈미맘사-수 2.2.1〉라며, 직접적인 말의 차이가 의례의 차이를 [낳는] 근거라고, 앞서 알려져 있다. [수뜨라에서] '등'이 언급됨으로 말미암아 세부사항 등마저도 가능한 한 차이의 근거라고 해석해야만 한다.[359]

[전론]: '제의를 행한다'라는 것 등처럼, '안다'라는 것 등에서는 직접적인 말의 차이 자체가 알려질 뿐 의미의 차이는 없다고 알려지지 않

356_ 지식대상이 동일함으로 말미암아 명상적 지식이 동일하다는 입장에서는 상이한 계시들조차 동일한 대상이 가지는 상이한 여러 세부사항들을 의도하기 때문에 무용하지 않다.

357_ 여기서 '안다'(veda)라는 동사는 '명상적으로 안다'라는 의미로서 명상적 지식과 관련되는 말이다.

358_ 미맘사 학파에서는 제의, 공물과 관련된 동사인 'yajati, yajate', 'dadāti', 'juhoti' 등 말에 차이가 있는 이상 의례 자체에도 차이가 생긴다고 주장한다.

359_ 명상적 지식이 동일하지 않고 상이하다고 판단하는 근거(hetu)들은 다음과 같다: ① 명상대상이 각각의 맥락마다 상이한 세부사항을 가진다. ② 모든 세부사항들을 공유하는 것이 불가능하다. ③ 명상의 결과가 상이하다. ④ 명칭(이름)이 상이하다.

는가? 실로 그 모든 것들이[360] 동일하게 마음의 양상을 의미하기 때문이고, 또 다른 의미가 불가능하기 때문이다. 이 경우에 어떻게 직접적인 말의 차이로부터 명상적 지식의 차이가 [생긴다는] 말인가?

[후론]: 그러한 결함은 없다. [그것들이] 동일하게 마음의 양상을 의미하더라도, 결부되는 것의 차이로 말미암아 명상대상이 상이한 경우에[361] 명상적 지식이 상이할 수 있기 때문이다. 비록 명상대상인 신은 하나일지라도 각각의 맥락마다 세부사항들을 배타적으로 가르친다. 마찬가지로 심지어 하나의 생기가 여기저기에서 동일한 명상대상이더라도, 어떤 곳에서는 어떤 종류의 세부사항을 계속 명상해야만 하고 또 다른 곳에서는 다른 종류의 세부사항을 계속 명상해야만 한다. 이와 같이 결부되는 것의 차이로 말미암아 명령이 상이한 경우에[362] 명상적 지식은 상이하다고 알려진다.

그리고 이 경우에 하나는 명상적 지식에 대한 명령이고 다른 것들은 세부사항에 대한 명령들이라고 말할 수 없다.[363] 확정해서 수용하는 데 그 근거가 없기 때문이다.[364] 또한 각각의 맥락마다 세부사항들이 다수임으로 말미암아 '[다른 곳에서 이미] 확립된 명상적 지식의 반복진술'

360_ 그 모든 것들이='안다'라는 것 등이.

361_ 결부되는 것의 차이로 말미암아 명상대상이 상이한 경우에=명상대상이 하나임에도 '결부되는 것'(세부사항)의 차이에 따라 세부적으로 명상해야만 하는 대상이 상이한 경우에.

362_ * Samata에 '명령이 상이한 경우에'(vidhibhede)라는 표현이 등장하는 것과 달리, Nirnaya에는 '명상대상이 상이한 경우에'(vedyabhede)라는 표현이 등장한다. 곧 이어지는 문장을 고려한다면 전자가 더 적합할 것이다.

363_ 세부사항의 차이로 말미암아 명상적 지식이 상이하다고 주장하는 후론자를 향해, 전론자는 '명상적 지식에 대한 명령'과 '세부사항에 대한 명령들'을 구분함으로써 명상적 지식은 상이하지 않다고 반박할 수 있다. 하지만 이는 합당하지 않다. 주석가는 바로 이어서 합당하지 않은 이유를 두 가지 제시한다.

364_ 어느 것이 '명상적 지식에 대한 명령'이고 어느 것이 '세부사항에 대한 명령들'인지 구분하는 데 그 근거가 없기 때문이다.

을 통해 [어떤 곳에서 그 세부사항들에 대해] 명령하는 것은 가능하지 않기 때문이다.[365]

게다가 그(전론의) 입장에서는, '진실한 욕망을 가짐' 등의 세부사항들이 공통적인 이상, [그것들을] 반복적으로 말해서는 안 된다.[366] 그리고 각각의 맥락마다 '이것을 욕망하는 자는 이렇게 계속 명상해야만 한다', '그것을 욕망하는 자는 그렇게 계속 명상해야만 한다'라며 기대성이 없다고 알려지기 때문에 문장적 통일성에 다다르지 못한다.[367] 또한 이 경우에는 바이슈바나라의 명상적 지식에서와 달리, 부분(부위)에 대한 계속적 명상들이 각각의 맥락마다 존재하게 됨으로써 문장적 통일성에 도달하도록 만드는 '집합적인 것에 대한 그 어떤 신성한 명령'이 존재하지 않는다.

더욱이 지식대상이 하나라는 것에 입각하여 모든 곳에서 무제한적으로 명상적 지식이 동일하다고 주장하는 경우에는, 모든 세부사항들을 공유하는 것이 불가능하다고 주장해야(대답해야) 한다.

그러므로 [수뜨라 저자는] "[비록 지식대상이 상이하지 않을지라도

365_ '다른 곳에서 이미 확립된 명상적 지식'의 세부사항들이 명상적 지식의 동일성으로부터 명상적 지식의 반복진술을 통해 어떤 곳에서 공유될 경우, 어떤 곳에서 그 추가된 세부사항들에 대해 명령하는 것은 가능하지 않다. 그 이유는 각각의 명상적 지식마다 세부사항들이 다수이기 때문이다. 즉 세부사항들이 다수임으로 말미암아 세부사항의 차이성으로부터 '추가된 세부사항들'과 '기존의 세부사항들' 사이에 문장적 분열이 생기기 때문이다. 이와 같이 세부사항들에 대해 명령하는 것이 불가능하므로, 두 종류의 명령으로 구분해서는 안 된다.

366_ 반복적으로 말해서는 안 된다=한 번 이상 말해서는 안 된다.

367_ 전론자는 모든 세부사항들이 명상적 지식의 '온전함'(전체성)을 위해 공유되어야만 한다고 주장한 바 있다. 그런데 명상적 지식을 다루는 문장들은 '이것을 욕망하는 자는 이렇게 계속 명상해야만 한다'와 같은 식으로 각각의 맥락마다 명령이 확고함으로써 그 자체로 완결적이고 그에 따라 기대성(ākāṅkṣā)을 가지지 않는다고 알려진다. 기대성은 말이나 문장이 서로를 필요로 할 때에 가능하다. 따라서 문장적 통일성을 위한 계기인 기대성이 없으므로, 그 문장들은 문장적 통일성에 다다르지 못하고 그 결과 온전함이나 전체성도 불가능하다.

그와 같은 종류의 명상적 지식은] 상이하다; 직접적인 말 등의 차이 때문이다."라고 제대로 말한다. 결국 이 '주제'가 확립되는 경우에 "모든 베단따들에서 명상적 관념들은 [동일하다] …"〈수뜨라 3.3.1〉라는 등을 이해할 수 있다.[368]‖58‖

{ 34. '택일'이라는 주제: 수뜨라 59 }

59. [명상적 지식들은 공동이 아니라 오직] 택일로 [적용되어야만 한다]; 똑같은 결과를 가지기 때문이다.

vikalpo 'viśiṣṭaphalatvāt ‖59‖

명상적 지식이 상이하다고 확립된 경우에, 이것들이 '의지에 따라' 공동으로든 택일로든 취해질 것인지 아니면 '규칙에 따라' 오직 택일로만 취해질 것인지 검토한다.

[전론]: 이 경우에 먼저 명상적 지식이 상이하다고 확립되었기 때문에 '공동으로 [실행해야 한다는] 규칙'에 그 어떤 근거도 없다.

[반박]: 비록 아그니호뜨라와 다르샤뿌르나마사 등은 상이할지라도 공동으로 [실행해야 한다는] 규칙이 알려지지 않는가?[369]

368_ <수뜨라 3.3.1-4>에서는 모든 베단따들에서 명상적 관념들이 동일하다고 결론을 내렸다. 그런데 <수뜨라 3.3.58>에서는 어떤 종류의 명상적 관념(지식)들이 상이하다고 말한다. 결국 논리적으로 <수뜨라 3.3.58>이 3장 3절의 첫 번째 수뜨라가 되어야 <수뜨라 3.3.1>의 결론을 이해할 수 있게 된다.

369_ 아그니호뜨라와 다르샤뿌르나마사가 상이하다고 해서 택일(vikalpa)하여 그 하나만을 실행할 수는 없고 반드시 둘 모두를 공동(samuccaya)으로 실행해야 하지 않는가?

[전론]: 그러한 결함은 없다. 왜냐하면 그 경우에는 상시성(常時性)에 대한 계시가 근거이기 때문이다. 그와 달리 명상적 지식들의 상시성에 대해서는 그 어떤 계시도 없다. 따라서 공동으로 [실행해야 한다는] 규칙은 없다. 또한 택일로 [실행해야 한다는] 규칙도 없다. 어떤 명상적 지식에 자격을 얻은 자에게 다른 명상적 지식이 금지되지는 않기 때문이다. 그 결과 의지에 따른다는 [결론에] 도달한다.

[반박]: 이것들은 똑같은 결과를 가지기 때문에 택일이 정당하지 않는가? 그러한 증거로서, "'마음으로 이루어진 것'은 생기를 육체로 하고"〈찬도 3.14.2〉, "환희('까')가 브라흐만이다. 하늘('카')이 브라흐만이다."〈찬도 4.10.4〉, "진실한 욕망을 가지고, 진실한 결의를 가지는"〈찬도 8.1.5〉이라고 이렇게 운운하는 [계시들은] 동등하게 '신에 도달하는 것'이라는 결과를 가진다고 이해된다.

[전론]: 그러한 결함은 없다. 비록 천국 등의 성취수단인 의례들이 유사한 결과를 가질지라도 의지에 따른다고 살펴지기 때문이다. 따라서 의지에 따른다고 귀결된다.

[이에 대하여] 말한다.

[후론]: 이것들은 공동이 아니라 오직 택일로 적용되어야만 한다.

무엇 때문에? 똑같은 결과를 가지기 때문이다. 실로 이것들은 '명상해야만 하는 대상에 대한 직접지각'이라는 똑같은 결과를 가진다. 그리고 하나의 계속적 명상을 통해 '명상해야만 하는 신 등의 대상'에 대해 직접지각이 된 경우에 제2의 [계속적 명상은] 무용하다. 더 나아가 공동으로 [실행해야 한다는] 입장에서는 직접지각이 결코 가능하지 않다. 의식이 산란해지는 이유가 되기 때문이다.[370]

370_ 계속적 명상을 택일하지 않고 공동으로 실행하는 경우에는 여러 계속적 명상들이 도리어 의식을 산란하게 하기 때문에 직접지각(sākṣātkaraṇa)이 불가능하다.

게다가 계시서들은 직접지각에 의해 초래되는 '명상적 지식의 결과'를 보여준다.[371] "믿음을 가질 수 있고, 의심을 가지지 않는 그는!"〈찬도 3.14.4〉, "그는 신이 되고 나서 신들에 합류합니다."〈브리 4.1.2〉라고 이렇게 운운하는 것들을 통해서이다. 더욱이 전승서들도 "언제나 그것에 대한 생각으로 가득한 자는!"〈기따 8.6〉이라고 이렇게 운운하는 것들을 통해 [그것을 보여준다].

그러므로 똑같은 결과를 가지는 명상적 지식들 가운데 어느 하나를 취한 뒤에, '명상해야만 하는 대상에 대한 직접지각'을 통해 그 결과를 얻을 때까지, 그것을 지향해야 한다.[372] ‖59‖

{ 35. '욕망 추구적임'이라는 주제: 수뜨라 60 }

60. 한편 욕망 추구적인 [명상적 지식들은 직접지각과 관련을 가지지 않는다]; [그것들은] 뜻하는 바대로 공동적일 수 있고 혹은 [공동적이지] 않을 [수 있다]; 앞의 [수뜨라에서 제시된 '택일의] 이유'가 없기 때문이다.

kāmyās tu yathākāmaṃ samuccīyeran na vā pūrvahetvabhāvāt ‖60‖

371_ 바로 앞에서 직접지각 그 자체를 결과로 간주한 것과 달리 여기서는 직접지각을 수단으로 해서 결과가 초래된다고 말한다. 이러한 불일치는, 베단따에서 '앎'(직접지각)과 '됨'(결과) 사이에 그 어떤 간극도 없다고 주장하는 것을 통해 해소될 수 있다.

372_ 이 '주제'에 대한 주석에서 주목할 만한 점은 계속적 명상이 특히 '자기파악의 계속적 명상'(ahaṃgraha-upāsanā)이 직접지각을 낳는다는 것이다. 이러한 점에서 주석가는 앞서 '신에 도달하는 것'(īśvara-prāpti)이라는 용어를 쓰고, 명상하는 자와 신의 동일성을 내용으로 하는 <찬도 3.14.4>, <브리 4.1.2>, <기따 8.6>을 인용한다.

"… 똑같은 결과를 가지기 때문이다."〈수뜨라 3.3.59〉라는 것에 대해 반대 예시를 한다.

[후론]: 한편 "이와 같이 이 바람(공기)을 방위들의 아이라고 아는 자는, 아들의 [상실에도] 울음을 울지 않는다."〈찬도 3.15.2〉, "'명칭은 브라흐만이다'라고 계속 명상하는 그는, 명칭이 도달하는 곳만큼 뜻하는 대로 움직이게 됩니다."〈찬도 7.1.5〉라고 이렇게 운운하는 욕망 추구적인 명상적 지식들은, 의례처럼 '보이지 않는 힘'의 상태를 통해 그 자체에 속하는 결과를 성취하는 것들로서, 직접지각과 관련을 가지지 않는다. 그것들은 뜻하는 바대로 공동적일 수 있고 혹은 공동적이지 않을 수 있다. 앞의 이유가 없기 때문이다. 앞의 [수뜨라에서 제시된] "… 똑같은 결과를 가지기 때문이다."라는 것이 즉 택일의 이유가 없기 때문이다.‖60‖

{ 36. '근저들이 되는 것처럼'이라는 주제: 수뜨라 61-66 }

61. '[명상적 관념들이 의존하는 찬송가 등의] 근저들(종속적인 것들)'이 [연합적으로] 되는 것처럼, 종속적인 것들에 [의존하는 명상적 관념들도 공동적이다].

aṅgeṣu yathāśrayabhāvaḥ ‖61‖

'의례에 종속적인 것들인 우드기타 등'에 의존하고 세 가지 베다에서 규정되는 명상적 관념들은 공동적일 것인지 또는 뜻하는 바대로 취해질 것인지 의문이 생긴다.

[전론]: [이에 대하여 수뜨라 저자는] "… 근저들이 [연합적으로] 되는

것처럼 …"이라고 말한다. 실로 '그것들이 [의존하는] 찬송가 등의 근저들'이 연합적으로 되는 것처럼, 명상적 관념들 또한 마찬가지이다. 명상적 관념들은 근저에[373] 의존하기 때문이다.‖61‖

62. [근저들을 세 베다들에서 가르치는 것처럼 명상적 관념들] 또한 가르치기 때문에, [종속적인 것들에 의존하는 명상적 관념들은 공동적이다].

śiṣṭeś ca ‖62‖

혹은 찬송가 등의 근저들을 세 베다들에서[374] 가르치는 것처럼, 의존하는 명상적 관념들 또한 마찬가지이다. 다만 가르침과 관계하여 '종속적인 것들'(근저들)과 '그것들에 의존하는 명상적 관념들' 사이에 그 어떤 차이도 없다는 것이 [수뜨라의] 뜻이다.[375]‖62‖

63. 바로잡는다는 [표징] 때문에, [종속적인 것들에 의존하는 명상적 관념들은 공동적이다].

samāhārāt ‖63‖

또한 "비록 우드기타가 잘못 노래될지라도, 그(우드가뜨리)는 실로 호뜨리 사제의 자리를 통해 바로잡는다."〈찬도 1.5.5〉에서는, 음절 '옴'과 우드기타의 동일성에 대한 명상적 인식의 위엄(위대함)을 통해 우드

373_ 근저에=의례에 종속적인 것들에.

374_ * '베다들에서'(vedeṣu)라는 표현은 Samata에만 추가로 등장한다.

375_ 베다에서 가르친다는 바로 그 사실에 차이(viśeṣa)가 없는 이상, 의례에 종속적인 것들이 공동적으로(연합적으로) 취해지는 것처럼 그것들에 의존하는 명상적 관념들도 공동적으로 취해져야 한다.

가뜨리(사마베다)가 자신의 과업에서 발생하는 흠을 호뜨리(리그베다)에 속하는 과업으로부터 바로잡는다고 말함으로써, '어떤 베다에서 말하는 명상적 관념'이 ['다른 베다에서 말하는 명상적 관념'과 연계되는 것은 '그것'이] '다른 베다에서 말하는 대상'과 연계되는 것과 유사하기 때문에, '모든 베다에서 말하는 명상적 관념들'이 공유된다고 암시하는 표징이 살펴진다.[376]‖63‖

64. 또한 [명상적 지식의] 세부사항이 [세 가지 베다에서] 공통적이라고 계시되기 때문에, [종속적인 것들에 의존하는 명상적 관념들은 공동적이다].

guṇasādhāraṇyaśruteś ca ‖64‖

또한 [계시서는] 명상적 지식의 세부사항(속성)이 즉 명상적 지식의 근저로 존재하는 그러한 음절 '옴'이 세 가지 베다에서 공통적이라고 들려준다. "그것(음절)과 함께 이 세 가지의 지식(베다)이 나아간다. '옴'이라며 [아드바르유가] 찬송한다. '옴'이라며 [호뜨리가] 찬양한다. '옴'이라며 [우드가뜨리가] 노래한다."〈찬도 1.1.9〉에서이다. 이로부터 또한, '근저'(소재지)의 공통성으로부터 '의존하는 것'(소재하는 것)의 공통성을[377] [추론할 수 있는] 표징이 분명 살펴진다.

376_ 『사마베다』에 속하는 우드기타를 명상적 인식의 위엄을 통해 『리그베다』에 속하는 호뜨리의 과업으로부터 바로잡는 것은, 어떤 베다에서 말하는 명상적 관념(우드기타의 명상적 인식)이 다른 베다에서 말하는 대상과 연계된다는 것을 알려준다. 그리고 이러한 연계와 유사하게, 어떤 베다에서 말하는 명상적 관념은 다른 베다에서 말하는 명상적 관념과 연계된다. 따라서 '바로잡기'에 관한 계시는 모든 명상적 관념들이 공유된다는 것을 추리할 수 있게끔 해주는 표징이다.

377_ '의존하는 것'(소재하는 것)의 공통성을=명상적 지식의 공통성을.

'또한 … 세부사항이 … 공통적이라고 계시되기 때문에'에 대한 그 밖의 해설이다.[378] 만약 우드기타 등의 그 모든 '의례의 세부사항들'이 [의례의] 모든 실행에서 공통적이지 않으면, 그 경우에 그것들에 의존하는 명상적 관념들도 함께 나타나지는 않을 것이다.[379] 하지만 [계시서는], 모든 종속적인 것들을 담고 있는 '실행명령의 글귀'를 통해, 우드기타 등의 그 모든 것들이 [의례의] 모든 실행에서 공통적이라고 들려준다. 이로부터 또한, 근저가 함께 나타남으로써 명상적 관념도 함께 나타난다.‖64‖

65. [종속적인 것들에 의존하는 계속적 명상들은] 오히려 [공동적이지] 않다; 그것(계속적 명상)들이 함께 나타난다고 계시되지 않기 때문이다; [따라서 계속적 명상들은 오직 뜻하는 바대로 실행된다].

na vā tatsahabhāvāśruteḥ ‖65‖

[후론]: '오히려 [공동적이지] 않다'라는 것은 전론을 배제한다. "'[명상적 관념들이 의존하는 찬송가 등의] 근저들(종속적인 것들)'이 [연합적으로] 되는 것처럼, [종속적인 것들에 의존하는 명상적 관념들도 공동적이다]."〈수뜨라 3.3.61〉에서와 [달리], 의존하는 계속적 명상들이 그러해서는 안 된다.

어떤 근거에서? 그것들이 함께 나타난다고 계시되지 않기 때문이다. 실로 예컨대, "용기(容器)를 붙잡거나 국자를 들어 올린 뒤에, 그는 찬송가로 제의를 실행한다. 찬송가로 찬양한다. '쁘라스또뜨리여, 사마를 노래하시오. 호뜨리여, 이 제의를 실행하시오.'라고 [말한다]."라

378_ 이 대안적 해설은 <수뜨라 3.3.65>의 논의와 연결시키려는 목적을 가진다.

379_ 함께 나타나지는 않을 것이다=공통적이지는 또는 공동적이지는 않을 것이다.

는 등을 통해 세 베다에서 규정되는 찬송가 등의 종속적인 것들이 함께 나타난다고 계시되는 것과 달리, 계속적 명상들이 함께 나타난다는 계시는 존재하지 않는다.

[전론]: 실행명령의 글귀는 그것들이 함께 나타난다고 전하지 않겠는가?

[후론]: 아니라고 우리는 말한다. 계속적 명상들은 인간을 위하기 때문이다. 실로 실행명령의 글귀는 '제의를 위하는 우드기타 등'이 함께 나타난다는 것을 전할 수 있다. 반면에 우드기타 등에 대한 계속적 명상들은, 비록 '제의를 위하는 것'[380]에 의존할지라도, 우유통 등처럼 인간을 위한다고 우리는 [이미] 말했다. "… 실로 [의례와 관련되는 명상적 인식은] 장애 없애기 [등과 같이 의례와는] 별도로 결과를 가진다." 〈수뜨라 3.3.42〉라는 곳에서이다. 결국 '[제의에] 종속적인 것들'과 '그것들에 근거하는(의존하는) 계속적 명상들'에 대한 가르침과 관련하여, 하나(전자)는 제의를 위하고 다른 하나(후자)는 인간을 위한다는 바로 이 점이 차이이다.[381]

게다가 그 다음의 두 가지 표징은[382] 계속적 명상들이 함께 나타난다는 것에 대한 근거가 아니다. 계시와 논리가 부재하기 때문이다.

더욱이 각각의 실행마다 근저가 그 전체로서 공유된다고 해서 의존하는 것들마저 그와 같다고 알려질 수는 없다.[383] 계속적 명상들은 그것을 통해 주어지지 않기 때문이다.[384] 실로 계속적 명상들은 다만 근

380_ '제의를 위하는 것'(kratvartha)이란 제의에 부차적인(종속적인) 것 즉 우드기타 등의 세부사항을 가리킨다.

381_ <수뜨라 3.3.62>에 대한 논박이다.

382_ 그 다음의 두 가지 표징이란, <수뜨라 3.3.62>에 잇따라 <수뜨라 3.3.63>과 <수뜨라 3.3.64>에서 함의되는 두 표징을 가리킨다.

383_ <주석 3.3.64>의 두 번째 해설 즉 '실행명령의 글귀를 통해, 근저가 함께 나타남으로써 명상적 관념도 함께 나타난다는 것'에 대한 논박이다.

저에 의존하면서 근저가 없는 경우에 기꺼이 존재하지 않을지도 모른다. 하지만 근저가 함께 나타난다고 해서 [그 자체도] 함께 나타난다고 확정될 수는 없다. 분명 그것(계속적 명상)들이 함께 나타난다고 계시되지 않기 때문이다.

그러므로 계속적 명상들은 오직 뜻하는 바대로 실행되어야 한다. ‖65‖

66. 또한 [계시서가] 보여주기 때문에, [명상적 관념들은 함께 나타나지 않는다]; [따라서 계속적 명상들은 공동으로든 택일로든 뜻하는 바대로 취해진다].

darśanāc ca ‖66‖

또한 계시서는 명상적 관념들이 함께 나타나지 않는다는 것을 보여준다. "정녕 이와 같이 아는 브라흐만(제의를 총괄하는 사제)은 제의와 제의 고용주와 모든 사제들을 보호한다."〈찬도 4.17.10〉에서이다. 실로 모든 명상적 관념들이 공유되는 경우에는 모든 [사제들이] 모든 것에 대해 정통하므로 지식을 가지는 브라흐만이 다른 자들을 보호한다는 것은 언급되지 않아야 한다.

그러므로 계속적 명상들은 공동으로든 택일로든 뜻하는 바대로 [취해진다]. ‖66‖

384_ '그것을 통해 주어지지 않기 때문이다'라는 표현의 원어는 'atatprayuktatvāt'이다. 이는 여러 가지로 풀이될 수 있으나, '(계속적 명상들은) 계속적 명상들 자체가 의존하는 그 근저를 통해 주어지지 않기 때문이다'라는 뜻일 가능성이 높다. 혹은 '(계속적 명상들은) 실행명령의 글귀를 통해 거론되지 않기 때문이다'라는 뜻일 수도 있다.

제4절

{ 1. '인간의 목표'라는 주제: 수뜨라 1-17 }

1. 이로부터 [즉 아뜨만에 대한 지식으로부터 독자적으로] 인간의 목표가 [성취된다고] 바다라야나는 [생각한다]; 성언을 통해서 [알려진다].

puruṣārtho 'taḥ śabdād iti bādarāyaṇaḥ ‖1‖

이제 그러면, 우빠니샤드에 근거하는 '아뜨만에 대한 지식'은 자격자(資格者)를 매개로 하여 의례 자체에 해당되는지[1] 그렇지 않으면 오직 독자적으로 인간의 목표에 대한 성취수단이 되는지 검토한다.

[그러면서 수뜨라 저자는] 먼저 정론 그 자체인 "이로부터 … 인간의 목표가 …"라는 것으로 시작한다.

[정론]: 이것으로부터 즉 베단따에서 규정된 '아뜨만에 대한 지식'으로부터 독자적으로 인간의 목표가 성취된다고 대스승 바다라야나는 생각한다. 어떤 근거에서 그렇게 알려지는가? 성언을 통해서 [알려진다고 수뜨라 저자는] 말한다.

그러한 증거로서, "아뜨만을 아는 자가 슬픔을 건넌다고"〈찬도 7.1.3〉, "실로 그 지고한 브라흐만을 아는 자는 브라흐만 자체가 된다."〈문다 3.2.9〉, "브라흐만을 아는 자는 지고함을 얻는다."〈따잇 2.1.1〉, "스승을 가진 사람은 지식을 얻는다. 그는 자유로워지지 않는 바로 그러한 만큼 오래 있다가, 그러고 나서 융합된다."〈찬도 6.14.2〉라고 한다. "아뜨만은 죄악으로부터 자유롭고"〈찬도 8.7.1〉라고 시작한 뒤에 "그 아뜨만을 찾아서 알게 되는 자는, 모든 세상들과 또 모든 욕망들은 얻

1_ <수뜨라 3.4.2>와 <주석 3.4.2>에서 전론자가 제시하는 견해이다.

는다."〈찬도 8.7.1〉라고 한다. "여보 [마이뜨레이여], 실로 아뜨만을 보아야만 하고"〈브리 4.5.6〉라고 시작한 뒤에 "여보, 이러한 만큼이 실로 불멸성입니다."〈브리 4.5.15〉라고 한다. 이와 같은 유형의 계시는 지식이 단독으로 인간의 목표에 대한 수단이라는 것을 들려준다.‖1‖

이제 이 경우에 대립한다.

2. [아뜨만은 행위주체로서 행위에] 부차적인 것임으로 말미암아 [지식의 결과에 대한 계시는] 영혼(행위주체)에 대한 아르타바다(의미진술)라고 자이미니는 [생각한다]; 다른 경우들에서와 같다.

śeṣatvāt puruṣārthavādo yathā 'nyeṣv iti jaiminiḥ ‖2‖

[전론]: 아뜨만은 행위주체로서 행위에 부차적인 것임으로 말미암아 그것에 대한 지식마저 '쌀에 물 뿌리기'[2] 등처럼 대상을 매개로 하여 행위와 관계될 뿐이므로, 그로부터 아뜨만에 대한 지식과 관계하여 그렇게 목적이 알려지는 경우에 결과에 대한 계시는 아르타바다(의미진술)라고 대스승 자이미니는 생각한다. 예컨대 다른 경우들에서 즉 물질요소, 정화의식, 의례 등에서 "빨라샤 나무로 만들어진 국자를 가진 그는, 죄악의 소리를 듣지 않는다.", "[자신의] 눈 자체에 기름을 넣으면, 적수의 눈을 격퇴한다.", "쁘라야자, 아누야자 제의를 행하는 것을 통해, 그는 [자신의] 적수를 패배시키기 위해 제의의 갑옷을 만들거나 제의 집행자의 갑옷을 만든다."라는 이와 같은 종류의 '결과에 대한 계시'가 아르타바다이듯이,[3] 그와 마찬가지이다.

2_ 쌀에 물 뿌리기=쌀을 정화하기 위해 물을 가볍게 뿌리는 것.

3_ '빨라샤 나무로 만들어진 국자'라는 것은 물질요소(dravya)와 관련되고, 자신의 눈에 세안제인 기름을 넣는 것은 정화의식(saṃskāra)과 관련되고, 쁘라야자,

[반박]: 그렇다면 아뜨만에 대한 그러한 지식이 [제의에 해당된다고] 시작에서 가르치지 않음으로써 맥락 등 가운데 심지어 어느 하나의 근거도 없는데, 어떻게 제의에 해당된다고 생각한다는 말인가?

[전론]: 그러한 지식은 행위주체를 매개로 하여 [결과에 대한] '문장'을 통해 제의와 연계된다.[4]

[반박]: 아니다. 문장을 통해 적용하는 것은 합당하지 않기 때문이다. 실로 심지어 시작에서 가르치지 않은 것들은, 상수(常數)인 그 어떤 매개를 통해 문장에 입각하여 제의와 연계되는 것이 가능하다.[5] 하지만 행위주체는 변수(變數)인 매개이다. 세속적이고 베다적인 행위에서 공통적이기 때문이다. 따라서 아뜨만에 대한 지식이 그것(행위주체)을 매개로 하여 제의와 연계된다고는 확립되지 않는다.

[전론]: 아니다. 구별에 대한 지식은 베다적인 행위들과는 다른 경우에서 사용되지 않기 때문이다. 실로 육체와는 구별되는 아뜨만에 대한

아누야자와 같은 것은 의례(karma)와 관련되는 예시이다. 각각에는 '죄악의 소리를 듣지 않는다' 등과 같이 결과가 제시되는데, 그 결과는 아르타바다에 지나지 않는다. 쁘라야자란 주된 공물을 제공하기 '이전에' 작은 공물을 제공하는 의례이고, 아누야자란 그 '이후에' 작은 공물을 제공하는 의례이다.

4_ 계시어, 표징, 문장, 맥락, 위치, 이름 가운데 문장(vākya)이 그 근거이다. 문장이라는 근거를 통해 아뜨만에 대한 지식이 제의와 연계된다고 말할 수 있다. 아뜨만은 행위주체이고 그 행위주체는 모든 베다에서 동일하기에 "아뜨만을 아는 자가 슬픔을 건넌다고 들었을 따름입니다."<찬도 7.1.3>와 같은 '지식의 결과에 대한 계시 문장'은 아뜨만에 대한 지식이 행위(제의)에 해당된다고 알려준다. 요컨대, 베다의 모든 문장들이 동일한 행위주체를 매개로 하여 구문론적인 연관을 가지기 때문에 결과에 대한 '문장'은 그 근거일 수 있다.

5_ 상수(avyabhicārin)인 매개(dvāra)란 변수(vyabhicārin)와는 달리 반례도 없고 예외도 없는 매개를 가리킨다. 상수인 매개로는 국자(juhū, 제의용 국자)를 예시로 들 수 있다. <주석 3.3.42>에서 논의한 바 있는 '빨라샤 나무로 만들어진 것'은 '국자'를 통해 '제의'와 연계된다고 알려진다. 즉 "빨라샤 나무로 만들어진 국자를 가진 그는, 죄악의 소리를 듣지 않는다."라는 문장에서는, 그 국자가 오직 제의와 연계되는 특별한 도구임으로 말미암아, 그것은 상수인 매개로서 '빨라샤 나무로 만들어진 것'과 '제의'의 연계를 지시할 수 있다.

지식은 세속적인 행위들에서 사용되지 않는다. [세속적인 행위들은] 모든 경우에 가시적인 목적에서 작용할 수 있기 때문이다.[6] 반면에 육체가 소멸된 이후의 시간에 결과를 가지는 베다적인 [행위들의] 경우에는, 육체와는 구별되는 아뜨만에 대한 지식이 없이 작용할 수 없으므로, 구별에 대한 지식이 사용된다.

[반박]: 우빠니샤드에 근거하는 직관은 '죄악으로부터 자유로움'[7] 등의 한정어를 통해 윤회를 겪지 않는 아뜨만과 관계하는 것으로서 작용(행위)에 종속적일 수 없지 않는가?

[전론]: 아니다. "소중하게 [됩니다]."〈브리 2.4.5〉 등을 통해 시사되는 '윤회할 뿐인 아뜨만'을 보아야만 하는 것으로 가르치기 때문이다.[8] 반면에 '죄악으로부터 자유로움' 등의 한정어는 찬양을 위해 존재할 것이다.

[반박]: 더 위대한 것이자 윤회하지 않는 것인 브라흐만이 세계의 원인이라는 점을 여기저기에서 증명했고, 또 바로 그것이 실재적으로는 윤회하는 아뜨만의 본질이라고 우빠니샤드들에서 가르치지 않는가?

[전론]: 증명한 것은 사실이다. 하지만 '기둥 세우기'처럼 바로 그것을 공고히 하기 위해 결과를 매개로 하여[9] 반론과 응답을 행한다.‖2‖

6_ 모든 경우에=그 어떤 경우이든지 항상. 미맘사의 공리에 따르면, 행위에 대한 명령은 그에 수반되는 '가시적인 목적'(dṛṣṭa-artha)을 가져야만 한다. 그리고 가시적인 목적(결과)을 찾을 수 없을 때에만 비가시적인 목적을 받아들여야 한다. 여기서 세속적인 행위들의 경우는 예외 없이 가시적인 목적을 가진다.

7_ <찬도 8.7.1> 참조: "아뜨만은 죄악으로부터 자유롭고 …."

8_ <브리 2.4.5>에서는 어떤 대상을 사랑하기 때문에 그 대상이 소중하지는 않고 오직 아뜨만을 사랑하기 때문에 그 대상이 소중하다고 반복적으로 가르친다. 따라서 모든 대상은 아뜨만의 향유를 위해서 존재하기에 아뜨만은 반드시 향유 주체여야만 하고 동시에 윤회하는 존재여야만 한다.

9_ 결과를 매개로 하여=아뜨만에 대한 지식이 독자적으로 결과를 낳는지 아니면 의례에 종속적인 채로 결과를 낳는지, 결과와 관련된 것을 논제와 의문으로 삼아.

3. [브라흐만을 아는 자들조차] 행위와 [연계되는 것을] 보여주기 때문에, [아뜨만에 대한 지식은 단독으로 인간의 목표에 대한 수단이 아니다].

ācāradarśanāt ‖3‖

"한때 비데하의 왕인 자나까는 많은 보시를 동반하는 제의를 행했다."[10]〈브리 3.1.1〉, "존경스러운 이들이여, 실로 저는 막 제의를 행하려고 합니다."〈찬도 5.11.5〉라고 이렇게 운운하는 것들은, 다른 것을 의도하는 문장들과 관계하면서,[11] 브라흐만을 아는 자들조차 행위(의례)와 연계되는 것을 보여주고 있다. 또한 웃달라까 등의 경우에도 아들을 가르치는 것 등을 보여주기 때문에 가정의 시기(가정기)[12]와 연계된다고 알려진다.

만약 오로지 지식을 통해서만 인간의 목표가 성취된다면, 무엇 때문에 그들이 무수한 노고를 동반하는 행위들을 행하겠는가! '만약 바로 가까이에서 벌꿀을 찾는다면, 무엇 때문에 산으로 떠나겠는가!'라는 금언 때문이다.‖3‖

4. 그렇게 [지식이 의례에 부차적이라고] 계시되기 때문에, [아뜨만에 대한 지식은 단독으로 인간의 목표에 대한 수단이 아니다].

tacchruteḥ ‖4‖

10_ 제의를 집행하는 사제들에게 제의가 끝난 뒤에 풍성한 선물을 증여하는 제의를 행했다는 뜻이다.

11_ 다른 것을 의도하는 문장들과 관계하면서=브라흐만에 대한 지식을 취지로 하는 문장들과 관계하면서.

12_ 가정의 시기(gārhasthya)=힌두교도가 추구해야만 하는 인생단계 가운데 두 번째로서 결혼을 하고 가정을 꾸리는 시기이다. 가장은 매일 다섯 차례씩 집안에서 의례를 행해야 한다.

또한 "믿음, 비밀스러운 명상과 함께 지식을 통해 행한 바로 그것만이 더한 힘을 가진다."〈찬도 1.1.10〉라며 지식이 의례에 부차적이라고 계시되기 때문에[13] [그것은] 단독으로 인간의 목표에 대한 수단이 아니다.‖4‖

5. [지식과 행위가 개별자아를] 함께 좇아 붙잡기 때문에, [아뜨만에 대한 지식은 독자적이지 않다].

samanvārambhaṇāt ‖5‖

또한 "지식과 행위도 그것(개별자아)을 함께 좇아 붙잡습니다."〈브리 4.4.2〉라며 결과를 산출하는 데 지식과 행위가 동반자(협조자)라는 것을 보여주기 때문에 지식이 독자적이지는 않다.‖5‖

6. 그것(지식)을 가진 자가 의례의 [자격을 가진다는 것을 보여주기] 때문에, [아뜨만에 대한 지식은 독자적으로 결과의 수단이 아니다].

tadvato vidhānāt ‖6‖

또한 "스승의 거처에서 규정에 따라 스승에 대한 과업으로부터 남는 시간에 베다를 공부하고서 되돌아온 뒤, 가장의 역할을 하는 동안에 청정한 곳에서 성전 학습을 행하고"〈찬도 8.15.1〉라는 이러한 유형의 계시는 모든 베다의 의미에 대해 지식을 가진 자가 의례의 자격을 가진다는 것을 보여준다. 따라서 또한 지식은 독자적으로 결과의 수단이 아니다.

13_ '지식을 통해 행한'이라는 표현의 원문은 'vidyayā karoti'이다. 지식이 3격(도구격)을 통해 지시되는 것은, 지식이 행위 또는 의례의 수단(도구)으로서 부차적인 것에 지나지 않는다는 점을 시사해 준다.

[반박]: 그 경우에 '공부하고서'라는 것으로부터 베다를 단순히 낭독하는 것이 확인될 뿐 그 의미에 대한 지식이 확인되지는 않지 않는가?[14]

[전론]: 그러한 결함은 없다. 베다를 낭독하는 것이 가시적인 목적을 가지기 때문에 [그것은] 의미에 대한 앎에서 종결된다고 확립된다.[15]‖6‖

7. 또한 원칙 때문에, [지식은 의례에 부차적일 뿐이다].

niyamāc ca ‖7‖

"이 세상에서는 실로 행위(의례)들을 하면서 백 년을 살고자 해야 한다. 이와 같이 그대에게는, 이것 이외에 다른 방식이 없다. 행위는 사람을 더럽히지 않는다."〈이샤 2〉라는, 또 "아그니호뜨라와 [같은] 것은 늙거나 죽을 때까지 [행해야 하는] 의례이다. 실로 왜냐하면 늙음을 통해서나 죽음을 통해서 그것으로부터 자유로워지기 때문이다."라는 이러한 종류의 원칙 때문에 또한, 지식은 의례에 부차적일 뿐이다.‖7‖

이와 같은 귀결에서 [수뜨라 저자는] 반박한다.

8. 하지만 [지식의 결과에 대한 계시가 아르타바다라고 주장한 것은 합당하지 않다]; [베단따들에서는] 더 위대한 것을 가르치기 때문에, 바다라야나가 [생각한 것은 바로] 그와 같이 [그대로이다]; [계시서

14_ 베다에 대한 공부를 '단순히 낭독하는 것'으로 간주하는 것은 베다학자(Vaidika)의 입장이다.

15_ 벼를 찧어 쌀로 만들라는 명령이 '제의를 위한 떡'이라는 가시적인 목적(결과)을 가지듯이 베다를 낭독하는 것도 가시적인 목적을 가지기 때문에 반드시 그 의미에 대한 지식을 낳는다.

들이] 그렇게 보여주기 때문이다.

adhikopadeśāt tu bādarāyaṇasyaivaṃ taddarśanāt ‖8‖

[후론]: '하지만'이라는 말로부터 전론이 반증된다. "[아뜨만은 행위주체로서 행위에] 부차적인 것임으로 말미암아 [지식의 결과에 대한 계시는] 영혼(행위주체)에 대한 아르타바다(의미진술)라고 …."〈수뜨라 3.4.2〉라고 주장한 것은 합당하지 않다.

무엇 때문에? 더 위대한 것을 가르치기 때문이다. 만약 베단따들에서 행위주체이자 향유주체로서 윤회할 뿐인 육화(肉化)된 아뜨만이 육체 그 자체와는 구별되는 것이라고 가르친다면, 그 경우에 설명한 바대로 결과에 대한 계시는 아르타바다가 될 것이다.

베단따들에서는 먼저 육화된 아뜨만보다 더 위대한 것으로서, '행위주체 등과 [같은] 윤회하는 자의 특성'을 결여하고 '죄악으로부터 자유로움' 등의 한정어를 가지는 윤회하지 않는 신 즉 지고한 아뜨만을, 알아야만 하는 것이라고 가르친다. 그리고 그것에 대한 지식은 행위들을 촉발하지 않고 도리어 행위들을 절멸한다고 "또한 [의례에 대한 자격의 근거인 복합현상계는 지식의 효력을 통해] 소멸된다 …."〈수뜨라 3.4.16〉라는 곳에서 말할 것이다. 따라서 "이로부터 [즉 아뜨만에 대한 지식으로부터 독자적으로] 인간의 목표가 [성취된다고 바다라야나는 생각한다]; 성언을 통해서 [알려진다]."〈수뜨라 3.4.1〉라며 존경스러운 바다라야나가 생각한 것은 바로 그와 같이 그대로이고, '부차적인 것임' 등의 그럴듯한 논거들에 의해 동요될 수는 없다.[16]

왜냐하면 계시서들은 육화된 자보다 더 위대한 그것이 신 또는 아뜨

16_ '부차적인 것임' 등의 '그럴듯한 논거'(hetvābhāsa)들이란 〈수뜨라 3.4.2-7〉을 통해 전론자가 제시한 것들이다.

만이라는 것을 그렇게 보여주기 때문이다. "모든 것을 [넓게] 알고 모든 것을 [깊게] 알며"〈문다 1.1.9〉, "그것을 두려워함으로써 바람(공기)이 불리라."〈따잇 2.8.1〉, "치켜 들린 번개와 [같이] 거대한 두려움인"〈까타 6.2〉, "가르기여, 정녕 이 불멸체의 통치 하에서"〈브리 3.8.9〉, "그는 '나는 다수가 될 것이리라. 나는 태어날 것이리라.'라고 마음으로 바라보았다. 그는 불을 창조했다."〈찬도 6.2.3〉라고 이렇게 운운하는 것들을 통해서이다.

한편 "소중하게 [됩니다]."〈브리 2.4.5〉 등을 통해 시사되는 '윤회할 뿐인 아뜨만'은 알아야만 하는 것으로 환기된다.[17] "그와 달리 아뜨만에 대한 사랑에서 만물이 소중하게 됩니다. 여보 [마이뜨레이여], 실로 아뜨만을 보아야만 하고"〈브리 2.4.5〉, "쁘라나를 통해 전방으로 숨쉬는 것이 모든 것의 안에 있는 당신의 아뜨만입니다."〈브리 3.4.1〉에서이다. "눈에서 보이는 그 뿌루샤가 [아뜨만이다]."〈찬도 8.7.4〉라고 시작한 뒤에 "나는 바로 그것을 그대에게 다시 설명할 것이다."〈찬도 8.9.3〉라고 이렇게 운운하는 것들에서이다. 이 또한, "『리그베다』 … 라는 것은 이 위대한 존재가 내쉰 숨입니다."〈브리 2.4.10〉, "배고픔, 목마름, 슬픔, 미혹, 늙음, 죽음을 초월하는 것입니다."〈브리 3.5.1〉, "지고한 빛에 도달하고 나서 그 자체의 형태로 현시한다. 그것(적정)은 최상의 뿌루샤이다."〈찬도 8.12.3〉라고 이렇게 운운하는 보조적 문장들을 통해 더 위대한 것을 가르치고자 하는 바로 그 경우에는, 완전한 무(無)차이를 의도하므로 모순이 없다.[18]

17_ 이 점은 전론자가 <주석 3.4.2>에서 주장한 바 있다. 물론 후론자는 전론자와는 다른 맥락에서 이 주장을 수용한다.

18_ 이 또한=<브리 2.4.5> 등을 통해 윤회할 뿐인 아뜨만을 알아야만 하는 것으로 가르치는 것 또한. <브리 2.4.5>와 같은 앞의 인용문들은 윤회하는 아뜨만을 가르치고, <브리 2.4.10>과 같은 뒤의 인용문들은 그보다 더 위대한 것인 윤회하지 않는 아뜨만을 가르친다. 이러한 두 아뜨만 사이의 '차이 없음'을 의도하

실로 육화된 자의 본질은 실재적으로 지고한 신 그 자체이다. 그리고 육화 상태란 한정자가 야기한다. "그것이 너이다."〈찬도 6.8.7〉, "그것과는 다른, 보는 자는 없습니다."〈브리 3.8.11〉라는 등이 계시되기 때문이다. 그리고 이 모든 것은 우리가 앞서 여기저기에서 자세하게 설명했다.‖8‖

9. 한편 [계시서에서 행위에 대해] 보여주는 것은, [지식이 행위에 부차적이지 않은 경우에도] 동등한 [증거가 된다].

tulyaṃ tu darśanam ‖9‖

한편 "[브라흐만을 아는 자들조차] 행위와 [연계되는 것을] 보여주기 때문에, [아뜨만에 대한 지식은 단독으로 인간의 목표에 대한 수단이 아니다]."〈수뜨라 3.4.3〉라며 지식이 행위(의례)에 부차적이라고 주장한 것에 관해서, 우리는 말한다. [계시서에서] 행위에 대해 보여주는 것은, 지식이 행위에 부차적이지 않은 경우에마저 동등한 [증거가 된다].

실로 그와 같이 "실로 이러한 그것에 대해 지식이 있는 까바샤의 후손인 성자들이 말했다: 무슨 의도에서 우리가 공부할 것이고, 무슨 의도에서 우리가 제의를 행할 것인가? 실로 이러한 그것에 대해 지식이 있는 옛사람들은 아그니호뜨라를 실행하지 않았다.",[19] "정녕 이러한 그 아뜨만을 안 뒤에 브라흐마나들은 아들을 욕구하는 것으로부터, 재물을 욕구하는 것으로부터, 세상을 욕구하는 것으로부터 벗어나고 나서 구걸 행각을 합니다."〈브리 3.5.1〉라는 이러한 유형의 계시가 있

기 위해 앞의 인용문들에서 윤회하는 아뜨만을 가르치므로, 모순은 존재하지 않는다.

19_ "실로 이러한 그것에 대해 지식이 있는 옛사람들은 아그니호뜨라를 실행하지 않았다."라는 뒷부분의 문장과 유사한 것은 <까우 2.5>에 등장한다.

다. 또한 브라흐만을 아는 야즈냐발끄야 등도 행위에 종사하지 않는다고 알려진다. "여보, 이러한 만큼이 실로 불멸성입니다. 야즈냐발끄야는 이렇게 말한 뒤에 세상을 등졌다."〈브리 4.5.15〉라는 등이 계시되기 때문이다.

더 나아가 "존경스러운 이들이여, 실로 저는 막 제의를 행하려고 합니다."〈찬도 5.11.5〉라며 그렇게 표징을 보여주는 것은 '바이슈바나라의 명상적 지식'과 관계한다.[20] 그리고 한정자를 가지는 '브라흐만에 대한 명상적 지식'에서는 행위와의 결합을 보여주는 것이 가능하다. 하지만 심지어 이 경우에도 [지식은] 행위에 종속적이지 않다. 맥락 등이 없기 때문이다.[21] ‖9‖

한편 "그렇게 [지식이 의례에 부차적이라고] 계시되기 때문에, [아뜨만에 대한 지식은 단독으로 인간의 목표에 대한 수단이 아니다]."〈수뜨라 3.4.4〉라고 주장한 것에 관해서, 우리는 말한다.

10. [지식이 의례에 부차적이라는 그 계시는] 모든 곳에 [즉 모든 명상적 지식에] 적용 가능하지 않다.

asārvatrikī ‖10‖

"… 지식을 통해 행한 바로 그것만이 [더한 힘을 가진다]."〈찬도

20_ <찬도 5.11.5>는 <주석 3.4.3>에서 전론자가 자신의 논거로 제시한 계시서의 문장이다. 즉 이 문장은 지식이 행위와 연계된다는 것에 관한 표징으로 간주된다. 이에 대해 후론자는 이 표징조차 단지 명상적 지식과 관계할 뿐이라고 주장한다.

21_ 참고로, 브라흐만에 대한 지식을 가진 이가 행위(의례)를 하는 이유는 세상의 복리와 관련하여 행위의 귀감이 되고자 하는 데 있다. 하지만 그러한 경우에도 그에게는 행위주체라는 것이 없기 때문에 결코 행위에 종속되지 않는다.

1.1.10〉라는 그 계시는 모든 명상적 지식과 관계하지 않는다. 논제인 명상적 지식과 관련되기 때문이다. 그리고 논제는 "'옴'이라는 이 음절을 우드기타로 계속 명상해야 한다."〈찬도 1.1.1〉라는 곳의 '우드기타의 명상적 지식'이다.‖10‖

11. ['함께 좇아 붙잡음'에서는 지식과 행위의] 분리가 [알려져야만 한다]; 백(百)과 같다.

vibhāgaḥ śatavat ‖11‖

그리고 "지식과 행위도 그것(개별자아)을 함께 좇아 붙잡습니다."〈브리 4.4.2〉에서 '함께 좇아 붙잡음'이라는 이 말이 '지식은 독자적이지 않다는 것에 관한 표징'이라고 주장한 것을 논박한다.

이곳에서는 분리가 알려져야만 한다. 지식은 어떤 영혼을 좇아 붙잡고, 행위는 다른 영혼을 좇아 붙잡는다.[22] 백(百)과 같다. 예컨대 '백을 둘에게 주라'라고 말할 때에 분리한 채로 어떤 자에게 오십을 주고 다른 자에게 오십을 주듯이, 그와 마찬가지이다.

게다가 '함께 좇아 붙잡음'이라는 이 말은 해탈을 욕구하는 자와 관계하지 않는다. "이상이 실로 욕망하는 자에 대해서입니다."〈브리 4.4.6〉라며 윤회하는 자와 관계하는 것으로 끝나기 때문이다. 또한 "이제 욕망하지 않는 자에 대해서입니다."〈브리 4.4.6〉라며 해탈을 욕구하는 자가 별도로 시작되기 때문이다.

이곳에서는 윤회하는 자와 관계하면서 명령되거나 금지되는 지식이

22_ 〈브리 4.4.2〉의 원문에서는 지식과 행위가 양수로 등장하기 때문에 'sam+anu+√ārabh'(함께 좇아 붙잡다)라는 동사를 쓴다. 그런데 이 문장에서 주석가는 지식과 행위를 각각 단수로 분리함으로써 'sam'(함께)을 배제한 채 'anu+√ārabh'(좇아 붙잡다)라는 동사를 쓴다.

파악된다. 징표가 없기 때문이다.[23] 또한 명령되거나 금지되는 행위가 [파악된다]. [다른 곳에서] 확립된 바대로의 [행위를] 되풀이해 말하기 때문이다. 이와 같을 경우에 '함께 좇아 붙잡음'이라는 이 말은 심지어 분리가 아닌 것으로도 적절하다.[24]‖11‖

그리고 "그것(지식)을 가진 자가 의례의 [자격을 가진다는 것을 보여주기] 때문에, [아뜨만에 대한 지식은 독자적으로 결과의 수단이 아니다]."〈수뜨라 3.4.6〉라고 그렇게 [주장한 것에] 관해서, 답변을 한다.

12. [지식을 가진 자가 의례의 자격을 가진다는 그 계시는 단순히 낭독하는 것과 관계하기 때문에], 단순히 낭독하는 자에게 [의례가 명령된다].

adhyayanamātravataḥ ‖12‖

23_ 해탈과 관계하는 지식이라고 파악할 만한 징표(viśeṣa)가 없기 때문이다.

24_ "지식과 행위도 그것(개별자아)을 함께 좇아 붙잡습니다."<브리 4.4.2>라는 문장에서, 먼저 '지식'의 경우 다만 명령되거나 금지되는 지식이 지시될 뿐이다. 그 지식이 특별한 지식이라고 알려주는 징표가 없기 때문이다. '행위'의 경우에도 다만 명령되거나 금지되는 행위가 지시될 뿐이다. 다른 곳들에서 이미 확립된 바대로의 바로 그 일반적인 행위를 <브리 4.4.2>에서 되풀이해 말하기 때문이다. 결국 지식과 행위 양자가 명령되거나 금지되는 것에 지나지 않는 이상, 그 양자는 오직 윤회하는 자와 관계한다. 이와 같이 <브리 4.4.2>를 해석할 경우에는 <수뜨라 3.4.11>에서처럼 굳이 지식과 행위 사이에 '분리(vibhāga)를 언급하는 방식'을 필요로 하지 않는다. '분리를 언급하지 않는 방식'으로도 충분히 전론자를 논박할 수 있기 때문이다. 한편, 이 문단 전체를 다음과 같은 식으로 다르게 번역할 수도 있다: "이곳에서는 윤회하는 자와 관계하면서 명령되거나 금지되는 [모든] 지식이 파악된다. [명령인지 금지인지 그] 구별이 없기 때문이다. 또한 행위도, 명령되거나 금지되는 [모든 행위가 파악된다]. [결국 다른 곳에서] 확립된 바대로의 [지식과 행위를 이곳에서] 되풀이해 말하기 때문에, 이와 같을 경우에 '함께 좇아 붙잡음'이라는 이 말은 심지어 분리가 아닌 것으로도 적절하다."

"스승의 거처에서 … 베다를 공부하고서"〈찬도 8.15.1〉라는 곳에서 단순히 낭독하는 것이 계시되기 때문에 바로 그 단순히 낭독하는 자에게 의례가 명령된다고 우리는 확정한다.

[전론]: 그와 같을 경우에 [그에게] 지식이 없음으로 말미암아 의례들에 관한 무(無)자격이 수반되지 않겠는가?

[후론]: 그러한 결함은 없다. 우리는 낭독으로부터 생기는 자격의 수단으로서 '의례에 대한 앎'을 부인하지는 않는다.

[전론]: 그렇다면 무엇인가?

[후론]: 우빠니샤드에 근거하는 아뜨만에 대한 지식이 오직 독자적으로 목적을 가진다는 것을 이해함으로써 [그 지식이] 의례에 대한 자격의 수단으로 간주되지 않는다는 것을 우리는 확립한다. 또한 '어떤 제의에 대한 자격'을 가지는 자가 '다른 제의에 대한 지식'을 필요로 하지 않듯이, 이 또한 마찬가지라고 이해해야만 한다.‖12‖

그리고 "또한 원칙 때문에, [지식은 의례에 부차적일 뿐이다]."〈수뜨라 3.4.7〉라고 주장한 것에 관해서, [수뜨라 저자는] 말한다.

13. [원칙에 대한 그 계시들에는 '지식을 얻은 자가'라는 한정이] 없다; [원칙은] 한정이 없이 [명령되기] 때문이다.

nāviśeṣāt ‖13‖

"이 세상에서는 실로 행위(의례)들을 하면서 [백 년을] 살고자 해야 한다."〈이샤 2〉라고 이렇게 운운하는 원칙에 대한 계시들에는 '지식을 얻은 자가'라는 한정이 없다. 원칙은 한정이 없이 명령되기 때문이다.[25]‖13‖

25_ 〈이샤 2〉는 원칙에 대한 계시이므로 '지식을 얻은 자가'라는 등의 주체가 한정

14. 혹은, [원칙에 대한 그 계시에서 '지식을 가진 자'가 행위를 하는 것과 연계되더라도, 그 또한 지식을] 찬양하기 위해 [행위를] 승인한다고 [이해해야만 한다].

stutaye 'numatir vā ‖14‖

"이 세상에서는 실로 행위(의례)들을 하면서"〈이샤 2〉라는 곳에서는 다른 특이점(징표)이 알려진다. 그 경우에 비록 맥락의 효력을 통해 오직 '지식을 가진 자'가 '[행위들을] 하는 것'과 연계될지라도, 그 또한 지식을 찬양하기 위해 그렇게 행위를 허용한다고 이해해야만 한다. 왜냐하면 "행위는 사람을 더럽히지 않는다."〈이샤 2〉라고 [곧 이어서] 말할 것이기 때문이다. 말한 바는 이러하다: 비록 지식이 있는 사람이 살아 있는 동안 행위를 할지라도, 지식의 효력으로 말미암아 행위는 더럽히는 것이 되지 않는다. 결과적으로 이와 같이 지식이 찬양된다.‖14‖

15. 또한 [바자사네인들의 계시에 따르면, 지식이 있는] 혹자들은 '욕망에 빠지는 것을 통해 [다른 결과를 낳는 수단들'이 유용함을 가지지 않는다고 간주한다]; [따라서 지식은 행위에 부차적이지 않다].

kāmakāreṇa caike ‖15‖

더 나아가 바자사네인들의 계시에 따르면, 지식이 있는 혹자들은 지식의 결과를 직각(直覺)하고 그것에 의지하는 동안에 '욕망에 빠지는 것을 통해 생식(生殖) 등 다른 결과를 [낳는] 수단들'이 유용함을 가지지

적으로 명시되지 않는다. 원칙은 한정하는 것이 없이 명령되기 때문이다. 'viśeṣa'라는 말을 '한정'으로 읽는 대신에 '특정적 진술'로 읽어도 무방하다.

않는다고 간주한다. “실로 그러한 그것에 대해 지식이 있는 옛사람들은 생식을 욕망하지 않습니다. 이 아뜨만과 이 세상이 우리의 것인데, 생식으로써 우리에게 무엇이 생기겠습니까?”〈브리 4.4.22〉에서이다. 그리고 우리는 오직 직각에 기반을 두는 지식의 결과가 행위의 결과와는 달리 다른 시간에 존재해서는 안 된다고 반복적으로 언급했다.

그러므로 또한, 지식은 행위에 부차적이지 않을뿐더러, 그것(지식)과 관계하는 ‘결과에 대한 계시’가 진실하지 않은 것[26]이라고는 받아들일 수 없다.‖15‖

16. 또한 [의례에 대한 자격의 근거인 복합현상계는 지식의 효력을 통해] 소멸된다; [따라서 지식은 독자적이다].

upamardaṃ ca ‖16‖

더 나아가 의례에 대한 자격의 근거로서 ‘행위 · 행위수단 · 행위결과를 특징으로 하는 모든 복합현상계’는 무지에 의해 야기되고 지식의 효력을 통해 그 자체가 소멸된다고 전한다. “하지만 모든 것이 오직 ‘그의 아뜨만’이 될 경우에, 그러면, 무엇을 통해 무엇을 보아야 하겠습니까? 무엇을 통해 무엇을 냄새 맡아야 하겠습니까?”〈브리 4.5.15〉라는 등을 통해서이다. 결국 베단따에서 도출되는 아뜨만에 대한 지식을 기인으로 하여 의례에 대한 자격이 성립된다고 간구하는 자에게는, 의례에 대한 자격의 절멸 자체가 수반될 것이다.[27]

26_ 진실하지 않은 것(ayathārthatva)=찬양을 목적으로 하는 아르타바다일 뿐인 것.

27_ 후론에서는 아뜨만에 대한 지식이 행위와 관련되는 세계를 소멸시킨다고 주장한다. 그런데 만약 누군가가 그 지식이 의례에 대한 자격을 성립시킨다고 간절히 생각하고자 한다면, 그에게는 바로 그 지식의 효력을 통해 세계가 소멸될뿐더러 의례에 대한 그러한 자격 자체마저 자동적으로 소멸되고 말 것이다.

그러므로 또한 지식은 독자적이다.‖16‖

17. 또한 성교를 삼가는 [인생단계들과 관계하여 지식이 계시된다]; [그 인생단계들에는 의례가 없기 때문에 지식은 의례에 종속적이지 않다]; [베다에서 성교를 삼가는 인생단계들이 계시되지 않는다고 할 수 없다]; 왜냐하면 성언에서 [알려지기] 때문이다; [따라서 지식은 독자적이다].

ūrdhvaretaḥsu ca śabde hi ‖17‖

또한 성교를 삼가는 인생단계들과 관계하여 지식이 계시된다.[28] 그리고 그 경우에는 지식이 의례(행위)에 종속적이라는 것은 합당하지 않다. 의례가 없기 때문이다. 실로 아그니호뜨라 등 베다의 의례들은 그들에게 속하지 않는다.

베다에서는 성교를 삼가는 인생단계들이 계시되지 않는다고 할 수도 있다. 이 또한 그렇지 않다. 왜냐하면 바로 그것들은 베다의 성언들에서 알려지기 때문이다. "다르마의 구분은 세 가지이다."〈찬도 2.23.1〉, "믿음과 고행으로 삼림에서 계속 명상하는 그러한 자들은"〈찬도 5.10.1〉, "실로 삼림에서 고행과 믿음의 상태를 지키는"〈문다 1.2.11〉, "출가자들은 바로 그러한 세상을 기대하면서 출가합니다."〈브리 4.4.22〉, "학습기 그 자체로부터 출가해야 합니다."[29]〈자발 4〉라고 이렇게 운운하는 곳들에서이다. 가정의 시기(가정기)로 나아갔거나 나아가지 않은 자들이, 또는 세 가지 빚을 갚았거나 갚지 않은 자들이[30] 성

28_ 성교를 삼가는 인생단계들이란 학습기와 유랑기이다.

29_ 학습기에서, 가정기와 은퇴기를 거치지 않고, 곧바로 유랑기로 나아가라는 뜻이다.

30_ 세 가지 빚을 갚았거나 갚지 않은 자들이=신격들, 조상들, 성자들에게 각각 지

교를 삼가는 [인생단계로 나아가는] 것은, 계시서와 전승서에서 잘 알려져 있다.

그러므로 또한 지식은 독자적이다.‖17‖

{ 2. '지시'라는 주제: 수뜨라 18-20 }

18. [성교를 삼가는 인생단계들과 관계하여 예시된 성언들은] 신성한 명령이 아니라 [그러한(다른) 인생단계들에 대한] 지시라고 자이미니는 [생각한다]; 또한 [직접적인 계시는] 실로 [다른 인생단계를] 힐난한다.

parāmarśaṃ jaiminir acodanā cāpavadati hi ‖18‖

[전론]: 성교를 삼가는 인생단계들이 존재한다는 것을 위해 예시된 "다르마의 구분은 세 가지이다."〈찬도 2.23.1〉라는 등의 성언들은 그것을 확립하는 데 적절하지 않다. 이 성언들은 명령이 아니라 다른 인생단계들에 대한 지시라고 대스승 자이미니가 생각하는 까닭에서이다.

어떤 근거에서? 왜냐하면 이곳에서는 '링'(명령의 접사) 등 가운데 어느 하나가 즉 명령하는 말이 없기 때문이다. 또한 이것(성언)들은 제각각 다른 것을 의도한다고 알려진다. 먼저 "다르마의 구분은 세 가지이다."라는 곳에서는, "첫 번째는 제의, 공부, 자선(보시)이다. 두 번째는 고행 자체이다. 세 번째는 스승의 거처에서 지극히 스스로를 혹사하면

고 있는 빚을 갚았거나 갚지 않은 자들이.

서 학인으로 스승의 거처에 사는 것이다. 이 모든 것은 덕 있는 세상을 가지게 된다."〈찬도 2.23.1〉라며 인생단계들에 대한 지시를 앞세운 채로 지대하지 않은 결과를 가진다는 것을 언급한 뒤에, "브라흐만에 완전히 자리 잡은 자는 불멸성에 [이른다]."〈찬도 2.23.1〉라며 지대한 결과로서 브라흐만에 완전히 자리 잡은 것을 찬양한다.

[반박]: 지시인 경우조차 [성교를 삼가는] 인생단계들이 알려질 뿐이지 않는가?

[전론]: 참으로 알려진다. 하지만 그것들은 전승서와 행위규범으로부터 잘 알려져 있을 뿐 직접적 계시로부터 잘 알려져 있지는 않다. 결국 이로부터 직접적 계시와 모순이 있는 경우에 그것들은 무시되어야만 할 것이다.[31] 혹은 [그것들은] 무(無)자격자[32]와 관계할 것이다.

[반박]: "첫 번째는 제의, 공부, 자선(보시)이다."에서 실로 성교를 삼가는 것과 함께 가정의 시기마저 지시되지 않는가?[33]

[전론]: 그와 같이 사실이다. 하지만 그렇다고 할지라도 오직 가정기에 대해 아그니호뜨라 등의 의례(제의)들이 명령되기 때문에, 실로 그것(가정기)이 존재한다는 것은 [다른] 계시로부터 잘 알려져 있을 뿐이다. 따라서 이러한 지시는 단지 찬양을 목적으로 할 뿐 신성한 명령을 목적으로 하지 않는다.

더 나아가 직접적인 계시는 실로 다른 인생단계를 힐난한다. "불을

31_ 계시서에서 아그니호뜨라와 같이 상시적으로 실행해야 하는 의례를 명령하는 경우에 그것과 모순되는 인생단계들은 무시되어야만 한다.

32_ 무자격자(anadhikṛta)=장님 등과 같이 신체적인 결함을 가짐으로써 의례의 자격을 얻지 못한 사람.

33_ <찬도 2.23.1>에서는 성교를 삼가는 것과 관계되는 공부(adhyayana) 즉 '학습의 시기'와 함께, 명령과 관계되는 제의 즉 '가정의 시기'마저 동등하게 지시된다. 따라서 명령과 관계되는 가정의 시기와 다른 인생단계들 사이에 차별을 두어서는 안 된다.

내던지는 자는 실로 신격들을 살인한 자이다.", "스승을 위해 소중한 재물을 가져오고, 자손의 대가 끊이지 않도록 하라."〈따잇 1.11.1〉, "아들이 없는 자에게는 세상이 없다. 모든 동물들이 이것을 안다."라고 이렇게 운운하는 것들을 통해서이다.

마찬가지로 "믿음과 고행으로 삼림에서 계속 명상하는 그러한 자들은"〈찬도 5.10.1〉, "실로 삼림에서 고행과 믿음의 상태를 지키는"〈문다 1.2.11〉이라는 것은 '신의 길'에 대한 가르침일 뿐 다른 인생단계에 대한 가르침이 아니다. 게다가 "두 번째는 고행 자체이다."라고 이렇게 운운하는 곳들에서 다른 인생단계를 언급하는지 의문스럽다. 더욱이 "출가자들은 바로 그러한 세상을 기대하면서 출가합니다."〈브리 4.4.22〉라는 것은 세상에 대한 찬양일 뿐 출가(出家)에 대한 명령이 아니다.

[반박]: 자발라들은 "학습기 그 자체로부터 출가해야 합니다."〈자발 4〉라며 명백하게 출가에 대해 이렇게 직접적으로 명령하지 않는가?

[후론]: 그것은 그와 같이 사실이다. 하지만 그 계시를 주목하지 않은 채로 이렇게 검토한다고 간주해야만 한다.[34] ‖18‖

19. [다른 인생단계는] 준수되어야만 한다고 바다라야나는 [생각한다]; 논리적으로 등가(等價)인 계시 때문이다.

anuṣṭheyaṃ bādarāyaṇaḥ sāmyaśruteḥ ‖19‖

다른 인생단계는 준수되어야만 한다고 대스승 바다라야나는 생각한다. 아그니호뜨라 등이 베다에서 계시되기 때문에[35] 또 [그것들이] 반

34_ <주석 3.4.18>에서는 <자발 4>를 주목하지 않은 채로 이상과 같은 논의를 전개했다고 간주해야만 한다.

35_ '베다에서 계시되기 때문에'(vede śravaṇāt)라는 부분을 다르게 풀이할 수 있

드시 준수되어야만 하기 때문에, 다른 인생단계는 그것들과 모순됨으로 말미암아 무자격자에 의해 준수되어야만 한다는 [자이미니의] 그 견해를, 바로 그 '가정의 시기'처럼 다른 인생단계마저도 싫든 좋든 수용해야만 한다고 생각함으로써, [바다라야나는] 논박한다.

어떤 근거에서? 논리적으로 등가인 계시 때문이다. 실로 가정의 시기와 동등하게 다른 인생단계를 지시하는 계시가 알려진다. "다르마의 구분은 세 가지이다."〈찬도 2.23.1〉라는 등을 통해서이다. 단지 다른 계시에서 명령되는 가정의 시기가 이곳에서 지시되듯이, 다른 인생단계도 마찬가지라고 간주해야만 한다. 또한 니비따와 쁘라찌나비따가 단지 다른 성전에서 등장하더라도 우빠비따에 대한 명령을 의도하는 문장에서 지시되듯이,[36] [이 경우에도 마찬가지이다]. 따라서 다른 인생단계가 준수되어야만 하는 것은 가정의 시기와 동등하다. 마찬가지로 "출가자들은 바로 그러한 세상을 기대하면서 출가합니다."〈브리

다. 첫째는 "다른 인생단계는 ~ 바다라야나는 생각한다. 베다에서 계시되기 때문이다. 또한 아그니호뜨라 등이 반드시 준수되어야만 하기 때문에, 다른 인생단계는 ~"이라고 풀이하는 방식이다. 하지만 바다라야나의 생각에 대한 논거는 '논리적으로 등가인 계시 때문이다'라는 것이기에, '베다에서 계시되기 때문이다'라는 것은 자이미니의 생각에 대한 논거라고 보는 편이 더 합당하다. 둘째는 '베다에서 계시되기 때문에'라고 읽는 대신에 Samata에 따라 '베다에서 계시되지 않기 때문에'(vede 'śravaṇāt)라고 읽는 것이다. 이는 "[다른 인생단계가] 베다에서 계시되지 않기 때문에, 또한 아그니호뜨라 등이 반드시 준수되어야만 하기 때문에, 다른 인생단계는 ~"이라고 풀이하는 방식이다. 하지만 다른 인생단계가 베다에서 계시되지 않는다고 전론자가 직접 언급하지는 않는다. 따라서 '베다에서 계시되지 않기 때문에'라는 것은 자이미니의 생각에 대한 논거가 될 수 없다.

36_ 제의에서 신성한 실을 목걸이처럼 목에 매는 것을 '니비따'(nivīta)라고, 오른쪽 어깨에 걸어서 왼쪽 손 방향으로 매는 것을 '쁘라찌나비따'(prācīnāvīta)라고, 왼쪽 어깨에 걸어서 오른쪽 손 방향으로 매는 것을 '우빠비따'(upavīta)라고 각각 부른다. 니비따는 인간, 성자와 관련된 제의에서, 쁘라찌나비따는 조상을 위한 제의에서, 우빠비따는 신격을 위한 제의에서 각각 사용된다. 세 가지 가운데 우빠비따가 가장 일반적으로 실을 걸치는 방식이다.

4.4.22〉라는 것은 베다 암송 등과 함께 언급된다.[37] 또한 “믿음과 고행으로 삼림에서 계속 명상하는 그러한 자들은”〈찬도 5.10.1〉이라는 것은 ‘빤짜그니의 명상적 지식’과 [함께 언급된다].

한편 “두 번째는 고행 자체이다.”〈찬도 2.23.1〉라는 등에서 다른 인생단계를 언급하는지 의문스럽다고 주장한 것에 관해서는, 그러한 결함이 없다. 확정의 근거가 존재하기 때문이다. 실로 “다르마의 구분은 세 가지이다.”라며 다르마의 구분이 셋이라고 확언된다. 그리고 상이한 기원을 가지는 제의 등의 매우 많은 다르마들은 인생단계와의 관계를 배제한 채로 셋이라는 것에 포함될 수 없다.[38] 이러한 사정에서, 다르마의 구분 중 하나로서 ‘제의’ 등의 표징은 가정기라는 인생단계를 지시한다. 또한 ‘학인’이라는 것은 분명히 인생단계를 지시한다. ‘고행’이라는 것조차, 고행이 주(主)가 되는 인생단계[39]가 아닌 그 무엇이 다르마의 구분으로 용인되겠는가! 그리고 “[믿음과 고행으로] 삼림에서 [계속 명상하는] 그러한 자들은”에서는 ‘삼림’이라는 표징을 통해 믿음과 고행을 따르는 인생단계가 파악된다.

그러므로 지시인 경우조차 다른 인생단계는 준수되어야만 한다.‖19‖

20. 오히려 [다르마를 구분하는 등의 성언들은 다른 인생단계에 대한 지시가 아니라] 명령이다; ‘붙잡는 것’에서와 같다.

vidhir vā dhāraṇavat ‖20‖

37_ <브리 4.4.22>에는 출가에 대한 언급과 함께 베다 암송, 제의, 자선 등에 대한 언급도 있다.

38_ 다르마들은 그 기원이 제각각이고 그 수가 셋보다 훨씬 많기 때문에, ‘세 가지’라는 그 셋이 인생단계를 가리켜야만 다르마들이 기꺼이 그 셋에 포함될 수 있다.

39_ 고행이 주가 되는 인생단계=은퇴기.

오히려 이것들은[40] 다른 인생단계에 대한 단순한 지시가 아니라 명령이다.

[전론]: 명령이라고 용인되는 경우에 문장적 통일성에 대한 확정적 인식이 교란되지 않겠는가? 그리고 이곳에서는 '다르마의 구분 세 가지가 덕 있는 세상을 결과로 하는 것'과 '브라흐만에 완전히 자리 잡음이 불멸성을 결과로 하는 것'이라는 문장적 통일성이 인지된다.

[후론]: 그것은 사실이다. 하지만 문장적 통일성에 대한 확정적 인식이 존재하더라도 [그것을] 폐기하고 명령 그 자체를 용인해야만 한다. 낯선(새로운) 것이기 때문이다. 다른 명령이 관찰되지 않기 때문이다.[41] 또한 다른 인생단계에 대한 관념이 명백함으로 말미암아, 비유진술을 가정함으로써 문장적 통일성을 적용하는 것은 합당하지 않기 때문이다.[42]

40_ 이것들은="다르마의 구분은 세 가지이다."<찬도 2.23.1>라는 등의 성언들은.

41_ 전론자는 <주석 3.4.18>에서 "다르마의 구분은 세 가지이다."<찬도 2.23.1>라고 시작하는 문장들이 찬양을 목적으로 하는 아르타바다라고 주장한다. 그런데 아르타바다가 가능하려면 찬양의 토대가 되는 명령의 문장이 있어야 한다. 하지만 <찬도 2.23.1>의 맥락에는 그러한 명령의 문장이 없기 때문에 아르타바다라고 주장할 수 없다. 결과적으로 다른 명령이 관찰되지 않기 때문에, <찬도 2.23.1> 그 자체가 낯선(새로운) 것으로서 명령이어야 한다. 한편, "낯선 것이기 때문이다. 다른 명령이 관찰되지 않기 때문이다."라는 이 두 문장을 하나의 문장으로 읽을 수도 있다. "다른 명령이 관찰되지 않음으로 말미암아 낯선 것이기 때문이다."와 같은 방식이다. 하나의 문장으로 읽는다고 해서 그 의미가 크게 달라지지는 않는다.

42_ 전론자는 <찬도 2.23.1>의 문장들이 '다르마의 구분 세 가지가 덕 있는 세상을 결과로 하는 것'을 폄하함으로써 '브라흐만에 완전히 자리 잡음이 불멸성을 결과로 하는 것'을 찬양한다고 해설한다. 다시 말해, 전론자는 그 문장들을 아르타바다의 일종인 비유진술로 간주함으로써 문장적 통일성을 확보한다. 그런데 비유진술은 문장의 의미가 다른 지식수단과 모순되는 경우에 가능하다. 하지만 이 경우에는 그 문장들이 다른 지식수단과 모순되지 않는다. 그 문장들이 인생단계를 의미한다는 것이 명백하기 때문이다. 따라서 전론자가 비유진술을 통해 문장적 통일성을 적용하는 것은 합당하지 않다.

'붙잡는 것'에서와 같다. 예컨대 "[공물의] 아래에서 땔감을 붙잡으며 [제단으로] 따라가야 한다. 왜냐하면 신격들을 위해 그는 [땔감을] 위에서 붙잡기 때문이다."라는 곳에서, 비록 아래에서 붙잡는 것을 통해 문장적 통일성에 대한 확정적 인식이 있을지라도, 위에서 붙잡는 것은 명령될 따름이다. 낯선 것이기 때문이다.[43] 이와 같은 연관에서 [자이미니는] '부차적인 것의 장'(3장)에서 "하지만 '붙잡는 것'의 경우에는 명령이다; 낯선 것이기 때문이다."〈미맘사-수 3.4.9〉[44]라고 언급한다. 그와 마찬가지로 이 경우에도 인생단계를 지시하는 계시는 명령 그 자체라고 추정된다.

비록 이것들이 단지 다른 인생단계들에 대한 지시일지라도, 여전히 '브라흐만에 완전히 자리 잡음'은 당장 찬양의 효력으로 말미암아 명령 대상이라고 반드시 용인되어야만 한다.[45] 또한 이것은[46] 네 인생단계들에 속하는 누군가에 대해서인지 그렇지 않으면 오직 출가자에 대해서인지 분별되어야만 한다. 그리고 만약 학인으로 끝나는 인생단계들이 지시되는 와중에 출가자마저 지시된다면,[47] 그 경우에 네 인생단계

43_ '붙잡는 것'에 관한 이 예시는 문장적 통일성을 폐기하고 명령을 용인하는 것과 관계한다. 예시된 두 문장은 '조상을 위한 제의에서 땔감이 공물의 아래에서 옮겨지는 것'과 '신격을 위한 제의에서 땔감이 공물의 위에서 옮겨지는 것'을 내용으로 한다. 이 경우에 전자는 명령이고 그에 대한 이유를 제공하는 후자는 아르타바다여야 문장적 통일성이 확보된다. 하지만 후자는 다른 곳에서 발견되지 않는 새로운 사실이기 때문에 그 자체로 명령이어야 한다. 즉 문장적 통일성을 폐기하더라도 후자가 낯선 것이기 때문에 명령을 용인해야만 한다.

44_ 사실 <미맘사-바>에서는 이 수뜨라가 등장하지 않는다. 이 수뜨라는 *Tantravārttika*에서 <미맘사-수 3.4.9> 이후에 추가된 채로 등장한다. 이 수뜨라는 추가된 6개의 수뜨라들 가운데 6번째 수뜨라이다. <미맘사-바>의 저자가 왜 이 수뜨라들을 생략했는지에 대해서는 논란이 분분하다.

45_ 이는 후론자의 대안적 해석이다.

46_ 이것은=명령되는 것으로서 '브라흐만에 완전히 자리 잡음'은.

47_ 다르마가 세 가지로 구분되는 <찬도 2.23.1>에서 세 번째 구분으로 등장하는 것이 학인이다. 그리고 첫 번째 구분은 제의 등을 행하는 가장이고, 두 번째 구

들이 모두 차등 없이 지시되기 때문에 또 인생단계에 속하지 않는 자란 불가능하기 때문에, 네 인생단계들에서 누군가가 브라흐만에 완전히 자리 잡게 될 것이다. 이제 만약 [출가자가] 지시되지 않는다면, 그 경우에 오직 남겨진 출가자만이 브라흐만에 완전히 자리 잡는다고 결론이 날 것이다.

이러한 사정에서 혹자들은 은자(隱者)[48]를 의미하는 '고행'이라는 말에 의해 출가자마저 지시된다고 [주장한다]. 이는 합리적이지 않다. 왜냐하면 여지가 있는 경우에 은퇴자라는 한정어에 의해 출가자가 이해될 수는 없기 때문이다.[49] 이곳에서는 학인과 가장이 분명 따로따로 그것들 각각의 한정어에 의해 한정되듯이, 탁발승(출가자)과 은자도 마찬가지라는 것이 합리적이다. 또한 고행이란, 육신을 괴롭히는 것이 주(主)가 됨으로 말미암아, 은퇴자들의 고유한 특성이다. '고행'이라는 말은 그 경우에[50] 관습적인 것이기 때문이다. 결국 '고행'이라는 말은 '감관 제어 등으로 지시될 뿐인 탁발승의 특성'을 결코 지시할 수 없다. 그리고 넷이라고 잘 알려져 있는 인생단계가 셋으로 간주되는 것은 정당하지 않다. 더 나아가 이곳에서는 '그러한 세 가지는 덕 있는 세상을 가지고, 하나는 불멸성을 가진다'라는 [식으로] 차이에 대한 언급이 있다. 실로 차이를 이렇게 언급하는 것은 [탁발승과 은자가] 구별되는 경우에 적절하다. 예를 들어 데바닷따와 야즈냐닷따가 우둔하지만 그 둘 가운데 어느 하나가 영리하다는 것과는 다르다. 반면에 데바닷따와 야

분은 고행을 행하는 은퇴자이다. 그런데 만약 그 계시에서 이러한 세 가지 인생단계와 더불어 출가자마저 지시된다면?

48_ 은자(vaikhānasa)=숲에서 은퇴기를 보내는 은퇴자들의 네 부류 가운데 하나이지만 여기서는 은퇴자 전체를 가리킨다.

49_ 왜냐하면 다른 설명이 가능한 경우에 은퇴자(vānaprastha)를 지시하는 말에 의해 출가자가 이해되어서는 안 되기 때문이다.

50_ 그 경우에=은퇴자에 대하여.

즈냐닷따가 우둔하지만 비슈누미뜨라가 영리하다는 것과는 같다. 따라서 앞의 세 가지 인생단계에 속하는 자들은 덕 있는 세상을 가지고 오직 남겨진 출가자만이 불멸성을 가진다.

[전론]: 그렇다면 '브라흐만에 완전히 자리 잡음'이라는 말이 그 어원을 따라감으로써 모든 경우에 적합한데, 어떻게 오직 출가자에만 한정될 수 있다는 말인가? 그리고 [이 말의] 관습적인 것(의미)을 용인하는 경우에는, 단순히 인생단계를 통해 불멸성을 획득함으로 말미암아 [불멸성에 대한] 지식의 무용함이 수반된다.[51]

이에 대하여 말한다.

[후론]: 실로 '브라흐만에 완전히 자리 잡음'이란 브라흐만에서 완전히 종결되는 것이자 다른 활동이 없는 양상으로 그것에 몰두하는 것이라고 말한다. 그리고 이것은 세 가지 인생단계들에서 가능하지 않다. 그 각각의 인생단계에서 규정된 행위를 실행하지 않는 경우에 죄스러움이 [생긴다고] 계시되기 때문이다. 반면에 출가자에게는, 모든 행위들을 떠남으로 말미암아, 실행하지 않는 것에 기인하는 죄스러움이 생기지 않는다. 그리고 마음억제, 감각철회 등 그에게 속하는 특성은 '브라흐만에 완전히 자리 잡음'을 강화할 뿐 [그것과] 대립하지 않는다. 실로 그의 경우에 자신의 인생단계에서 규정된 행위는, 마음억제, 감각

51_ "브라흐만에 완전히 자리 잡은 자는 불멸성에 [이른다]."<찬도 2.23.1>에서 등장하는 '브라흐만에 완전히 자리 잡음'(brahmasaṃstha)이라는 말의 어원적 의미는 '브라흐만에 완전히 몰입한 채로 존재하는 것'이다. 이 경우에는 네 인생단계에 속하는 누구나가 그렇게 하는 것이 가능하다. 따라서 앞선 논의의 결론처럼 오직 출가자만이 불멸성에 이른다는 것은 합당하지 않다. 그리고 '브라흐만에 완전히 자리 잡음'이라는 말의 관습적 의미는 '출가자' 또는 '탁발승'이다. 이 경우에는 단지 출가자라는 인생단계에 속해 있다는 그 이유만으로 불멸성을 획득할 수 있게 된다. 따라서 불멸성에 대한 지식 자체가 무의미해지는 부조리한 결말이 생긴다. 결과적으로 앞선 논의의 결론인 '출가자만이 불멸성을 가진다'는 것은 합당하지 않다.

철회 등에 의해 지지되는 바로 그 '브라흐만에 몰두하는 것'이고, 다른 자들의 경우에는 제의 등이다. 그리고 이를 위반하는 경우에 그는 죄스러워진다.

이와 같은 연관에서 계시서들은 "탈속하기란 브라흐마(히란야가르바)이다. 왜냐하면 브라흐마는 지고한 자이고 지고한 자는 브라흐마이기 때문이다. 실로 그러한 그 고행들은 열등하다. 바로 그 탈속하기가 더 낫다."〈나라 78〉, "베단따의 지식을 통해 대상을 철저히 확정하고, 탈속의 요가를 통해 제어된 채 마음이 정화된 [그들은]"〈문다 3.2.6〉이라는 등을 [전한다]. 또한 전승서들도, "그것을 생각하고, 그것을 본질로 하며, 그것에 몰두하고, 그것을 궁극적 목적지로 삼는 자들은"〈기따 5.17〉이라는 등에서, 브라흐만에 완전히 자리 잡은 자에게 행위가 없다는 것을 보여준다.

따라서 출가자가 단순히 인생단계를 통해 불멸성을 획득함으로 말미암아 [불멸성에 대한] 지식의 무용함이 수반된다는 그러한 결함마저 여지가 없다. 이러한 연관에서 다른 인생단계들에 대한 지시인 경우조차 '브라흐만에 완전히 자리 잡음'으로 지시되는 출가 그 자체가 분명 이해되어야 한다.

대스승(수뜨라 저자)은 다른 인생단계들을 명령하는 자발라의 계시에 결코 의존하지 않은 채로 이러한 검토를 착수했다. 하지만 다른 인생단계를 명령하는 직접적인 계시가 존재할 따름이다. "학습기를 끝마친 뒤에 가장이 되어야 합니다. 가장이 된 뒤에 은퇴자가 되어야 합니다. 은퇴자가 된 뒤에 출가해야 합니다. 그렇지 않으면, 혹여 학습기 그 자체로부터 출가해야 합니다. 혹은 가정기나 은퇴기로부터 출가해야 합니다."〈자발 4〉에서이다. 그리고 이 계시가 무자격자와 관계한다고 말할 수는 없다. 특정적 진술의 계시가 아니기 때문이다. 또한 무자격자들에 대해서는 별도로 명령되기 때문이다. "실로 더 나아가, 서약자이든 서약자가 아니든, 조교이든 조교가 아니든, 불을 포기한 자이든 불을 피우지 않는 자이든 [출가해야 합니다]."〈자발 4〉라는 등을 통해서이다. 게다가 출가는 브라흐만에 대한 지식을 성숙시키는 데 보조적이기 때문에 무자격자와 관계하지 않는다.[52] 그리고 이를 보여준다. "이제 출가자는, 무색의 옷을 입고 머리칼이 없으며 소유하지 않고 청정하며 적의가 없고 구걸로 살며, 브라흐만이 되기 위해 존재합니다."〈자발 5〉에서이다.

그러므로 성교를 삼가는 인생단계들이 정립된다. 또한 지식은 성교를 삼가는 자들에게 명령되기 때문에 독자적이라고 정립된다.‖20‖

{ 3. '단순한 찬양'이라는 주제: 수뜨라 21-22 }

21. 만약 [우드기타 등에 대한 계시들이, 우드기타 등을 의례에 종속적인 것으로] 언급하고 [나서 계시되기] 때문에, 단순한 찬양이라고 한다면, 아니다; 낯섦 때문이다.

stutimātram upādānād iti cen nāpūrvatvāt ‖21‖

"그러한 이 '우드기타'는 정수들 가운데 최고의 정수이고 지고한 것이고 가장 고양된 것이고 여덟 번째인 것이다."〈찬도 1.1.3〉, "정녕 이

52_ 비록 <자발 4>에서 무자격자의 출가를 명령할지라도, 실제로 출가 그 자체가 무자격자와 관계하지는 않는다. 왜냐하면 출가는 브라흐만에 대한 지식을 성숙시키는 데 보조적인 역할을 하기 때문이다. 결국 주석가는 무자격자의 출가에 대해 부정적인 입장을 표명한다. 즉 주석가는, 출가 이전에 정규적인 교육과정을 통해 브라흐만에 대한 지식을 배운 자격자가 출가라는 보조적인 수단을 통해 그 지식을 성숙시켜야 한다고 주장한다.

것(흙)은 '리끄'이고, 불은 '사마'이다."〈찬도 1.6.1〉, "불에 의해 쌓아올려진 그것은 정녕 이 세상이다."〈샤따-브 10.5.4.1〉, "바로 그 욱타가, 바로 이 흙이다."〈아이-아 2.1.2.1〉라는 이러한 유형의 계시들은 '우드기타' 등에 대한 찬양을 목적으로 하는지 그렇지 않으면 계속적 명상에 대한 명령을 목적으로 하는지, 이러한 의문이 생긴다.

[전론]: 찬양을 목적으로 한다는 것이 합리적이다. '우드기타' 등을 의례에 종속적인 것으로 언급하고 나서 계시되기 때문이다. 예컨대, "바로 이것(흙)은 국자이다.", "태양은 거북이이다.",[53] "천국의 세상은 아하바니야 불이다."라는 등이 국자 등에 대한 찬양을 목적으로 하듯이, 그와 마찬가지이다.

[후론]: 아니라고 말한다. 왜냐하면 낯섦으로 말미암아 이러한 계시들의 목적이 단순한 찬양이라는 것은 합리적이지 않기 때문이다. 실로 [이러한 계시들이] 명령을 목적으로 하는 경우에는 낯선 의미가 명령되지만, 찬양을 목적으로 하는 경우에는 그저 무의미하게 될 것이다. 찬양이 유용한 것은, 확실히 [찬양이] 명령을 내리는 말의 보조적 문장으로 존재한다고 알려지기 때문이라고, [자이미니는] 말한다. "하지만 [그것들은] 명령과의 문장적 통일성으로 말미암아 명령들에 대한 찬양을 의도함으로써 [권위를] 가질 것이다."〈미맘사-수 1.2.7〉라는 곳에서이다. 결국 '어떤 곳에서 명령되는 우드기타 등'에 대해 '다른 곳에서 언급되는 이러한 찬양'은 보조적 문장으로 존재한다고 알려지지 않기 때문에 단지 무의미하게 될 것이다.[54]

그리고 "바로 이것(흙)은 국자이다."라는 등은 오직 명령과 근접한 채로 전해지므로 [이 경우와는] 상이하다.

53_ '거북이'란 '거북이 모양의 제단'을 가리킨다.

54_ 결론적으로, '어떤 곳'이란 행위에 대한 명령과 관계하는 성전을 가리키고, '다른 곳'이란 계속적 명상에 대한 명령과 관계하는 성전을 가리킨다.

그러므로 이와 같은 유형의 계시들은 명령을 목적으로 할 뿐이다. ‖21‖

22. 또한 [명령과 관계하는] 동사 때문에, [그 계시들은 계속적 명상에 대한 명령을 목적으로 한다].[55]

bhāvaśabdāc ca ‖22‖

또한 "우드기타로 계속 명상해야 한다."〈찬도 1.1.1〉, "사마를 [세상들로] 계속 명상해야 한다."〈찬도 2.2.1〉, "'나는 욱타(생기)이다.'라고 알아야 한다."〈아이-아 2.1.2.6〉라는 등 명령에 대한 말이 명백하게 계시된다. 그리고 이것들은 단순한 찬양을 목적으로 하는 경우에 무효화될 것이다.

이와 같은 연관에서 논리학자들의 전승서도 "'행해야 한다', '행해져야 한다', '행해져야만 한다', '되어야 한다', '이어야 한다'라는 다섯이다.[56] 이것은 모든 베다들에서 명령에 대한 확고한 징표일 것이다."라고 한다. 그들은 '링'(명령의 접사) 등이 의도하는 바가 명령이라고 생각하면서 이와 같이 전승한다.

게다가 각각의 장절마다 결과들을 들려준다. "정녕 욕망들을 획득하는 자가 된다."〈찬도 1.1.7〉, "왜냐하면 … 실로 노래를 통해 욕망을 얻을 수 있기 때문이다."〈찬도 1.7.9〉, "[계속 명상하는] 자를 위해, 위로 향하고 아래로 향하는 세상들이 실로 적합하게 된다."〈찬도 2.2.3〉라

55_ 수뜨라의 'bhāvaśabda'(동사)는 '계속적 명상과 관계하는 명령에 대한 말'을 지시한다.

56_ '행해야 한다', '행해져야 한다', '행해져야만 한다', '되어야 한다', '이어야 한다'의 원어는 각각 'kuryāt', 'kriyeta', 'kartavyam', 'bhavet', 'syāt'이다. 이 가운데 미래수동분사인 'kartavyam'을 제외한 나머지는 모두 동사의 원망법이다.

는 등이다.

그러므로 또한 우드기타 등에 대한 계시들은 계속적 명상에 대한 명령을 목적으로 한다.‖22‖

{ 4. '빠리쁠라바'[57]라는 주제: 수뜨라 23-24 }

23. 만약 [이야기에 대한 계시들이] 빠리쁠라바를 목적으로 한다고 한다면, 아니다; [빠리쁠라바에서는 이야기가] 특정되기 때문이다.
pāriplavārthā iti cen na viśeṣitatvāt ‖23‖

"한때 야즈냐발끄야에게는 '마이뜨레이'와 '까뜨야야니'라는 두 부인이 있었다."〈브리 4.5.1〉, "한때 디보다사의 아들인 쁘라따르다나가 … 인드라의 소중한 거처에 도착했다."〈까우 3.1〉, "한때 [자나슈루따의] 증손자인 자나슈루띠는 [사람들에게] 공손하게 기증하고 넉넉히 베풀며 아낌없이 음식을 만들어 주었다."〈찬도 4.1.1〉라는 등등과 같이 베단따에서 언급되는 이야기들과 관계하여, 의문이 생긴다. 이것들은 빠리쁠라바에서 암송(실행)되는 것을 목적으로 하는가, 그렇지 않으면 근접해 있는 지식들을 이해하는 것을 목적으로 하는가?

[전론]: 이야기에 대한 이러한 계시들은 빠리쁠라바를 목적으로 한

57_ 왕이 아슈바메다(Aśvamedha) 제의를 1년에 걸쳐 행하는 동안 그에 수반되는 작은 제의로서 '사비뜨리(savitṛ, 태양)를 향한 의례'를 매일 저녁에 실행할 때 호뜨리 사제가 왕, 신하들, 사제들 앞에서 전설을 읊는 것을 '빠리쁠라바'(Pāriplava)라고 부른다. 1회의 빠리쁠라바는 10일 동안 지속되며, 이것이 1년에 36회 반복된다. 전설은 대개 *Śrauta-sūtra*에 규정되어 있으며, 8일째와 9일째는 각각 이띠하사와 뿌라나를 읊는다.

다. 이야기들은 동등하기 때문이다.[58] 또한 이야기를 암송(실행)하는 것이 빠리쁠라바에서 명령되기 때문이다. 결국 이로부터 베단따들은 지식을 주된 것으로 삼지 않을 것이다. 만뜨라처럼 암송(실행)에 부차적이기 때문이다.

[후론]: 그렇지 않다.

무엇 때문에? [빠리쁠라바에서는 이야기가] 특정되기 때문이다. 실로 그 경우에는, "빠리쁠라바를 부를 것이다."라고 시작한 후 "비바스바뜨의 후손인 마누 왕은"이라고 이렇게 운운하며, 바로 그 어떤 이야기들이 특정된다. 만약 모든 [이야기들이] 수용된다면, 이야기들이 동등하기 때문에 그렇게 특정하는 것이 실로 무의미하게 될 것이다.

그러므로 이야기에 대한 이러한 계시들은 빠리쁠라바를 목적으로 하지 않는다.‖23‖

24. 또한 [이야기들은 근접해 있는 지식들을 제시하기 위해 사용된다]; 문장적 통일성에 의해 [이야기들이 지식들과] 관련되기 때문이다; [실로] 그와 같이 [문장적 통일성을 가진다고 알려진다]; [따라서 빠리쁠라바를 목적으로 하지 않는다].

tathā caikavākyatopabandhāt ‖24‖

또한 이야기들이 빠리쁠라바를 목적으로 하지 않는 경우에 근접해 있는 지식들을 제시하기 위해 사용될 뿐이라는 것은 정당하다. 문장적 통일성에 의해 [이야기들이 지식들과] 관련되기 때문이다. 실로 그와 같이 [이야기들은] 여기저기에서 근접해 있는 지식들과 문장적 통일성

58_ <브리 4.5.1> 등의 이야기들과 빠리쁠라바에서 암송되는 이야기들이 모두 '이야기'인 것은 동등하기 때문이다.

을 가진다고 알려진다. [이야기들이] 홍미 유발[59]을 위해 사용되기 때문이고, 또 이해의 용이함을 위해 사용되기 때문이다.

먼저 '마이뜨레이 브라흐마나'에서는 "여보 [마이뜨레이여], 실로 아뜨만을 보아야만 하고"〈브리 4.5.6〉라는 등의 지식과 문장적 통일성을 가진다고 알려진다. 쁘라따르다나의 경우에도 "나는 생기로서 지성적 아뜨만이다."〈까우 3.2〉라는 등의 지식과, "[한때 자나슈루따의 증손자인] 자나슈루띠는"라는 곳에서도 "공기는 실로 '흡수하는 것'입니다."〈찬도 4.3.1〉라는 등의 지식과 문장적 통일성을 가진다고 알려진다. 예컨대 "그는 자신의 장막(腸膜)을 도려내었다."라고 이렇게 운운하며 '행위(의례)에 대한 계시에 실린 이야기들'이 근접해 있는 명령에 대한 찬양을 목적으로 하듯이, 그와 마찬가지이다.

그러므로 빠리쁠라바를 목적으로 하지 않는다.‖24‖

{ 5. '불 피우기 등'이라는 주제: 수뜨라 25 }

25. 또한 바로 이로부터 [즉 지식이 인간의 목표에 대한 수단이기 때문에, 지식은 목표를 성취하는 데] '불 피우기' 등 [인생단계에서의 행위들을] 필요로 하지 않는다.

ata eva cāgnīndhanādyanapekṣā ‖25‖

[후론]: "이로부터 [즉 아뜨만에 대한 지식으로부터 독자적으로] 인간의 목표가 [성취된다고 바다라야나는 생각한다]; 성언을 통해서 [알려

59_ '홍미 유발'을 뜻하는 원어인 'prarocana'를 '친숙함'으로 읽어도 무방하다.

진다]."〈수뜨라 3.4.1〉라는 것이 멀찍이 놓여 있음에도 그 적합함을 통해 '이로부터'라고 [이곳에서 다시] 지시된다.

또한 바로 이로부터 즉 지식이 인간의 목표에 대한 수단이기 때문에, 지식은 그 자체의 목표를 성취하는 데 '불 피우기' 등 인생단계에서의 행위들을 필요로 하지 않아야만 한다.

이렇게 [수뜨라 저자는] 추가적으로 말하려는 의도에서, 바로 그 첫째 '주제'의 결과를 [이 수뜨라에서] 공유한다.‖25‖

{ 6. '모두 필요로 함'이라는 주제: 수뜨라 26-27 }

26. **또한 [지식은 인생단계에서의] 모든 [행위들을] 필요로 한다; [행위들은 지식이 결과를 성취하는 데 필요하지 않지만 지식이 발생하는 데 필요하다]; 제의 등에 대한 계시 때문이다; 말(馬)과 같다.**
sarvāpekṣā ca yajñādiśruter aśvavat ‖26‖

이제는, 지식이 인생단계에서의 행위들을 실로 극단적으로 필요로 하지 않는지 아니면 무언가는 필요로 하는지, 이 점을 논의한다.

이 경우에 '바로 이로부터'[60] 지식은 그 자체의 목표를 성취하는 데 '불 피우기' 등 인생단계에서의 행위들을 필요로 하지 않는다. 이와 같이 실로 극단적으로 필요로 하지 않는다고 귀결되는 경우에, [수뜨라 저자는] 이렇게 말한다. "또한 … 모든 … 필요로 한다 …."

60_ <수뜨라 3.4.25>의 앞부분이다. '지식이 인간의 목표에 대한 수단이기 때문에'라는 뜻이다.

[후론]: 또한 지식은 인생단계에서의 모든 행위들을 필요로 한다. 결코 극단적으로 필요로 하지 않지는 않는다.

[반박]: 지식이 인생단계에서의 행위들을 필요로 하고 또 필요로 하지 않는다는 그 진술은 모순적이지 않는가?

[후론]: 아니라고 우리는 말한다. 왜냐하면 지식은 [이미] 발생한 경우에 그 결과의 성취와 관련하여 다른 어떤 것을 필요로 하지 않지만 그 [자체의] 발생과 관련하여 다른 어떤 것을 필요로 하기 때문이다.

어떤 근거에서? 제의 등에 대한 계시 때문이다. 그러한 증거로서, 계시서는 "이러한 그것을 브라흐마나들은 베다 암송을 통해 제의를 통해 자선(보시)을 통해 고행을 통해 단식을 통해 알고자 합니다."〈브리 4.4.22〉라며 제의 등을 지식의 성취수단인 것으로 보여준다. 그리고 이것들(제의 등)은 '알고자 함'과 연계됨으로 말미암아 그 [지식의] 발생에 성취수단인 것이라고 이해된다.[61] 또한 "이제 '제의'라고 부르는 것은 실로 금욕(학습)이다."〈찬도 8.5.1〉라는 곳에서는 지식의 성취수단인 것인 금욕(학습)이 제의 등과 어울림으로 말미암아[62] 실로 제의 등마저 성취수단인 것이라고 암시된다. 게다가 "모든 베다들이 전하는 것이고, 모든 고행들에서 언급하는 것이며, 금욕(학습)을 행하는 자들이 원하는 것인 그 말(경지)을 그대에게 간략히 알리노니, '옴'이라는 그것이다."〈까타 2.15〉라고 이렇게 운운하는 계시는 인생단계에서의 행위들이 지식의 성취수단인 것이라고 암시한다. 더욱이 전승서는 "행위(의례)들은 부정(不淨)함을 일소하지만, 지식은 궁극적인 목적지이다.

61_ <브리 4.4.22>에서 '알고자 합니다'라는 것은 아직 지식이 발생하지 않았다는 점을 암시한다. 따라서 그 '알고자 함'의 수단으로 제시되는 제의 등은 지식의 발생을 위한 성취수단이라고 이해된다.

62_ '제의 등과 어울림으로 말미암아(saṃstavāt)'라는 표현은 '제의 등에 의해 찬양됨으로 말미암아'라고 읽을 수도 있다.

부정함이 행위들을 통해 일소될 때에, 그로부터 지식이 작용한다."라고 이렇게 운운한다.

'말과 같다'라는 것은 적합성에 대한 예시이다.[63] 실로 예컨대, 적합성에 힘입어 말이 쟁기를 끄는 데 사용되지 않지만 마차를 모는 데 사용되듯이, 마찬가지로 인생단계에서의 행위들은 지식이 결과를 성취하는 데 필요하지 않지만 [지식이] 발생하는 데 필요하다.‖26‖

27. 하지만, [만약 명령이 없기 때문에 제의 등은 지식의 성취수단이 아니라고 한다면], 그럼에도 [지식을 열망하는 자는] 마음억제, 감각철회 등을 갖추어야 한다; 그것들(마음억제 등)**이 그것**(지식)**에 보조적인 것으로 명령되기 때문이고, 그것들**(명령된 것들)**은 반드시 실행되어야만 하기 때문이다.**

śamadamādyupetaḥ syāt tathāpi tu tadvidhes tadaṅgatayā teṣām avaśyānuṣṭheyatvāt ‖27‖

아마 누군가는 생각할지도 모른다. 제의 등이 지식의 성취수단인 것은 정당하지 않다. 명령이 없기 때문이다. 실로 "제의를 통해 … 알고자 합니다."〈브리 4.4.22〉라는 이러한 유형의 계시는 그 자체가 반복진술로서 지식의 찬미를 의도할 뿐 제의 등에 대한 명령을 의도하지 않는다. 그들이 제의 등을 통해 얻고자 원하는 그 지식은 이와 같이 영광스럽도다!

하지만 그럼에도 지식을 열망하는 자는 마음억제, 감각철회 등을 갖추어야 한다. "따라서 이와 같이 아는 자는, 평온하고 잠잠하고[64] 냉정

63_ 수뜨라에서 '말과 같다'라고 언급하는 것은, 말의 예시를 통해 행위가 무엇에 대해 적합성(yogyatā)을 가지는지 보여주기 위해서이다.

64_ '평온하고 잠잠하고'의 원어는 각각 'śānta'와 'dānta'이다. 그리고 이는 각각

하고 인내하고 집중하게 된 채로 아뜨만 자체에서 아뜨만을 봅니다."〈브리 4.4.23〉에서 마음억제(평온함), 감각철회(잠잠함) 등이 지식의 성취수단인 것으로 명령되기 때문이고, 또 명령된 것들은 반드시 실행되어야만 하기 때문이다.

[반박]: 그곳에서마저, 마음억제 등을 갖추게 된 채로 '봅니다'라며, 직설법 현재가 관찰되지 않는가? 명령은 아니다.

[후론]: 아니라고 우리는 말한다. '따라서'로부터 논제에 대한 찬양이 파악됨으로 말미암아 [이 문장은] 명령이라고 알려지기 때문이다.[65] 또한 마드얀디나들은 [이 문장에서] '보아야 합니다'라며 실로 명백하게 명령을 가르친다.[66]

따라서 제의 등을 필요로 하지 않는 경우조차 마음억제 등을 필요로 해야만 한다. 물론 제의 등마저 필요로 해야만 한다. 실로 "제의 등에 대한 계시 때문이다."〈수뜨라 3.4.26〉

[반박]: '제의 등을 통해 알고자 합니다'라는 곳에서 명령이 관찰되지 않는다고 언급했지 않는가?

[후론]: 언급한 것은 사실이다. 하지만 그렇다고 할지라도 연계가 낯선 것이기 때문에 명령이 추정된다. 실로 '제의 등'과 '알고자 함'의 그 연계는 '되풀이해 말할 수 있는 익숙한 것'으로 등장하지 않는다.[67] 게

'śama'(마음억제)와 'dama'(감각철회)와 다르지 않다. 주석가는 <브리 4.4.23>에 대한 주석에서 'śama'를 외부기관의 제어로 간주하고 'dama'를 내부기관의 제어로 간주한다. 하지만 베단따의 일반적인 입장에서는 그와 반대로 'śama'를 마음의 억제로 간주하고 'dama'를 감각의 철회로 간주한다.

65_ <브리 4.4.23>의 '따라서'라는 말 자체를 통해 그 앞선 문장은 논제를 찬양한다고 파악된다. 결과적으로 '따라서'라는 문장 자체는 명령이어야 한다. 왜냐하면 명령인 문장이 없이는 찬양을 목적으로 하는 아르타바다인 문장이 성립 불가능하기 때문이다.

66_ 마드얀디나 이본에서는 'paśyati'(봅니다)라는 직설법 현재로 읽지 않고 'paśyet'(보아야 합니다)라는 원망법으로 읽는다.

다가 "따라서 뿌샨(태양)은 잘 갈아진 [공물의] 몫을 가진다. 왜냐하면 이빨이 없기 때문이다."라고 이렇게 운운하는 '명령이 계시되지 않는 문장들'에 대해서마저 낯섦으로 말미암아 명령을 추정함으로써, '제1의 지식체계'(미맘사)에서는 "뿌샨과 관계하는 [공물] 갈기는, [다르샤뿌르나마사의] 변형적 제의와 관계한다고 이해해야 한다."〈미맘사-수 3.3.34〉라는 등의 검토를 행했다.[68] 또한 그와 같이 "오히려 [다르마를 구분하는 등의 성언들은 다른 인생단계에 대한 지시가 아니라] 명령이다; '붙잡는 것'에서와 같다."〈수뜨라 3.4.20〉라고 언급했다. 더욱이 『바가바드 기따』 등의 전승서들에서도 결과를 목표로 삼지 않은 채 실행된 제의 등은 해탈을 욕구하는 자에게 지식의 성취수단이 된다고 상술했다.

그러므로 인생단계에 따르는 제의 등과 마음억제, 감각철회 등은 즉 인생단계에서의 바로 그 모든 행위들은 지식이 발생하는 데 필요해야만 한다. 그중에서도 마음억제 등은 "이와 같이 아는 자는"이라며 지식과 연계됨으로 말미암아 가까운 '지식의 성취수단'이지만, 제의 등은 '알고자 함'과 연계됨으로 말미암아 보다 외적인 '지식의 성취수단'이므

67_ "이러한 그것을 브라흐마나들은 베다 암송을 통해 제의를 통해 자선(보시)을 통해 고행을 통해 단식을 통해 알고자 합니다."<브리 4.4.22>에서 '제의 등'과 '알고자 함'의 그 연계(saṃyoga)는 다른 계시로부터 알려지지 않는다. 따라서 그 연계는 익숙하지 않은 것으로 즉 새로운 것 또는 낯선 것으로 나타난다. '익숙한 것'(pūrva)이란 되풀이해 말할 수 있는 것 즉 반복진술(아르타바다)의 대상이 되는 것이다.

68_ "따라서 뿌샨(태양)은 잘 갈아진 [공물의] 몫을 가진다. 왜냐하면 이빨이 없기 때문이다."라는 문장들은 다르샤뿌르나마사 제의와 관계한다. 그런데 이 문장들은 그 자체로 명령이라고 보기 어렵다. 왜냐하면 다르샤뿌르나마사 제의에서 뿌샨은 공물의 몫을 가지지 않기 때문이다. 하지만 이 문장들은 낯선 것임으로 말미암아 명령이라고 볼 수 있다. <미맘사-수 3.3.34>에 따라, 뿌샨에게 잘 갈아진 공물을 바치는 것은 다르샤뿌르나마사의 원형적 제의가 아니라 변형적 제의에서 실행된다고 이해할 수 있기 때문이다.

로, [각각] 분별해야만 한다.[69]‖27‖

{ 7. '모든 음식이 허용됨'이라는 주제: 수뜨라 28-31 }

28. [모든 음식을 허용하는 것은 지식에 보조적이라고 명령되지 않는다]; 실로 생기(생명)가 위태로울 때 모든 음식이 허용된다; [계시서가] 그렇게 보여주기 때문이다.

sarvānnānumatiś ca prāṇātyaye taddarśanāt ‖28‖

찬도가들의 '생기들의 대화'에서는 "정녕 이와 같이 아는 자에게는 음식이 아닌 것이 아무것도 없게 된다."〈찬도 5.2.1〉라고 계시된다. 또한 바자사네인들은 "… [아는] 자는, 실로 음식이 아닌 것을 먹게 되지 않는다. 음식이 아닌 것을 받게 되지 않는다."〈브리 6.1.14〉라고 한다. 그에게는 모든 것이 실로 먹을 수 있는 것이 된다는 뜻이다.

모든 음식을 이렇게 허용하는 것은, 마음억제 등처럼 지식에 보조적이라고 명령되는지 아니면 찬양을 목적으로 언급되는지 의문이 생긴다.

[전론]: 먼저 명령이라고 귀결된다. 왜냐하면 그렇게 특정한 행동(경향)을 야기하는 가르침이기 때문이다.[70] 결국 [음식에 대한] 원칙을 그렇게 파기하는 것은, '쁘라나(생기)의 명상적 지식'과 근접함으로 말미

69_ '가까운'(pratyāsanna)이란 '더 직접적인, 보다 내적인' 등의 의미이고, '보다 외적인'(bāhyatara)이란 '더 간접적인, 더 먼' 등의 의미이다.

70_ 계시된 바대로 모든 음식을 허용하는 것은 특정한(특이한) 행동을 야기하는 가르침이기 때문에 낯선 것이고, 낯선 것이기 때문에 명령이다.

암아 그것(지식)에 보조적인 것으로서 가르쳐진다.

[반박]: 그와 같을 경우에 먹을 수 있는 것과 먹을 수 없는 것을 구분하는 성전이[71] 훼손되지 않겠는가?

[전론]: 그러한 결함은 없다. 일반(원칙)과 특수(예외)의 관계를 통해 [원칙이] 지양되는 것은 합당하기 때문이다. 예컨대 생명체에 대한 살생(殺生)의 금지는 [제의에서] 짐승 살생에 대한 명령에 의해 지양된다. 또한 예컨대 "그는 그 누구(여인)도 물리치지 말아야 한다. 그것은 서약이다."〈찬도 2.13.2〉라며 '바마데브야의 명상적 지식(특수)과 관계하고 모든 여성을 물리치지 않는 그러한 진술'에 의해 '일반(원칙)과 관계하고 성교할 수 있거나 성교할 수 없는 [여성을] 구분하는 성전'이 지양된다. 마찬가지로 '쁘라나의 명상적 지식과 관계하고 모든 음식을 먹는 것에 대한 바로 그러한 진술'에 의해 '먹을 수 있거나 먹을 수 없는 것을 구분하는 성전'이 지양될 것이다.[72]

이와 같은 귀결에서 우리는 말한다.

[후론]: 모든 음식을 이렇게 허용하는 것은 명령되지 않는다. 실로 이곳에서는 명령을 내리는 말이 찾아지지 않는다. "정녕 이와 같이 아는 자에게는 음식이 아닌 것이 아무것도 없게 된다."라는 직설법 현재 때문이다.[73] 게다가 명령이 인지되지 않는 바로 그 경우에, '특정한 행동(경향)을 야기하는 것'에 대한 [개인적인] 열망 자체를 통해 명령이 용인될 수는 없다.

더 나아가 개 등에 이르는 것이[74] 생기의 음식이라고 말한 뒤에 '이

71_ 성전이=음식에 대한 성전의 원칙이.

72_ 이러한 여러 경우에서 지양이란 수정이나 조정을 의미한다.

73_ 인용문에서 사용된 동사는 'bhavati'(된다) 하나뿐이고, 이 동사는 직설법 현재이다.

74_ <찬도 5.2.1>에서는 개와 새를 언급한다.

와 같이 아는 자에게는 음식이 아닌 것이 아무것도 없게 된다'라는 것을 말한다. 실로 인간의 육체를 통해 개 등에 이르는 음식을 먹을 수는 없다. 하지만 이 모든 것이 생기의 음식이라고 생각할 수는 있다. 따라서 이 [계시는] 생기의 음식에 대한 지식을 찬양하기 위한 아르타바다일 뿐 모든 음식을 허용하는 명령은 아니다.

[수뜨라 저자는] 이를 "실로 생기(생명)가 위태로울 때 모든 음식이 허용된다."라고 보여준다. 말한 바는 이러하다: 실로 생기가 위태로운 바로 그때에 즉 엄청난 재난(위기)에서, 모든 음식이 먹을 수 있는 것으로 허용된다.

그렇게 보여주기 때문이다. 그러한 증거로서, 계시서는 "꾸루 지방이 우박으로 황폐해진 때에"〈찬도 1.10.1〉라는 그 브라흐마나에서, 가혹한 조건에서 '먹을 수 없는 것'을 먹을 때에 성자 짜끄라야나가 한 행동(경향)을 보여준다. 실로 [굶주림의] 재앙에 빠진 성자 짜끄라야나는 코끼리꾼이 반쯤 먹은 죽을 [얻어] 먹었다. 하지만 남겨진 것이라는 결함 때문에 그의 식수(食水)를 거부했다. 그리고 이에 대하여 "정녕 이것을 먹지 않았다면 나는 살 수 없었을 것이오."〈찬도 1.10.4〉라고, 또 "마시는 물은 나의 욕망이오."[75]〈찬도 1.10.4〉라고 그 이유를 말했다. 심지어 또다시 다음날에 자신과 타인에 의해 남겨진 바로 그 신선하지 않은 죽을 먹어버렸다.

이 경우에 계시서는 '[코끼리꾼에 의해] 남겨진 [죽'과 '자신에 의해] 남겨진 신선하지 않은 [죽]'을 먹는 것을 보여주는데 그 탁월한 의도는 이러하다고 이해된다. 생기의 위태로움이 수반될 때는 생기의 보존을 위해 먹을 수 없는 것조차 먹어야만 한다. 하지만 편안한 조건에서는 심지어 지식을 가진 자도 그것을 행해서는 안 된다고, 식수를 거부하

75_ 마시는 물은 나의 욕망이오=마시는 물은 내 마음이 내킬 때 마셔도 된다오.

는 것을 통해 알려진다.

그러므로 “정녕 이와 같이 아는 자에게는 … 없게 [된다].”라고 이렇게 운운하는 것은 아르타바다이다.‖28‖

29. **또한 [이와 같을 경우에 먹을 수 있는 것과 먹을 수 없는 것을 구분하는 성전이] 지양되지 않기 때문에, [모든 음식을 허용하는 것은 명령이 아니다].**

abādhāc ca ‖29‖

또한 이와 같을 경우에 “음식이 청정하면 마음이 청정하다.”〈찬도 7.26.2〉라고 이렇게 운운하며 먹을 수 있는 것과 먹을 수 없는 것을 구분하는 성전이 지양되지 않을 것이다.‖29‖

30. **더 나아가 [재앙에서는 모든 음식을 먹는 것이] 전승되기 [때문에, 모든 음식을 허용하는 것은 명령이 아니다].**

api ca smaryate ‖30‖

더 나아가 재앙에서는 지식이 있는 자이든 지식이 없는 자이든 한결같이 모든 음식을 먹는 것마저 전승된다. “물에 의해 연꽃 이파리가 더럽혀지지 않듯이, 생명의 위태로움을 겪을 때에 음식을 먹은 자는 그 무엇으로부터 [음식을 구했든지] 죄악에 의해 더럽혀지지 않는다.”에서이다.

또한 그와 같이 “브라흐마나는 언제나 술을 [피해야 한다].”, “그들은 음주하는 브라흐마나의 [목구멍에] 뜨거운 [술을] 부어야 한다.”, “먹을 수 없는 것을 먹기 때문에 음주하는 자들은 벌레가 된다.”[76]에서는 부적합한 음식을 삼가는 것이 전승된다.‖30‖

31. 따라서 또한 욕망대로 하지 않는 것에 대한 성언이 [계시되기 때문에, 모든 음식을 허용하는 것은 아르타바다일 뿐 명령이 아니다].
śabdaś cāto 'kāmakāre ‖31‖

또한 까타까(까타)들의 상히따에서는 부적합한 음식을 금지하고 욕망대로 하는 것의 중지를 목적으로 하는 성언이 계시된다. "따라서 브라흐마나는 술을 마시지 말아야 한다."에서이다. 이는 또한, "정녕 이와 같이 아는 자에게는 … 없게 [된다]."〈찬도 5.2.1〉라는 것이 아르타바다임으로 말미암아, 더 합당하게 된다.

그러므로 이러한 유형의 [계시들은] 아르타바다일 뿐 명령이 아니다.‖31‖

{ 8. '인생단계에서의 행위들'이라는 주제: 수뜨라 32-35 }

32. 또한 다만 [해탈을 욕구하지 않은 채 단순히 인생단계에 종사하는 자도] 인생단계에서의 [상시적인] 행위들을 [행해야만 한다]; 명령되기 때문이다.
vihitatvāc cāśramakarmāpi ‖32‖

"또한 [지식은 인생단계에서의] 모든 [행위들을] 필요로 한다 …."〈수뜨라 3.4.26〉라는 곳에서 인생단계에서의 행위들은 지식의 성취수단

76_ 이 마지막 문장은 "먹을 수 없는 것을 먹기 때문에 음주하는 자들의 [입에는 술을 먹은] 벌레들이 생긴다."라는 식으로 읽을 수 있다.

이라고 확정했다. 한편 이제는, 다만 해탈을 욕구하지 않은 채 단순히 인생단계에 종사하는 자가, 지식을 욕망하지 않으면서 그것(행위)들을 실행해야만 하는지 아니라면 실행하지 않아야만 하는지 논의한다.

[전론]: 이 경우에, "이러한 그것을 브라흐마나들은 베다 암송을 통해 [제의를 통해 자선(보시)을 통해 고행을 통해 단식을 통해] 알고자 합니다."〈브리 4.4.22〉라는 등에서 인생단계에서의 행위들이 지식의 성취수단으로 명령되기 때문에, 지식을 원하지 않는 자가 다른 결과를 욕망하면서 상시적인 [행위들을] 실행해서는 안 된다. 만약 바로 그가[77] [상시적인 행위들을] 실행해야만 한다면, 그 경우 그것들은 지식의 성취수단이 아니다. 상시적인 연계와 상시적이지 않은 연계는 모순되기 때문이다.[78]

이렇게 귀결되는 경우에 [수뜨라 저자는] 언급한다.

[후론]: 다만 해탈을 욕구하지 않은 채 단순히 인생단계에 종사하는 자도 상시적인 행위들을 분명 행해야만 한다. "그는 살아 있는 동안 아그니호뜨라를 실행한다."라는 등을 통해 명령되기 때문이다. 실로 [이러한] 글귀에 대해서는 그 어떤 과다한 부담도 지울 수 없다.[79]‖32‖

이제 그와 같을 경우에 그것들이 지식의 성취수단일 수 없다고 주장한 것에 관해서, 답변을 한다.

77_ 바로 그가=지식을 원하지 않는 자가 즉 해탈이 아닌 다른 결과를 욕망하는 자가.

78_ 인생단계에서의 행위들은 '상시적인 연계'(nitya-saṃyoga)를 이루면서 그와 동시에 '상시적이지 않은 연계'(anitya-saṃyoga)를 이룰 수 없다. 즉 그 행위들이 누군가에 의해 상시적인 것으로 실행된다면, 바로 그 행위들은 상시적이지 않은 것인 '지식의 성취수단'이 될 수 없다.

79_ 행위를 명령하는 문장은 그저 행위를 명령하는 문장일 뿐이다. 이 문장을 지식의 성취수단과 관련시켜 해석하는 식으로 이 문장에 '과다한 부담'(atibhāra)을 지울 수는 없다.

33. 또한 [인생단계에서의 행위들은 지식에] 협조적인 것으로 [명령된다].

sahakāritvena ca ‖33‖

또한 그것(행위)들은 지식에 협조적인 것이어야 한다. "이러한 그것을 브라흐마나들은 베다 암송을 통해 [제의를 통해 자선(보시)을 통해 고행을 통해 단식을 통해] 알고자 합니다."〈브리 4.4.22〉라는 등을 통해 분명 명령되기 때문이다. 이는 "또한 [지식은 인생단계에서의] 모든 [행위들을] 필요로 한다; [행위들은 지식이 결과를 성취하는 데 필요하지 않지만 지식이 발생하는 데 필요하다]; 제의 등에 대한 계시 때문이다; 말(馬)과 같다."〈수뜨라 3.4.26〉에서 언급했다.

하지만 인생단계에서의 행위들이 지식에 협조적인 것이라는 그 [계시서의] 글귀가 '쁘라야자' 등처럼 지식의 결과와 관계한다고 생각해서는 안 된다.[80] 지식은 명령을 특징으로 하지 않기 때문이다. 또한 지식의 결과는 성취대상이 아니기 때문이다. 실로 명령을 특징으로 하는 성취수단인 다르샤뿌르나마사 등은 천국이라는 결과를 성취하고자 하는 것으로서 협조적인 다른 성취수단을 필요로 한다. 지식은 그와 다르다. 이와 같은 연관에서 "또한 바로 이로부터 [즉 지식이 인간의 목표에 대한 수단이기 때문에, 지식은 목표를 성취하는 데] '불 피우기' 등 [인생단계에서의 행위들을] 필요로 하지 않는다."〈수뜨라 3.4.25〉라고 언급했다. 따라서 그것(행위)들에 대해 '협조적인 것'이라는 말을 사용하는 것은, 오직 '[지식이] 발생하는 데 성취수단인 것'이라는 [의미

80_ 쁘라야자는 주된 제의인 다르샤뿌르나마사에 협조적인 것으로서 다르샤뿌르나마사가 결과를 낳는 데 도움을 준다. 이와 마찬가지로 행위들도 지식에 협조적인 것으로서 지식이 결과(해탈)를 낳는 데 도움을 준다. 하지만 이와 같이 생각해서는 안 된다.

에서이다].

게다가 이 경우에는 상시적인 연계와 상시적이지 않은 연계가 모순된다고 의문시해서는 안 된다. 비록 행위가 상이하지 않을지라도 연계는 상이하기 때문이다. 실로 "[그는] 살아 있는 동안 [아그니호뜨라를 실행한다]."라는 등의 문장에서 이루어진 하나의 연계는 상시적이고, 이것은 지식을 결과로 낳지 않는다. 반면에 "이러한 그것을 [브라흐마나들은] 베다 암송을 통해"라는 등의 문장에서 이루어진 다른 연계는 상시적이지 않고, 이것은 지식을 결과로 낳는다.[81] 예컨대 비록 '카디라 나무로 된 것'이 동일할지라도 상시적으로 연계됨으로써 제의를 목적으로 하고 비(非)상시적으로 연계됨으로써 인간을 목적으로 하듯이,[82] 그와 마찬가지이다.‖33‖

34. [아그니호뜨라 등의] 바로 이러한 [다르마들은] 어느 경우이든지 간에 [즉 인생단계에서의 행위이든지 지식에 협조적인 것이든지 실행되어야만 한다]; [이러한 행위들은 행위편의 행위들과 상이하지 않다]; 두 가지의 표징 [즉 계시서의 표징과 전승서의 표징] 때문이다.

81_ 인용된 두 문장은 모두 인생단계에서의 행위를 명령하므로 행위는 상이하지 않고 동일하다고 할 수 있다. 그럼에도 앞의 것은 상시적인 연계이고 뒤의 것은 상시적이지 않은 연계이다. '아그니호뜨라의 실행'은 상시적이지만 '어떤 것을 알기 위한 베다 암송 등'은 상시적이지 않기 때문이다. 따라서 동일한 인생단계에서의 행위들은 상시적인 연계를 통해 실행되는 것인 동시에 비(非)상시적으로 지식의 성취수단일 수 있다.

82_ 카디라(khadira)라는 나무는 빌바(bilva) 나무, 빨라샤 나무 등과 함께 제의에서 사용되는 말뚝 등의 재료이다. 따라서 '카디라 나무로 된 것'(khādiratva)은 제의 자체와 관련해서 상시적으로 연계된다. 그런데 제의 고용주가 특별히 용맹함을 얻고 싶을 때에는 반드시 카디라 나무로 된 말뚝을 사용해야 한다. 이 경우에 동일한 '카디라 나무로 된 것'은 인간(제의 고용주)과 관련해서 비(非)상시적으로 연계된다.

sarvathāpi ta evobhayaliṅgāt ‖34‖

아그니호뜨라 등의 바로 이러한 다르마들은 어느 경우이든지 간에 즉 인생단계에서의 행위라는 견지에서든 또 지식에 협조적인 것이라는 견지에서든 실행되어야만 한다.

[전론]: 대스승은 '바로 이러한'이라고 강조(확정)함으로써 무엇을 물리치는가?

[후론]: 행위들의 상이함에 대한 의심을 [물리친다고] 우리는 말한다.[83] 예컨대 '꾼다빠인들의 아야나'와 관계하여 "그는 한 달 동안 아그니호뜨라를 실행한다."라는 곳에서 상시적인(통상적인) 아그니호뜨라와는 다른 행위(의례)를 가르치는 것과 달리,[84] 이 경우에는 행위들의 상이함이 없다는 것이 [수뜨라의] 뜻이다.

어떤 근거에서? 두 가지의 표징 때문이다. 즉 계시서의 표징 때문이고, 또 전승서의 표징 때문이다. 먼저 계시서의 표징이다. "이러한 그것을 브라흐마나들은 베다 암송을 통해 [제의를 통해 자선(보시)을 통해 고행을 통해 단식을 통해] 알고자 합니다."〈브리 4.4.22〉에서는, 오직 확립된 것으로서 [이미] 생성된[85] 형태인 제의 등을 ['그것'을] 알고자 하는 데에 적용할 뿐, "그는 [한 달 동안 아그니호뜨라를] 실행한다."라는 등과 같이 그것들(제의 등)의 낯선(새로운) 형태를 산출하지 않는다.

83_ 수뜨라 저자가 '바로 이러한 [다르마들은]'이라고 강조하는 이유는 무엇일까? 그는 이 강조를 통해서, '우빠니샤드(지식편)에 등장하면서 지식에 협조적인 것으로 간주되는 이러한 행위들'이 '베다의 행위편에서 명령되는 행위들'과 서로 다르다는 그러한 의심을 물리치고자 한다.

84_ <주석 3.3.41> 참조.

85_ 확립된 것(siddhavat)=잘 알려져 있는 것. [이미] 생성된(utpanna)=명령으로 이미 생성된 채 존재하고 있는. 'utpanna'를 '인용된'이라고 읽는다면 '다른 곳에서 이미 명령되었다가 이곳에서 언급된'이라는 의미이다.

그리고 전승서의 표징이다. “행위의 결과에 의지하지 않은 채로 ‘행해야만 하는 행위’를 행하는 자는”〈기따 6.1〉에서는 오직 행해야만 하는 것으로서 [이미] 알려진 행위가 지식의 발생을 목적으로 한다는 것을 보여준다. 또한 “마흔여덟의 그러한 정화의식들을 행한 자는”이라는 등의 전승에서는, 정화의식이라는 것이 베다의 의례(행위)들에서 [이미] 잘 알려져 있고 [바로] 그것(정화의식)을 통해 정화된 자에게서 지식이 발생한다는 것을 의도한다.

그러므로 [행위들이] 상이하지 않음을 이렇게 확정하는 것은 온당하다.‖34‖

35. 또한 [계시서는 금욕(학습) 등의 성취수단을 갖춘 자가 번뇌들에] 예속되지 않는 것을 보여준다; [따라서 제의 등은 인생단계에서의 행위들이자 지식에 협조적인 것이다].

anabhibhavaṃ ca darśayati ‖35‖

표징을 이렇게 보여주는 것은 [행위들이 지식에] 협조적이라는 바로 그것을 강화한다.[86] 또한 계시서는 “왜냐하면 금욕(학습)을 통해 찾은 그 아뜨만은 소멸되지 않기 때문이다.”〈찬도 8.5.3〉라는 등을 통해 금욕(학습) 등의 성취수단을 갖춘 자가 애욕 등의 번뇌들에 예속되지 않는 것을 보여준다.

그러므로 제의 등은 인생단계에서의 행위들이고 또 지식에 협조적인 것이라고 확립된다.[87]‖35‖

86_ <수뜨라 3.4.34>와 <주석 3.4.34>에서 제시된 표징들은 성전의 행위들이 상이하지 않다는 점을 알려줄 뿐만 아니라 행위들이 지식에 협조적이라는 점을 강화하기도 한다. 그래서 <수뜨라 3.4.35>에서는 또 다른 표징을 제시함으로써 행위들이 지식에 협조적이라는 점을 더욱 강화하고자 한다.

{ 9. '홀아비'라는 주제: 수뜨라 36-39 }

36. 하지만, [만약 인생단계의 중간지대에 머무는 자가 지식에 관해 자격을 가지지 않는다고 한다면], 심지어 사이에 놓인 자마저 [지식에 관해 자격이 있다]; [계시서에서] 그렇게 알려지기 때문이다.
antarā cāpi tu taddṛṣṭeḥ ‖36‖

재산 등의 풍요함이 없음으로써 어느 하나의 인생단계를 취하지 못한 채 중간지대에 머무는 홀아비 등은 지식에 관해 자격을 가지는지 또는 가지지 않는지 의문이 생긴다.

[전론]: 먼저 [자격을] 가지지 않는다고 귀결된다. 인생단계에서의 행위들이 지식의 성취수단으로 확정되기 때문이고, 또 그들에게는 인생단계에서의 행위들이 가능하지 않기 때문이다.

이와 같은 귀결에서 이렇게 말한다.

[후론]: 하지만 심지어 사이에 놓인 자마저, 비록 인생단계에 속하지 않는 자로 머물지라도, 지식에 관해 자격이 있다.

어떤 근거에서? 그렇게 알려지기 때문이다. 라이끄바, 바짜끄나비 등 그러한 연관을 가지는 자들마저 브라흐만을 안다고 계시서에서 알려지기 때문이다.[88]‖36‖

87_ * Samata에 '확립된다'(sthitam)라는 표현이 등장하는 것과 달리, Nirnaya에는 '확정된다'(niścitam)라는 표현이 등장한다.

88_ 라이끄바(Raikva)는 <찬도 4.1-3>에 등장하고, 바짜끄나비(Vācaknavī)는 <브리 3.6.1>에 등장한다. 전자는 '손수레와 함께하는 라이끄바'로 불리고 거지 행색을 하고 있다. 후자는 바짜끄누(Vācaknu)의 딸이다.

37. 더 나아가 [이띠하사(서사집)에서] 전승되기 [때문에, 사이에 놓인 자도 지식에 관해 자격을 가진다].

api ca smaryate ‖37‖

또한 이띠하사(서사집)에서는 상바르따 등이 나체 수행 등과 연관되어 인생단계에서의 행위들을 무시했음에도 위대한 요가 수행자가 되었다고 전승된다.‖37‖

[전론]: 계시서와 전승서의 언급이라고 제시되는 이것들은 표징이지 않는가?

실로 무엇으로 귀결되는가?

그것에 대해 말한다.

38. 또한, [만약 계시서와 전승서의 언급이 표징이라고 한다면, 홀아비 등의 그들에게도] 특별한 [다르마들을 통해 지식의] 호의가 [가능하다]; [따라서 홀아비 등마저 자격을 가진다].

viśeṣānugrahaś ca ‖38‖

[후론]: 또한 심지어 홀아비 등의 그들에게도, 상충되지 않고 단지 인간과 관계하는[89] '음송(吟誦), 금식, 신격 숭배 등의 특별한 다르마들'을 통해, 지식의 호의가 가능하다.[90] 또한 그와 같이 전승서는 "실로 브라흐마나는 단지 음송을 통해 성취할 수 있다. 이에 대해서는 의심의 [여지가] 없다. 다른 것을 행하든 행하지 않든, 친절한 자가 브라흐마나로

89_ 상충되지 않고=인생단계에 속하지 않는 자로 살아가는 것과 상충되지 않고. 단지 인간과 관계하는=인생단계와 상관없이 인간이라면 누구나가 행할 수 있는.

90_ 지식의 호의가 가능하다=지식에 관해 자격이 가능하다.

불린다."〈마누 2.87〉라며, 심지어 인생단계에서의 행위들이 가능하지 않는 자가 음송에 관한 자격을 가진다는 것을 보여준다.

게다가 심지어 전생에서 실행된 인생단계에서의 행위들을 통해서도 지식의 호의가 분명 가능하다. 또한 그와 같이 전승서는 "무수한 생애를 통해 완성을 얻은 자입니다. 그곳으로부터 그는 지고한 목적지로 나아갑니다."〈기따 6.45〉라며, 심지어 전생에서 축적된 특별한 잠재인상들이 지식에 관해 호의적인 것이라고 보여준다.

더욱이 가시적인 목적을 가지는 지식은, 단순히 금지되지 않는다는 것을 통해서도, [그것을] 열망하는 자에게 듣기 등과 관계하여 자격을 준다.[91]

그러므로 홀아비 등마저 자격을 가지는 것은 모순되지 않는다.‖38‖

39. 하지만 이것보다는 [즉 중간지대에 머무는 것보다는] 다른 것이 [즉 인생단계에 머무는 것이, 지식의 성취수단으로] 더 낫다; 또한 [계시서와 전승서의] 표징 때문이다.

atas tv itaraj jyāyo liṅgāc ca ‖39‖

하지만 이것보다는 즉 중간지대에 머무는 것보다는, 다른 것이 즉 인생단계에 머무는 것이, 지식의 성취수단으로 더 낫다.

또한 계시서의 표징 때문이다. "그것을 통해, 브라흐만을 알고 공덕을 행하고 빛을 가진 자가 가리라."〈브리 4.4.9〉라고 한다. 그리고 "재생자(再生者)는 인생단계에 속하지 않은 채로 단 하루라도 지내지 않아

91_ 지식은 무지의 파기라는 '가시적인 목적'(dṛṣṭa-artha)을 가진다. 그런데 이 지식을 얻는 데는 그 어떤 금지의 명령도 없다. 바로 그렇기 때문에, 지식을 열망하는 자는 누구라도 듣기, 숙고하기, 명상하기와 관계하여 자격을 가질 수 있다.

야 한다. 인생단계에 속하지 않은 채로 한 해를 지낸다면, 끄릿츠라[92] 를 한 번 행해야 한다."라는 전승서의 표징 때문이다.‖39‖

{ 10. '그렇게 됨'이라는 주제: 수뜨라 40 }

40. 하지만 그렇게 된 자가 [즉 성교를 삼가는 상태로 나아간 자가] 그렇지 않게 되지는 않는다 [즉 그로부터 퇴락할 수는 없다]; 원칙, 그러한(하강하는) 형태가 [알려지지] 않음, [교양 있는 것으로] 존재하지 않음 때문이다; 자이미니도 또한 [이와 같다].

tadbhūtasya tu nātadbhāvo jaiminer api niyamātadrūpābhāvebhyaḥ ‖40‖

성교를 삼가는 인생단계들이 존재한다는 것을 확립했다. 한편 그것에 도달한 자가 어떤 이유에서든 그로부터 퇴락하는지 혹은 퇴락하지 않는지 의문이 생긴다.

[전론]: 이전의 다르마를[93] 잘 실행(준수)하려는 의지에 따라, 또는 애욕 등에 좌우되어, 다만 퇴락할 것이다. 차별점이 없기 때문이다.[94]

92_ 끄릿츠라(Kṛcchra)=금식, 하루 3번의 목욕, 철야기도 등의 속죄의식. 특히 금식과 관련된 끄릿츠라에서는, 12일 동안 첫 3일은 한 끼를 먹고, 그 다음 3일은 밤에만 먹고, 그 다음 3일은 요청하지 않음에도 누군가가 음식을 줄 때만 먹고, 마지막 3일은 아무것도 먹지 않는다. 매우 다양한 유형의 끄릿츠라가 *Dharma-śāstra*와 뿌라나에서 제시된다.

93_ '이전의 다르마를'이란 '퇴락하기 이전의 그 성교를 삼가는 인생단계에서 규정된 다르마를'이라는 의미일 것이다.

94_ 성교를 삼가는 인생단계에 있는 자라고 해서 퇴락하지 않을 만한 차별적인 이유가 없기 때문이다.

이와 같은 귀결에서 [수뜨라 저자는] 말한다.

[후론]: 하지만 그렇게 된 자가 즉 성교를 삼가는 상태로 나아간 자가, 어떤 이유에서라도, 그렇지 않게 되지는 않는다 즉 그로부터 퇴락할 수는 없다.

어떤 근거에서? 원칙, 그러한(하강하는) 형태가 [알려지지] 않음, [교양 있는 것으로] 존재하지 않음 때문이다. 그러한 예시로서, "스승의 거처에서 지극히 스스로를 혹사하면서"〈찬도 2.23.1〉, "삼림으로 들어가야 한다는 말이 있다. 다시는 그곳으로부터 돌아오지 않아야 한다는 것이 그 비밀스러운 가르침이다.", "스승의 승인을 얻은 그는, 육체가 자유로워질 때까지 네 인생단계 가운데 하나를 명령된 바대로 준수해야 한다."라는 이와 같은 유형의 원칙은 퇴락이 없다는 것을 보여준다. 또한 예컨대 "학습기를 끝마친 뒤에 가장이 되어야 합니다."〈자발 4〉, "학습기 그 자체로부터 출가해야 합니다."〈자발 4〉라는 등등과 같은 말들에서 상승하는 형태들이 알려지는 것과 달리 하강하는 형태들이 알려지지는 않는다.[95] 또한 그와 같은 행실은 교양 있는 것으로 존재하지 않는다.[96]

한편 이전의 다르마를 잘 실행하려는 의지에 따라 하강(퇴락)한다는 것은 사실이 아니다. "무가치한 자신의 다르마가 잘 실행된 타인의 다르마보다 더 우월합니다."〈기따 3.35〉라고 전승되기 때문이다. 또한 논리 때문이다. 실로 누군가의 다르마란 '누군가에 대해 명령된 것'일 뿐 '누군가에 의해 잘 실행될 수 있는 것'이 아니다. 다르마는 신성한 명령이라는 특징을 가지기 때문이다.[97] 그리고 애욕 등에 좌우되어 퇴

95_ 인생단계들 가운데 이후의 단계로 나아가는 것은 상승(āroha)으로 이전의 단계로 물러서는 것은 하강(pratyavaroha)으로 각각 표현된다.

96_ 성교를 삼가는 인생단계로부터 퇴락하는 그러한 행실(ācāra)은 '교양 있는 것'(śiṣṭa)으로 받아들여지지 않는다.

락하지는 않는다. 원칙에 대한 성전이 더 권위 있기 때문이다.[98]

'자이미니도 또한 [이와 같다]'에서 '또한'이라는 말을 통해, [수뜨라 저자는] 견해를 공고히 하기 위해, 자이미니와 바다라야나가 이에 대하여 [견해가] 일치한다는 것을 가르친다.‖40‖

{ 11. '자격'이라는 주제: 수뜨라 41-42 }

41. 또한 [서약을 어긴 나이슈티까에게는], 비록 자격을 다루는 곳에서 [속죄의식이 가능하다고 결론을 내릴지라도, 속죄의식이 가능하지] 않다; 추락을 [바로잡을 수 없다고] 추론(전승)됨으로 말미암아 그(나이슈티까)에게는 적용되지 않기 때문이다.

na cādhikārikam api patanānumānāt tadayogāt ‖41‖

만약 나이슈티까[99] 학인(學人)이 부주의로 말미암아 서약을 어긴다면, 그에게는 "서약을 어긴 학인은 니르리띠[100]에게 당나귀를 희생으로 바쳐야 한다."라는 그 속죄의식이 가능한가 아니면 가능하지 않는가?

[전론]: [가능하지] 않다고 말한다. 비록 [미맘사 수뜨라의] '자격의

97_ 다르마의 본령은 '잘 실행되어야만 하는 것'이라는 데 있다기보다 '자신에게 명령된 것'이라는 데 있다.

98_ 애욕 등에 지배되더라도, '퇴락이 불가능하다는 원칙'에 대한 성전을 반드시 따라야만 하므로, 퇴락하지 않는다.

99_ 나이슈티까(Naiṣṭhika)=평생 동안 스승의 곁에서 독신으로 남아 금욕과 학습과 섬김을 행해야 하는 학인.

100_ 니르리띠(Nirṛti)=<리그>에서는 죄를 인격화한 악령을 의미하고, 일반적으로는 남서 방향에 주재하는 신격으로 알려져 있다. 당나귀를 탈것으로 가진다. 학인이 금욕의 서약을 어겼을 때 그 속죄를 담당하는 신격으로 등장하기도 한다.

장'(6장)에서 "서약을 어긴 [학인은] 짐승을 그것(입문식)에서처럼 [희생으로 바쳐야 한다]; [학인의 경우에는 결혼식 이후의] 불 피우기(성교)가 무르익지 못한 시기이기 때문이다."〈미맘사-수 6.8.22〉라고 속죄의식에 대해 결론을 내릴지라도, 그 또한 나이슈티까에게는 적용될 수 없다.

무슨 까닭에서인가? "나이슈티까 다르마에 자리 잡았으나 또다시 [그것으로부터] 퇴락한 그가 [행하는] 속죄의식을, 자신을 죽인 그가 정화될 수 있게끔 하는 속죄의식을, 나는 보지 않는다."라며 추락을 바로잡을 수 없다고 전승되기 때문이다. 머리가 잘린 자와 같이 회복이 불가능하기 때문이다.

반면에 우빠꾸르바나[101]에게는 추락에 대해 그와 같은 전승이 없음으로 말미암아 그 속죄의식이 가능하다. ‖41‖

42. 그와 다르게 어떤 [대스승들은 서약을 어긴 것을] 가벼운 것(죄악)이라고 [생각한다]; 먹는 것과 같이 [나이슈티까에게도 속죄의식이] 적용된다고 [간주한다]; 이는 [미맘사 수뜨라에서] 언급되었다.
upapūrvam api tv eke bhāvam aśanavat tad uktam ‖42‖

[후론]: 그와 다르게 어떤 대스승들은 이것을 단지 가벼운 죄악이라고 생각한다. 나이슈티까가 '스승의 부인' 등을 제외하고 금욕(학습)의 [서약을] 부순 것은 중대한 죄악이 아니다. '스승의 부인을 범한 것' 등의 중대한 죄악들로 열거되지 않기 때문이다. 따라서 우빠꾸르바나처럼 나이슈티까에게조차 속죄의식이 적용된다고 그들은 간주한다. 학인이라는 것에 차이가 없기 때문이고, 또 서약을 어긴 것에 차이가 없

101_ 우빠꾸르바나(Upakurvāṇa)=12년 또는 12년 이내의 일정한 시기 동안 금욕과 학습을 행한 뒤에 가장이 되고자 하는 학인.

기 때문이다. 먹는 것과 같다. 예컨대 학인이 술·고기를 먹는 경우에 서약이 폐기되고 새로이 정화의식이 [적용되듯이, 이 경우에도] 마찬가지이다.

실로 속죄의식이 적용되지 않는다고 간주하는 자들에게는 근거(권위)가 알려지지 않는다. 반면에 적용된다고 간주하는 자들에게는 "서약을 어긴 학인은 [니르리띠에게 당나귀를 희생으로 바쳐야 한다]."라는 비(非)특정적 진술인 그 계시가 근거이다. 따라서 적용되는 것이 더 합리적이다.[102]

이는 [미맘사 수뜨라의] '지식수단의 장'(제1장)에서 언급되었다. "이견은 동등하게 [권위를 가질] 수 있다."〈미맘사-수 1.3.8〉, "실로 성전에서 확립된 [견해가 수용된다]; [다르마가] 그것(성전)에 입각하기 때문이다."〈미맘사-수 1.3.9〉에서이다.

한편 이와 같을 경우에 속죄의식이 적용되지 않는다는 전승서는 [나이슈티까에게 서약을 지키려는] 노력의 중요성을 불러일으키기 위해서라고 설명해야만 한다.

또한 탁발승과 은자에 대해서도 마찬가지이다. "은퇴자가 자체적 서약을 깬다면, 끄릿츠라를 12일 행한 뒤에 목초지(木草地)를 [응시함으로써 목초를] 자라게 해야 한다.", "[서약을 깬] 탁발승은 은퇴자처럼, 소마 재배를 제외하고, 자신이 [속한] 성전에 따라 정화의식을 [행해야 한다]."라고 이렇게 운운하는, 속죄의식에 대한 전승을 지속적으로 상기해야만 한다.‖42‖

102_ "서약을 어긴 학인은 니르리띠에게 당나귀를 희생으로 바쳐야 한다."라는 계시는 나이슈티까 학인에게만 적용되는 특정적 진술이 아니라 우빠꾸르바나를 포함하여 모든 학인에게 적용되는 비특정적 진술 즉 일반적 진술이다. 이 계시가 근거로 알려지는 이상, 양자 모두에게 속죄의식이 적용된다고 간주하는 입장이 더 합리적이다. 따라서 나이슈티까에게는 속죄의식이 적용된다.

{ 12. '밖으로'라는 주제: 수뜨라 43 }

43. 하지만 [성교를 삼가는 자들의 퇴락이 중대한 죄악이든지 가벼운 죄악이든지] 두 가지 경우 모두 밖으로 [쫓겨나야만 한다]; [극도의 비난이] 전승되기 때문이고, 또한 [교양인의] 행위규범 때문이다.
bahis tūbhayathāpi smṛter ācārāc ca ‖43‖

[후론]: 성교를 삼가는 자들이 자신의 인생단계들로부터 퇴락한 것이 아마도 중대한 죄악이든지 혹은 가벼운 죄악이든지, 두 가지 경우 모두 그들은 교양인들에 의해 밖으로 쫓겨나야만 한다.

"나이슈티까 다르마에 자리 잡았으나 또 다시 [그것으로부터] 퇴락한 그가 [행하는] 속죄의식을, 자신을 죽인 그가 정화될 수 있게끔 하는 속죄의식을, 나는 보지 않는다.", "자리 잡은 [인생단계로부터] 떨어졌거나 공동체로부터 쫓겨나왔거나 목매달았거나 [특정한] 벌레에 물린 브라흐마나와 접촉한 뒤에는, 짠드라야나[103] [속죄의식을] 행해야 한다."라고 이렇게 운운하며 극도의 비난이 전승되기 때문이다. 또한 교양인의 행위규범 때문이다. 실로 교양인들은 제의, 공부, 결혼 등을 그들과 함께 행하지 않는다.‖43‖

103_ 짠드라야나(Cāndrāyaṇa)=달이 기울고 차는 것에 따라 하루에 한입씩 음식을 줄이고 늘이는 금식의 일종.

{ 13. '제의 주인'이라는 주제: 수뜨라 44-46 }

44. [제의에 종속적인 계속적 명상들은] 제의 주인의 [행위라고] 아뜨레야는 [생각한다]; 결과에 대한 계시 때문이다.

svāminaḥ phalaśruter ity ātreyaḥ ‖44‖

[제의에] 종속적인 계속적 명상들과 관계하여 의문이 생긴다. 이것들은 제의 고용주의 행위인가 그렇지 않으면 사제의 행위인가?

실로 무엇으로 귀결되는가?

[아뜨레야]: 제의 고용주의 행위이다.

어떤 근거에서? 결과에 대한 계시 때문이다. 실로 "이와 같이 이것에 대해 지식을 가지면서, 다섯 종류의 사마를 비로 계속 명상하는 자를 위해, 실로 비가 내린다. 실로 그는 비를 내리게끔 한다."〈찬도 2.3.2〉라는 등의 결과가 계시된다. 그리고 그것(결과)이 제의 주인에게 가는 것은 정당하다. 그가 '[제의의] 구성요소(종속적인 것)와 함께 [제의의] 실행'에 관해 자격자(資格者)이기 때문이다. 또한 이러한 유형에서는 자격자가 자격을 가지기 때문이다.[104]

게다가 계속적 명상들의 결과가 행위주체와[105] 관계한다고 계시된다. "… 계속 명상하는 자를 위해 … 비가 내린다."라는 등에서이다.

[반박]: 사제마저 결과를 가진다고 알려지지 않는가? "자신을 위해 혹은 제의 고용주를 위해 욕망하는 그 무엇이든지 노래를 통해 얻는다."〈브리 1.3.28〉에서이다.

104_ 제의에 종속적인 계속적 명상의 결과와 관련해서는, 제의에 대해 자격을 가지는 자격자(adhikṛta)가 그 결과에 대해 자격을 가지기 때문이다.

105_ 행위주체와=명상자와 또는 제의 고용주(제의 주인)와.

[아뜨레야]: 아니다. 그것은 명시적인 언급이기 때문이다.[106]

그러므로 결과를 가지는 계속적 명상들에서 오직 제의 주인이 행위 주체라고 대스승 아뜨레야는 생각한다.‖44‖

45. [계속적 명상들은] 사제의 직무라고 아우둘로미는 [생각한다]; 왜냐하면 [제의 고용주가] 그러한 [행위를] 위해 [사제를] 고용하기 때문이다.

ārtvijyam ity auḍulomis tasmai hi parikrīyate ‖45‖

[후론]: 계속적 명상들이 제의 주인의 행위라는 것은 그렇지 않다. 이것들은 사제의 행위여야 한다고 대스승 아우둘로미는 생각한다.

무슨 까닭에서인가? 왜냐하면 제의 고용주가 '[제의의] 구성요소와 함께 [제의의] 그러한 행위'를 위해 사제를 고용하기 때문이다. 그리고 '우드기타' 등의 계속적 명상들은 그것을[107] 실행하는 데 포함된다. 자격자가 자격을 가지기 때문이다.[108] 따라서 우유 짜기 등에 대한 바로 그 규칙처럼 [계속적 명상들은] 사제들에 의해 실행되어야 한다.[109] 또한 그와 같이 "[이로써] 바까 달브야는 정녕 그것을 알게 되었다. 실로

106_ <브리 1.3.28>에서 사제가 결과를 가진다는 것은 '명시적인 언급'(vācanika)이기 때문이다. 즉 그곳에서는 계속적 명상의 결과가 일반적으로 제의 고용주에게 가는 것과 달리 예외적으로 사제 자신에게도 간다는 것을 명시적으로 언급하기 때문이다. 따라서 <브리 1.3.28>은 예외적인 진술에 지나지 않으므로 원칙은 그대로 존속된다.

107_ 그것을='[제의의] 구성요소와 함께 [제의의] 그러한 행위'를.

108_ 이 경우에는, 제의를 실행하기 위해 고용된 사제가 자격자이기 때문에, 계속적 명상이 제의 행위의 실행에 포함된다.

109_ 우유 짜기의 규칙이란 제의에서 오직 사제가 제의 고용주를 위해 그의 암소로부터 특정한 시간에 우유를 짜는 것이다. 이러한 규칙처럼 오직 사제가 계속적 명상을 실행해야 한다.

그는 나이미샤 [숲에 사는] 자들의 우드가뜨리가 되었다."〈찬도 1.2.13〉에서는 명상적 인식이 우드가뜨리를 행위주체로 한다는 것을 보여준다.

한편 행위주체와 관련되는 결과가 계시된다고 주장한 것에 관해서는,[110] 그러한 결함이 없다. 사제가 타인(제의 고용주)을 목적으로 함으로 말미암아, [그] 글귀를 제외하고는 [사제가] 결과와 관련된다는 것은 합당하지 않기 때문이다.[111] ‖45‖

46. 또한 계시되기 때문에, [제의에 종속적인 계속적 명상들은 사제의 행위이다].

śruteś ca ‖46‖

또한 "실로 제의에서 사제가 기원하는 축복이라면, 그 어떤 것이라도 오직 제의 고용주를 위해 기원한다고 그는 말했다."〈샤따-브 1.3.1.26〉, "따라서 정녕 이와 같이 아는 우드가뜨리가 말할 것이다: 내가 노래를 통해 당신의 어떤 욕망을 얻을 것인가요?"〈찬도 1.7.8-9〉라는 [계시들은] '사제를 행위주체로 하는 명상적 인식'의 결과가 제의 고용주에게 가는 것을 보여준다.

그러므로 [제의에] 종속적인 계속적 명상들은 사제의 행위라고 정립된다. ‖46‖

110_ 제의 고용주가 결과와 관련되는 것은 합당하므로, 여기서는 사제가 결과와 관련된다는 계시만을 논의한다. 그 계시는 "자신을 위해 혹은 제의 고용주를 위해 욕망하는 그 무엇이든지 노래를 통해 얻는다."<브리 1.3.28>라는 것이다.

111_ <브리 1.3.28>을 제외하고는 사제가 결과와 관련된다는 것은 계시되지 않는다. 사제가 항상 제의 고용주를 목적으로 하는 이상, 계속적 명상의 결과는 당연히 제의 고용주의 몫이다. 다만 아우둘로미에 따르면 계속적 명상을 실행하는 행위주체는 오직 사제일 뿐이다.

{ 14. '다른 협조적인 것으로 명령됨'이라는 주제: 수뜨라 47-49 }

47. [아이다움과 학자다움과 관련하여] 세 번째의 [현자다움은] 그것(지식)을 가진 자(유랑자)에게 다른 협조적인 것으로 명령된다; [지식의 탁월함이 수반되지 않은 자의] 견지에서 [이것이 명령된다]; [종속적인 것들에 대한] 명령 등과 같다.

sahakāryantaravidhiḥ pakṣeṇa tṛtīyaṃ tadvato vidhyādivat ‖47‖

브리하다란야까에서는 "따라서 브라흐마나는 학자다움을 잘 안 뒤에 아이다움에 머무르고자 해야 합니다. 학자다움과 또 아이다움을 잘 안 뒤에 이제 현자가 [됩니다]. 현자다움과 또 현자답지 않음을 잘 안 뒤에 이제 브라흐마나가 [됩니다]."[112]〈브리 3.5.1〉라고 계시된다.

이 경우에 의문이 생긴다. 현자다움은 명령되는가 혹은 명령되지 않는가?

[전론]: 먼저 명령되지 않는다고 귀결된다. '아이다움에 머무르고자 해야 합니다'라는 바로 그곳에서 명령이 종결되기 때문이다. 실로 '이제 현자가 [됩니다]'라는 곳에서는 명령을 내리는 어미가 관찰되지 않

112_ '학자다움, 아이다움, 현자다움'의 원어는 차례대로 'pāṇḍitya, bālya, mauna'이다. 'bālya'를 '아이다움'이 아니라 '힘(위력) 상태'로, 'mauna'를 '현자다움'이 아니라 '침묵(명상) 상태'로 간주하기도 한다. 이는 'pāṇḍitya, bālya, mauna'를 차례대로 '학식 상태, 힘 상태, 침묵 상태'로 이해하는 경우이다. 이러한 이해는 종종 베단따 수행론의 핵심인 '듣기, 숙고하기, 명상하기'와 연관되기도 한다. 주석가의 주석을 반영함으로써, 이 세 용어를 각각 '학자, 아이, 현자'라는 인간의 상황과 관련시켜 '학자다움, 아이다움, 현자다움'으로 이해하고자 한다.

는다. 따라서 이는 반복진술이라는 것이 합리적이다.

[반박]: 어떤 근거에서 [그렇게] 귀결되는가?

[전론]: '현자', '학자'라는 말이 지식을 의미하기 때문에, '학자다움을 잘 안 뒤에'라는 바로 그 [표현을 통해] 현자다움은 [이미] 확립된 것이다.[113] 더 나아가 '현자다움과 또 현자답지 않음을 잘 안 뒤에 이제 브라흐마나가 [됩니다]'라는 곳에서는, 당장 브라흐마나다움이 명령되지 않는다. 바로 그 앞부분에서 [이미] 확립되었기 때문이다.[114] 따라서 '이제 브라흐마나가 [됩니다]'라는 것은 찬양의 진술이다. 바로 그와 같이 '이제 현자가 [됩니다]'라는 것마저 그러해야만 한다. 지시의 공통성 때문이다.

이와 같은 귀결에서 우리는 말한다.

[후론]: '다른 협조적인 것으로 명령된다.' 지식에 협조적인 현자다움은 아이다움과 학자다움처럼 명령일 뿐이라고 받아들여야만 한다. 낯선 것이기 때문이다.

[전론]: '학자다움'이라는 바로 그 말에 의해 현자다움이 알려진다고 말했지 않는가?

[후론]: 그러한 결함은 없다. '현자'라는 말은 '지식의 탁월함'을 의미하기 때문이다. 그리고 "숙고하기(생각하기)로부터 현자"라며 그 어원이 유래하기 때문이다.[115] 또한 "또한 현자들 가운데 나는 브야사이

113_ "이제 현자가 [됩니다]."라는 문장은 명령이 아니라 반복진술로서의 아르타바다이다. 왜냐하면 명령에 해당하는 문장인 "따라서 브라흐마나는 학자다움을 잘 안 뒤에 … 머무르고자 해야 합니다."에서 현자다움이 이미 확립되었기 때문이다. 학자와 현자는 유의어임으로 말미암아 '학자다움을 잘 안 뒤에'라는 표현은 '현자다움을 잘 안 뒤에'라는 표현과 다를 바 없다.

114_ 명령에 해당하는 문장인 "따라서 브라흐마나는 학자다움을 잘 안 뒤에 … 머무르고자 해야 합니다."에서 '브라흐마나'라는 말이 이미 언급되었기 때문이다. 따라서 브라흐마나다움(brāhmaṇatva)은 명령되지 않는다.

115_ 'manana'(숙고하기)로부터 'muni'(현자)가 유래했다는 뜻이다.

고"〈기따 10.37〉라는 용법을 보기 때문이다.

[전론]: '현자'라는 말은 심지어 '최후(최상)의 인생단계'를 의미한다고 계시되지 않는가? "가정의 시기, 학습기, 현자(침묵)의 상태, 은퇴기"라는 곳에서이다.[116]

[후론]: 아니다. "가장 뛰어난 현자인 발미끼는"이라는 등에서 [의미의] 이탈을 보기 때문이다.[117] 반면에 그 경우에는 다른 인생단계들과 근접함으로 말미암아 나머지로부터 최후의 인생단계가 수용된다.[118] 최후의 인생단계에서는 탁월한 지식을 가지기 때문이다.

따라서 아이다움과 학자다움과 관련하여 이 세 번째의 현자다움은 지식의 탁월함이라는 형태로 명령된다.

한편 바로 그 아이다움에서 명령이 종결된다고 [전론자는 주장한다]. 그렇다고 할지라도 현자다움은 낯선 것임으로 말미암아 '[이제] 현자가 되어야 합니다'라는 [식으로] 명령된다고 받아들여진다. 게다가 현자다움이 '잘 알아야만 하는 것'으로 지시되는 것을 통해서도 아이다움과 학자다움처럼 명령된다고 받아들여진다.[119]

116_ 올바른 순서는 '학습기(ācāryakula), 가정의 시기, 은퇴기, 현자의 상태(mauna)'이다.

117_ 전론자는 '현자'(muni)라는 말이 '지식'(학자)을 의미한다고 주장한다. 이에 반해 후론자는 그 말이 '지식의 탁월함'(jñāna-atiśaya)을 의미한다고 주장한다. '현자'라는 말이 '지식'이라는 익숙한 의미가 아니라 '지식의 탁월함'이라는 낯선 의미로 알려져야만, <브리 3.5.1>에서 '현자다움'은 명령이 될 수 있기 때문이다. 그러자 전론자는 또다시 그 말이 '최후의 인생단계' 즉 '유랑기'를 의미하기도 한다고 반박한다. 이에 대해 후론자는, 발미끼(Vālmīki)의 경우는 그가 최후의 인생단계에 속하는 유랑자가 아님에도 '현자'라는 말로 지시됨으로써, 그 말이 '유랑기'라는 의미로부터 이탈한 사례가 있다고 응수한다.

118_ 그 경우에는 즉 "가정의 시기, 학습기, 현자(침묵)의 상태, 은퇴기"라는 곳에서는, '현자의 상태'라는 말이 다른 인생단계들과 근접해 있기 때문에, 나머지로부터 즉 가정기, 학습기, 은퇴기를 제외한 나머지 하나로부터, '현자의 상태'는 최후의 인생단계인 유랑기를 지시한다고 수용된다.

119_ <브리 3.5.1>에서 셋 모두가 '잘 안 뒤에'의 대상으로 지시되므로 셋 모두는

'그것을 가진 자에게'란 '지식을 가진 유랑자에게'라는 [뜻이다].

[전론]: 하지만 어떻게 '지식을 가진 유랑자에게'라는 것이 이해된다는 말인가?

[후론]: 아뜨만을 안 뒤에 아들 등을 욕구하는 것으로부터 "벗어나고 나서 구걸 행각을 합니다."〈브리 3.5.1〉라는 그 장절(맥락)로부터이다.

[전론]: 지식을 가진 자로 존재한다면, 그 경우에 탁월함이 분명 수반되지 않는가? 현자다움에 대한 명령이 무슨 소용이란 말인가?

이로부터 [수뜨라 저자는] "견지에서"라고 말한다.

[후론]: 말한 바는 이러하다: 차이에 대한 직관이 우세함으로 말미암아 [탁월함이] 수반되지 않은 자의 견지에서 이것이 명령된다.[120]

[종속적인 것들에 대한] 명령 등과 같다. 예컨대 "천국을 원하는 자는 다르샤뿌르나마사들을 통해 제의를 행해야 한다."라는 이러한 종류의 명령 등과 관계하여 협조적인 것으로 '불 지피기' 등 모든 종속적인 것들이 명령되듯이, 마찬가지로 명령이 주된 것이 아닌 경우임에도 명상적 지식에 대한 이러한 문장에서 현자다움은 [협조적인 것으로] 명령된다는 것이 [수뜨라의] 뜻이다.‖47‖

[전론]: 이와 같이 아이다움 등의 특징을 가지는 '독존의 인생단계'(유랑기)가 계시서에서 주어진 것으로 존재하는 경우에, 무엇 때문에 찬도그야에서는 가장(家長)으로 끝맺는가? "되돌아온 뒤, 가장의 역할을 하는 동안에"〈찬도 8.15.1〉에서이다. 실로 이렇게 끝맺음으로써 그(가장)와 관계하는 존중을 보여준다.

명령되는 것들이다.

120_ 지식의 완성(탁월함)에 도달한 이에게는 명령이 필요하지 않다. 반면에 지식을 가지고는 있지만 아직 차이에 대한 직관이 더 우세한 이에게는 명령이 필요하다.

이로부터 답변을 한다.

48. [만약 가장으로 끝맺는 것이 계시된다고 한다면], 가장은 실로 모든 것을 대상으로 하기 때문에 [가장으로] 끝맺는 것은 [모순되지 않는다].

kṛtsnabhāvāt tu gṛhiṇopasaṃhāraḥ ‖48‖

[후론]: '실로'라는 말은 한정을 위해서이다. 그(가장)가 '모든 것을 대상으로 함'이 한정된다. 실로 그에게는 제의 등 [바로 그] 인생단계에서의 수많은 행위들이 몹시 수고스럽게 행해야만 하는 것으로 가르쳐지고, 또 그에게는 불상해, 감관 제어 등 다른 인생단계들에서의 행위들이 가능한 바에 따라 행해야만 하는 것으로 존재한다.

그러므로 가장으로 끝맺는 것은 모순되지 않는다.‖48‖

49. 현자의 상태와 [가정의 시기와] 같이, 다른 것들마저 [즉 다른 두 인생단계들마저 계시서에서 주어진다]; [네 인생단계들 모두를 계시서에서] 가르치기 때문이다.

maunavad itareṣām apy upadeśāt ‖49‖

예컨대 현자의 상태와 가정의 시기라는 이러한 두 인생단계들이 계시서에서 주어지듯이, 은퇴기와 학습기라는 그러한 다른 둘마저 마찬가지이다. 왜냐하면 앞서 "두 번째는 고행 자체이다. 세 번째는 스승의 거처에서 … 학인으로 … 사는 것이다."〈찬도 2.23.1〉라는 등의 계시가 제시되었기 때문이다. 따라서 네 인생단계들 모두를 한결같이 [계시서에서] 가르치기 때문에 [그것들은] 택일로나 공동으로나 동등하게 수용된다.[121]

두 인생단계들에 대해 [수뜨라에서] '다른 것들'이라는 복수(複數)를 [사용하는 것은], 변용들의 차이라는 견지에서 혹은 실행하는 자들의 차이라는 견지에서라고 이해해야만 한다.[122] ‖49‖

{ 15. '현시하지 않음'이라는 주제: 수뜨라 50 }

50. [아이다움이란 자신을] 현시하지 않음으로써 [위선, 오만 등이 없는 것이다]; [문장의] 연관성 때문이다.

anāviṣkurvann anvayāt ‖50‖

"따라서 브라흐마나는 학자다움을 잘 안 뒤에 아이다움에 머무르고자 해야 합니다."〈브리 3.5.1〉에서는 아이다움이 실행되어야만 하는 것으로 계시된다.

이 경우에, 파생접사가 있을 때,[123] '아이다움'이라는 것은 아이의 '상태'이거나 '행위'이다. 아이의 상태는 특정한 연령대로서 의지에 따라 얻을 수 없기 때문에, 아이다움일 수 있는 것이란, '생기는 바대로 오줌과 똥을 누는 것 등과 [같은] 아이의 행동'인지, 혹은 '기관[124]이 발달하

121_ 네 인생단계들 가운데 하나를 차별 없이 선택하여 실행하는 방식과 넷을 차례대로 모두 실행하는 방식이 가능하다.

122_ 수뜨라에서 양수가 아닌 복수를 사용하는 것은, 두 인생단계들이 그 변용(vṛtti)들로 세분화된다는 견지에서이다. 또한 두 인생단계들을 실행하는 자들이 다양하다는 견지에서이다.

123_ 'bālya'(아이다움)라는 것은 'bāla'(아이)에 파생접사(taddhita)가 붙은 형태이다.

124_ 여기서 기관(indriya)이란 마음 등의 내부기관을 가리킨다.

지 않은 것이나 위선, 오만[125] 등이 없는 것으로서 내적인 순수성'인지, 의문이 생긴다.

실로 무엇으로 귀결되는가?

[전론]: 이 세상에서는 '원하는 대로 움직이고 말하고 먹는 것'과 '생기는 바대로 오줌과 똥을 누는 것'이 아이다움이라고 더 잘 알려져 있으므로, 그렇게 파악하는 것이 합리적이다.

[반박]: [계급] 하락 등의 결합으로 귀결되기 때문에, 원하는 대로 움직이는 것 등의 [의미를] 받아들이는 것은 비합리적이지 않는가?[126]

[전론]: 아니다. 지식을 가진 유랑자에게는, [계시서] 글귀의 효력으로 말미암아, 짐승의 살생 등에서와 같이 결합이 파기되기 때문이다.[127]

이와 같은 귀결에서 말한다.

[후론]: 아니다. 이 글귀에 대해 다른 여지가 가능하기 때문이다. 실로 [어떤 명령과] 모순되지 않는 '아이다움이라는 말의 어떤 의미'가 얻어지는 경우에, 그 명령을 훼손하는 [다른 의미를] 가정하는 것은 합리적이지 않다.

게다가 종속적인 것은 주된 것에 도움을 주기 위해 명령된다. 그리고 이 경우에 주된 것은 탈속인(유랑자)들에 의해 실행되어야만 하는 '지식의 반복적 학습'이다.[128] 결국 아이의 행동을 온전하게 받아들이는 경우에는 지식의 반복적 학습이 불가능해진다.

125_ * '오만'(-darpa-)이라는 표현은 Nirnaya에만 추가로 등장한다.

126_ 원하는 대로 행동할 경우에는 그 행동이 죄를 낳음으로써 '[계급] 하락'(patitatva) 등이 야기될 수 있다.

127_ 희생제의에서 사제가 짐승을 죽이는 행위에는 면죄부가 주어진다. 마찬가지로 지식을 획득한 유랑자도 계시서에 힘입어 모든 죄악으로부터 자유롭다. 따라서 유랑자에게 원하는 대로 행동하는 아이다움은 문제가 되지 않는다.

128_ '지식의 반복적 학습'(jñāna-abhyāsa)이 주된 것이라면, 종속적인 것은 '아이다움' 등이다.

따라서 이 경우에 아이다움이란 아이가 가지는 내적인 특별한 상태 즉 기관이 발달하지 않은 것 등이라고 받아들여진다. 그래서 [수뜨라 저자는] "[아이다움이란 자신을] 현시하지 않음으로써"라고 말한다. 지식·공부·덕성 등을 가진다고 해서 자신을 드러내지 않음으로써, 위선, 오만 등이 없게 될 것이다. 예컨대 기관이 발달하지 않음으로써 아이가 타인들에 대해 자신을 현시하려고 애쓰지 않듯이, 그와 마찬가지이다. 실로 이와 같이 이 문장이 주된 것에 도움을 주려는 목적을 가진다고 이해하는 것은 합당하다.[129]

이와 같은 연관에서 전승서 저자들은 말한다. "그 누구도 그가 고귀한지 모르고 비천한지 모르며 학식이 있는지 모르고 학식이 없는지 모르며 행실이 좋은지 모르고 행실이 나쁜지 모르는, 그는 브라흐마나이다. 지식을 가진 자는 비밀리에 다르마에 의지한 채로 알려지지 않게 행동을 해야 한다. 그는 장님처럼 감각이 없는 자처럼 또 벙어리처럼 땅위에서 돌아다녀야 한다.", "겉으로 표가 나지 않고, 행실을 숨긴 채로"라고 이렇게 운운하는 것들이다.‖50‖

{ 16. '현세에서'라는 주제: 수뜨라 51 }

51. [지식은] 작동하고 있는 [성취수단에] 장애가 없는 경우에 다만 현

129_ 여기서 '이해하는 것'의 원어인 'anugama'를 '이해함'의 의미가 아니라 '일치함'의 의미로 읽을 수도 있다. 그 경우에 전체 문장은 "실로 이와 같이 이 문장이 주된 것에 도움을 주려는 목적을 가진다고 [문장적 통일성을 위해] 일치시키는 것은 합당하다."가 된다. 수뜨라에 'anvayāt'([문장의] 연관성 때문이다)라는 표현이 있고 또 주석가가 이 표현을 따로 해설하지 않기 때문에, '일치함'의 의미로 읽는 것도 충분히 가능하다.

세에서 [발생한다]; [장애가 생기는 경우에는 내세에서 발생한다]; [계시서와 전승서가] 그렇게 보여주기 때문이다; [따라서 장애가 소멸된다는 견지에서 현세나 내세에서 지식이 발생한다].
aihikam apy aprastutapratibandhe taddarśanāt ‖51‖

"또한 [지식은 인생단계에서의] 모든 [행위들을] 필요로 한다; [행위들은 지식이 결과를 성취하는 데 필요하지 않지만 지식이 발생하는 데 필요하다]; 제의 등에 대한 계시 때문이다; 말(馬)과 같다."〈수뜨라 3.4.26〉라는 것으로부터 시작하여 높고 낮은 '지식의 성취수단들'을 확정했다. [이제] 그것들의 결과인 지식이 성취된다면, 바로 이 현세의 생애에서 성취되는지 아니면 다만 어느 때 내세의 생애에서 성취되는지, [이 점을] 논의한다.

실로 무엇으로 귀결되는가?

[전론]: 바로 이 현세이다. 무슨 까닭에서인가? 왜냐하면 지식은 듣기 등을 앞세우기 때문이다. 그리고 그 누구도 '나에게 지식이 내세에 발생하기를!'이라고 마음먹은 채로 듣기 등에 종사하지 않는다. 반면에 바로 이 동일한 생애에서 발생하는 지식을 마음먹은 채로 그것들에 종사한다고 경험된다. 심지어 제의 등도 바로 그 듣기 등을 매개로 하여 [현세에서] 지식을 발생시킨다. 지식은 지식수단에 의해 발생하기 때문이다.[130] 따라서 지식은 오직 현세에서 발생한다.

이와 같은 귀결에서 우리는 말한다.

[후론]: 지식은 작동하고 있는 [성취수단에] 장애가 없는 경우에 현세

130_ 제의 등은 그 결과를 현세가 아닌 내세에서 발생시킬 수도 있기 때문에, 지식수단으로 간주되기도 하는 제의 등이 그 결과인 지식을 내세에서 발생시킨다고 생각할 수도 있다. 하지만 제의 등마저 듣기 등을 매개로 하여 오직 이 생애에서 그 지식을 발생시킬 뿐이다.

에서 발생한다.

말한 바는 이러하다: 작동하고 있는 '지식의 성취수단'에서 그 어떤 장애가 '막 무르익게 된 어떤 업'에 의해 생기지 않는 경우에, 바로 이 현세에서 지식이 발생한다. 반면에 실로 그 장애가 생기는 경우에는, 내세에서 발생한다. 그리고 업이 막 무르익게 되는 것이란 공간 · 시간 · 계기가 주어짐으로써 초래된다. 결국 어떤 업을 무르익게 하는 바로 그 공간 · 시간 · 계기가 심지어 다른 업을 무르익게 한다고 받아들일 수는 없다. 업(행위)들은 다만 모순되는 결과를 가지는 까닭에서이다. 성전마저 '이러한 행위가 저러한 결과를 낳는다'라는 그 정도에서 끝을 낼 뿐 특정한 공간 · 시간 · 계기까지 언급하지는 않는다. 한편 성취수단의 특정한 가능력(可能力)을 통해 어떤 [행위에서는] 초감각적인 힘이 나타나고, 어떤 [행위에서는] 그것을 장애하는 힘이 그대로이다.[131]

게다가 [현세와 내세와 관계하여] 지식에 대해 마음먹는 것은 동등하게 생길(가능할) 따름이다.[132] '나에게 지식이 현세나 내세에 발생하기를!'이라고 마음먹는 것에는 속박이 없기 때문이다. 지식은 다만 듣기 등을 매개로 하여 발생함으로써, 오직 장애가 소멸된다는 견지에서 발생한다.

이와 같은 연관에서 계시서는 아뜨만에 대해 알기 어렵다는 것을 보여준다. "그것에 대해서는 다수가 듣게 되는 것마저 불가능하고, 심지어 듣더라도 다수가 그것을 알지 못한다. 그것을 [듣게] 되어 정통한 채로 가르치는 자도 경이롭고, 정통한 자의 가르침을 통해 알게 된 자

131_ 그것을 장애하는 힘이 그대로이다='초감각적인 힘이 나타나는 것'을 장애하는 힘이 그대로 존립한다.

132_ 전론자는 '현세에서 발생하는 지식'을 결의하는 것은 가능하지만 '내세에서 발생하는 지식'을 결의하는 것은 불가능하다고 주장한 바 있다.

도 경이롭다."〈까타 2.7〉[133]에서이다. 그리고 바마데바가 단지 자궁에 머무른 채로 브라흐만 상태를 이해했다고 말함으로써,[134] 전생에서 축적된 성취수단을 통해 후생에서 지식이 발생하는 것을 보여준다. 왜냐하면 단지 자궁에 머무르는 자가 현세에서 성취수단을 [행했다는 것은] 전혀 가능하지 않기 때문이다.

또한 전승서에서도, "끄리슈나여 … 요가의 완성을 얻지 못한 채로는 어떤 목적지로 나아갑니까?"〈기따 6.37〉라는 아르주나의 질문을 받은 존경스러운 바수데바는, "아끼는 이여, 왜냐하면 좋은 일을 행한 자는 그 누구도 나쁜 목적지로 나아가지 않기 때문입니다."〈기따 6.40〉라고 말한 뒤에, 또 다시 그가[135] 덕 있는 세상에 도달하는 것과 좋은 가문에서 태어나는 것을 언급한 다음, 곧 이어서 "그곳에서 그에게는, 전생과 관련되는 지식이 그렇게 주어지게 됩니다."〈기따 6.43〉로 시작하여 "무수한 생애를 통해 완성을 얻은 자입니다. 그곳으로부터 그는 지고한 목적지로 나아갑니다."〈기따 6.45〉로 끝내면서, 바로 이 점을 보여준다.

그러므로 장애가 소멸된다는 견지에서 현세나 내세에서 지식이 발생한다고 확립된다.‖51‖

133_ <까타 2.7>의 두 번째 문장은 여러 방식으로 이해 가능하다. 그럼에도 여기서는 다음과 같이 풀이하고자 한다. 두 번째 문장을 풀이하는 데 중요한 단서는 'labdhā'(되어)로서 첫 번째 문장의 'labhyaḥ'(되는)와 관련시켜 읽는 것이 필요하다. 그래야만 '아뜨만에 대해서 다수가 듣게 되는 것마저 불가능함에도, 그것을 듣게 되어 정통한 채로 가르치는 자는 경이롭다'라는 연관성이 가능하다. 그리고 이는 '심지어 듣더라도 다수가 그것을 알지 못함에도, 정통한 자의 가르침을 통해 알게 된 자는 경이롭다'라는 연관성과 대조를 이루게 된다.

134_ <아이 2.5> 참조.

135_ 그가=요가의 완성을 얻지 못한 자가.

{ 17. '해탈이라는 결과'라는 주제: 수뜨라 52 }

52. [지식이라는 결과에 대해서는 차별적인 규칙이 알려진다]; 그와 달리 해탈이라는 결과에 대해서는 [차별적인] 규칙이 없다; 그 상태가 [동일하다고 모든 베단따들에서] 확정되기 때문이다; 그 상태가 [동일하다고 모든 베단따들에서] 확정되기 때문이다.

evaṃ muktiphalāniyamas tadavasthāvadhṛtes tadavasthāvadhṛteḥ ‖52‖

'지식'이라는 이름의 결과와 관계하여 지식의 성취수단에 의지하는 '해탈을 욕구하는 자'에게서 성취수단의 특정한 가능력에 따라 현세에서나 내세에서 결과(지식)가 야기된다는 차별적인[136] 규칙이 알려지듯이, 마찬가지로 '해탈'이라는 이름의 결과와 관계해서도 우등하거나 열등한 [해탈이] 야기된다는 그 어떤 차별적인 규칙이 있을 것인가? 이렇게 의문을 제기한 뒤에 [수뜨라 저자는] 말한다. "그와 달리 해탈이라는 결과에 대해서는 … 규칙이 없다 …."

[후론]: 실로 해탈이라는 결과와 관계해서는 그러한 연관을 가지는 그 어떤 차별적인 규칙도 생각할 수 없다.

어떤 근거에서? 그 상태가 [동일하다고 모든 베단따들에서] 확정되기 때문이다. 실로 해탈의 상태는 오직 동일한 형태라고 모든 베단따들에서 확정된다. 왜냐하면 해탈의 상태란 브라흐만 그 자체이기 때문이다. 그리고 브라흐만은 다양한 양상들을 가지지 않는다. 단일한 표징을 가진다고 확정되기 때문이다. "그것은 광대하지도 않고 미세하지

136_ 차별적인(viśeṣa)=개별적으로 차이가 생기는.

도 않으며"〈브리 3.8.8〉, "그러한 이 아뜨만은 이러한 것도 아니고 그러한 것도 아닙니다."〈브리 3.9.26〉, "다른 것을 보지 않고 … 경우에"〈찬도 7.24.1〉, "실로 그것은 불멸인 브라흐만이다. 앞쪽(동쪽)에"〈문다 2.2.11〉, "이러한 모든 것이 [바로] 그 아뜨만입니다."〈브리 2.4.6〉, "실로 그러한 그 위대하고 생성되지 않은 아뜨만은, 늙음이 없는 것이고, 죽음이 없는 것이며, 불멸이고, 두려움이 없는 것이며, 브라흐만이다."〈브리 4.4.25〉, "하지만 모든 것이 오직 '그의 아뜨만'이 될 경우에, 그러면, 무엇을 통해 무엇을 보아야 하겠습니까?"〈브리 4.5.15〉라는 등의 계시를 통해서이다.

더 나아가 지식의 성취수단은 그 자체의 특정한 가능력을 통해 오직 그 자체의 결과인 지식과 관계해서 그 어떤 추가적인 것을 부여할 것이지만, 지식의 결과인 해탈과 관계해서는 그렇지 않다. 왜냐하면 그것(해탈)은 성취대상이 아닌 것이자 오직 영원히 확립된 본질을 가지는 것으로서 지식을 통해 획득된다고 우리가 수차례 말했기 때문이다.

게다가 심지어 그것(지식)과 관계해서도 우등과 열등을 특징으로 하는 추가적인 것이 가능하지 않다. 왜냐하면 열등한 것에는 지식이라는 것이 부재함으로 말미암아 오직 우등한 것만이 지식이기 때문이다. 따라서 그것(지식)과 관계해서는, 추가적인 것이 존재한다면, '늦은 발생'과 '이른 발생'이라는 형태가 가능하다.[137] 그러나 해탈과 관계해서는 추가적인 것이 [부여될] 그 어떤 가능성도 없다.

더욱이 행위의 결과와는 달리, 지식에 차이가 부재함으로 말미암아, 그것의 결과에는 확고한 차이가 부재한다. 실로 해탈의 성취수단으로

137_ 우등한 해탈과 열등한 해탈이 없고, 심지어 우등한 지식과 열등한 지식도 없다. 그럼에도 만약 지식의 성취수단이 지식에 '추가적인 것'(atiśaya)을 부여한다면, 지식은 '늦은 발생'(cira-utpatti)을 가지는 것과 '이른 발생'(acira-utpatti)을 가지는 것으로 나눠질 수 있을 것이다.

존재하는 지식은 행위들과는 달리 차이를 가지지 않는다. 하지만 "'마음으로 이루어진 것'은 생기를 육체로 하고"〈찬도 3.14.2〉라는 등에서 즉 유(有)속성의 명상적 지식들에서 속성을 추가하거나 배제하는 것에 힘입어 [지식에] 차이가 가능한 경우에는, 행위들의 결과와 같이, 그 결과에는 확고한 차이가 개별적으로 가능하다. 이와 같은 연관에서 "그 무엇이든 계속 명상하는 바대로, 바로 그것이 된다."[138]라는 표징(전거)이 언급된다. 그와 달리 무(無)속성의 명상적 지식에서는 속성이 없음으로 말미암아 [지식에 차이가 가능하지] 않다. 이와 같은 연관에서 전승서는 "실로 더 위대한 목적지란 그 누구에게도 없다.[139] 왜냐하면 속성이 있을 때에 그들은 '같지 않다는 것'(차이 있음)을 말하기 때문이다."라고 한다.

'그 상태가 … 확정되기 때문이다; 그 상태가 … 확정되기 때문이다'라며 말을 반복하는 것은 '장'의 종결을 나타낸다.‖52‖

138_ 이 문장은 <주석 4.3.15>에서 다시 한 번 등장한다.

139_ 해탈이라는 목적지에 우등과 열등의 차이가 없다는 것을 뜻한다.

찾아보기*

* 여기서는 다음과 같은 원칙들을 적용하여 용어나 구절을 선별하고 그 용례를 표기한다: 첫째, 문헌 소개와 역주를 제외하고 본문(수뜨라, 주석, 인용문)에 등장하는 것들만을 대상으로 삼는다. 둘째, 본문 전체에서 매우 빈번하게 등장하는 것들은 ① 아예 목록에 포함시키지 않거나, ② 목록에는 포함시키되 본문 전체에서 처음으로 등장하는 용례만 표기하거나, ③ 목록에는 포함시키되 191개의 '주제'마다 처음으로 등장하는 용례만 표기한다. 셋째, 특별히 베단따를 공부하는 데 도움이 될 만한 것들은 그 용례를 모두 표기한다. 넷째, 각각의 '주제'에서 논의의 핵심소재들은 대개 처음으로 등장하는 용례만 표기한다.